中国人民大学劳动人事学院组编

教育部经济管理类主干课程教材

人力资源管理系列

Leadership

# 领导学

（第2版）

刘松博　编著

中国人民大学出版社

·北京·

# 第 2 版前言

三年前的这本《领导学》教材，受到了很多读者的喜欢，这在一定程度上应该归功于它体系相应完整，强调学术和实践结合，并且追踪前沿。这应该是国内第一本引入分布式领导概念的教材，在网络科技越来越普及、员工素质越来越高的今天，传统领导模式受到了更多的挑战，这一“人人都可是领导”的视角也自然显得越来越有价值。三年过去了，管理界有很多新的实践和理念在涌现，基于此，本教材对于案例、学者说和其他部分内容进行了完善和补充，希望能够为读者提供更加有益的知识和信息。感谢我的学生胡泽重和付灵锐辛苦而有效率的辅助工作，使得这本新版教材能够及时面世。

**刘松博**

# 第1版前言

本教材的一个重要思想是，让领导走下神坛，每一个人都应该了解领导，每一个人也都可以做领导。

2010年2月起的一年时间里，我在麻省理工学院（MIT）斯隆管理学院的领导力中心做访问学者，对美国顶尖商学院的领导学教育进行实地考察。通过积极参与领导学的相关课堂，广泛与专家学者沟通学习，大量收集有关美国领导力培训的信息，我得到了关于领导学教育的三个体会。

第一个体会是，领导学的教育是非常重要的。

作为蜚声国际的领导力研究与推广机构，MIT领导力中心拥有彼得·圣吉、底波拉·安科纳等一大批世界顶级的领导学大师，与思科、西南航空等著名企业有着广泛而深入的合作，对领导学本身形成了独到而深刻的认识。在该中心的推动下，斯隆管理学院会在每学期中间专门拿出整整一周来，邀请全美国最著名的领导力及相关课程的教师和培训师，为工商管理硕士（MBA）学生提供内容十分丰富、教学方法各种各样的领导力培训课程。在这被称为斯隆创新期（Sloan Innovation Period，SIP）的一周里，充满热情的MBA学生会根据自己的需要和兴趣选修，甚至很多课程必须依靠类似摇号的方法来解决选修学生过多的问题。

其实，领导力的热潮在很多美国顶尖商学院中都持续不衰，这在它们的使命描述中就可见一斑。比如，斯隆管理学院的使命是“培养可以推动世界的、有原则的、具备创新意识的领导者”，哈佛商学院的使命是“培养能够使世界有所不同的领导者”，而斯坦福大学商学院则把“培养能够改变世界的、具备创新意识的、有原则的、有远见的领导者”作为自己的使命。从这些大同小异的使命陈述中可以看出，商科教育的目的就是培养领导者，所以领导力的提升成为教育者和学生的自发意识，融入他们的血液和骨髓，上升为价值观念，并体现于课堂教学和日常行为之中。而这种价值观念在中国的商科教育中还十分缺乏，在高管层次的培训（如总裁班等）之外，无论是MBA还是本科教育，领导学还都没有得到应有的重视。我相信，领导学教育在中国还有很大的发展空间，值得有兴趣的老师投身其中。

第二个体会是，领导学的教育和每个人都相关。

领导学是一门很难教的课程。毕竟，成为“那样”的一类人，往往会让普通的学生感到遥不可及。有的学生觉得自己根本就不想做领导者，所以不愿投入领导学课程的学习。其实，即使是作为追随者，也需要很好地了解和理解领导者，才能做一个合格而积极的追随者，从而更好地为组织服务（参见第2章）。另外，在不同的领导者类型之中，正式的领导只是其中之一，非正式领导也占有极高的比例，英雄式领导虽然引人注目却并不多见，后英雄式领导则比比皆是。MIT领导力中心正在推广的分布式领导的概念告诉我们，每一个人在不同的时间，面对不同的任务，都可能并且应该成为领导者（参见第3章）。从这两个角度看，任何人都应该学习一些领导学的知识，以提升自己的领导力。

本教材引入分布式领导的观点，为普通学生和员工学习领导学提供理论基础，并集中介绍了西方分布式领导的实践与理念。此外，相比其他很多本土领导学教材，本教材的特点还在于：(1) 强调领导学的文化背景，突出中国式领导的独特性与重要性，对家长式领导和中庸领导等典型的本土领导智慧进行重点推荐；(2) 注重实践导向，精心选择案例，其中大部分案例均为本土案例，在每章都设计了开篇的“引例”、正文中的“篇中案例”和章末的“案例分析”，力图系统性和针对性地提升学生的问题意识和分析能力；(3) 增加科学性和严谨性，避免停留在培训的层次，本教材在大部分篇章中设有“学者说”这一特色栏目，将相关的领导学国际前沿研究型论文介绍给学生，让学生体会理论指导实践的力量，引导学生提升思考的高度，拓宽认识的广度。

本教材共分三篇。逻辑结构大体上为从概念到实践，从基础到提升。第1篇为“什么是领导”，介绍领导、领导力及相关的基本概念与观点，推广每个人都可以是且应该是领导的理念。第2篇为“领导什么样”，介绍领导的特质与风格等，为领导力的培养提供方向性的指引。第3篇为“怎样做领导”，明确领导该做些什么和怎样去做，对于新兴的学习型组织和虚拟组织中的领导也做了具体介绍。

第三个体会是，领导学的课堂教育应该有准确的定位。

领导学难教的另外一个原因是，在是否能够通过课堂学习真正使学生达到一定的领导境界及掌握相应的领导能力这一问题上还存在争议。一个极端的说法是领导根本没有办法教，因为好领导是天生的，而另外一种说法则完全相反。《好领导可以教出来》一书详细描述了哈佛大学海费茨（Heifetz）教授是如何通过20多年的时间把他的领导学课堂变成哈佛最受欢迎的课堂，并得到了学员的高度认可和广泛好评的。本教材的第1章比较了这两种观点，并介绍了相关的学术研究成果。综合来看，后天的教育肯定对领导力提升有很大的帮助，但仅凭课堂教学是没有办法实现这样的目标的。课堂教学其实是打开一扇门，学生由此走上领导力提升之路，在这里，学生应该了解领导的基本知识，理解领导的实践运行，培养出对领导的浓厚兴趣，掌握基础的领导力和领导技能，从而更加从容和热情地应对未来工作实践中的领导力挑战。

早在2010年做访问学者时，本教材的撰写准备工作就已经开始了。回国后，我的硕士研究生林晓霜、戴玲玲、杨蕊竹、李晨和王亚楠参与了初稿的写作和案例的搜寻工作。

非常感谢他们的辛苦努力，能够有这样优秀而踏实的学生是我的幸运。同时，非常感谢中国人民大学出版社的熊鲜菊老师，是她的鼓励让我有勇气动笔来驾驭领导学这样庞大的体系。本来这本教材可以更早与读者见面，由于我杂事缠身，竟然拖延至此，也要十分感谢她对我的耐心和信心。

希望本教材能够成为那扇门。

**刘松博**

# 目　录

## 第 1 篇　什么是领导


第 1 章　领导概览 …… 003

1.1　领导与领导力 …… 004

1.2　领导与管理 …… 007

1.3　你可以是领导 …… 010

案例分析　“任性女王”能拯救雅虎吗? …… 015

第 2 章　领导者与追随者 …… 018

2.1　积极与消极的追随者 …… 019

2.2　如何做一个追随者 …… 024

2.3　领导—成员交换 …… 029

案例分析　人力资源经理的离职 …… 033

第 3 章　你应该是领导 …… 036

3.1　分布式领导 …… 037

3.2　自我领导与领导涌现 …… 043

案例分析　戈尔公司：分布式领导的影响力 …… 049

第 4 章　领导力与权力 …… 052

4.1　权力与权威 …… 053

4.2　领导者需要多少权力 …… 058

4.3　权力距离与领导 …… 062

案例分析　孤独的 CEO …… 065

# 第2篇　领导什么样

第5章　领导的特质 …… 069
5.1　领导的人口统计学特征 …… 070
5.2　领导特质要素 …… 075
5.3　价值观与态度 …… 080
案例分析　小金曼·布鲁斯特：耶鲁大学领航人 …… 085

第6章　领导的道德 …… 087
6.1　为什么关注领导的道德 …… 088
6.2　道德型领导 …… 091
6.3　从现在做起 …… 095
案例分析　亨茨曼：坚守道德底线 …… 099

第7章　领导的风格 …… 101
7.1　独裁型与民主型领导 …… 102
7.2　指挥型与参与型领导 …… 106
7.3　授权赋能型与公仆型领导 …… 110
案例分析　刘强东革新：从独裁者到引路人 …… 116

第8章　魅力型与变革型领导 …… 119
8.1　魅力型领导 …… 121
8.2　交易型领导 …… 126
8.3　变革型领导 …… 128
案例分析　转型需要英雄 …… 133

第9章　权变的领导 …… 136
9.1　费德勒的权变模型 …… 137
9.2　路径—目标理论 …… 141
9.3　赫塞-布兰查德的情境领导理论 …… 142
9.4　领导的替代 …… 145
9.5　不同文化下的领导 …… 147
案例分析　权变领导在联想集团的成功 …… 151

第 10 章 中国背景下的领导 …… 153
10.1 中国背景下的领导学研究 …… 154
10.2 家长式领导 …… 156
10.3 中庸领导 …… 163
10.4 政府中的行政领导 …… 166
案例分析 多面傅成玉：一个有中国特色的国有企业经理人 …… 170

## 第 3 篇 怎样做领导

第 11 章 领导职能 …… 175
11.1 斯隆领导模型 …… 176
11.2 激 励 …… 181
11.3 决策制定 …… 183
11.4 环型职能模型 …… 187
案例分析 李开复：领导力是一种独特艺术 …… 189

第 12 章 领导变革 …… 192
12.1 变革的类型和过程 …… 193
12.2 变革的阻力 …… 198
12.3 领导变革 …… 202
案例分析 领导者的变革窘境 …… 207

第 13 章 战略领导 …… 209
13.1 战略领导的贡献与类型 …… 211
13.2 战略领导的组织机制 …… 216
13.3 高层管理团队 …… 220
案例分析 碧桂园发展之路 …… 224

第 14 章 团队领导 …… 227
14.1 高绩效团队 …… 228
14.2 团队领导 …… 232
14.3 自我管理团队 …… 235
14.4 怎样发展团队领导者的技能 …… 238
案例分析 联合食品公司的自我管理团队 …… 240

第15章　领导技能 …… 242
15.1　领导者的个人技能 …… 243
15.2　人际关系技能 …… 246
15.3　团队技能 …… 252
15.4　其他领导技能和领导力开发 …… 256
案例分析　闲与忙 …… 260

第16章　学习型组织与虚拟组织中的领导 …… 262
16.1　领导学习型组织 …… 263
16.2　领导虚拟组织 …… 269
16.3　柔性领导 …… 272
案例分析　马云的柔性领导 …… 274

# 第 1 篇 什么是领导

第1章

# 领导概览

**学习目标**

- 了解领导的内涵和本质
- 掌握 leader，lead 和 leadership 之间的区别和联系
- 理解领导的分析层次及有效性
- 掌握领导和管理之间的区别和联系
- 理解领导者天生论与后天塑造论的争论
- 了解领导学研究的五大学派
- 领会领导的科学性和艺术性

引例

**苹果教父乔布斯**

在许多人眼中，乔布斯是一个不合群、愿意刁难员工的领导者，但事实却并非如此，他的一切初衷都是以公司的未来为原则、顾客的满意度为基准。在追求完美的背后，他也会给自己的队伍注入团队精神。

有效的团队领导者总是能够了解什么时候让团队自己做事，什么时候参与进来和团队一起干。而乔布斯可谓一个聪明的团队领导者，在把别人贬得一文不值后，他却又总是想法设法地去激励员工。例如，他会挑选出一些精英队员，带着他们去一些度假胜地举行集思会，在集思会上，员工们进行头脑风暴，尽情畅谈自己的想法，毫无压力。这种在外的集思会上，不存在上下级的等级观念，人人处于平等的地位，大家激情地相互交换想法，在轻松中不忘交流，交流中不乏创新。在集思会上乔布斯也会设置一些奖励，使每一名员

工都全身心投入到某件产品的研发讨论中。这显示出乔布斯对其员工的关怀鼓励，也侧面反映出乔布斯也在试图通过自己的方法激励员工，让员工意识到自我价值。

众所周知，乔布斯天性苛求完美，喜欢思考，是典型的事事力争上风，永不言败，并喜欢控制别人的领导者。苹果公司成立初期，迈克·斯科特为公司的总裁，乔布斯是其下属，即使是作为下属，乔布斯也毫不谦让斯科特，而且经常因为一些事情与斯科特发生争议。他们之间的第一次争议出现在员工编号的分配问题上，斯科特把1号给了沃兹，把2号给了乔布斯，其实1号与2号之间并无太大权力差别，但乔布斯却不满意这样的结果，于是乔布斯前去与斯科特理论，要求当1号，遭受拒绝后，乔布斯大发脾气，非常懊恼痛苦。他不服输的精神，使他总是处在领先的地位，同时也深深感染了公司的每一位员工，这种独特的领袖魅力使员工始终积极奋进，斗志激昂，一直处于机警的战斗状态，使苹果公司始终处于一个无法超越的领先地位。

资料来源：陈颖：《乔布斯领导力分析》，载《经济视野》，2013（9）。

极强的自信心，对完美的苛求，以及超越常人不为条条框框所限制的魄力，成就了乔布斯传奇的一生。乔布斯是一位极具领袖魅力的完美主义的领导者，在他的带领下苹果公司不断推出惊人的产品，一直处于行业领先地位。从乔布斯的案例中我们能体会到，一个成功的领导者对整个公司的战略指引和推动起着决定性作用。所谓时势造英雄，在每一个时代、每一个领域，我们都能发现一大批卓越的领导者，那些鲜活的人物为我们演绎着领导的传奇和无穷魅力，让人们对领导这一概念充满好奇与向往。事实上，领导活动是普遍存在的日常现象，自从群体产生，领导就出现了。从国家、政府，到企业、学校，甚至在家庭和朋友中都有各种类型的领导存在。

领导是领导学中最基本的概念。理清领导的含义和本质，对于研究领导学和提升领导技能有重要意义。本章将带领读者走进领导的世界，帮助读者对领导这一现象有一个初步的了解和认识。

## 1.1 领导与领导力

### 1.1.1 领导的定义

领导现象非常复杂，关于领导的定义也众说纷纭，到目前为止并没有统一的说法。但是，这并不意味着领导无法把握和界定，只是人们可以从多个视角去看待领导这一概念。

领导一词来源于英文中leader的音译，而在中文语境下的领导其实对应着英文中的三个单词：leader，lead和leadership。领导可以指施加影响力或领导力的人，即领导者（leader），这体现出领导一词的名词性。领导也可以指领导者施加影响力或领导力，即带领（lead）他人，激励员工并促进组织目标的实现，这体现出领导一词的动词性。西方提到领导时最常用的词是leadership，有学者将之译为领导力，多用来指领导过程（leading）中领导者（leader）所表现出的特质、行为、风格、职能等要素，也在广义上包括领导者和领导过程。

通过梳理西方领导学研究中纷繁复杂的概念表述可以发现，影响力、互动、领导者、追随者、变化成为界定领导这一概念的关键词，以下几个特点是领导这一活动所必然包括的：

第一，领导者和被领导者，或者称为追随者（follower），互动共生，缺一不可；

第二，领导活动存在于某种组织或团队的情境之下，并受这种情境的影响；

第三，领导活动的目的是实现一个特定的目标，这个目标决定了领导活动的方向。

因此，领导活动可以看成是由领导者、追随者、情境、领导目标这四个要素构成的。这里可以构建一个方程，以表明领导活动的复杂性和动态性，即领导（$L$）$=f$(领导者，追随者，情境，领导目标)。

### 1.1.2 领导的本质

万变不离其宗，领导意味着一种无形影响力的施加。《高效能人士的七个习惯》的作者柯维（Covey）就提出过“领导力的本质就是影响力”的著名论断。他认为领导者要以身作则，克制冲动，培养前瞻性、控制力和耐力；为下属树立榜样；尊重他人，协助别人建立自尊心和价值观；要提供无私的服务；具有主动性，并通过启发性的行动来取得追随者的信任。总而言之，就是要通过人格的魅力来影响追随者。

柯维的判断是正确的。然而，这种“影响力”应该是领导者与追随者之间的相互影响。为了达到有价值的目标，领导者和与之相应的追随者在相当长的时间里同心协力。领导者有可能受到追随者的影响，而追随者有时也需要执行领导者的角色，这是一个双向的互动（详见第2章）。在一个群体里，领导者和追随者通常就是同一批人，只是在不同的时间点上扮演着不同的角色。从这个角度来看，每个人都可能是领导者。好的领导者不仅能将自己的人际影响力和洞察力发挥到极致，而且知道如何汲取周围人群的养分，适时变通和进步。一个优秀的追随者永远不会将自己定义为“盲从者”，而是会站在领导者的角度思考问题，从而更好地与领导者互动。情境的变化使得大家的角色也在发生着变化，或许明天的你就会成功进化为一名出色的领导者。这一切源于你对形势的敏锐洞察和自身素质的积累及运用。共享式领导、分布式领导等新兴领导概念（详见第3章）的蓬勃发展说明领导的概念正在不断革新，人们对领导的本质有了更加深入的理解。

影响力是一个较为抽象的概念，以至于我们无法用精确的语言来描述。事实上，影响力的产生是多向和松散变化的，这源于情境的变化。正如前面所提到的领导方程，领导者、追随者、情境、领导目标等都在一个大的模型之中，需要以一种系统的眼光来看待这一问题。真正重要的不是影响力本身，而是全局观和动态观的培养。永远不要忽视领导的本质：领导是领导者与追随者相互影响的动态过程。这提醒我们领导者和追随者应该视对方为伙伴，重视与对方的互动关系，而不要将双方的关系对立起来。

实践中，作为伙伴关系的领导正在获得越来越多组织的青睐。在这样的组织中，尤为重视团队凝聚力的提升和员工授权的发展。高露洁-棕榄公司的前首席执行官（CEO）鲁本·马克（Reuben Mark）就是这类领导者的典范。虽然这样的领导者没有锋芒毕露的野心，他们总是表现得谦逊随和，但你绝不能否认其所展现出来的超凡魅力。

篇中案例

**高露洁-棕榄公司前CEO鲁本·马克**

《商业周刊》曾经邀请鲁本·马克对一篇关于CEO的文章给予评论，他礼貌地拒绝了，因为他认为，这样做对他的公司没有什么意义。马克自1984年任高露洁-棕榄公司的CEO后，一直避免在公众面前曝光，并不断拒绝媒体采访，尽管他的业绩比许多高调的管理者要好很多。他的领导理念高度强调团队合作而非个人成就。

马克认为，如果不断在电视或杂志上曝光，领导者就可以被看做暗自挪用员工的努力来获得大众的好评。妇女权益组织Catalyst的总裁希勒·惠灵顿指出："他（马克）希望公司成为巨星，而不是他自己。"大多数分析家也认为，高露洁确实是商业巨星。

马克还以与高层管理者特权绝缘而著称。他经常自己接电话，并亲自到公司大堂迎接来访者。当他到国外出差时，总是乘坐普通航班，而不是动用公司专机。尽管马克以个性强硬、脾气火暴著称，但他总是能把自己的抱负和热情转化为公司下一步发展的目标。在公司的年会上，他总是对来自世界各地的员工给予嘉奖，尽管他们对创新、市场份额增加或公司运作所作的贡献远不如他自己。据瑞银华宝一位跟踪分析高露洁公司的分析师说："马克的许多员工甚至愿意为他挡子弹。"

资料来源：理查德·L·达夫特：《领导学原理与实践》（第3版），北京，电子工业出版社，2008。

## 1.1.3 领导的分析层次与有效性

### 一、领导的分析层次

组织中的领导是一个多层次的现象，研究者一般在个人、群体或组织三个层次中的某一个上进行探索和分析。

个人层次（individual level）上的领导学研究主要是围绕领导者本人及领导者与下属个人之间的关系展开的。群体层次（group level）上的领导学研究主要讨论领导者和下属集体之间的关系。组织层次（organizational level）上的领导学研究则聚焦于领导者或领导团队和整体组织的相互影响结果和影响机制。其中，个人层次的领导学研究是基础。

## 二、领导的有效性

1. 领导有效性的标准

领导的有效性如何体现？这与领导的定义一样，是一个非常复杂的问题。费德勒（Fiedler）的权变模型（详见第9章）根据群体表现来定义领导有效性。按照这一观点，当领导者的群体有良好的绩效时，领导就是有效的。其他一些领导模型，例如第9章中豪斯（House）的路径—目标理论，则认为下属的满意是决定领导有效性的主要因素。如果要提供一个完整的领导有效性的依据，需要包括领导者承担的全部功能与评估要素，而且，不同的评估主体可能有不同的评估标准。可以结合领导学研究的三个层次，将判断领导有效性的关键要素总结如下：

（1）个体层次有效性：员工满意度、职业发展、离职行为、主动性、业绩等；

（2）群体层次有效性：团队目标实现、内部团结、适应环境的能力等；

（3）组织层次有效性：财务目标、产品与服务质量、内外部协调等。

为了达到领导的有效性，领导者本人必须成为有效的领导者，能够帮助和带领个人、团队和组织实现目标，这就需要无止境的学习，掌握必备的领导学知识，也需要经验的积累、同事的协作和组织的支持。对于一个组织而言，应该帮助各个层次的领导者成长，营造领导力培养和生发的环境，允许每一个领导者犯错误，从而促进领导者不断学习并开发新的技能。

2. 有效和成功的区别：领导有效性的启示

卢森斯（Luthans，1989）及其同事对管理者的有效性和成功进行了区分：有效的管理者是指那些拥有令人满意的、高生产率的员工的人；而成功的管理者是指那些职务晋升速度较快的人。卢森斯在研究中发现，这两类管理者从事的是不同类型的活动：有效的管理者在与下属沟通、冲突处理、对员工的培训、发展和鼓励员工上花费了大量的时间和精力；而成功的管理者其注意力却不在员工身上，他们注重关系开发，包括内部关系的处理以及和外部的、社会的及政治领域的广泛接触。

如果希望自己的领导者并非昙花一现，组织需要学会区分有效的领导行为和成功的领导行为，并对那些具有有效性而非提升快的领导活动予以奖励。否则组织可能很快就会发现，自己的领导者并非胜任之人，而是通过关系网爬上领导层的人。

# 1.2 领导与管理

南丁格尔离开克里米亚护理院后，在没有任何组织供她指挥的情形下，照样领导护理界长达数十年之久；甘地尚未管理任何组织之前，就已经是位领导者了。在很多情况下存在这样的现象：身为领导者却不从事具体管理事务（如非正式领导者），或者掌握大权的管理者却并不被认为是领导者。因此，领导和管理之间存在差异。

### 1.2.1 领导和管理的区别

领导从管理中分化出来，并且具备了相对独立的意义，领导和管理都有各自完整的行为体系。这是近年来伴随着工业经济的高度发展而兴起的理论观点，代表人物有约翰·科特（John Kotter）、沃伦·本尼斯（Warren G. Bennis）等。领导和管理的区别主要有以下四个方面。

（1）二者的内涵不同。所谓管理（management），就是通过制定组织目标、制定计划、有效领导和协调控制等手段实现组织效益的最大化。而领导（leading）主要通过领导者自身的影响力和魅力，激励和鼓舞他人实现组织的目标，是管理系统工作中的一个重要组成部分。

（2）管理者（manager）和领导者（leader）得到职位的路径以及权力来源不同。管理者通常是由董事会或者直系主管任命的。因此，所获得的权力基于所在的职位。他们根据职位所赋予的职责权限来制定详细的计划和指标，指挥和命令下属完成既定任务。而且，由于现实的压力，管理者关注短期结果。职位所具有的权威是一般员工所无法跨越的，如同一道巨大的鸿沟，导致上下级之间的关系缺乏灵活性。相反，领导者的权力则基于自身的影响力和魅力。我们身边的领导者，或许他并没有正式的职位，但却能脱颖而出，身边拥有一大群追随者。而管理者却只能随着岗位的变化而指挥一部分人。领导者的任务是创建组织的文化和价值观。团队合作精神是领导者所推崇的。他们的目标是团结企业中的所有人，吸引和鼓励员工。简而言之，管理者对应的是下属，而领导者对应的是追随者。

（3）关注的核心任务不同。领导者的核心所在是勾勒出企业的愿景，它往往是激动人心和宏伟壮观的。当然，这还远远不够。真正有效的领导者能将组织的核心文化和价值观与组织成员的个人目标相结合。而管理者则不同，他侧重于对已有目标的实现及企业资源的再分配和利用，最终实现企业的计划。在管理者眼中，员工和企业的关系仅仅是雇佣关系，而不像领导者那样培养所有人的主人翁精神。

（4）对变革的态度不同。领导者驱动变革，他们总是根据周围环境的变化不断创新。领导者需要根据情境的变化承担起变革的重担，为整个系统提供使命感、凝聚力和共同努力的方向，带领大家开创焕然一新的局面。例如苹果公司的史蒂夫·乔布斯追求创新，将其产品的功能发挥到极致，开发出一代又一代新产品，使公司产品的市场份额急剧上升。管理者则追求公司的稳定，相对而言比较缺乏风险意识，力图维持组织结构和产品销量的稳定。出众的执行力对他们来说或许是优先追求的。

在本教材中，管理者专指有正式职权的人，而领导者则可能指管理者，也可能指非管理者（根据上下文的语境，读者并不难辨别）。正式的职位和权力可以帮助领导者产生，但从来都不是领导者产生的必要条件。

### 1.2.2 领导和管理的联系

曾在六位美国总统领导下工作，并任美国健康教育福利部部长等职的著名领导学教授葛德纳（Gardner）在《新领导力》一书中说："我曾听一个人说，某某人是个一流的管理者，可是骨子里找不到一丁点儿领导者的痕迹。我一直在寻找他所说的那种人。可是，现在我开始相信那种人并不存在，因为每次我碰到的一流管理者，都刚好具有相当的领袖气质。"

尽管管理和领导之间存在如此大的差异，但两者却是可以相互转换的。生活中这样的案例遍地都是，我们可以发现许多优秀的管理者同时也是卓越的领导者；而一个有效的领导者，也能对公司进行科学的管理，包括设定目标、制定计划、控制协调等管理工作中的精华。而且，在企业的实际运作中也发现，管理和领导的有些职能并不能像理想的那样完全分离，而是相互重叠。既是成功的领导者也是成功的管理者的人物大有人在。有效的领导者可能也是有效的管理者，有效的管理过程中也需要适时地发挥领导才能。现实生活中，二者对于组织的发展来说就如同船桨和船舵，缺一不可，否则就会对公司造成巨大的损失，因为管理本身永远不可能创造出重大的有用变革，领导行为自身则很难使一项活动年复一年、按部就班地保持运作。从海尔的CEO张瑞敏身上可以发现，他由创业初期对公司事务事无巨细亲自管理到后来企业规模扩大后转变成战略和变革指引者。组织的领导者就是这样演变而来的。

**篇中案例**

**张瑞敏的管理与领导**

十几年的时间里，海尔从一个亏损的小厂发展成为国际知名、有实力冲击世界500强的大企业集团，张瑞敏卓越的领导能力与领导艺术功不可没。

张瑞敏上任伊始，海尔还是一个管理混乱的小企业，员工迟到早退、从企业拿东西都是家常便饭。张瑞敏最初制定的制度中，有一条竟然是"不准在车间内随地大小便"，海尔的管理状况可见一斑。所以，在这个发展阶段，张瑞敏首先是一个管理者，生产管理、销售管理和人事管理等，他都要亲力亲为。在多年的实践中，张瑞敏总结了一系列有中国特色的管理理念和管理方法，其中最受人关注的就是海尔定律（斜坡球体论）和全方位优化（OEC）管理模式。

**一、斜坡球体论**

企业如同爬坡的一个球，承受着由于市场竞争和内部员工惰性形成的压力，如果没有一个止动力它就会下滑，这个止动力就是基础管理。基础管理只能保证它不向下滑，要想促使它往上移动，还需要一个拉力，这个拉力就是企业的创新力。企业要发展、要提升，这两种力缺一不可。

**二、OEC管理模式**

"O"代表"overall"，意思是"全面的、全方位的"；"E"代表"everyone，everything，everyday"，意思是"每个人、每件事、每一天"；"C"代表"control and clear"，

意思是“控制和清理”。OEC管理模式的基本含义就是要全方位地对每一个人每一天做的每一件事进行控制和清理，做到“日清日毕，日清日高”。这种模式看似简单，但要日复一日、年复一年地坚持却不容易。很多企业到海尔去取经，但得到的真理却坚持不下去，由此可见海尔执行和落实的力度。

随着海尔发展的规范化和中高层经理管理素质的提高，张瑞敏逐渐把自己的定位转向领导者，他专职担任海尔的CEO，把总裁的位置和管理的职能转移给自己的副手杨绵绵。在这个阶段，张瑞敏思考的则是如何在这么大的一个集团内部，组织、激励更多的员工为共同的目标而奋斗。

资料来源：郑春建：《颠覆韦尔奇》，北京，企业管理出版社，2002。

## 1.3 你可以是领导

### 1.3.1 领导者是天生的还是后天塑造的

一些人相信，能否成为领导者取决于他有没有这个基因；另一些人则相信，生活经验塑造着每个人，没有人是天生的领导者。哪种观点是正确的呢？

领导天生论有一定的存在价值。一些有效的领导者从未上过领导学的课程和接受过领导力技能开发的培训，而一些领导学研究者虽然掌握大量的领导学知识但并非合格的领导者。一定程度的领导潜能的确是与生俱来的。很多学术研究也表明，多种认知能力和人格特性都部分源自遗传。然而，尽管这是一种巨大的优势，但并不足以保证领导者的有效性。好的领导者一定还要经历后天的磨炼，并且不断地进行自我总结和提升。所以，后天的学习和成长对于一个优秀的领导者才是更为重要的。

从大量的实践和案例中能够发现，领导素质和技能可以通过训练和指导得到提高，也就是说，领导者在一定程度上是可以由后天塑造形成的。在企业培训与开发实践中，关于领导力的培训是一个最为常见的主题。假如领导者无法被塑造和培养，那么众多企业何必花费巨额的资金对他们的员工进行领导力培训呢？结论显而易见，领导技能可以学习和培养。这也是无数培训机构和领导力中心能够立足并得到快速发展的重要原因之一。《好领导可以教出来》一书通篇以哈佛大学著名领导力大师海费茨20多年的领导学教学实践为例，详细描述和分析了哈佛大学的领导学课程是如何进行并得到了人们的高度认同的，证明了领导力的教育不但是可行的，而且是极有价值的。所以，那些自认为缺乏领导才能的领导者也大可不必怨天尤人，领导的潜能是可以开发出来的，只要愿意为之付出努力。本书第3篇将讲述怎样做领导的技能和方法。

阿维（Arvey）等学者对这一问题进行了探究，他们肯定了工作经验在其中发挥着最重要的作用，并得出了很有借鉴意义的结论。

学者说

**发展性因素（后天）还是基因性因素（先天）**

一般学者认为，基因性因素和发展性因素解释了领导者职业角色的大部分变化，但他们并没有对每种因素的解释程度进行研究。一项研究通过对美国明尼苏达州的178位男性和214位女性双胞胎进行研究，探讨了领导职业角色（leadership role occupancy）中基因性因素（genetic determinants）和发展性因素（developmental determinants）的作用。

结果显示，领导职业角色由基因性因素和非基因性因素共同决定。家庭和工作经验对领导有影响，其中工作经验显著影响了领导职业角色，当基因的影响被分离出后，个体前期的生活经历和经验（即家庭经历）可能会触发领导力的发展，但与领导力的关系不是十分显著。领导职位角色中32%的变化和基因性因素相关，剩下的都受发展性因素的影响。

后来，研究者继续扩展研究，测试了青春期所处的社会环境对工作中领导职业角色的遗传影响的调节作用。研究者利用一个男性双胞胎样本（平均年龄36.5岁的89对同卵双胞胎和54对异卵双胞胎）进行研究，发现那些在富裕环境（例如，较高的家庭社会经济地位、更多的父母支持、较少的与父母的冲突）中成长的被试遗传影响较弱；对于那些处于相对贫困的社会环境中的孩子，遗传因素对领导职业角色的影响则显著更大。

资料来源：Arvey，R. D.，et al.，“Developmental and Genetic Determinants of Leadership Role Occupancy among Women，” *Journal of Applied Psychology*，2007，92（3）；Zhang，Z.，Llies，R. & Arvey，R. D.，“Beyond Genetic Explanations for Leadership：The Moderating Role of the Social Environment，” *Organizational Behavior & Human Decision Processes*，2009，110（2）.

在当今社会，随着对领导这一概念的理解越来越深入，以及领导行为和特点的日益变化，领导者与追随者之间的界限越来越模糊，这一特点带来的变化使得团队中并不一定只有一个领导者。受到这个大环境的熏陶，人们对领导技能和知识的渴望从未如此旺盛，因为每一个人都有后天成为领导者的必要性和可能性。这也正是领导学方面的研究至今兴盛不衰的原因之一。

## 1.3.2 领导是一门科学还是一门艺术

### 一、领导是一门科学

领导的科学性体现在领导的实践需要科学的规律来把握，其中的规律既包括社会和事物发展的规律，也包括领导行为自身的发展规律。

1. 职能活动中的科学性

本教材的第11章将对领导的职能进行介绍。决策是领导的基本职能之一，其过程是否科学合理，直接关系到领导的有效性。科学决策就是领导者运用已有的资源，遵循科学的原则、程序，确保行动和计划的正确性。有别于经验决策，科学决策要求领导者制定目标、选择和实施行动的过程按照科学的程序进行，保证目标的正确性和结果的最优化。试想一位领导者，如果在进行决策和制定计划的过程中总是完全依赖于主观意念，其后果将是不堪设想的。比如，由于在目标市场决策中出现失误，马来西亚政府在1985年决定投产新款汽车沙格型后，销售量很快跌至低潮。事实上，如果进行了科学的分析，这个错误本来是可以避免的：马来西亚经济不景气，内需很小，该车在本国根本卖不动；而沙格型由于当初目标市场定位于国内，使得其技术上未达到先进国家的标准，又无法出口。“一着不慎，满盘皆输；一着占先，全盘皆活。”科学的经营决策能使组织充满活力，兴旺发达；而错误的经营决策会使组织陷入被动，组织如果不能科学分析经营情境，便有可能陷入万劫不复的境地。诚然，在许多商业案例中常常可以看到，某领导者神奇地运用个人魅力，力挽狂澜，最终使濒临破产的企业起死回生。尽管如此，我们仍旧无法忽略其中的规律性和科学性。

2. 学术研究中的科学性

领导的科学性不仅体现在决策等职能活动上，还体现在领导学是学术研究的一个重要领域。领导学是研究领导活动和现象的规律的学科，旨在揭示领导工作中各个要素之间的相互联系和相互作用，为领导行为提供参考和指南。凭借定性分析和定量分析方法的有机结合，领导学研究获得了极其丰富的成果，有助于我们从各种分析角度研究不同情境下的领导问题。有学者曾评价，领导要取得一定的效果，就必须研究产生人际影响的规律。从这个意义上说，领导学是一门关于如何产生良好人际影响的方法的科学。此外，领导学中的理论推演和研究方法也都闪耀着科学的光辉，对我们的领导实践起到了根本的指引作用，相关的例子可以参考本教材中的“学者说”专栏。

自古以来，中国的先哲们就在浩瀚的论著中涉及了对领导的阐述和总结。从《论语》《孟子》《韩非子》《孙子兵法》到《资治通鉴》《三国演义》《曾国藩家书》等，无不透射出对于领导者和领导活动认识的智慧光芒。从现代学科确立的角度看，领导学早在20世纪初甚至更早就已经引起西方学者的兴趣，近30年来已经成为独立的学科领域，而且至今仍然在蓬勃地发展。

纵观领导学的研究途径和理论类别，可以分为如下五种：

（1）领导特质理论（leadership trait theories）。领导特质理论的假设是：领导者是天生的，而不是后天培养的。研究人员试图发现领导者与非领导者在个性、性别、经历、智力、外表等生理和心理特质上的差异，从而帮助选拔领导者，或者帮助提高领导者的绩效。领导特质理论有着广泛的社会基础，人们面对伟大人物并对之进行分析时，往往从其与众不同的特质入手。虽然并没有人能够得出所有成功的领导者所具备的所有通用特质，也没有证据表明某一种特质就一定是领导成功的必然保证，但是这一理论学派的研究找到了某些可能会提高领导绩效的要素，这在20世纪的20—40年代具有非常重要的开创意义。本教材的第5章将对领导特质理论进行详细介绍。

（2）领导行为理论（leadership behavioral theories）。由于忽视了后天的影响，领导特质理论无法完全解释领导成功的原因。自20世纪40年代起，研究人员开始将重心放在领导者的具体行为上，力图解释成功的领导者应该具有哪些特定的风格或行为特点。领导行为理论的研究内容相对于领导特质理论而言，对于培养和训练合格的领导者更加具有针对性的指导意义。领导行为理论包含的内容范围很广，直到今天仍然受到领导学研究者的关注。领导行为理论将在本教材的第 6～8章讲述。

（3）权变领导理论（contingency leadership theories）。没有任何一种特质或行为在所有条件下都有效，所以，自 20 世纪 60 年代起，研究人员又将目光放在了影响领导成功或失败的情境因素上，比如，工作的特征、下属的特点、团队的生命周期、外部的环境等。人们越来越发现领导的有效性与其所处的情境高度相关，不同要素的组合使得领导学的研究更加复杂，也更加有趣。相对于权变理论，上面的两种理论——特质理论和行为理论也称为通用理论。离开了对于情境的把握，通用的领导特质和行为根本不能在理解领导有效性中发挥作用。本教材的第 9 章将集中介绍一些权变理论的模型，并且会在第 10 章专门谈到中国背景这一权变因素对于领导的影响，即中国式领导的特质和行为。

（4）综合领导理论（integrative leadership theories）。20 世纪 70 年代起，研究者开始尝试将上述所有理论结合起来，或者同时使用两种及以上的领导概念进行研究，以求更接近领导现象的本质。目前主流的领导学研究大多是在这一框架之下进行的。这些研究可以帮助领导者找到提高成功可能性的行为和特质，探究领导者与下属的关系可能带来的不同结果，以及决定这些特质、行为和结果的权变条件。由于综合理论是上面三种理论的结合体，因此会影响到本教材中各章的内容，尤其是在第 3 篇中会得到更综合的体现。其实，上述四个学派并非界限分明，在综合理论的框架下，很多研究内容都是有交叉的。

（5）分布领导理论（distributed leadership theories）。自 20 世纪 90 年代中期起，分布领导理论开始引起研究者的重视，在这一理论学派中，普通员工也可以担当领导角色，研究视野得到拓展。这是领导学研究范式的一个极大转变，因为分布式领导关注领导力在团队和组织中的分布和共享，突破了以往研究过于强调高层级领导者作用的局限。所以，虽然分布式领导也应该符合权变思想，可以放在综合理论学派之中，但本教材还是将其单列出来。该理论学派发展较晚，还没有完全得到主流学界的认可，尚在进步和完善之中。分布式领导为企业各个层次的领导力培训和个人的领导力提升提供了很好的理论基础，本教材的第 3 章将对这一理论进行介绍。

### 二、领导是一门艺术

尽管领导具有科学的成分，但必须承认，许多领导活动需要领导者在一定的知识和经验基础上，灵活自如地运用各种领导技能，从中可以体现出领导者的个性化特点和创造力。从前面关于领导的概念中可以了解到，领导是一个动态的影响过程：领导行为和风格多种多样，追随者千变万化，领导情境捉摸不透。这一切都表明，领导效果的实现需要艺术性创造“灵感”。毛泽东在解放战争的关键时期做出放弃延安，保存实力，“拿延安换全中国”的著名决策，是当时很多人并不理解的“奇思妙想”。作为一种艺术，领导总是源于实践，又高于实践。这是一个综合运用领导者个人实践、魅力、才华的能动过程。一个充满艺术光辉的领导者之于一个组织的成长和发展，其作用可见一斑。强调领导的艺术性并不是忽略领导的科学性，实际上，领导艺术并不是领导者主观臆造出来的，而是来源于领导者对于事物的深刻理解，是建立在大量自己或别人的经验总结基础上的，本身自然也是符合相应规律的。以毛泽东“暂时放弃延安”为例，也是在《孙子兵法》的“吾所与战之地不可知，不可知则敌所备者多，敌所备者多，则所与战者寡矣”[①] 的框架之内的，是进行了科学分析之后的重大决策。

过度关注领导的科学性和艺术性都会失之偏颇。领导就是科学和艺术的结合，这样的特性使得领导活动充满了魅力。不能指望通过这样一本教材就能把你变为一个好领导，作为一门艺术，很多领导的技巧和方法甚至不能从课本中得到，而是必须通过大量的实践和体验才能获得。领导学的教育可以缩短这一过程，因为领导的科学性使得越来越多的领导活动的规律和理论被总结出来，并对实践中的领导行为形成指导。通过本教材的学习，你将掌握有关领导的知识，尝试着把这些知识应用到学习活动和日常工作中，你将有意想不到的收获。即使对于那些并不想成为领导者的读者而言，了解领导的特点和规律，也有助于你站在领导者的角度看问题，更好地理解领导的行为和决策，与领导者形成更融洽的关系。其实，就算你不想成为领导者，在很多时候，领导角色却是你不得不承担的，甚至在你自己都不知道的情况下已经是一名非正式的领导者了。这就是第3章的内容：你应该是领导。

## ▶小　结

本章介绍了领导这一概念。作为一种社会现象，领导是领导者和跟随者之间的一种影响力关系，其本质是相互影响的动态过程。好的领导者不仅能将自己的人际影响力和洞察力发挥到极致，而且知道如何汲取周围人群的养分，适时变通和进步。一个优秀的追随者也永远不会将自己定义为盲从者。领导这一过程有个人、群体、组织三个层次，在每个层次上都有相应的领导有效性的标准。但实践中仍然需要注意区分有效的领导和成功的领导。

领导过程是管理体系中的一个重要组成部分。管理者侧重于计划、组织、控制，而领导者则充当着变革领袖，需要为员工提供愿景式帮助和价值观的影响。管理和领导既相互联系，又相互区别。其区别主要体现在二者的内涵不同，管理者和领导者得到职位的路径以及权力来源不同，关注的核心任务不同，对变革的态度不同等方面。但在企业的实际运作中也发现，管理和领导的有些职能并不能像理想中的那样完全分离，而是相互重

---

① 这句话的意思是：我方准备和敌人作战的地点，不能让敌人知道。不让敌人知道，那么敌人所要防备的地点就会很多。防备的地点只要一多，与我方作战的敌人数量就会减少。

叠。有效的领导者可能也是有效的管理者，有效的管理过程中也需要适时地发挥领导才能。

领导者是可以后天培养出来的，每个人都有成为领导的可能。领导既是一门科学，又具有艺术特色。科学性首先体现在领导的实践需要科学的规律来把握，即领导者运用已有的资源，遵循科学的原则、程序，确保行动和计划的正确性。领导的科学性还体现在领导学是学术研究的一个重要领域。领导学是研究领导活动和现象的规律的学科，旨在揭示领导工作中各个要素之间的相互联系和相互作用，为领导行为提供参考和指南。目前的领导学研究可分为特质理论、行为理论、权变理论、综合理论和分布理论。领导艺术关注的是对领导情境的理解以及影响他人的技巧，其艺术性体现在综合运用领导者个人实践、魅力、才华的能动过程。

## ▶ 关键术语

领导者（leader）
领导（leadership）
追随者（follower）
管理（management）
领导特质理论（leadership trait theories）
领导行为理论（leadership behavioral theories）
权变领导理论（contingency leadership theories）
综合领导理论（integrative leadership theories）
分布领导理论（distributed leadership theories）

## ▶ 思考题

1. 本教材并未对领导作出统一的定义。根据教材中介绍的内容，你会对领导作出怎样的定义？

2. 以你所在组织的领导为例，谈谈其领导的有效性是如何体现的。

3. 根据管理和领导的区别，谈一谈你的上级是管理者还是领导者。为什么？

4. 你认为领导者到底是天生的还是可以后天培养的？

5. 你是领导者吗？如果不是，是否愿意成为一名领导者？你觉得自己能否成为一名领导者？为什么？

## 案例分析

### “任性女王”能拯救雅虎吗？

美国时间2013年5月20日一早，雅虎宣布，用11亿美元现金收购轻博客Tumblr。一手主导这场交易的是雅虎现任CEO玛丽莎·梅耶尔。她在业界的一举一动总能引来关注，这不仅是因为她长了一张美丽的脸庞，号称“硅谷第一美女”，更关键的是，她领导着一家全球最知名也是管理最急需变革的互联网公司，人们对她出任雅虎CEO寄予厚望。

然而，人们很快发现这种美好的愿望要落空了。任职雅虎CEO两年半的时间里，虽然梅耶尔对雅虎的产品架构进行了大幅调整，但一系列事实证明梅耶尔的“空降”并未创造奇迹。

那么，究竟梅耶尔给雅虎带来了什么？她到底是“救星”还是如雅虎以往频繁更换的

CEO一样，只是又一个“过客”？雅虎能重振雄风，还是继续萎靡不振？关于答案，尼古拉斯·卡尔森在《玛丽莎·梅耶尔与拯救雅虎之战》一书中展开了讨论。

1997年，雅虎本有机会以100万美元的价格收购谷歌，但最终错失了机会。几年后，它又有可能收购脸书（Facebook），这家如今市值超过2 000亿美元的公司，当时仅标价10亿美元，但雅虎的底价是8.5亿美元。2001年，互联网泡沫破灭，雅虎成了宏观经济气候的牺牲品。

轮到梅耶尔登场，这位肩负着众人希望，也可以视为替雅虎去尝试为数不多的一次自我救赎机会的领导者。她接管雅虎后一直如履薄冰，不断通过大手笔的收购，企图让雅虎的产品变得更有趣、更酷炫，更适应移动互联网时代的浪潮。但这一切都并未换来雅虎的成功转型，反而是梅耶尔在人力资源管理方面的短板让公司出现了不良副作用：人才流失、内斗加剧、饱受争议。

卡尔森严厉地批评道，梅耶尔最大的管理问题与她一直想努力灌输的创业文化相关。梅耶尔特别钟情一套名叫“季度业绩评价”的员工考核制度，该制度会在每个季度将每个团队每位员工的得分从1到5依次排队，这套制度的本意是鼓励努力工作的员工，并清除工作业绩不佳的员工，但很快起到了相反的效果。由于可供分配的4分和5分员工数量有限，因此有才华的人往往不想在同一个项目里共事。员工们更不希望由于项目调动而让自己获得低分，这自然就影响到公司战略目标的实现。

每个季度召开的一系列校正会议也让人难以接受，这项制度的原意是让经理与上级坐在一起共同评价自己手下的所有员工。但在实际中，经理会利用这些会议找到各种理由让某些员工得到差评，有些理由甚至非常官僚和肤浅。不过，梅耶尔却非常喜欢参加这种对员工进行主观判断的会议。不仅如此，面对臃肿的员工队伍，梅耶尔拒绝大幅裁员。

在卡尔森的笔下，梅耶尔是一个每天只睡四个小时的工作狂，是一个有点独裁专断的执行官。至于雅虎的未来，卡尔森不无悲观地指出：从许多方面来看，雅虎的市值即便从1 280亿美元跌到几乎一文不值也是比较正常的事。当初让雅虎成长为巨型企业的原因如今已不复存在。同时，即便雅虎的产品做出无可争议的改进，公司文化变得更具创新性，梅耶尔也未必能力挽狂澜。除非她能够为雅虎打造出一款极具革命性的产品，就像当年乔布斯为苹果打造的iPod那样。毕竟所有取得过重大突破的公司，最终都将走向稳定，然后进入衰落期。

资料来源：杨吉：《“任性女王”能拯救雅虎吗?》，载《商界评论》，2015（5）。

根据上述案例，尝试回答如下问题：

1. 领导者被赋予的责任重大，梅耶尔作为雅虎CEO被寄予重望。梅耶尔身上有哪些领导者具备的素质？有哪些又是她缺乏的？

2. 拯救雅虎的过程中，梅耶尔的领导风格对各项工作的开展有怎样的影响？

3. 雅虎的衰落似乎不可挽回，在公司的衰落中，你认为领导能起到多大的挽救作用？

## ▶ 参考文献

[1] Smircich, L. & Morgan, G, “Leadership: The Management of Meaning,” *Journal*

*of Applied Behavioral Science*，1982，18（3）

［2］冯秋婷．领导学概论．北京：中共中央党校出版社，2011

［3］理查德·哈格斯，罗伯特·吉纳特，戈登·柯菲．领导学——在经验积累中提升领导力．北京：清华大学出版社，2007

［4］邱霈恩．领导学原理．北京：清华大学出版社，2012

# 第2章

# 领导者与追随者

## 学习目标

- 理解追随者的重要性
- 了解追随者的类型
- 掌握有效追随的方法
- 掌握塑造有效追随的理论基础
- 领会领导者怎样促进有效追随
- 掌握领导成员理论的主要内容和优缺点

引例

**刘备的团队**

刘备28岁时既无过人之文才，也无超人之武功，家境贫寒，不名一文，自己既不能冲锋陷阵，又没有资本招兵买马，想创业却力不从心。这一年刘备结识了想投军的张飞和关羽，通过观察发现这两个人都有超群的武功和胆识，刘备把自己的雄心壮志对关羽和张飞作了介绍，获得了他们的认同。关羽、张飞在当时都是无名之辈，但刘备已经发现他们都是很有发展潜力的将才，正是关羽和张飞的加盟，才使刘备这个团队开始在诸侯割据的乱世举足轻重。

关羽、张飞加盟刘备之前，才能都没有展现，但刘备能发现他们的潜力。刘备第一次与赵云见面，就对赵云爱惜有加，赵云在袁绍及公孙瓒处都是无名之辈，后加盟到刘备团队成为一代名将。

四十六七岁时，刘备三顾茅庐恭请比自己小二十岁的诸葛亮出山，已成为尊重人才之美谈。尽管诸葛亮出山之初寸功未立，但刘备待之如师，食则同桌，寝则同榻。他对属下一群文武充满信任，不像曹操用人多疑，在未得到诸葛亮之前，大胆启用徐庶为军师，请诸葛亮出山后，刘备就把军中大事一概授权。这样，诸葛亮才能尽情挥洒才干，如鱼得水。

刘备自知没有特别专长，所以待人处事一向低调、谦虚谨慎，从不夸夸其谈，并且自己从不与别人争功，爱才而不忌才，敢于用比自己强的人。诸葛亮、关羽、张飞、赵云都是个性鲜明之人，刘备能尊重个性、优势互补，培养出一大批积极的追随者，让他们都能在自己的岗位上尽责尽忠。

资料来源：陈志军：《刘备的团队管理》，载《经济导报》，2010（5）。

一个优秀的君主通常受到臣子的追随和爱戴，就像刘备拥有一大批诸如诸葛亮、关羽、张飞、赵云这样优秀的追随者一样，在企业中，优秀的领导者也都有许多"忠心耿耿"的员工。领导者是在群体中产生的，追随者是领导活动的基础，前面提到的大臣、百姓以及员工都是追随者。德鲁克说过："领导者的唯一定义是其后面有追随者。一些人是思想家，一些人是预言家，这些人都很重要而且很急需，但没有追随者就不会有领导者。"在领导活动中，追随者与领导者共同构成了活动主体，恢弘的业绩是领导者和追随者共同奋斗的结果。由上一章的领导方程式可知，追随者是领导活动必不可缺的要素，了解追随者的行为特点有利于我们更好地实施科学领导。所以，继上一章介绍领导者的基本理论后，本章将阐述追随者的相关理论，并探讨领导—成员交换理论的内容与意义。

## 2.1 积极与消极的追随者

### 2.1.1 追随者与领导者

#### 一、追随者及其重要性

在西点军校流传着一句话："如果你想让人们称你为领导，那你首先要教会他们如何做一名追随者。"追随者（follower）就是指在领导活动中追随领导者，与领导者有共同的利益和信仰，追求组织共同目标的人。费德勒的权变领导理论提到了追随者；赫塞和布兰查德（Hersey & Blanchard）的情境理论也指出了影响领导风格选择的重要因素，其中包括下属（追随者）的成熟度（详见第9章）。

人们常常仰慕振臂一呼、应者云集的领导者，这种霸气的场面是由千万个追随者构成的。几乎任何一个伟大的领袖身后都有出色的追随者，唐僧有了三大弟子才得以去西天取回真经，刘备身边有卧龙凤雏、五虎上将才成就了三国鼎立的霸业。没有追随者，就很难有领导者，正是追随者造就了领导者。

领导过程是由领导者（leader）、追随者（follower）、情境（situation）以及领导目标（leadership objective）构成的，所以我们不仅要关注领导者，还要关注领导者和追随者在领导过程中的表现，以及领导者与追随者之间的相互作用，这样才能更好地理解领导过程的重要性。这就是为什么仅靠拿破仑一个人并不能打赢战争，因为其中包含千千万万追随者的力量。

## 二、追随者的角色

在传统观念中，人们对追随者有一些误解，认为他们是胆小的顺从者，没有自己的主见，不过是一只“温顺的绵羊”。这种观点已经落伍。这是因为领导者和追随者的关系随着知识经济时代的到来正在发生着动态的变化。这种关系变化的一个原因是各种类型的组织都面临资源匮乏的压力，而且这种压力还在与日俱增。资源不足和组织精简减少了管理者的数量，同时扩大了管理者的管理幅度，这就要求追随者承担起那些传统上由领导者完成的职能。另一个原因是，组织内部在更大程度上实现了权力分享和职权分散化，进而增强了组织内各部门间的相互依赖性，增加了各部门间合作的需要。此外，知识经济时代使得组织面临更加复杂的问题和更快的变革需求，需要越来越多的人参与来共同解决问题。在领导研究的诸多文献中，提到了追随者的数量、预期、人格特质、成熟度、任职能力及激励水平都会影响领导过程。由此可见，领导者的行为与追随者密切相关。

领导者与追随者的关系可以概括为以下三种不同的层次：家长与孩子的关系，这种关系常见于家长式领导的企业中（详见第10章）；老师与学生的关系，这种领导多为教练型（coaching），以激发追随者的潜力为目标；夫妻关系，领导者和追随者就像是丈夫和妻子，必须互相尊重和信任，同时他们必须有一个共同的方向。在这三个层次中，追随者的地位不断得到提升。在现代社会中，人们提倡具有创新精神、心怀愿景、积极的追随者，为实现组织的目标而努力。

传统的领导力研究大多仅仅把追随者视为消极的接受者，最好的情况下也只是把他们视为领导者影响和行为的调节者。然而，近年来，在追随力研究领域，焦点已经开始得到转移，人们越来越强调追随者对领导者（尤其是领导者的行为）产生影响的可能性。

### 学者说

**追随者对领导者的社会影响**

厄齐和巴舍（Oc & Bashshur，2013）回顾了以往传统的领导力文献，基于新兴的追随力文献，把追随力重新置于领导力的社会语境之中。他们的研究基于社会影响理论（social influence theory），从个体和组织两个水平分析了追随者对于领导者所能产生的影响力。一方面，某些追随者个体（例如本身拥有一定职权的追随者或受其他追随者高度认同的追随者）能够通过向上反馈和一些影响策略对领导者的态度、行为、决策等产生影响；另一方面，由所有追随者构成的群体也会对领导过程产生影响。在现有研究中，追随者群体的影响并没有得到足够的重视。然而，群体动力学的相关研究发现那些凝聚力较高的群体往往能够发挥出比单个个体更强大的影响力。一般而言，某一个追随者个体对领导者产生的影响是较为有限的，而整个追随者群体的一致行动则会给领导者的决策和行动过程带来相当大的规范性压力与影响。

虽然"追随者能够影响领导者"这一观点具有颠覆传统认识的吸引力，但我们也必须清醒地认识到，目前对这一观点的支持多数还处在理论思辨阶段，尚未有实证研究来支持追随者因素确实能够在一定条件下影响领导者。

资料来源：Oc，B. & Bashshur，M. R.，"Followership，Leadership and Social Influence，" *Leadership Quarterly*，2013，24（6）.

## 2.1.2 积极与消极的追随者

### 一、积极追随者与消极追随者的特点

凯利（Kelley，1992）根据人们的工作参与程度，把追随者分为两类，一类是积极追随者（active follower），另一类是消极追随者（passive follower）。

1. 积极追随者的特点

积极追随者积极参与工作中的各项任务，主动迎接各种挑战，是与他人保持密切联系的合作者。同时积极追随者多提倡自我领导，这种积极的心态会影响到周围的员工，大家会觉得积极追随者是自己行动的榜样。在领导者眼中，积极追随者是独立的、积极的、有创造性的，通过积极参与工作，不管面对多大的制度障碍和人际合作困难，他们都可以创新地解决问题。积极追随者会以组织的共同愿景为自己的行动准则，发现工作中、制度中不合理的因素，及时向领导者提供建设性的意见和建议，有效地协助领导者展开日常工作，从而降低领导成本，保证组织的良性发展，最大限度地实现组织的目标。

"群众会追随一位走在他们前面 20 步远的领路人，不过，如果这位领路人比他们超前 1 000 步，那他们就会看不见他，因此也就无法追随他了。"如果追随者不积极主动地参与工作，时刻铭记组织愿景，他只会在竞争中落后，此时会发现自己因能力不足而"无法追随"。从另一个角度看，这也提醒领导者要照顾到追随者的素质和能力，不能只顾自己走得飞快，致使积极追随者也不能跟上，最终无法实现自己的事业目标。

"不想当将军的士兵不是好士兵"，杰出的领导者大多曾经是出色的追随者，在追随中不断学习、积累和自我超越。当人们在原有的基础上扩大权力范围和影响力，得到一批人的认同时，他就成为组织中的一个新领导者。这些都建立在兢兢业业做好本职工作、不断保持创新热情的基础上。只有积极的追随者才有可能成为领导者，由此可见成为一名积极的追随者有多么重要。董明珠在 30 多岁时南下打工，从最基层的空调销售员做起，十几年后成为中国最大的空调生产商之一格力的总裁，名震业界。这样的例子不胜枚举。

2. 消极追随者的特点

消极追随者是低工作参与度、低积极性的，对工作缺乏主动性和责任感。他们倾向于领导者为自己的行为设计好一切，缺乏工作热情，在团队中随波逐流，缺乏向上的朝气，认为"多一事不如少一事""当一天和尚撞一天钟"。他们需要领导者不断指导，如果没有领导者的鼓励，他们不会主动去完成某项任务。

在企业里，领导者认为这类追随者是懒惰的，但领导者也应找出追随者低工作参与度的原因所在。是缺乏激励，还是追随者所负责的工作超出了自己的能力水平？只有对症下药，才能改进现状。当各种改进措施都无效时，可能在公司招聘时就出现了问题。

二、追随者的五种类型

凯利还进一步把追随者更细致地分为五种类型，分类的维度分别为：独立、批判性思维（independent，critical thinking）和依赖、非批判性思维（dependent，uncritical thinking）；积极和消极，如图 2—1 所示。

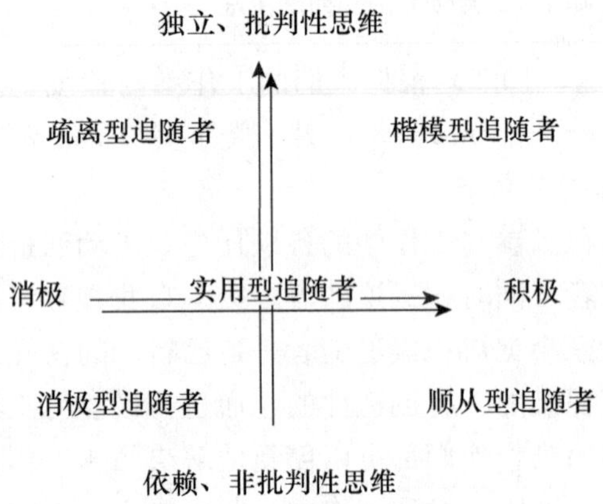


**图 2—1　追随者的类型**

资料来源：Kelley，R.，*The Power of Followership*，New York：Doubleday Currency，1992.

每一类追随者的特点如表 2—1 所示。

**表 2—1　追随者的类型和特点**

| 追随者名称 | 维度值 | 特点 |
| --- | --- | --- |
| 疏离型追随者（alienated followers） | 独立、批判性思维，消极 | 常向他人指出组织中所有消极的一面，认为自己只是不随波逐流而已，但领导者往往认为这些人愤世嫉俗、消极、敌对。 |
| 顺从型追随者（conformist followers） | 依赖、非批判性思维，积极 | 总是赞同别人的观点，尽管他们在组织工作中总是表现得很积极，但如果他们所接受的指令与社会行为标准、组织政策相违背，这种人就会给组织带来危险。 |
| 实用型追随者（pragmatist followers） | 全部居中 | 很少对自己所属群体的目标有高度认同感，但他们学会了不去捣乱。由于很难了解他们对问题的态度和意见，他们给人的印象总是相当模糊，既有积极的一面，也有消极的一面。 |
| 楷模型追随者（exemplary followers） | 独立、批判性思维，积极 | 独立、积极、主动并愿意向领导者提出异议，即便面对官僚制度，也将自己的才华用于对组织有益的事情。 |
| 消极型追随者（passive followers） | 依赖、非批判性思维，消极 | 不具备楷模型追随者表现出的任何一种特质，他们依赖领导者为自己设计好一切，缺乏对工作的积极主动性和责任感，需要领导者对他们进行持续不断的指导。 |

### 2.1.3 领导追随

追随者是不是仅指被领导者、下属和群众呢？如上所述，追随者和领导者的关系处于变动之中，追随者的角色界限正变得越来越模糊。在这种情况下，一些学者提出了领导追随的观点。组织在执行目标时，员工成为组织运营的主角与主力军，领导者就成为追随者（也可理解为支持者），支持员工的工作。领导者要支持员工的想象力，以及要为实现目标制定管理原则。领导者的追随职责可以归纳为三类：追随愿景与目标，追随适当的管理原则，追随普通员工。这种追随通常都是以绩效为导向的。由此可以看出，领导者在领导执行过程中，在领导者和追随者两种角色中转换，给员工提供各种支持，获取员工的信任，激发员工的主动性和创造性，发挥集体的力量。这样做可以增加领导者的威信，加大员工的组织认同。柳传志就善于影响员工，为员工提供支持和帮助，赢得员工的信任，提高员工忠诚度，实现领导追随并得到他们的拥护。

篇中案例

**柳传志以人格魅力影响追随者**

在企业领导方式上，柳传志认为，在企业小的时候一定要事必躬亲，全力以赴；刚开始做一件全新的事情时，一定要身先士卒。那时领导者是演员，要自己去演。但是当公司有了一定的规模之后，企业领导者一定要退下来，给员工提供资源支持，发挥员工的潜力。柳传志在联想善于影响管理者和普通员工，并让下属相信，只要朝着组织目标前进，就一定能获得领导者的支持。柳传志之所以能掌舵联想 20 年，和他立志高远、总能为联想提出新的发展目标有着直接的关系。

柳传志影响追随者的第一步是“人行得正”。他说：“在公司里面，我对他们要求很严格，大家还都相信我，甚至离开公司的人、想自己发展的人，也不会出去说联想不好。这其中，我觉得有一点很重要，就是绝对不搞宗派，让员工真真切切地感受到组织对他们工作的支持。不仅是不谋私利，对人处事还要公正。今天我批评了他，明天他发现，其他人犯了错误一样挨批评时，他就不会感到委屈。”

让部下信任，柳传志有三个原则：“同事提出的想法，我自己想不清楚，在这种情况下，肯定按照他的想法去做。当我和同事都有看法，分不清谁对谁错、发生争执时，我采取的办法是，按照你说的做，但我要把我的忠告告诉对方，最后要算后账，成功与否要有个总结。你做对了，表扬你，承认你对，我再反思我当初为什么要那么做。你做错了，你得给我说明白，当初为什么不按我说的做，我说的话你为什么不认真思考。第三种情况是，当我把事情想清楚了，我就坚决按照我想的做。”柳传志经常强调：“第二种情形很重要，不独断专行，尊重别人的意见，但是要算后账。这样做会大大增加自己的势能。”

柳传志认为，让员工对企业信服，必须做到以下几点：第一，企业做的事情要得到员工的认可，包括做事的原则、企业的文化都要得到认可；第二，企业要不断地搭建舞台，不断地发展，管理者就要不断地带来新的业务，接受新的挑战。

在实践中，联想把柳传志的要求落到了实处。联想的做法让许多员工都很信任公司决策层的人格、经营方式，并且认同柳传志的这种员工支持方式。联想是一个讲究文化、讲究管理、讲究信誉的企业，这是联想的核心价值观。联想再发展50年、100年，这种信任也是不会改变的，而这种信任又增强了公司员工的凝聚力。

20年来，联想的成功使柳传志备受爱戴和崇拜，联想的员工把他当作兄长和父亲，我国IT业也视他为获得世界认同和分享全球化的形象。

资料来源：任浩：《现代企业组织设计》，北京，清华大学出版社，2005。

## 2.2 如何做一个追随者

领导过程的好坏与追随者的能力密切相关，优秀的追随者造就了优秀的领导者。既然追随者如此重要，那么，怎样才能做一个合格的、积极的追随者呢？领导者为促进员工追随应做哪些改进呢？

### 2.2.1 合格的积极追随者

对一个组织而言，领导者人数相对较少，而追随者人数相对较多，如果说领导者的素质具有关键作用，那么追随者的素质则具有基础性作用。每个人都应该学习如何成为一名合格的积极追随者。

首先，从态度方面看，追随者不仅要安心本职工作，在处理组织问题时应该更加主动，独立思考，更有创造力地解决问题，积极面对变革并乐意自我开发。同时要有意识地去为领导者分忧，敢负责任，勇挑重担，独当一面。合格的积极追随者不应过分计较个人得失，应以大局为重，维护组织形象。

其次，从与领导者互动方面看，追随者要注重与领导者沟通的技巧，清晰地表达意见。更为重要的是，追随者要理解领导者所在的世界，了解领导者的个人目标和组织目标，能够站在领导者的角度来看待和思考问题，意识到领导者并不是超人，有优点也有缺点。一些企业的中层主管或经理没有获得进一步的晋升，很多是因为他不愿意适应上级的风格。其实，适应上级的风格是自己的责任，这样做有助于向上级明确其在工作群体中的角色。

再次，从行动目标的方面看，追随者需要明白，自己追随的不仅是领导者本人，更是组织的愿景。追随者要把组织愿景定为自己行动的目标，提升自身的目标责任感，实现有效追随。“领导者去哪，我就去哪”是一种狭隘的观点，并不利于组织的健康发展。方正集团的集体跳槽事件就体现了这种错误的追随。2004年，方正集团助理总裁周险峰离职加盟海信，随同他一同跳槽的还有方正集团的数十名骨干。集体跳槽事件说明，如果追随者没有和企业相同的目标，企业领导者没有清晰明确地陈述愿景，充满真情地分享愿景，给予追随者合适的激励，就会导致类似事件。

最后，从能力方面看，追随者不要好高骛远，应该从自我管理、学习和创新三个方面提升自己的能力。积极追随者应该具有较高的自我管理能力，无须领导者时时刻刻地指导督促，能够自控自律，敢于承认自己的错误，在组织中能得到团队成员的信任，这样他提出的观点和意见才值得领导者信赖。“吾生而有涯，而知也无涯”，终身学习是积极追随者必备的特质。学习能力直接影响一个人的思维方式，只有不断地学习才能适应周围环境的变化，也才能更好地领会领导者的意图，并为自己成为领导者打下基础。有效的追随者并不是做领导者的“复读机”，只会机械地执行命令，而应该具有革新性、创造性的思维，对领导者提供的信息加以分析思考，提供创造性的建议。当追随者做到这一步时，往往是晋升的前奏，预示着他有能力从一名有效的追随者转变为新的领导者。

腾讯公司的原首席技术官（CTO）张志东即为马化腾的积极追随者，他的技术水平过硬，还致力于帮助其他同事的技术成长；他低调而朴实，从不追求媒体和人们的关注；他看淡个人利益，把公司的整体利益放在首位，为腾讯公司的发展作出了巨大的贡献。

## 篇中案例

### 马化腾背后的男人——张志东

马化腾创办腾讯，最开始是两个人，除了自己，另一个是他在深圳大学的同学张志东，两个人同在计算机系。张志东是个计算机天才，在深圳大学，张志东和马化腾都属于计算机技术拔尖的一拨，即便放大到深圳整个计算机发烧友的圈子里，张志东都是其中的翘楚人物。大家对张志东都很尊敬，一是其技术上的炉火纯青，即便是他的商业对手，都对这点佩服得五体投地。QQ的架构设计源于1998年，十几年过去了，用户数从之前设计的百万级发展到现在的数以亿计，整个架构还在使用，真的难能可贵，甚至说不可思议。

在中国互联网史上，张志东作为“马化腾背后的男人”，从来都不是媒体的焦点。这个胖胖的工程师自称是一个“典型的技术宅男”，他远远地避开闪光灯和镜头，人们在他所改变的世界里生活，在人海里却认不出他的面孔。张志东是个工作狂人，基本没什么业余爱好，唯一的兴趣是喜欢下象棋，工作空隙会抽空上网杀上一盘。张志东对物质的追求极低，在腾讯创始人们纷纷在澳大利亚买别墅、开游艇，高管集体团购宝马的态势下，张志东一直开着20多万元的中档车。

根据腾讯披露的2013年财报，其个人电脑（PC）端的增长天花板已相当明显。而与此同时，随着微信崛起，腾讯在移动互联网上进入收获季节，移动端的游戏、效果广告等成为主要变现方式，移动支付、O2O的潜力则推动腾讯股价不断攀升，市值跨过万亿港元节点。

“从PC到移动互联网，玩法变了，元老让位给年轻人来做专、做创新，或许更靠谱。”业内人士称，“新人需要机会，旧人就要让位。”

腾讯2013年财报显示，2013年全年总收入604亿元，同比增长38%。而隐藏在光鲜财报之下，是一则几乎被外界忽视的离职声明：腾讯创始人之一张志东将辞去执行董事和CTO职务。

此次新老交接的过程并非被动。知情者称，张小龙开发微信时就曾得到张志东的大力支持。在腾讯高层，和张小龙极客气质最为接近的就是张志东。志同道合的他不仅帮张小龙争取QQ关系链和QQ弹窗广告等资源，还与微信团队彻夜一起商讨产品的缺陷和修改建议。他为了和微信团队成员随时讨论，还专门拉了一个QQ群。

离任管理层之后，张志东新的工作是腾讯学院的培训讲师，致力于公司技术理念和文化理念的传承工作。帮助公司技术产品的同事成长，一直是张志东未完成的心愿和兴趣所在。原来在管理层的工作太忙，花在腾讯学院的时间很少，贡献也少。张志东希望退出管理层之后，可以有更多时间完成这个心愿。

资料来源：《张志东：腾讯第二人的传奇》，载《中国民商》，2014（7）；《腾讯：一个好汉四个帮》，载《东西南北》，2014（12）。

## 2.2.2 积极追随者的领导

### 一、塑造积极追随的理论基础

"良禽择木而栖，贤臣择主而侍"，领导者的作为和水平会直接影响下属的选择。另一方面，合格的积极追随者往往具有较高的工作绩效、较低的流动率和更多的组织公民行为，而绩效和组织公民行为等来源于追随者的态度，这不仅需要追随者自身的努力，也需要领导者运用领导技术进行激励。由此可见，吸引合格的积极追随者仅仅靠追随者自身的努力并不够，还需要领导者对有效追随的发展和维持。当然，并非所有的追随者都喜欢或不喜欢某种领导行为，领导者的行为能否令追随者满意，很大程度上要受到追随者个人偏好的调节，而偏好又受追随者的个性和所处环境的影响（见图2—2）。

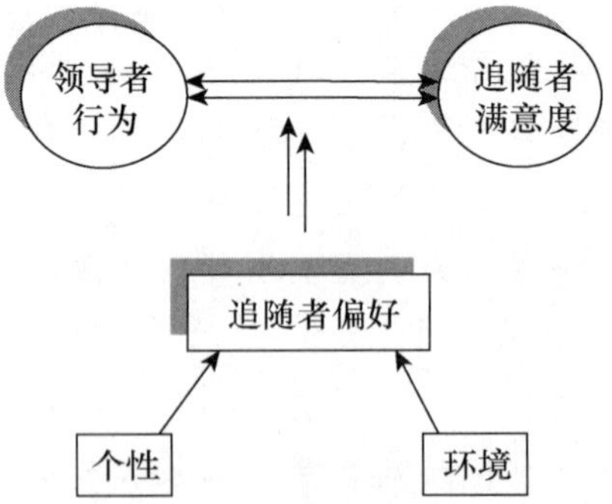


**图2—2　领导者行为与追随者满意度之间的关系**

资料来源：乔恩・L・皮尔斯、约翰・W・纽斯特罗姆：《领导力——阅读与练习》，北京，中国人民大学出版社，2009。

可以把获得一名合格的积极追随者的过程细分为两步：第一步，吸引，即获得并留住追随者；第二步，发展，即维持和提高追随者的满意度，塑造合格的积极追随者。那么，在无法改变追随者的个性和外部环境的情况下，领导者应该怎样做好上述两步，继而得到追随者的拥护和满意呢？组织行为学中的各种激励理论对此有很好的启发价值。

1. 内容型激励理论

内容型激励理论着重研究人们需要的内容、结构特征及其动力作用的理论，主要包括马斯洛（Maslow）的需求层次理论、奥尔德弗（Alderfer）的ERG理论、赫茨伯格（Herzberg）的双因素理论以及麦克莱兰（McClelland）的需要理论。

（1）马斯洛的需求层次理论。最著名的动机理论当数马斯洛的需求层次理论（hierarchy of needs theory）。他假设每个人内心都存在五种需求，分别是生理需求、安全需求、社会需求、尊重需求、自我实现需求。其中，生理需求和安全需求属于较低级别的需求（lower-order needs），社会需求、尊重需求、自我实现需求则属于较高级别的需求（higher-order needs）。较高级别的需求通过内部（个体内在的内容）使人得到满足，较低级别的需求则主要通过外部使人得到满足。当任何一种需求基本上得到满足后，下一级别的需求就会成为主导需求。只要它大体上获得满足，就不再具有激励作用了。

（2）奥尔德弗的ERG理论。奥尔德弗重新修订了马斯洛的需求层次理论，提出了ERG理论（ERG theory）。奥尔德弗认为，存在三类核心需要：存在需要（existence）、关系需要（relatedness）和成长需要（growth）。与马斯洛的理论不同，ERG理论认为三种需要可以同时对个体起作用。

（3）赫茨伯格的双因素理论。心理学家赫茨伯格提出了双因素理论（two-factor theory），指出个人对工作的态度在很大程度上决定着工作任务能否完成。根据他的研究，内部因素，如获得进步、受到认可、责任大小、取得的成就等，似乎都与工作满意有关；而外部因素，如公司政策、监督管理、薪金水平、人际关系和工作条件等，似乎都与工作不满意有关。

（4）麦克莱兰的需要理论。麦克莱兰的需要理论（McClelland's theory of needs）由麦克莱兰及其合作者提出。该理论主要关注三种需要：成就需要（need for achievement）：追求卓越、达到标准、争取成功的内驱力；权力需要（need for power）：控制别人以某种方式行为而不以其他方式行为的需要；归属需要（need for affiliation）：建立友好和亲密的人际关系的愿望。

2. 过程激励理论

过程激励理论是以人的心理过程和行为过程相互作用的动态系统为研究对象的激励理论，主要包括洛克（Locker）的目标设置理论、亚当斯（Adams）的公平理论、弗鲁姆（Vroom）的期望理论。

（1）洛克的目标设置理论。目标设置理论（goal-setting theory）认为，目标及其制定过程对员工的满意度和工作绩效有影响。当具有下列特征时，目标更能提高工作绩效：明确具体、越困难（目标的可接受性不变）、有反馈、经过仔细研究而非突发奇想、相互独立而非相互依赖。

（2）亚当斯的公平理论。公平理论（equity theory）指出，员工通过将自己的投入—产出比与其他相关人员的投入—产出比进行比较，体验是否公平。若感到自己报酬过低，则公平紧张感会产生愤怒；若感到自己报酬过高，则这种紧张感会产生内疚。

（3）弗鲁姆的期望理论。期望理论（expectancy theory）指出，个体以某种特定方式采取活动的强度，取决于个体对该行为能给自己带来某种结果的期望程度，以及这种结果对个体的吸引力。该理论旨在解释同一个体在不同情境下努力水平的差异，它关注三种关系：努力—绩效关系：个人感到通过一定程度的努力可以达到某种绩效水平的可能性；绩效—奖励关系：个人相信达到一定绩效水平后即可获得理想结果的程度；奖励—个人目标关系：组织奖励满足个人目标或个人需要的程度，以及这些潜在的奖励对个人的吸引力。

## 二、如何塑造积极追随

根据前人提出的动机理论和领导者行为与追随者满意度之间的关系，或许可以总结出领导者为塑造积极追随者所应当具备的素质。

首先，了解追随者的需求类型。如果领导者想要提高追随者的满意度，首先需要了解他目前处于哪个需求层次，进行针对性的满足，使得自己的领导行为能够有的放矢、直击要害，从而塑造合格的积极追随者。比如，如果员工具有非常高的归属需求，那么领导者可以在组织内营造一种“家文化”，给这类员工以更多甚至超过工作范围的关心。

其次，将能够提高追随者满意度的激励因素制度化。由双因素理论可以看出，获得的进步、受到的认可、取得的成就等能够提高追随者的满意度，因此领导者可以尝试将对员工的成就奖励制度化。例如，麦当劳为员工设置了系统的和定期的一系列奖励，让员工“名利双收”。

最后，科学地为员工设定目标。根据目标设置理论，领导者为员工定目标、提要求时要恰到好处，既不能让员工感到这个目标无法达到而产生畏惧心理，也不能让员工觉得这个目标毫无挑战性；目标应当非常明确以使角色明确，并且在员工完成任务后要及时提供反馈，让员工从中进行反思和再学习。

此外，绩效评估和薪酬制度应该公平而具有针对性。从公平理论和期望理论可以看到，要提高追随者的满意度，领导者应保证绩效评估的公平性，让员工觉得有奔头；同时，对绩效的报酬和奖励尽量做到个性化，使得组织的薪酬制度能够满足各个层次员工的不同需求。

学者专门针对领导者和追随者的关系进行了诸多的研究，取得了一些具有启示性的成果。比如，维基奥（Vecchio，1987）从四个方面阐述了领导者对有效追随的发展和维持。第一，要注意加入成本。当人们加入某个组织的成本很高时，会认为进入组织的机会来之不易。如果人们能在各种考验中坚持下来，发现门槛很高而自己竟然能够加入进来，他们会认为这是组织对自己的信任和赏识，因此会忠心耿耿，形成有效追随。第二，让追随者参与决策。这样做会培养追随者的主人翁意识，促进追随者的成长和发展，激励出他最好的一面，甚至超出其自己认为能够达到的能力极限。第三，创造集体认同感。领导者可以让大家统一着装，用带有公司标识的物品或通过喊口号的方式来增加认同感。有时领导者也可以通过价值观的传递来增加认同感，比如设定有吸引力的愿景。第四，强调追随的重要性。领导者通过讲述公司历史，强调个体对公司发展的推动力，让追随者明确自己的重要性。

华为公司的任正非将他早期的专制做法转变为信任、民主的做法，多与员工沟通，鼓励员工参与决策，有效地调节了组织氛围，改变了与下属的沟通模式，通过建立与下属相互信任、相互忠诚的关系来激励下属，让追随者积极行动起来，成功塑造了合格的追随者，提高了公司的生产效率。这也体现了领导—成员交换的思想：领导与下属相互信任，相互尊重，建立高质量的交换关系，努力实现组织的目标。

## 2.3 领导—成员交换

### 2.3.1 领导—成员交换理论

追随者的理论进一步说明了领导行为是领导者与追随者相互作用的过程，领导者与追随者相互信任的关系可以有效提高追随者的绩效，领导者与下属之间是互动的，领导—成员交换理论关注的就是这种以互动关系为基础的领导方式。

领导—成员交换（leader-member exchange，LMX）理论是20世纪70年代提出的，主要阐述了领导者如何与各种下属发生不同的交换关系。与早期出现的领导特质理论、领导行为理论、权变领导理论相比，领导—成员交换理论是一种侧重关系的理论。这种理论是把上下级之间的关系看成组织运行的关键。在最理想的状态中，领导者会以同样的方式来对待下属，不分亲疏远近，公平公正。但这种理想状态是很难实现的，领导者的时间和精力有限，不可能完全了解每一位下属，资源的稀缺性也决定了领导者不能把资源平均分配给每个人，因此领导者会根据员工的能力和忠诚度，采用不同的领导方式，从而与一部分下属建立了特殊的关系。

这时就出现了两种普遍的二元关系类型（见图2—3）：一种是以信任和双赢为基础的关系，称为内集团关系，对应的成员为圈内人（in-group member）；另一种是以任务和契约为基础的关系，称为外集团关系，对应的成员为圈外人（out-group member）。圈内人会比圈外人得到更多的信息，得到领导者更多的关注，同时也比圈外人更多地介入组织。当圈内人为领导者做出额外的工作时，领导者会给予他们同样的额外回报。

决定下属是圈外人还是圈内人的因素有很多，比如领导者和下属双方的性格、经历等，能够由双方控制的因素是各自的行为。要想拥有高交换关系，领导

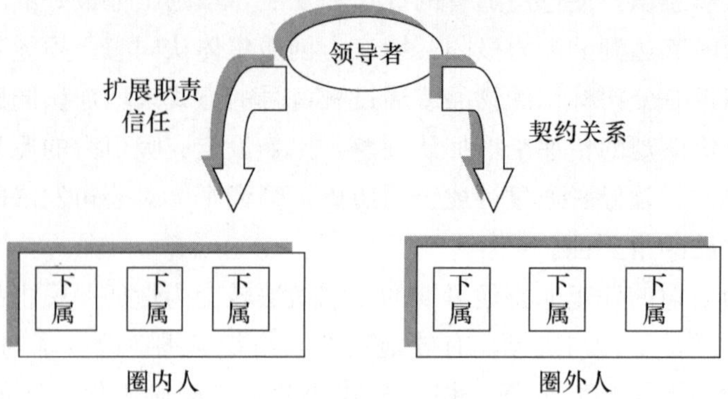


**图 2—3　圈内人与圈外人**

资料来源：Dansereau，Graen & Haga，"Vertical-Dyad Linkage Approach to Leadership within Formal Organizations：A Longitudinal Investigation of the Role Making Process，" *Organizational Behavior and Human Performance*，1975，13.

者可以加强对下属结果的控制，实施有形的奖励，还可以指派有趣的任务，分享更多的信息，鼓励下属参与领导决策，满足下属的部分要求等。同样，为了获得更高的地位和利益，得到高交换回报，下属必须刻苦工作，支持组织目标，主动协助领导者的工作，做一个积极的追随者，回馈以信任和高绩效。这种循环往复会使高交换关系不断得到强化，使领导者和下属之间的默契度不断提高。然而，在低交换关系中，下属仅仅完成工作上的要求，完成领导者布置的任务，只得到工作上的标准回报。

值得注意的是，并不是所有的员工都想成为圈内人，因为拥有高交换关系往往意味着承担更多的责任和风险、更大的工作压力。在下面的案例中，圈内人和圈外人的分界就十分清晰，可以看到上述因素所起到的作用。其中，萨拉并不认为成为圈外人有什么不好，这样她可以有更多的时间去做自己想做的事情。

## 篇中案例

### 圈内与圈外

卡尔利·彼得斯（Carly Peters）领导着一家广告公司的创意部。这家公司大约有 100 名雇员，其中有 20 人在创意部为卡尔利工作。这家公司主要经营十项大的业务及其他一些较小的业务。

在创意部，有四个大的项目小组。每个小组由一名创意部副主任领导，副主任直接向卡尔利汇报工作。每个小组有一位打字员、一位艺术指导和一位策划人员。这些小组分别由杰克、特里、朱利亚和萨拉领导。

杰克和他的小组与卡尔利相处得非常好，他们为公司的客户做了许多出色的工作。在几个小组中，杰克的小组最有创意和天赋，他们也最乐于为卡尔利加班。所以，当卡尔利需要向上级部门展示工作业绩时，她通常用的都是杰克小组的工作。杰克和他的小组成员信任卡尔利，卡尔利也信任他们。卡尔利并不顾忌给他们额外的资源或给他们的工作以充分的自由，因为他们总能为她带来成功。

特里小组的工作也很出色，但特里并不满意卡尔利对其小组的态度。她觉得卡尔利偏袒杰克小组，这是不公平的。例如，卡尔利会劝告特里退出一项广告业务，因为这太冒险；而杰克小组却会因为进行一项富于挑战性的业务而受到表扬。特里觉得杰克小组是卡尔利的宠儿——他们得到最好的工作、最大的利益和最充足的预算拨款。特里发现她很难隐藏对卡尔利的不满。

与特里一样，朱利亚也感到她的小组不在卡尔利的圈子里。她已多次注意到卡尔利偏袒其他小组。例如，每当有人员分配计划时，总是其他小组得到了最好的写作人员和艺术指导。朱利亚感到很困惑：为什么卡尔利不注意到她的小组或帮助他们改进工作？她觉得卡尔利轻视她的小组，因为朱利亚知道她的小组的工作质量是无可挑剔的。

尽管萨拉赞同特里和朱利亚对卡尔利的某些评论，但她觉得并没有必要去对抗卡尔利的领导。萨拉已经为这家公司工作了近10年，似乎没有什么能影响她。她的小组虽没有“惊天动地”，可也没有出现什么问题。萨拉感到她的小组及其工作看上去更像“螺母和螺栓”的关系：分配到任务，然后完成它。进入卡尔利的圈内意味着在晚上或周末要花额外的时间。这会让萨拉更头痛。因此，萨拉乐于担当她现在的角色，而且她也没有兴趣要去改变小组的工作方式。

资料来源：彼得·诺思豪斯：《领导学：理论与实践》（第二版），南京，江苏教育出版社，2002。

### 2.3.2 交换方式的选择及其影响

一个领导者怎样判断下属是否有能力、是否忠诚呢？这就需要领导者基于下属的行为和绩效来评估其能力，从而决定采用何种交换方式。为了更准确地评估下属的能力，领导者需要做到以下三步：收集信息、实现信息交换、描述原因。首先，领导者全面收集影响绩效水平的各种因素，通过和下属双向交流获得这些因素。在交流中领导者要尽可能地理性，不要因为绩效结果的高低冲昏了头脑，而失去对下属绩效原因的判断力。其次，为了实现双向交流的畅通，领导者要表达自己对下属的信任，提高下属的忠诚度，营造民主、真诚的交流氛围，减轻下属和领导者交流的压力。最后，实现信息交换后，领导者要认真分析导致绩效出现问题的因素，最好能用具体的事例来描述这些问题，让下属参与到讨论中来，互相指出造成绩效问题的最主要的因素，并解释产生这些问题的原因。经过讨论后，达成一致的解决方法和改进步骤。

一般认为高领导—成员交换关系对工作效率有正面的影响。领导者感觉到下属在努力，这会加大对下属的肯定，提高员工满意度，下属会表现出更高水平的工作绩效和组织承诺，减少离职意向。下属还会拥有更多的权力，对领导者也会更加信任和尊重。有大量的研究对领导—成员交换的作用进行了验证。

## 学者说

**领导—成员交换对员工工作行为的影响**

印度一家大型制造企业中的 82 位领导者和 380 位员工接受了研究。结果表明，那些和领导者亲近的下属会认为自己是特殊、受到信赖的，会带来高回报，进而产生高水平的组织公民行为。研究建议，在管理实践中，领导者要明白，员工是在了解领导—成员关系的情境下，评价他们自身与领导者关系的。领导者应该公平地对待员工，创造每个团队成员与他们的领导者拥有同样类型关系的印象。与和同事保持亲密的关系相比，员工更会被与领导者“更亲近”的关系驱动，这就说明了领导者应该关注每一个员工所创造的社会价值。员工知觉可能不会直接反映现实，所以领导者应该通过让员工知道他们在领导者心中的高地位，来激励高承诺的下属，保证团队中的核心员工能感觉到自己与领导者的亲密关系，这样会提高员工的工作绩效和增加潜在的组织公民行为。

资料来源：Vidyarthi，P. R.，et al.，“Where Do I Stand? Examining the Effects of Leader-Member Exchange Social Comparison on Employee Work Behaviors，” *Journal of Applied Psychology*，2010，95（5）.

但是在中国，这种交换关系会受到个人“关系”的影响。西方的领导—成员交换理论中的高交换是建立在下属高绩效的基础上的，因为领导者和下属的工作身份和角色身份是平等的，即使领导者与下属互有好感，也仅仅在相互交往的早期起作用（Liden，Wayne & Stilwell，1993），领导—成员交换关系更多由绩效的好坏决定。因此，西方的交换关系多以绩效为准，而非“关系”。在中国，领导者深受儒家传统的思想，强调家族主义和权威主义，对下属起作用的多为“关系”，当个人与自己的亲近关系（例如，熟人和生人，家人和非家人）不同时，会区别对待。这种不分远近的“友谊”和“亲戚”关系使部分组织成员迅速成为圈内人，导致一些下属千方百计与领导者拉近关系，而不将重心放在工作上。领导者为了壮大自己的“帮派”，或维护自己的“面子”，也会使“关系”之风愈演愈烈。为了提高领导—成员交换的质量，避免“拉帮结派”，领导者除了应该鼓励员工广泛参与企业规章的制定，随时提出自己的想法，给员工展现自我的机会，还要给员工更多可察觉到的认同和支持，更重要的是要规范管理制度和沟通程序，在薪酬和资源的分配上公平对待，严格遵守分配标准，让制度“说话”，而非让“关系”说话，与员工建立起相互信任的关系。

总之，领导—成员交换理论告诉我们要尊重他人，认识到每一个员工都是独特的，并与组织成员之间建立相互信任的关系。另外，随着工作变化、信任度的下降，圈内人也有可能成为圈外人，反之亦然。所以这是一个灵活、开放的互动关系。

## ▶小 结

追随者是在领导活动中与领导者有共同的利益和信仰，追求组织共同目标的人。根据人们的工作参与程度，追随者可以分为积极追随者和消极追随者。凯利还进一步把追随者分为疏离型追随者、顺从型追随者、实用型追随者、楷模型追随者、消极型追随者。但有效的追随者并不是仅仅追随领导者本人，追随的应当是组织的愿景。领导追随会激发员工的主动性和创造性，发挥集体的力量。有时，追随者也可以通过不懈的努力成为领导者。

当今组织内外环境的变化使领导者和追随者的关系处于一个动态变化的阶段，追随者的角色也开始发生新的变化。最优秀的追随者应该能够独立思考，主动做事，提出创造性的建议。从追随者本身出发，需要从愿景、自我管理、学习和创新四个方面提升自己的能力。从领导者出发，领导者要注意确定追随者的需要类型，使激励因素制度化，科学设定目标，使绩效评估和薪酬制度公平并具有针对性。

领导—成员交换理论描述了领导者如何与下属建立内集团关系和外集团关系，这是一种领导关系理论，但并不是所有的员工都想成为圈内人。领导者通过对下属进行绩效评估来判断下属是否有能力。

在中国，不分远近的“友谊”和“亲戚”关系会使领导者对下属的评估出现缺陷。所以，领导者除了应该鼓励员工广泛参与企业规章的制定，随时提出自己的想法，给员工展现自我的机会，还要给员工更多可察觉到的认同和支持，更重要的是要规范管理制度和沟通程序。

## ▶ 关键术语

追随者（follower）
积极追随者（active follower）
消极追随者（passive follower）
需求层次理论（hierarchy of needs theory）
ERG 理论（ERG theory）
双因素理论（two-factor theory）
麦克莱兰的需要理论（McClelland's theory of needs）
目标设置理论（goal-setting theory）
公平理论（equity theory）
期望理论（expectancy theory）
领导—成员交换理论（leader-member exchange，LMX）
圈内人（in-group member）
圈外人（out-group member）

## ▶ 思考题

1. 追随者有哪些分类？每类的特点是什么？
2. 领导追随是什么意思？追随者又是怎样向领导者转变的？
3. 怎样做才能成为一个合格的追随者？其中领导者如何塑造合格的追随者？
4. 简要解释领导—成员交换理论，并谈谈其作用何在。
5. 同每个下属发展不同的二元关系并且仍然公正地对待每一个人，这样可能吗？
6. 在中国，领导—成员交换关系与西方有何不同？

## 案例分析

### 人力资源经理的离职

李丽丽刚跳槽到深圳某外资企业做人力资源经理时，遇到了一件非常棘手的事情：工厂的厂长通过香港总部，把自己的外甥直接安排到公司做人力资源工作，而这个毛头小伙没有任何工作经验，对人力资源为何物一头雾水。

一段时间后，李丽丽发现自己的这位下属“就只会开车，其他什么都不会，交代他做什么都必须手把手，比自己做还要累，而且过了半年还是老样子，没有任何进步。同样的一件重复性工作手把手教他做了几次还是没法单独完成。更可气的是，经常迟到、与同事发生无谓争执，可怜我就成了他的善后者”。忍无可忍的李丽丽几次想把这个厂长的外甥“退货”，都失败了。

一个偶然的机会，李丽丽才明白，这位厂长在10多年前创办深圳工厂时立下了汗马功劳，由于他的技能已很难适应目前的需要，担任厂长10多年却一直没有得到晋升。出于安抚这样的老员工，公司对他的一些行为“睁一只眼，闭一只眼”，只要他做的事情不对公司带来极其负面的影响就行了。

李丽丽对养着这样一个“超级闲人”非常生气，与这位厂长私下较起了劲。以她为首的一批入职时间较短的员工形成了一个圈子，无意识中与厂长为核心的老员工唱起了对台戏。在彼此两个圈子内的工作配合上形成了鲜明的对比：本圈子内需要配合的工作，无须多说很快搞定；对立圈子需要配合的工作，总是有意无意地拖拖拉拉。

一个月后李丽丽负责筹划主题论坛，在论坛结束后按公司惯例要求结集出版专家的演讲内容。一位发表演讲的专家事前曾交代过厂长：由于其身份特殊和敏感，不要将自己的演讲内容以书面形式公布于众。厂长把此事告知了自己的外甥，并让他转达给李丽丽。厂长外甥不知是有意还是无意，并未将如此重要的信息转达给李丽丽。到最后对方追究责任时，李丽丽只能委屈地承担了这一本可完全避免的过错责任。

“事情都是我在做，他只不过是个闲职，与我抢功也就罢了，但类似这种莫明其妙的责任让我很气闷和窝火。”尽管已经过去了一段时间，李丽丽回忆起来仍然愤愤不平，“如果他不那样破坏我正常履行工作职责，我也许就不会离开那家公司。”

在与厂长几次正面冲突过后，李丽丽被迫离职。接踵而去的，是一批与她混得很熟且屡遭排斥的“新”员工。

资料来源：钟孟光：《新圈子、旧圈子，咋交融？》，载《管理@人》，2006（11）。

根据上述案例，尝试回答如下问题：

1. 用领导—成员交换理论解释“厂长把外甥直接安排到公司”的理由和预期效果。
2. 案例怎样体现出领导—成员交换的“中国特色”？你对此有何建议？
3. 为了改进现在的状态，你会给李丽丽提供什么建议？
4. 这个厂长在塑造积极的追随者方面犯了怎样的错误？

## 参考文献

[1] Dansereau, F., Graen, G. G. & Haga, W., “A Vertical Dyad Linkage Approach to Leadership in Formal Organizations,” *Organizational Behavior and Human Performance*, 1975, (13)

[2] Graen, G. B. & Uhl-Bien, M., “Relationship-Based Approach to Leadership: Development of Leader-Member Exchange Theory of Leadership over 25 Years: Applying a Multi-Level Multi-Domain Perspective,” *Leadership Quarterly*, 1995, 6 (2)

[3] Liden, R.C., Wayne, S.J., & Stilwell, D.A., "Longitudinal Study on the Early Development of Leader-Member Exchange," *Journal of Applied Psychology*, 1993 (78)

[4] Vecchio, R.P., "Effective Followership: Through Top-Down Leadership," *Journal of Business Strategies*, 1987, 4

[5] 冯秋婷．西方领导理论研究．北京：人民出版社，2008

[6] 肯·布兰佳，斯宾塞·约翰逊．一分钟经理人．海口：南海出版公司，2004

[7] 理查德·哈格斯，罗伯特·吉纳特，戈登·柯菲．领导学：在实践中提升领导力（第六版）．北京：机械工业出版社，2009

第3章

# 你应该是领导

**学习目标**

- 理解英雄式领导的局限
- 了解分布式领导的定义和特点
- 体会分布式领导引起重视的原因
- 理解分布式领导概念可能存在的误区
- 体会自我领导的重要性
- 掌握进行自我领导的有效策略
- 了解涌现型领导的定义
- 理解自组织的运作机制

引例

**人人都可是领导**

1972年春天，一架载有机组成员和40名乘客的飞机飞越安第斯山脉。飞机未能到达目的地，它撞上了冰雪覆盖的山峰，因冲击而裂成几块。机身的主体部分像雪橇一般滑入了陡峭的山谷，最终停在齐腰深的雪层上。有些人在撞击发生时或一天后就死去了，而且剩下的28位幸存者的境况也好不了多少，食物供应匮乏，有一些乘客在撞击中严重受伤。在接下来的几天里，几位乘客精神错乱，还有几位因伤势过重和严寒而死去。那些基本上没受伤的乘客打算做些事情，来增加他们生还的概率。

有几个人努力修整飞机残骸，以使它经得住严寒的天气，另一些人则设法找水，还有些受过医学培训的人照顾伤者。幸存者一直相信他们会被人发现，然而几周过去了，仍然看不到营救队的踪影，活下来的乘客看到营救无望，觉得生还的唯一希望就是让某些人离开飞机残骸去寻求帮助。3名身体最健康的乘客被挑出来组成一支探险队，其他人的工作则是努力提高本次探险的成功概率。3位探险队成员得到的配给食物较多，也不必参加日常的求生活动；其他人的大部分精力都用在获取探险队所需的供应品上。飞机失事两个月后，探险队员最后一次出发寻求帮助。在世界最崎岖的地形上跋涉10天之后，踉踉跄跄的探险队员遇见了一群正在放牛的智利农民……最终，另外14名幸存者获救了。

在了解到生还的全过程后，人们对此事颇有争议。为了生存，他们不得不采用某些极端的、令人不安的做法，幸存者只能以吃他们死去同伴的肉为生。幸存者在做出是否要以同伴尸体为食的痛苦抉择前，进行了极为艰难的讨论。一位橄榄球队员把他的理由说得很清楚："我知道，如果我的尸体能帮助你们活下来，那么我希望你们能利用它。事实上，如果我的确死了，你们却没有吃我，不管那时我在哪儿，我都会回来狠踢你们的屁股。"

类似的英雄有很多。比如，在飞行前，一个名叫帕拉多的男孩看上去笨拙、羞涩，在体育场和社交场上都是"候补队员"。然而，就是这个似乎不可能成为英雄的人，因为他所表现出的勇气、乐观、公正和情感支持，成为所有幸存者中最受爱戴与尊重的人。

资料来源：理查德·哈格斯、罗伯特·吉纳特、戈登·柯菲：《领导学：在实践中提升领导力》（第六版），北京，机械工业出版社，2009。

这是一个真实的故事，是历史上最感人的求生经历之一，并在一些文学作品当中得到升华。故事所描述的极端情况虽然与日常的工作和生活有些距离，但并不妨碍我们得到领导与管理方面的启示，比如非正式领导的产生、领导所面临的情境、团队成员自发的互动、说服力与影响力、管理机制的建立等。今后的管理实践中，将越来越多地发生类似的复杂与动荡。从这个故事中可以看到，人人都有成为领导的可能。当需要时，我们应该承担领导的角色和责任，这些角色和责任是动态的，在不同的条件下和时间内，可能由不同的人来承担。设想一下在这个故事中，没有人或很少人承担这些不同责任的可怕结果。对自己说"我应该是领导"，这并不意味着你要成为具有行政职务的管理者，而是意味着你也要承担一定的领导职责，掌握一定的领导技能，具有一定的领导行为，锻炼出一定的领导力。

## 3.1 分布式领导

### 3.1.1 分布式领导与英雄式领导

#### 一、英雄式领导

提到领导这个词，你会想到谁？是中外历史上那些伟大的领袖毛泽东、华盛顿、甘地、丘吉尔，还是当代那些成功的商业巨头比尔·盖茨、史蒂夫·乔布斯、柳传志、任正非？领导一词经常与这些名字相关联，被赋予了英雄主义的光环与气质，格罗夫与英特尔，郭士纳与国际商业机器公司（IBM），韦尔奇与通用电气，张瑞敏与海尔……这些故事被认为是凭借一己之力挽既倒狂澜、扶将倾大厦的典范，是英雄式领导（heroic leadership）的完美诠释。即便不被等同于这些显赫的名字，领导一词也往往代表着能力、知识、智慧、信念、权力，是一个与普通人不一样的群体。英雄式领导强调个人的作用，强调正式领导的职位、功能和角色。从领导者个人的角度看，英雄式领导几乎是无所不能的人物，他具有一般人所不具备的特质，而被领导者离开了领导者则会一事无成。

英雄式领导在管理实践中起着举足轻重的作用，但也遭受了广泛的质疑。比如领导学著名学者加里·尤科（Gary Yukl，1999）认为，现代领导理论中只关注"英雄式领导"是一种偏见，完全忽视了不同领导间的相互影响过程。与此同时，另一种领导力形式——分布式领导越来越引起人们的关注，并逐渐在实践与理论中扮演起重要的角色，和英雄式领导形成了很好的互补。

## 二、分布式领导

### 1. 分布式领导的含义及其性质

分布式领导的概念出现在20世纪中期，但当时并没有引起学者的关注。到了2000年左右，分布式领导的思想才逐步受到重视。分布式领导（distributed leadership）就是在实现组织目标的过程中，领导职能与角色由不止一个成员承担的模式。这些领导可以是正式的，也可以是非正式的，可以处于组织中的任何位置，所承担的领导职责也可多可少。与传统领导学研究领导者个人特质、行为或角色不同，分布式领导主要探讨由多人担任领导角色的领导模式，突破了传统领导研究中的理论思维惯性，开始关注领导的功能分布在各个层次或部门的实践形态，突破了固守的静态研究视野。共享式领导（shared leadership）、集体式领导（collective leadership）、合作式领导（collaborative leadership）和分散式领导（dispersed leadership）等新兴概念都可以放到分布式领导的大框架下进行讨论。比如，共享式领导指的是团队层次的领导力分布和共享的模式，很多团队研究的文献都发现了共享式领导的正面作用。

**学者说**

**共享式领导有助于团队信任建立和绩效提升**

来自德国和美国的几位研究人员研究了动态的共享式领导如何影响团队绩效。作者假设，随着时间的推移，团队内部共享式领导的扩张与团队信任的增长有关，而团队信任的增长又与绩效的提升有关。研究跟踪了142个进行战略模拟游戏的团队，获取了4个月的纵向数据。经过分析，数据支持前述假设，即随着时间推移，共享式领导的增长有助于信任建立和绩效提升。

研究建议，组织需要意识到，领导力的变化可能出现在团队的整个生命周期，并且使团队间的相互影响达到最高水平。当我们设计、建立、管理团队时，必须认识到共享式领导让团队成员有更多的机会建立相互信任的关系，而这是团队正常运作和取得成功的关键。组织可以通过提供让大家相互交流和了解彼此能力的机会来确保领导力在团队内共享。比如，一些智力模型相关的团队培训可能引发或加速共享式领导的扩散。因此，组织应该营造一种氛围，使团队成员乐于承担领导职责和服从其他团队成员。

资料来源：Drescher, M. A., Audrey, K. M. & Welpe, I. M., et al., "The Dynamics of Shared Leadership: Building Trust and Enhancing Performance," *Journal of Applied Psychology*, 2014, 99.

分布式领导模式要求组织的正式领导学会授权，但并不仅仅局限于此。它还要求组织的普通员工能够根据任务和时间的不同来承担领导角色，并且要求不同领导角色之间的互动和协调。不同领导角色之间的互动和协调源于成员间的相互依赖，具体可以分为重叠性依赖和互补性依赖两种。重叠性依赖指的是成员对于信息和资源存在共同的需要，形成角色上的重叠。这种重叠可能会导致冗余和低效，但具有两个优点：第一是这样的相互依赖会有相互强化的作用，因为可能对于某些领导职责，履行的次数和人数越多越好，或者不同的领导职责会相互促进；第二是可以降低决策失误的风险，因为当多人履行同一领导职责时，他们可以互相监督和反馈。互补性依赖指的是不同的领导角色共享各自的技能和资源，这可以使得他们相互交流和沟通，既可以提高自身的能力，又可以增强成员间的信任，建立相互支持。领导力的分布因而有了现实的基础。

任务、情境与个人专长相匹配是分布式领导的重要原则。比如，在足球场上，前锋、中锋、后卫、守门员各司其职，无论谁抢断下对方的球都自动为这一轮的决策起到重要的作用，他会根据对手的布防进行组织，在球场的不同位置会有不同的协调方式和人选，只要能够向前推进，谁都可以担任领导者。而在赛后，教练、领队和队长会担当不同的领导角色。除了根据任务的不同，领导的角色也可以根据时间的不同来进行分配，比如在大雁群的人字队形中，头雁正面迎风，消耗了最多的体力，为了有效保存体力，保证长时间飞行，雁群会按照一定规律轮换头雁的角色，使得每只大雁都有可能担当领导角色。

2. 分布式领导的模式

近年来，学者对分布式领导进行了深入的研究，并对其作了重要的论述，丰富和发展了分布式领导理论。

剑桥大学教授格隆（Gronn）指出，分布式领导有三种形成方式：自发的、本能的和制度化的。为了解决某问题，多人甚至是所有人都贡献出知识和领导力，问题解决后合作自动消解，几乎没有人意识到自己提供了领导力，这就是自发的分布式领导。若经过一段时间后，两人或两人以上形成了紧密的合作关系，合作伙伴之间都意识到自己是"共同领导"，这就是本能的分布式领导。这两种情况在项目研发团队或咨询团队中比较常见。而如果组织通过正式制度或结构调整将领导力分散下去，不管是正式领导还是非正式领导，都是在正式的安排下产生的，这就是制度化的分布式领导。对于一个组织而言，现实中往往是三种形成方式都存在，但通常以一种方式为主。比如海尔“人单合一”的自主经营体就是分布式领导的一个典型例子。张瑞敏提出“让每个人面对市场成为独立核算单位”，自负盈亏。如采购人员要对采购的成果自负盈亏，不只是付款买货；制造部让每条产品线变成像一个公司一样经营，要自己核算成本；同样，销售人员也组成了以市场为中心的经营公司。这种体制要求自主经营体以员工为中心，领导和员工各自发挥各自的领导力，一起听客户的指令。

### 3.1.2 分布式领导引起重视的原因

分布式领导之所以能够引起越来越多的重视，主要原因在于如下几个方面。

第一，领导者本身的限制。CEO 所面临的环境越来越复杂，具有比以往更高的不确定性。有限理性的管理者无法通过个人的命令对下属进行全面的控制，也无法通过个人的努力来梳理纷乱庞杂的信息，为所有的问题找到答案，更无法仅通过个人的决策就能引领整个组织。在企业中，种种问题也开始困扰英雄式领导，接二连三的财务丑闻甚至败走麦城引起公众的愤怒。安然公司的成功和失败都和一个名字紧密相关——前 CEO 肯尼斯·雷（Kenneth Lay），这个英雄式领导后来虚报利润 5.8 亿美元，成为安然倒闭的原因之一。这个故事告诉我们，当过于依仗某个英雄式领导时，组织也面临极大的风险。“救世主”CEO 单枪匹马就可以拯救和发展企业的例子越来越成为神话，而过于依靠单一领导的风险也在今天的动荡环境下越来越大。领导力在这样的背景下向外分布在某种程度上成为必然，英雄式领导所承担的巨大压力也会得到相应的释放。今天，包括戴尔公司的很多企业中，CEO 的责任是由 CEO 办公室的两名或多名执行官共同承担的，并非由单一的 CEO 完全承担。华为公司也采用了“轮值 CEO”的治理制度。中基层的正式领导与非正式领导更是极大地分解了高层领导的职责与压力。

第二，下属的要求。从金字塔顶端自上而下的领导模式往往意味着权威和控制，员工素质的普遍提高动摇了这种领导模式的基础。知识型员工对管理者提出新的挑战，面对专业技能越来越强的员工，管理者再也不是“万能”的，而下属也有了领导和决策的能力及意愿。尤其是具有专业知识的下属往往是一个组织的核心竞争力之所在，因为个人的专长常体现为隐性知识，而隐性知识是高度个体化且难以言传的。当知识和领导力不匹配时，可以选择将知识转移给有领导力的人，或是将领导力转移给有知识的人。考虑到专门知识转移的难度，后者的转移经常会成为企业的首选。一项对美国某城市急救中心的研究成果发现，具有专业能力的队员会临时组成高水平的救护团队，共同实施难度很大、结果难以预料的紧急外科手术。这些责任重大的突发性外科手术关乎病人性命，需要团队成员之间的相互依赖和协调。在这样的团队中，技术和经验最丰富的医生往往主动承担协调工作，但当他认为实习医生能够处理问题时，便会放手让后者承担领导责任，独立完成手术。而当他发现实习医生遇到难以逾越的困难时，他又会主动承担领导责任。在很多情况下，甚至护士也会承担领导责任，成为非正式的领导。这种“动态授权”的领导过程在目前越来越普遍。

在海尔自主经营体模式下，员工可以自主安排工作时间和进度，自行调整工作计划，每一位员工都能够成为自己的领导。其实不只是海尔，互联网时代，许多企业内部的集权制度都日益衰弱，分布式领导和自我领导等新兴管理模式逐渐流行，普通员工被赋予了更多的权力。这意味着我们每个人都可以是领导，都应该承担一定的领导职责，掌握一定的领导技能，具有一定的领导行为，锻炼出一定的领导力。

篇中案例

### 海尔“人单合一”自主经营体

作为全球家电第一品牌，当互联网时代到来时，海尔敏锐地认知到，在互联网时代企业生存和发展的权利不取决于企业自身，而是取决于用户，因此员工必须转型，从听命于上级转向听命于用户。同时，企业内部员工构成以80后、90后为主，这些员工学历普遍较高，视野宽广，接受新鲜事物快，对自我价值实现的要求更加迫切，希望通过自己的努力得到认可和尊重的愿望也很强烈。因此，面对内外部环境的变化和挑战，海尔改变了传统的经营管理模式，搭建起一个能够将用户需求、员工自我价值实现和企业发展有效融合的崭新管理模式，即以自主经营体为基础的人单合一管理模式。人单合一管理中的“人”指的是员工，“单”不是指狭隘的订单，而是指市场用户需求。

自主经营体的“自主”来源于其被赋予的权力，即用人权、分配权、决策权，同时拥有“倒逼”平台经营体获取资源的权力。就用人权而言，自主经营体有权决定是否吸纳某个员工进入团队，有权对包括体长在内的团队成员的工作进行评价，并根据目标完成情况决定成员的去留。就分配权而言，自主经营体有权按照员工与团队之间的契约及员工目标实现情况来进行利益分配，它拥有独立的核算报表。决策权是指自主经营体在日常运行中的决策不再由其他部门来制定，而是由自主经营体根据运行情况自行制定。所谓“倒逼”获取资源的权力，是指自主经营体有权根据业务发展的需要，向二级和三级经营体要求获取相应的人、财、物等资源。

自主经营体管理的全面推行较好地实现了组织目标和员工目标的融合，员工工作积极性和主动性大幅提高，组织有效性多年来持续提升，且该创新成果获得了国家级企业管理创新成果一等奖。2015年9月19日，海尔集团董事长张瑞敏发表了题为《人单合一2.0——为创建“共创共赢”生态圈模式进行的探索及实践》的演讲，海尔对自主经营体管理的探索又进入了一个新的阶段。

资料来源：章凯、李朋波、罗文豪等：《组织—员工目标融合的策略——基于海尔自主经营体管理的案例研究》，载《管理世界》，2014（4）。

第三，组织的变化。传统的组织形式难以适应目前快速变化的市场，集权化的领导形式增加了组织运行的风险。经过多年的管理演变，扁平化、跨职能团队、虚拟团队、自我管理团队等模式日渐兴起，以适应市场的快速变革。这些组织模式为分布式领导的推广奠定了基础。在很多组织中分布式领导已经成为现实，在一些教育研究机构、高层管理团队、咨询公司或项目管理团队中，分布式领导有着越来越多的体现。

简言之，由于知识经济大潮的不可阻挡，知识型组织和知识型员工的不断涌现，加之决策的外部环境越来越动荡和不确定，分布式领导必将成为相关组织重视的领导模式，以增强自身的决策效率和效果。

### 3.1.3 对于分布式领导的认识误区

分布式领导拓宽了领导力的来源，允许某一时点有多个个体执行领导职责，强调组织每个个体对领导力的贡献。这一新概念与以往的组织理论和领导理论存在不一致的地方，引发了对分布式领导的很多疑问。比如，分布式领导是不是就等于授权，分布式领导是否会导致多头领导、是否会演变为无领导状态，以及分布式领导和集权式领导是否互相排斥等。厘清这些疑问无疑有助于更好地理解分布式领导的概念。

要想从根本上解答这些疑问，首先必须理解分布式领导的本质。事实上，以上对分布式领导的诸多疑问，其产生的原因在于将分布式领导的本质定位于“权力”而非“影响力”。分布式领导的研究焦点由“权力”转向“影响力”，重点关注的不是权力该不该分布、分布到哪一级、分布给哪个职位，而是哪些影响源对所追求的结果是重要的，哪种分布方式或影响模式对某一结果的追求是有效的，是谁实际上发挥了领导者的作用等。在这里，究竟是采用由上至下的领导还是由下至上的领导，是考虑正式领导还是考虑非正式领导，是强调纵向领导还是强调横向领导，其实都是次要的。

在深入理解分布式领导概念的基础上，下面具体阐述理解分布式领导概念可能存在的误区。

误区一：分布式领导实际上就是授权或者分权。事实上，分权分出去的是决策权、人事权、财务权等处理具体事务的正式管理权限，而分布式领导分出去的则是愿景激励、个性化关怀、领袖魅力、德行垂范等与特质和行为相关的影响力。

误区二：分布式领导排斥集权式领导。由于权力和领导力并不必然相关，分布式领导自然也可以与集权式领导同时出现。从运行模式来看，层级组织是分布式领导的保障，在一个实施分布式领导的团队中，很多重大的决定仍然是由团队外部的层级领导作出的。

误区三：分布式领导会导致多头领导。分布式领导是一种集体领导模式，在这种模式中，组织成员根据组织任务的需要以及个人完成任务的能力轮换担任领导角色，或者一项任务的不同工作由多个有相应专长的个体负责，强调组织成员的协同作用，而非同一工作由多人共同领导；员工共同完成从决策到执行的一系列工作，可以根据任务的需要和个人的专长来自主决策、自主管理，以增强灵活性，让组织更加快捷、高效。因此，这种情况不等于多头领导。

误区四：分布式领导等于无领导的无政府状态。分布式领导给予每个组织成员发挥自身影响力的机会，但是，个体能否担任领导角色，要视其个性、能力与任务要求是否匹配而定。组织成员通过长期共事逐渐了解了各自的才能，他们基于信任和实现共同目标的需要，愿意在不同阶段根据任务特点的变化听从最有能力的成员的安排。因此，在组织经历的每一个阶段实际上都有领导，并不是无政府状态。

可以看到，分布式领导模式的普及为普通员工承担领导角色带来了可能。他们或者是其他成员认可的正式或非正式领导，或者虽不被认为是领导，但具有相应的领导能力与领导风格，实际上起到了一定的领导作用。

## 3.2 自我领导与领导涌现

分布式领导作为团队和组织层面的领导现象，其实现需要个体层面的支持。自我领导和涌现型领导的视角指向的就是体现出领导特点的个体。

### 3.2.1 自我领导

在现实生活中，很多团队的优秀成员不一定个个都是某专业领域的行家能手，但每一天都在争取“做更好的自己”；他们深谙自省之道，致力于完善值得信赖的内在品质，以便在最恰当的时机服众并统筹全局。君子“慎独”，内在的自我完善因无人督促而更显得弥足珍贵。这样一种借助自我督促、激励来不断提升个人能力素养的自我影响过程即为自我领导（self leadership）。这是一种特殊的领导现象，其领导者和追随者是同一个主体，所以也有着特殊的形式和意义。在我国传统儒家文化中，自我领导就像是一个自我超越的过程，人们在自我修养的过程中不断地扩大自我界限，继而推己及人地发挥个人影响力。

#### 一、自我领导的策略手段

进行自我领导可从认知和行为两个层面同时进行。首先，这需要人们积极主动地强化自我认知，在能够清晰、理性地把握自身优势及能力短板的基础上，借助自我暗示形成积极的自我评价；与此同时，则可通过自我奖惩等方式规范个人言行，杜绝拖沓、懒散的工作作风，不断强化工作能力，提升个人修养（见表3—1）。

**表3—1　　自我领导的策略与手段**

| | |
|---|---|
| 认知策略 | 自然报偿 |
| | 积极思维 |
| | 想象 |
| 行为策略 | 自我奖励 |
| | 自我惩罚 |
| | 自我监督 |
| | 自我确定目标 |
| | 自我演练 |
| | 自我暗示 |

资料来源：加里·尤克尔：《组织领导学》（第五版），北京，中国人民大学出版社，2004。

1. 认知策略

在认知层面上，曼茨与西蒙斯（Manz & Sims，2001）等学者将自我领导策略进一步划分为自然报偿策略及积极思维策略。具体而言，前者关注的是工作本身能够为人们带来的内在激励，例如志愿者在从事社会公益事业时所获得的内心满足感；而后者则强调怀抱希望、憧憬未来，借助积极的心理暗示与自我对话（self talk），培养乐观心态、增强信心，为未来的成功打下基础，比如，在面对复杂任务时，可以首先想象自己做了这个任务，然后想象自己成功后的满意感受。

自我对话的典型例子就是皮格马利翁效应，也称自我实现预言（self-fulfilling prophecy），即积极的期望可以带来积极的结果。“说你行，你就行，不行也行；说不行，就不行，行也不行”，这句话也可以看成皮格马利翁效应的生动写照。1968年在美国心理学家罗森塔尔和贾克布森开展的期望实验中，随机选中的学生在“我是最有潜力的学生”这一暗示下，不知不觉中更加努力学习，从而有了飞速的进步。这个实验让人们叹服于心理暗示在个体潜能开发中所产生的深远影响，并为如何借助乐观昂扬的自我对话进行自我领导提供了重要启迪。

2. 行为策略

在认知策略之外，学者也同时强调了行为策略的重要性（Manz & Neck，2004），并建议在高度自主化的组织以合理的目标体系为张弛有度的领导实践提供保障，即以期望的目标作为行为纠偏的参照，通过客观的自我评价与严格的自律来消除消极行为、促成积极结果。比如新东方创始人俞敏洪在自我领导、自我提升中就采取了目标管理的做法。他认为一个人要产生成功感，应该设立阶段性目标。“比如，我今天要把这篇课文背出来，到睡觉之前我背下了就是阶段性的小成功和小成就。把这些小的成功加起来，可能最后就是一个大成功。”此外，俞敏洪会每周写一次日记，回顾七天的经历，并根据收获大小给自己打分。

## 二、自我领导对团队的积极影响

自我领导以“自利”为出发点，首先做到“独善其身”，进而逐渐扩大自身的影响以“兼济团队”，实现利他的结果。这一双赢的局面得益于高效的自我领导对人们的奉献精神、创新意识乃至自主性等起到的促进作用；与此同时，自我领导也将进一步增强员工对于授权的感受及自我效能感，从而极大地推动绩效在组织的各个层面上改进（见图3—1）。

## 三、超级领导

另一方面，从组织领导者角度来看，卓越的领导者应该懂得如何引导下属进行自我领导，提高他们的能力与自信，并增强集体荣誉感。曼茨和西蒙斯（Manz & Sims，1990，2001）将这样的能够促成下属自我领导的领导者称为超级领导（super leadership）。以印度海军舰长桑杰伊·巴里为例：上任之初，面对因“不合格”而无比沮丧的舰艇成员，他通过“花时间与他们在一起理解他们

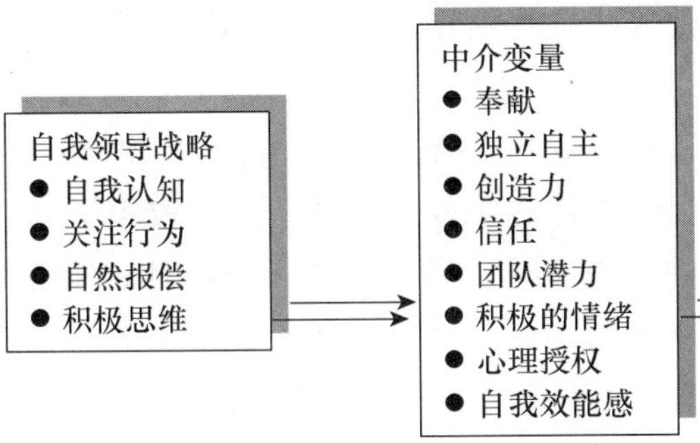


**图 3—1 自我领导的积极效应**

资料来源：曹威麟、陈元勇等：《自我领导研究前沿探析与未来热点展望》，载《外国经济与管理》，2009，31（7）。

工作的动机”，唤醒了众人的信念与热情，并合力重塑了团队。

## 篇中案例

### “超级领导”桑杰伊

当桑杰伊·巴里被任命为印度海军舰长时，他所在的舰艇在出海任务中的表现完全达不到上级的要求——无论是他本人还是舰艇上的其他人员都是如此。“我很清楚，”他说，“其实每个人都很有天赋，只是缺乏能使大家形成一个团队的非常必要的领导者。我的任务就是培养他们的自信心，帮助他们认识到自身的能力。”

为了避免部队中严密的组织生活扼杀个人的主观能动性，桑杰伊经常要求队员一起分享他们的思想和建议，桑杰伊确信提出建议是一种积极的经历，即使某些人的观点没有被采纳。“我赞赏大家共同出主意、想办法。不经历实践，人们怎么变得强大？”桑杰伊说，“这在印度海军里不是很常见，但是我相信士兵们感觉到了授予的权力。”

桑杰伊认为，相互尊重和互尽义务是一个团队成功的秘诀。“我强调在一个集体里没有哪个人比其他人更为聪明和优秀，”他解释说，“秘诀在于分享知识和信息而不是将其束之高阁。我们要承认团队里的每个人都带来了价值，我总是强调互相帮助的重要性，而不是详细列举他们各自的缺点，这样的话，每个人以及整个团队都将受益匪浅。”

为了帮助缺乏必要领域知识的员工“补课”，桑杰伊建立了一种“兄弟帮扶”制度，即让缺少必要知识技能的年轻人与专业技术水平较高的人结成对子。桑杰伊后来把这个主意扩展为一项同僚教育计划，其中每个人都将与团队成员分享过去的经验，并向伙伴们介绍在当时形势下的处理方法，他们甚至还与这一领域的专家展开讨论，以分享研究成果。

在全体团员的努力下，桑杰伊率领的舰队逐渐在出海任务中崭露头角，到后来舰艇上水兵的成绩在全队 40 艘舰艇中都名列前茅，有时甚至高于航空母舰（后者的人员配备是该舰的 5 倍且多次获得第一的成绩）。

资料来源：詹姆斯·库泽斯、巴里·波斯纳：《领导力》（第 3 版），北京，电子工业出版社，2004。

具体来讲，为促进他人的自我领导，领导者应该做到：

首先，起到示范作用。要实现组织的自我领导，领导者不仅要自我领导，而且要把自我领导的过程和成效展现给员工，进行自我领导的示范。

其次，为自我领导提供支持和服务。领导者要授权给下属，下属有了权力和机会才可能实现更多的自我领导。当下属遇到困难时，鼓励下属，为下属提供资源，并提供规则和制度的保障。领导者还要接受别人的思想、采纳他人的意见并及时给予肯定与褒奖，从而激发员工自我领导的动力。

最后，创建自我领导的组织文化。组织的自我领导需要人人认同、人人参与，因此必须形成一种崇尚独立、追求成长和发展的组织文化。在这种文化下，每位员工都有机会、有动力成为一个自我领导者。

### 3.2.2 涌现型领导与自组织

涌现型领导（emergent leadership），顾名思义，是一种不受制于“官方指派”的职权系统，由敢为人先的团队成员凭借个人实力主动对他人施加影响、自发承担领导角色的动态领导形式。单从字面上看，这种形式更加体现出领导的非正式性，似乎与长久以来“尊卑有序”的领导方式相悖逆。然而，“错综复杂”“动态涌现”早已成为当前商业社会的关键词，以降低不确定性为目的的操控往往显得遥不可及；相反，才思敏捷、彼此信任的组织成员在充分沟通、频繁互动的基础上自发涌现为团队领导，才更有助于率领众人随机应变，从而凭借着极强的环境适应力掌握变革主导权、出奇制胜。

在这一具体过程中，领导角色的确立源于其他成员的自愿追随而非自上而下的正式指派，因而只要个人的领导才能与当前的阶段性目标相契合，任何一位成员均有可能担负起领导职责。这样一种动态涌现的领导机制不仅能弥补个别领导者的能力短板，也能维持团队整体领导力的可持续发展。正如现代管理学之父彼得·德鲁克所说：“倘若一个机构需要天才或超人来管理，就不可能存续下去。领导层要由普通人组成，机构必须这样组织，才能在领导层的带领下前进。”

互惠式影响（reciprocal influence）是涌现型领导的核心特征。组织成员通过频繁的沟通交流形成了一条“信息反馈环路”，并以此来确认领导地位（Anderson，1999）。在这一过程中，他们体现出了典型的自组织（self organization）特征——积极主动、分工明确，并能在目标体系、制度规范的约束之下依据形势变化自发承担领导职责。这也正是自组织得以在秩序中促成有利涌现而不致引发多头领导等混乱局面的关键所在。另一方面，由于自组织中的领导者能够清晰地认识到这一涌现机制的重要性，因而并不会因所谓的“威胁”而打压下属的成长；相反，他们更愿意成为幕后推手：通过积极地营造创新氛围并提供强有力的支持来激励、引导成员的自发涌现，继而推动组织进化发展。

在组织结构日益扁平化的今天，孕育着领导涌现的自组织作为划时代的里程碑有其独特的历史含义。它在动荡环境中体现出的超强适应性及灵活应变能力吸引了不少亟待革新、突破现状的企业家，但近乎颠覆性的领导模式又让跃跃欲试的他们心存疑虑：经过了多年官僚层级制度的熏陶，该如何建立一个全新的机制来支持自组织的运作？对此，曾因“砸冰箱”让人啧啧称叹的海尔掌门人张瑞敏再次发动了一场组织灵魂再造革命，他在海尔打造出“人单合一”的新商业模式，催生出无数个大大小小的自主经营体，让整个组织结构由“正三角形”转变为“倒三角形”：让消费者成为发号施令者，让一线员工成为CEO，倒逼整个组织结构和流程的变革，让以前高高在上的管理者成为倒金字塔底部的资源提供者。这为自组织的成功推行树立了一个成功典范。

自组织是一种顺应时代发展趋势及自然演化法则的组织形式。团队成员彼此信赖、相互理解、共享信息资源，并在相应的目标制度体系下自觉维护动态而又秩序井然的组织运作，让“受控的混乱”为接下来的领导涌现提供一个自主而宽泛的空间。

西方的企业在这方面的做法有更为极端的成功案例，比如下面的晨星公司(Morning Star)。这会不会在中国出现并形成趋势还很有争议，但其做法仍给中国企业提供了很有价值的借鉴。

## 篇中案例

### 没有经理人的企业

全球最大的番茄加工商晨星公司20多年来一直在没有管理人员的情况下成功运转着。2010年，晨星的收入超过7亿美元。在这里，每个人都没有老板，员工相互协商职责范围，谁都可以使用公司的资金，每个人自己负责获取工作所需的工具。

晨星的愿景是创建这样一家公司：所有成员“都是自我管理的专业人士，他们主动与同事、客户、供应商和业内同行进行沟通并协调彼此的活动，无须听从他人的指令”。它是怎么做的呢？

(1) 使命就是“老板”。晨星的每个员工都要制定个人使命宣言，阐明自己将如何致力于实现公司的目标。员工的个人使命宣言是晨星管理模式的基石。

(2) 让员工自己达成协议。每年，员工都会与工作关系最为密切的同事商定一份同事谅解协议。这份协议实际上就是员工完成个人使命的执行计划。每年，同事谅解协议会随着员工能力和兴趣的变化而变化。资深员工会逐步承担起更为复杂的工作，而把一些基础性工作交给新加入的同事。同员工商定同事谅解协议一样，晨星的23个业务部门每年也相互商定客户—供应商协议。

(3) 真正授权给员工。在晨星，员工完全自我管理，自己负责完成工作，获取工作所需的工具和设备，以及招聘人员。

(4) 不要把员工禁锢在框框内。晨星没有集中界定职责岗位，因此，员工在提高技能和获得更多经验后，就有机会承担更大的职责。同时，每个员工都有权提出任何领域的改进建议，并有责任领导变革。

(5) 鼓励员工积聚影响力，而不是谋求晋升。晨星没有层级结构和职衔，因此也就没有晋升阶梯。但这并不意味着人人均等。在任何一个专业领域，都会有能力出众的员工得到大家一致认可，这些员工的薪酬水平因此会更高。虽然也存在内部竞争，但竞争的焦点是谁能作出更大的贡献，而不是谁能得到一份美差。要力争上游，员工就必须掌握新的技能，或找到新的方式为同事提供服务。

晨星管理模式的核心理念非常简单：给予员工自由。这种自我管理模式具有诸多优点：工作积极性提高；专业能力增强；灵活性增加；员工关系加强；决策能力提升；忠诚度提高；成本降低。相信晨星的管理模式适用于大大小小的公司，也能被传统的层级组织采纳。不过，要实现这样的蜕变，需要时间、努力和激情。

资料来源：加里·哈梅尔：《首先，消灭所有经理人》，载《哈佛商业评论》（中文版），2012（1）。

事实上，没有人天生就是领导，也没有人能够从始至终地独挑大梁、胜任团队领袖。反观大雁群中的头雁轮换的自发涌现，这种简单、自然的组织形式为当代企业管理实践带来的启发不言而喻：作为组织的一员，无论是否拥有标志性的权威头衔，都可以并且应当承担起相应的领导角色——这是个人能力的体现，更是职责所在。因此，在这个能力与责任成正比的自由竞争时代，与其故作谦逊遮掩才能，何不当仁不让地崭露头角，告诉自己：

"我，应该是领导。"

## 小　结

长久以来，英雄式领导以其力挽狂澜之态势在管理实践中占据着举足轻重的作用，但对于单个领导者的过分倚重无疑忽视了团队的整体力量。随着时代的变迁，那些单凭一己之力的商业巨头难免力不从心；与此同时，复杂动荡的商业环境也考验着企业团队的适应性及应变力。在这一背景下，团队成员间相互影响、彼此配合的领导模式应运而生："人人都可当领导"的理念不为争权，旨在共赢。

其中，具有代表性的分布式领导是指在实现目标的过程中，领导职能与角色由多位成员交替承担的模式。这种领导模式有三种形成方式：自发的、本能的和制度化的。不同于传统的集权式领导，分布式领导关注领导职能在组织各个层次或部门的实践形态，但它并不排斥集权式领导。由于分布式领导分下去的是领导力而非权力，因此它不会导致多头领导或者无政府状态。在此过程中，组织领导者能否有效授权，员工能否自发承担领导角色以及团队不同领导者之间的互动协调情况，都将决定分布式领导的实践成效。

高效的自我领导是推行分布式领导的重要前提。对此，人们可采取认知及行为两种策略，在借助自我对话培养积极心态的同时通过自我奖惩强化工作行为、提高个人能力，为接下来的领导涌现创造前提条件。进一步地，相互了解、彼此信任的团队成员将借助互惠式影响主动承担起领导职责，在充分的互动中进行角色轮换以更好地应对动荡的外部环境，不断增强组织的适应能力。

## 关键术语

英雄式领导（heroic leadership）

分布式领导（distributed leadership）

自我领导（self leadership）

自我对话（self talk）

涌现型领导（emergent leadership）
互惠式影响（reciprocal influence）
自组织（self organization）

## 思考题

1. 为什么说现代组织中，普通员工也可能是领导？
2. 在分布式领导模式下，组织中的正式领导需要做些什么？
3. 思考一下自己担当某个正式或非正式领导角色时都做了些什么，体会分布式领导的特点。
4. 分布式领导模式是否适用于所有组织？为什么？
5. 如何进行有效的自我领导？请结合个人的具体经历加以说明。
6. 为什么说涌现型领导不会扰乱组织的日常运作秩序？
7. 通过本章的学习，你怎样理解“不想当将军的士兵不是好士兵”？

## 案例分析

### 戈尔公司：分布式领导的影响力

近年来，分布式领导以其新颖、权变的特征吸引了人们的广泛关注。只是，从理论到实战，敢吃螃蟹的人毕竟不多。但就有这么一家公司凭借着卓越的成就将团队领导力的发展推向了一个新的阶段。这就是自1958年成立至今多次获评“全美最适合工作的100家企业”的戈尔公司。

《福布斯》杂志的调查显示，在2007年，戈尔公司提供了272个岗位，却有近35 000名求职者申请应聘。

那么，是什么使得戈尔公司历经时代变迁，得以创造辉煌、成就卓越？要探寻背后的因果，还得从公司内部卓有成效的领导力培养说起。

**一、自发形成的团队领导**

在戈尔公司，没有谁享有正式的领导职权，但在开展一项活动的具体过程中，谁来负责协调统筹呢？对于这个问题，公司团队给出的答案正是分布式领导。在戈尔人看来，领导力的产生是一个自然而然的过程，而长久以来的人为指派并不利于领导潜力的开发；相反，那些能够凭借信任建立威望，进而在特定的团队活动中涌现领导才能的成员，才能够真正地引领团队走向卓越。

**二、支撑天然领导力的组织结构与文化**

如此独特而富有成效的领导实践并非纸上谈兵。在戈尔公司，从企业文化、部门设置到人力资源政策，无一不是为凝聚团队影响力、实现分布式领导营造积极氛围、奠定组织基础的。

根据公司法的基本条款，企业高层领导团队仅有四名成员。

作为企业文化的“温床”，扁平化的分布式组织结构为戈尔公司营造平等、民主的团队氛围提供了得天独厚的条件，总体而言体现出如下六个特征：坦诚、直率的沟通交流，而无须等候批示或经他人转述；不信奉正式指派及僵化刻板的权威头衔；团队领导是合作的伙伴，而非高高在上的老板；天然领导力源于发自内心的追随；高度的责任意识；依据目标承诺开展业务活动。

**三、在实践中提升领导力**

为了推动分布式领导的具体实施，戈尔公司采取了一系列开创性的措施来营造企业内部的“伙伴氛围”。例如，戈尔公司的停车场从来不为公司领导预留车位；另外，在用餐时间，即使是刚入职的新成员也极有可能在全厂区唯一的食堂“邂逅”顶头上级——戈尔人早已习惯在那里谈天说地。此外，内部培训也是戈尔公司进行团队建设、开发员工潜力的重要途径。在戈尔公司的培训体系中不仅涉及专业化极强的技术、工程等领域，同样也包括相关的领导力培养计划。戈尔公司还与一些大学或其他外部机构建立了合作性教育项目。

**四、人际关系环环相扣、生生不息**

深谙此道的戈尔公司上下级同人极为注重在第一时间与他人建立并维持合作关系。其中，Gore. com网络沟通平台为他们提供了一条便捷的途径。Gore. com是员工寻求即时反馈的最佳媒介，消除了传统报告制中的烦琐程序，口语化的交流促成了员工之间真诚、坦率的沟通氛围。

长久以来，领袖的光环总是能够引发人们的浪漫联想，但势单力薄的英雄主义光辉却难以抗拒时代发展的潮流趋势。出奇制胜的“人人领导”理念成就了戈尔公司今日的辉煌，其中，因势利导的组织结构设计以及相应的制度体系发挥了关键作用，使之得以在弹性、灵活的分布式领导与天衣无缝的团队合作机制中游刃有余。

资料来源：Manz，C. C.，Greg，F. S. & Stewart，L.，“Everyone a Team Leader：Shared Influence at W. L. Gore & Associates，” *Organizational Dynamics*，2009，38（3）.

根据上述案例，尝试回答如下问题：

1. 总结一下戈尔公司的领导模式有哪些特点。
2. 你认为戈尔公司的领导模式可能会遇到哪些挑战？
3. 你觉得在中国是否可能复制戈尔公司的这种模式？为什么？

## ▶ 参考文献

[1] Anderson，R.，“Complexity Theory and Organization Science，” *Organization Science*，1999，10（3）

[2] Carson，J. B.，Tesluk，P. E. & Marrone，J. A.，“Shared Leadership in Teams：An Investigation of Antecedent Conditions and Performance，” *Academy of Management Journal*，2007，50（5）

[3] Manz，C. C. & Neck，C. P.，*Mastering Self-leadership：Empowering Yourself for Personal Excellence*，London：Prentice Hall，2004

[4] Manz，C. C. & Sims，H. P.，*Super Leadership：Leading Others to Lead Themselves*，New York：Berkeley，1990

[5] Manz，C. C. & Sims，H. P.，*The New Superleadership：Leading Others to Lead Themselves*，San Francisco，CA：Berrett-Koehler Publishers，2001

[6] 冯大鸣．分布式领导理论的教育管理意义．现代基础教育研究，2012（12）

[7] 加里·尤克尔．组织领导学（第五版）．北京：中国人民大学出版社，2004

[8] 李洁芳．分布式领导概念内涵、角色关系辨析与未来研究展望．外国经济与管理，2008（8）

[9] 刘松博，许惠龙．领导力的未来：分布式领导．领导科学，2012（26）

[10] 杨中芳，高尚仁．中国人·中国心：人格与社会篇．台北：远流出版公司，1991

第 4 章

# 领导力与权力

## 学习目标

- 掌握社会权力基础
- 了解领导权力的其他来源
- 理解领导者与追随者的不同影响策略
- 区分个人化权力与社会化权力
- 了解权力距离的定义
- 理解高权力距离下的授权原则

引例

### 美的集团分权体系

美的电器董事局主席兼 CEO、职业经理人方洪波说过这样一段话："与同行业内的其他公司相比，美的电器拥有完整的空调产业链、千万产能、东芝技术、完整的配套产业、成本控制等比较优势，但这些还不能算美的电器的核心竞争力，美的的核心竞争力是内部经营管理机制。"

美的集团的经营管理机制内容包括很多方面，其中最具影响力的是其分权机制，美的分权机制最大限度地激活了企业的前进动力。

2009 年 8 月，在深圳 A 股上市的美的电器的大股东何享健宣布辞任董事局主席职务，该职位由职业经理人方洪波担任。此公告一出，业界一片哗然。为什么何享健能够将属于老板的"权力"拱手让给一个完全由职业经理人组成的董事局团队？这自然源于美的集团的分权机制。美的集团自上而下已经建立起非常完整的分权制度体系并且运作良好。事实上，也正是这样一套完整的分权体系最大限度地激发了美的各层级职业经理人团队的活力，也有力地保障了美的集团庞大体系的高效运转。

1997年，美的完成了事业部的组织改革，成立了空调事业部、风扇事业部、电饭煲事业部、小家电事业部以及房产公司等几大事业部，这几个事业部组成各自独立的经营管理班子，负责整个事业部的研发、采购、生产、销售等经营活动。为了解决经营权下放后的管理问题，美的集团总裁办组织制定了《分权手册》。

美的分权体系总的指导思想可以归纳为“16字方针”：“集权有道，分权有序，授权有章，用权有度”；《分权手册》的内容可归纳为“一个结合，十个放开，四个强化，七个管住”：

一个结合：与责权利相统一的集权与分权相结合。

十个放开：机构设置权、基层干部的考核任免权、劳动用工权、专业技术人员聘用权、员工分配权、预算内和标准内费用开支权、计划内生产性投资项目实施权、生产组织权、采购供应权、销售权十项基础权力下放。

四个强化：强化预算管理、强化考核、强化审计监督、强化服务。

七个管住：管住目标、管住资金、管住资产、管住投资、管住发展战略、管住政策、管住事业部正副总经理和财务负责人。

在这样的分权体系下，美的集团的职业经理人拥有高度的经营管理权，例如一个事业部的总经理可以拥有几千万元乃至上亿元资金的审批权，而何享健让出了美的电器股份有限公司董事局主席的位置后，以方洪波为首的职业经理人团队拥有更大、更广泛的决策权力，这在中国民营企业的发展史上可谓绝无仅有。

资料来源：《中国企业最成功的分权：美的集团分权体系》，凤凰网，http：//finance.ifeng.com/stock/roll/20100428/2119521.shtml，2010-04-28。

在这个案例中，美的的分权体系激发了美的各层级职业经理人的活力，也有效地保障了公司的高效运转。这表明，领导者权力的运用将在很大程度上影响组织的发展。在组织不同的发展时期，领导者对权力的掌控是否应该不同？当组织处在不同的环境，尤其是不同的文化环境中时，领导者对权力的运用又应当有什么不同？这些都是在现实生活中组织需要面对和解决的问题。

那么，你又是如何理解权力的？它是否专属于那些位高权重的主管？如果不是，普通人又将如何拥有权力？而权力又是否等同于领导力呢？本章将对这些问题做出回答。

## 4.1 权力与权威

### 4.1.1 权力、权威及领导力

人们常常用“气场强大”来形容一个团队中的领导者，他的一言一行、一举一动甚至日常穿着打扮都有可能会影响到组织中的其他成员。赫德森

（Hudson）在成为通用动力公司的第一位女性总裁后，对此深有体会：上任第一天她就发现办公室里许多女员工开始模仿她系围巾的方式。“我与周围的环境正在为这个组织确定基调，作为一个领导人，人们以一种难以想象的方式盯着你。”她感叹道。

这种能够改变他人的行为、态度乃至信念的无形力量来源于领导者的权力。从一般意义上说，权力（power）是人们拥有的能够通过影响他人实现自身目的的能力。这种能力一方面来源于正式的职位头衔，并将为领导者带来一种居高临下的强势地位。例如，作为主管经理，你在委派工作、推行相关政策时可以要求下属员工无条件服从。另一方面，权力也有可能来源于非职位的影响，比如个体娴熟的技能、广博的知识或是高尚的道德。权威（authority）实际上等于广义的权力，泛指上述职位和非职位两种来源的影响力，而狭义的权力仅仅指来源于正式职位的权力。在本教材中，权力大多是广义的界定，与权威同义。

权力是一种施加影响的潜在的能力，并不是必须使用这种权力来对他人施加影响。一般，对他人的影响是基于他人对权力的感知，而并不需要去真正行使权力。如果说权力代表的是促成改变的能力，领导力则着眼于实际改变的成效。领导力关注的不仅仅是服从以及过往的经验成就，还有如何借助权力这一有力工具突破现状、推动变革，进而引领团队逐步实现目标和理想。可以断定的是，领导者需要权力来完成任务，权力对于领导力的有效性是至关重要的。但在领导者中，最大的不同之一就是如何使用他们的权力。一些领导者用权力来威胁和压制下属，另一些领导者则把权力看做他们说服力的助手，用它来营造一个团队合作和共同努力的氛围。

### 4.1.2 社会权力基础

在权力的概念中提到了权力的职位和非职位的不同来源，但还比较粗糙。下面将具体介绍权力来源的细致分类，以更好地理解权力的内涵。

一、静态的社会权力基础

权力在很多时候是由正式的职权体系赋予领导者的一种工具——他们以此来衬托并维持其权威地位。但在组织中拥有权力的不一定都是主管，普通员工也有可能凭借自身的道德修养、专业技能水平等个人特质，从“非正式渠道”获得权力。从这个视角出发，弗伦奇和雷文（French & Raven，1959）分别从职位与个人两个角度追溯了权力的来源，并进一步将其划分为如下五种形式。

1. 职位权力

（1）法定权（legitimate power）。顾名思义，法定权伴随着组织正式授予的权威头衔产生。身处其位的领导者为谋其政，上至战略调控下至资源调配，以及相关政策的制定与实施，都需要凭借法定权。层级分明的权力体系能够清晰地界定不同成员的职责范畴。

(2) 奖赏权 (reward power)。“胡萝卜加大棒”是一种古老而经典的激励手段，以众人垂涎的“胡萝卜”作为成员完成绩效目标的嘉奖，领导者便拥有了奖赏权。奖励的具体形式从加薪、授权到职位晋升等不一而足，但关键在于对员工内心需求的把握：是满足于物质激励，还是寻求更高层面的自我发展。

(3) 强制权 (coercive power)。与奖赏权相对，强制权就像是一柄予以威慑、恐吓的“狼牙棒”，代表领导者拥有的惩罚权。对于上级训斥指责、撤销奖金甚至解雇的畏惧，往往能从反面警醒员工规范言行，恪尽职守。

职位权力凭借组织正式制度体系为强大的后盾，尽管能够为掌权者带来令人敬畏的影响力，但却不能保证下属心悦诚服地追随。在一个团队中，真正的领导者无论是否拥有正式的职权，都具有强大的影响力。这种“气场”在很大程度上来源于成员的个人特质，并将进一步决定领导权的实际影响力。

2. 个人权力

(1) 专家权 (expert power)。“知识就是力量”可以很好地诠释这种专家型权力。在团队中知识渊博、技能高超或是在某特定领域具有丰富经验的成员通常为众人敬仰并信服，从而得以对他人施加影响。

(2) 参照权 (referent power)。卓越领袖作为团队的灵魂人物，接受来自下属的认可、尊敬和羡慕，这种钦佩的力量为领导者带来了参照权，使他们以表率的姿态激发他人由衷地仿效甚至膜拜，这一影响力也将随着上下级关系的加深而逐渐扩大。

一般而言，领导者并不需要具备所有五种形式的权力，只要令人信服地拥有其中的一两种就可以成为真正意义上的领导者。比如，网络上热捧的某些公共知识分子的微博拥有巨大的访问量和引用率，他们的言论不论对错都对其拥护者有着不容置疑的影响力，专家权本身就足以支持其领导力的发挥。

## 二、动态的社会权力基础

上述社会权力分类基于特定的个人或是职位，从一个相对静止的角度展现了领导权力的来源。但现实世界里的领导者往往需要在错综复杂、动态变化的环境中履行相应职权，如此一来，本就形式多样的权力更显倏忽不定、难以把握。为此，美国学者皮尔斯和纽斯特罗姆 (Pierce & Newstrom，2003) 指出，权力实际源于“形势所迫”，是为了应对重要的组织问题而产生的，影响力的大小取决于个体在整个组织中的地位，其职务的中心性、他人的依赖以及紧急关头的危机处理能力都将在不同程度上奠定领导权的根基。

(1) 中心性。当团队某位成员在企业主营业务流程中承担关键职务，并能显著地影响最终的结果产出时，他将轻易地拥有举足轻重的权力地位。

(2) 依赖性。依赖性往往与稀缺的、关键的资源相关。工作中的互通有无、协调配合使得人们在对那些资源控制者“有所求”的同时，也赋予了后者相应的权力，尤其是当后者掌握的是独一无二、不可替代的资源时。

（3）不确定性。变化的环境致使领导过程体现出高度的复杂性。在共同的利益驱使下，临危不乱的领导者往往更能安抚人心，并将通过降低环境不确定性进一步树立威望。

权力会随组织环境的变化而动态转移，人们可以从美国高级主管的历史演变中体会到这一点。直到20世纪50年代初，许多大公司仍由生产管理者和工程师领导。但是，当生产定型化和机械化以后，许多公司面临的问题是如何销售自己生产的所有产品，因此销售主管开始走上权力的舞台。多年后，当需要保持市场和生产的稳定时，公司需要大量的资本，于是财务主管登上了权力的宝座。当法律调查和反托拉斯案例在70年代变得越来越普遍时，法律顾问开始处于权力的前沿。

### 4.1.3 权力的其他来源

除了个人特质、职权等级制度以及外部局势的变化，一些看似微不足道的细节也将影响人们对于权力的感知。设想一下这些情境：国家法院或是政府机关大门两侧的石狮、立柱，它们总能于威严肃穆的氛围中烘托出权力机构的神圣不可侵犯；而隔着总裁办公室宽大、厚重的办公桌，无论是部门领导还是基层员工，都唯有毕恭毕敬地聆听5米开外的最高指示，战战兢兢、如履薄冰。甚至服装选择也会影响个人的可靠性及独特的领袖魅力：想想在全副武装的警察面前，有多少人会下意识地噤声挺立、肃然起敬？

周围环境能够潜移默化地影响人们的言行举止，意识到这一点的领导者近年来纷纷借外力造势，并逐渐形成一股潮流。其中，美国前总统小布什与苹果公司的传奇人物史蒂夫·乔布斯可谓知名典范，但广大的受众对此似乎褒贬不一。美国传播学者哈米斯（Khamis）曾说，21世纪初的领导人和商业精英都在模仿两种演讲：一种是小布什式，一群听众组成人墙站在讲台后面，即便演讲内容并不诱人，但身后有众多捧场者营造气场；另一种就是乔布斯式，作为舞台上唯一的故事演绎者，一边幻灯演示一边款款陈词，穿着随意而率性，手中还时不时拎瓶矿泉水。

### 4.1.4 影响策略

在团队中，评判一位领导者是否成功，关键是看他能否对自身的权力体系进行合理规划，进而在不同的情境下采取最合乎时宜的影响策略。艾森豪威尔曾用拉动桌上一根细绳对领导力进行了形象的阐述："正如你能够拉动这条绳子，但却无法推动它；军官的职责在于引领并带动将士，一厢情愿的推动只能是徒劳。"这也就意味着，领导是由双方共同成就的。此外，个人权力的涌现打破了传统意义上领导权的垄断，因而组织的领导者能够在多大程度上影响、改变追随者，取决于双方的力量博弈。只不过，这不应该是一场旨在争权夺利的零和博弈；相反，正是领导者与追随者之间存在这种交互影响激活了团队，使之高效运作。在第2章中已经介绍了积极的追随者及其领导者各自应该做些什么，这里进一步从权力的角度再来谈一下领导者和追随者可能的影响策略。

## 一、领导者策略

在这场博弈中，不同的领导者对于权威的认识及偏好各异，而为了巩固或维护自身的权威地位，他们也将相应地采取多样化的策略手段。

（1）激发情感——“动之以情”。领导者通过构建理想愿景与下属共享价值理念，进而凭借其强烈的情绪感染力点燃成员的奋斗热情。

（2）理性说服——“晓之以理”。确凿的事实或是严密的逻辑推理能够为战略愿景的“落地”提供强有力的支撑，为团队的其他成员所信服并诚心追随。

（3）建立联盟。基于彼此间的信任与尊重，领导者通过积极的社会交往寻找志同道合的“自己人”，在与他人联袂而行的过程中不断地扩大影响力以实现共同的目标。

（4）政治施压。必要的时候领导者也会运用组织赋予的正式职权强制他人服从，不过该策略需要领导者承担较大的风险并具备较强的决断力。

## 二、追随者策略

个人权力是追随者影响力的主要来源，组织成员的个性、品质、知识经验等均会在上下级的相互影响中起到重要作用。在这一过程中，追随者又可采取魅力影响及决策支持两种具体形式；此外，下属的社交技巧以及行为态度也可作为特殊的奖惩机制，从一定程度上起到约束的作用。

（1）魅力影响。个体可以凭借自身的卓越品质及道德修养获得他人的尊重、钦佩乃至效仿，这一参照式权力的受众自然也包括领导者。

（2）决策支持。拥有较强专家权的员工往往比他的上级更为了解具体的业务流程，由此获得有力的决策发言权；此外，下属的接受与认可也是支持领导决策顺利推行的关键要素。

（3）领导激励。以其人之道还治其人之身的“胡萝卜加大棒”式激励同样也能对领导者产生影响。追随者向领导者表达敬意或是仰慕之情可视为赢得后者信任的策略手段，这同时也可视为一种特殊的奖赏权；而与之对应的阳奉阴违或是消极怠工则体现为对上级领导的惩罚权。

由此不难看到，领导者与追随者运用权力的策略形式多种多样，各自的影响力在组织中交织成了一张无形大网。至于在这场博弈中，双方的影响力是水火不容、相互牵制还是彼此成全、互相促进，则取决于整个团队是否秉承共同的价值理念。毕竟，对于一个团体而言，狭路相逢的敌手姿态绝不利于整体目标的实现；相反，致力于成就他人的影响力比强权压迫更具有说服力。在一个团队中，最为有效的权术策略应体现为在相互影响的过程中将双方的权力凝聚起来，从而激励彼此、互惠共赢。葛兰素史克的员工就可以实施“逆向”领导和影响策略，从而体现出自己的权力。

篇中案例

**非正式领导者**

作为葛兰素史克第一位由本土员工提升的总经理，吕晓翔在公司制定中国疫苗市场战略时，很有发言权。“某种程度上，我对中国业务情况的了解比我的老板更加透彻，因为他要关注的问题很多，在战术层面不可能面面俱到。”他认为，如果从“施与影响”的角度来理解领导力，有时经理人甚至可以“领导”自己的上级，改变其最初的决策。

“曾经有一次我们整个高层管理团队开会讨论某个产品的渠道设计，当时我的老板根据他在国外的经验提出一套方案，所有人都同意了，只有我一个人持不同意见，坚持要执行我提出的另外一个计划。”吕晓翔回忆说，虽然只是技术上的差别，但当时两个人发生了很激烈的争论。他始终坚持自己的看法是对的，并表示如果失败愿意为此付出代价，接受惩罚。“结果经过一段时间的说服、斗争和坚持，他最后给了我一个机会，让我去执行，最后证明我是对的。”吕晓翔表示，这一次的成功为自己的信誉又增添了一块砝码，后来他得到了更多的信任和授权。

“这样的例子还有很多。但每经历一次，他对你的能力和潜质就会有更多的信任，以后留给你自己决策的空间也会更大。”回想起这段经历，吕晓翔总结说，对上级的“逆向领导”及自身影响力的形成需要个人的信誉和坚持作为支撑。“领导者对下级个人能力或潜质的认可，不是在短期内可以形成的。作为下属，要从老板交给你的第一件工作开始建立他对你的信任感，而且要学会换位思考，要站在老板的角度上真正为公司考虑，一起把业务做好。如果有了这两个前提，还不能说服他，就要非常顽强地坚持下去，并且要有承担后果和责任的心态。”

吕晓翔后来也把这种“施与影响”的成功经验用在其他方面。“特别是换位思考的双赢心态，其实适用于各种关系。”他说，不仅上下级之间，包括同事之间，甚至公司与客户之间，都需要找到双方利益的共同点。“只有帮助他，并且和他共同达到成功，你才有可能影响别人。”

资料来源：席琳·迪卫：《非权威领导者》，世界经理人网站，http：//www.ceconline.com/finance/ma/8800035628/02/，2004-06-30。

## 4.2 领导者需要多少权力

虽然有专家权和参照权的存在，但对于大多数人来说，提到权力二字，最先映入脑海的多半还是随之而生的声望与地位，而由此触发的好奇与渴求才会驱动他们进一步认识谋求权位的具体途径。

古往今来，宦海商场的权术数不胜数，硝烟背后，既有一朝得势、翻手为云覆手为雨的风光，也有为人作嫁、一将功成万骨枯的凄凉。在一场场明枪易躲暗箭难防的权力斗争中，有人唯恐避之不及，有人却乐此不疲。权力像潘多拉魔盒一样充满着亘古不变的诱惑力，但历史上也不乏张良、范蠡等在辅助帝王成就霸业后不为功名所累的明哲保身者。不同的人对于权力有着深浅不一的需求，美国哈佛大学教授麦克莱兰（McClelland，1975）将这种意欲控制、影响他人的动机称作权力需要（need for power），并进一步指出：对于那些具备高权力需要的人而言，由权力所带来的地位、影响能够为其提供极大的心理满足感，而这也是引发权术斗争的幕后推手。

### 4.2.1 权力需要的表现途径

人们常用“野心家”形容那些具有高权力需要的个人：他们健谈、直率，善于提出问题和要求，时常滔滔不绝地表述自己的观点，并不断地运用辞令技巧以期引领团队思潮；此外，他们在构建信任关系、拓展人际网络等方面也同样具有绝佳的敏锐性；他们极为注重权位及影响力的获取；在他们眼中，他人的臣服——无论是否发自内心——就是最大的奖赏，这将坚定他们对于权力的执着信念。

需要指出的是，这一信念本身是无可厚非的，但历史上的枭雄与英雄却往往因一念之差踏上截然不同的征途，其背后的根源则在于他们表达自身权力需要的方式。因此，根据领导者的行为动机是出于一己私利还是团队利益，可以进一步对个人化权力需要与社会化权力需要进行区分。

（1）个人化权力（personalized power）需要。拥有较高个人化权力需要的领导者很可能相对自私、狭隘、我行我素；搬弄权术左右他人只是为个人服务却无视全局利益。

（2）社会化权力（socialized power）需要。与个人化权力相反，社会化权力是为群体目标服务，领导者为此甚至不惜牺牲个人利益，在情感动机上相比前者更为成熟，也将更有利于整体目标的实现。缅甸的民盟领袖昂山素季就是追求社会化权力的典型例子。

**篇中案例**

**缅甸之花——昂山素季**

2015年6月，重获自由五年的昂山素季应邀访问中国。她七十岁的人生，再次为世人所关注。

昂山素季是一位经历传奇的非凡女性，她是“非暴力政治理念”在缅甸的践行者，是诺贝尔和平奖得主，是有“缅甸之花”美誉的著名政治家。昂山素季的父亲德钦昂山是缅甸前政治领袖和声名显赫的将军，因相继领导了第二次世界大战中缅甸的抗日斗争以及战后的反英独立战争，被誉为“缅甸之父”，后因内乱不幸牺牲。

青年时期的昂山素季曾在牛津大学求学，毕业后相继在牛津大学、联合国任职，并与英籍教授阿里斯结婚，长期生活在英国。1988年3月，当昂山素季离夫别子，从英国赶回仰光探视病重的母亲时，正值缅甸爆发学潮，发起了民主游行示威运动。在军政府的高压政策下，200多名无辜的民众惨遭杀害，举国弥漫着恐怖气氛。

事实上，由于军政府统治下僵化的体制弊端，缅甸国内武装斗争不断，经济凋敝，民不聊生，导致拥有丰富自然资源的缅甸从一个富裕的国家沦为世界上最贫穷的国家之一。从20世纪80年代起，缅甸不断出现反抗军政府统治的抗议活动，而当局选择了镇压。

官方的严厉镇压和民众的淋漓鲜血让昂山素季感到震惊，她决心投身政治斗争。1988年8月26日，仰光近百万群众举行集会，昂山素季第一次面对那么多的民众发表演说。在她决定首次公开发表重要演讲前夕，军政府曾威胁要刺杀她，但昂山素季对这种威胁泰然处之，高喊“这是国家的第二次民族解放运动”，毅然现身广场。她那慷慨激昂的神态、铿锵有力的声调、掷地有声的言辞，深深打动了在场的缅甸民众，人们仿佛觉得昂山将军再世，“父女两人如同一个模子塑造出来的”。

1988年9月27日，昂山素季组建了缅甸全国民主联盟，并出任总书记。全国民主联盟很快发展壮大，成为缅甸最大的反对党。1989年7月，昂山素季遭到缅甸军政府的软禁，其后21年间，她被军政府断断续续软禁于其寓所中长达15年。1990年，她领导的全国民主联盟在缅甸全国大选中赢得全国82%的席位，但军政府随后宣布选举无效。1991年10月，昂山素季被授予诺贝尔和平奖。由于当时她被软禁，她的丈夫和儿子代表她接受了诺贝尔和平奖。1997年，其丈夫在英国被查出罹患前列腺癌，将不久于人世。军政府希望借其赴英探亲的机会永远流放她，但昂山素季选择了留下。在家庭和国家之间，她选择了国家。2010年11月，昂山素季软禁期满获释，并于2012年成功当选联邦议会人民院议员，这标志着这位历经坎坷的政坛女杰东山再起，重返政坛。

纵观昂山素季的政治生涯，昂山将军女儿的身份使昂山素季获得大量的支持者，不过真正让她名满天下的，是她一直坚持的“非暴力”的斗争理念。自投身政治以来，面对极权主义、暴力、监禁、选举结果被取消、言论控制等现实，昂山素季总是以从容的姿态作无声的抗议，坚决反对用暴力的方式去争取民主，反对以暴易暴。她游走全国，号召群众，要求缅甸当局进行民主改革，举行大选。作为“无权者的权力”最杰出的代表，昂山素季已在缅甸树立起有别于其父的鲜明的个人形象：一方面，她美丽、平和，坚持非暴力和仁慈；另一方面，她内心强大、极有毅力，面对强权绝不退缩。她没有权力，没有金钱，没有官衔，却赢得了成千上万缅甸民众的拥护和爱戴。

资料来源：王小二：《昂山素季：带刺的“缅甸玫瑰”》，载《各界》，2015（8）；周有恒：《昂山素季：投身国家的女人》，载《名人传记》，2015（8）。

学者的实证研究也验证了领导者追求社会化权力确实可以提高领导效能。下面的“学者说”介绍的就是这样一项研究。

## 学者说

### 社会化权力的调节作用

索思克和丁格（Sosik & Dinger，2007）希望能够对领导者的风格如何影响他所提出的愿景这一机制进行研究。他们的一个假设是领导者的社会化权力需要将在其中起到重要的调节作用。具备社会化权力需要的领导者能将组织利益置于个人利益之上，这不仅有助于领导者提供与员工真实需求相契合的奖励，同时也将为领导者博得民心，触发情绪共鸣。因而对于风格不一的领导，其社会化权力的需要均能在一定程度上保证愿景的有效性。

该项研究的样本覆盖了183名来自金融业、IT业、制造业、服务业、教育部门、生命科学研究领域以及政府机构7大行业的职业经理人以及809名下属员工。而相应的数据分析结果也都有力地支持了如上假设。

资料来源：Sosik，J. J. & Dinger，S. L.，“Relationships between Leadership Style and Vision Content：The Moderating Role of Need for Social Approval，Self-Monitoring，and Need for Social Power，” *Leadership Quarterly*，2007，18.

### 4.2.2 权力需要与领导有效性

一、活动抑制力

长久以来，“克己奉公”的信条在国人心目中始终占据着举足轻重的地位。古有“先天下之忧而忧，后天下之乐而乐”的范仲淹，今有“以人民疾苦为忧，以世界前途为念”的周恩来总理。从他们的身上，我们不难看到克制与谦逊的传统美德。尽管高度的权力需要在很大程度上与领导有效性指标息息相关，例如高级经理人的绩效评级、晋升速度等（McClelland & Boyatzis，1982）。但为了避免引起大众对“野心家”的本能反感，领导者对于这一动机的克制往往是很有必要的。对此，麦克莱兰教授也曾相应地提醒那些具有高权力需要的领导者：如果缺乏一定的自我克制，对于权力的狂热或许能够在短期内获得成功，但却极有可能以失去成员的信任为代价，而由此酿成的紧张氛围也不利于双方的长期合作。

二、情境

领导过程是在具体的情境中实现的，在领导者自身的权力动机之外，环境的复杂性决定了领导有效性将受到其他诸多因素的共同影响。例如对极为重视成员知识水平的企业技术部门来说，领导者的专家权发挥着关键作用，而这类权力是通过实实在在的价值贡献获得的，与领导者的主观意愿关系并不大。

三、追随者的权力需要

凡事都有两面性，谋求权力就像是一项风险与收益并存的投资。因此，既有人为其光鲜的回报急红了双眼，也有人因其潜伏的危机而退避三舍。范蠡了解勾践是可以同患难但绝非共富贵的人，于是在辅助其复国后毅然弃官从商，并在富甲天下后仗义疏财；而张良在达成了最初“为韩报仇强秦”的夙愿后，也逐步退出了人们的视线，淡出了历史舞台。如果说低权力需要的追随者是因为志不同道不合，满足个人精神追求而不受权力驱动，那么，另一方面，对于那些高权力需要的人来说，领导者的颐指气使或过河拆桥往往会令“屈居人下”的他们心有不甘，甚至与权力体系相抗衡，最终损害整体的利益。

四、对于权力需要的理解

此外，上下级双方对于权力需要的不同理解也将影响到领导的有效性。在历史上，太平天国的将领就曾盲目地将加官晋爵视为笼络人心的捷径，早期的太平天国只有 5 个王，而到后期，太平天国封王达到2 700多个，可谓中国历史上的一个“奇迹”。然而，如此本末倒置地将浮华的权位表象等同于权力本身的轻率举动不仅难以服众，反而加速了组织的衰亡。现实中，当一个组织出现动荡、关键员工开始离开时，为了稳定军心，有些领导者像洪秀全一样直接干预，然而，随意的干预极易导致组织内秩序的混乱。处在变局中的领导者经常会提拔下属的下属，甚至给他们一些高过其直接上级的承诺。这些领导者没有进行认真的调查，也来不及了解真实的情况，他们只是希望用自己的影响力来阻止事情的进一步恶化。这样一来，组织内的职务就迅速贬值，组织成员不再在乎轻松得到的组织荣誉，甚至更加蔑视组织内的职务。组织成员对基于行政层级的组织就缺乏基本的敬畏，组织只能更加不稳定，就像后期的太平天国一样。

## 4.3 权力距离与领导

### 4.3.1 不同文化下的权力氛围

权力一词似乎天生给人以距离感。在深受儒家文化熏陶的中国社会，人们自古就遵守“君君臣臣父父子子”的礼数。无论是封建时代至高无上的皇权天威，还是当今备受拥簇的国家元首，权倾天下的他们在不经意间与追随者拉开了令人肃然起敬的距离。即使是在平民百姓的日常生活中，也不乏层次分明、等级森严的制度结构。多数企事业单位严格奉行的报告制度就是一个很好的例子：无论事态是否紧急，报告的呈递不可越级；此后则需耐心等待自上而下的审批，否则就是质疑领导的权威。久而久之，人们逐渐形成了各自的角色定位：按部就班地发号施令或是接受指派。领导者的亲和力相比高高在上的权威感显得无足轻重、可有可无。

随着西风东渐，欧美企业中崇尚自由、平等、民主的价值理念无疑给一直以来遵循传统等级制度的国人带来了强烈的冲击：微软“散漫”成风；谷歌推崇以T恤和牛仔裤替代刻板的西服领带，让员工在最自由的空间里发挥创造力；以人为本的宝洁公司上至CEO，下至基层员工，全部直呼其名，从而为员工营造轻松、温馨的工作氛围，同时也在一定程度上避免了论资排辈、拉帮结派的问题。在这些企业中，令人敬畏的权威感消失了，取而代之的是和谐、融洽的团队氛围。

### 4.3.2 员工授权

所谓授权（empowerment），就是上级将用人、用钱、做事、协调等决策权转移给下属，并且赋予其完成该项工作的必要责任。很多管理实践和研究都表明，让奋斗在组织前线的员工自主决策，不仅能够实现内部激励，更能灵活地应对市场需求的变化，在第一时间为顾客解决问题，提高产品及服务质量。闪耀着人性化光辉的授权仿佛天然与高水平的员工满意及工作绩效息息相关。

不过，一厢情愿地授权有时也可能会带来问题。对于原本惯于听从主管指令，甚至无条件接受派遣的员工，突然间对他放开“强权压迫”，鼓励他自行决定工作方式、独立应对工作中出现的问题，他可能并不会按理论预期的那样从中受到极大的内部激励，而是面对突发状况手足无措，并将一切过失归罪于“推诿责任”的领导者。领导者必须在实践中掌握好授权与收权的平衡。

### 4.3.3 权力距离

通过上述对比不难看到：在不同的文化背景下，人们对组织的权力体系往往有着截然不同的理解，并由此形成了约定俗成的行为模式。在现实的企业环境中，这将在很大程度上决定以激励员工为目的的授权是否能如领导者所愿。

分布悬殊的权力、等级森严的官僚制度以及家长式的领导风格等都会在不同程度上造成上下级之间日益隔阂的局面，而组织成员对此的认同与接受程度则被描述为权力距离（power distance）。权力距离是霍夫斯泰德的五维度文化模型中的一个重要维度，这部分内容将在第9章进行详细介绍。例如，在传统的中国社会中，组织往往存在较高的权力距离，成员对森严的职权等级习以为常，也惯于按部就班地接受上级的指令，但这种对领导者的依赖极易使员工丧失积极进取的动力，并在面临单独决策时手足无措。

相反，在扁平化的组织结构中，上下级之间的权力距离相对拉近；领导者不再是高高在上的权威象征，而是作为整个团队的强大后盾为下属的成长提供助力，并以此为初衷合理运用权力，在平等、尊重、融洽的团队氛围中培养成员独立自主的工作能力。曾接受硅谷“散漫”作风熏陶的百度CEO李彦宏就是这样一个人，在日新月异的IT行业里浸染多年的他相信，唯有提供一种简单、轻松的环境氛围，身居前线的工程师才能全身心地投入到工作当中。比如，没有人会称呼李彦宏“李董事长”或“李总”，而是直呼其英文名“Robin”。员工会感到他们与上级是平等的，不需要诚惶诚恐。这种宽松的工作氛围也令那些喜欢简单环境的工程师十分满意。

由此看来，低权力距离的组织环境更有利于营造创新氛围，从而实现员工满意并提高工作效率。那么，是否就应该彻底摒弃传统的官僚层级制度？且不论这一浩大的文化改造工程是否具备可操作性，如果不顾及价值观的匹配性而盲目照搬别国“经验”，往往会导致矫枉过正、适得其反的后果。一些跨文化研究的调查数据显示，通过鼓励决策营造的“自由”“自主”等民主氛围，在诸如中国、印度等国的具有高权力距离的组织中，也许并不能显著地提高员工满意度与工作绩效（Huang & Van de Vliert，2003）。

事实上，在源远流长的传统文化中发展、壮大的中国企业普遍呈现官僚化特征，组织成员对上级领导敬畏有加，但相对疏远的上下级关系却又时常流露出浓厚的人情主义色彩。一方面，下属依赖于领导者给予工作指示、提供资源支持；另一方面，由于主管往往在“自己人”及“局外人”之间建立差别化的工作关系，其“限量”的支持与信任也就进而形成一种无形的嘉奖，而受此激励的“亲信”为了回报上级的青睐，会进一步加强彼此间的紧密联系，也将更为努力地工作。由此不难看到，在具有中国特色的管理实践中，人际关系网络扮演了相当重要的角色，也自然而然地成为在高权力距离下进行有效授权的重要媒介。

### 4.3.4 高权力距离下的授权建议

相比倡导平等、鼓励员工成长发展的管理氛围，高权力距离下的组织成员在等级制度的约束中各司其职：对上，不冒犯、不越级；对下，发号施令、委派调遣。但近年来，随着员工参与、决策授权等西方管理理念的广泛传播，尤其是随着强调平等、自主的知识型企业纷纷涌现，分布式领导的理念对于中国企业的冲击，以及有动力、有能力接受授权的新一代知识型员工的崛起，社会各界人士也纷纷展开了思索与探讨。如何在以中国企业为代表的高权力距离组织中推行授权成为人们关注的焦点。

从一般意义上说，授权的有效性取决于上下级双方的配合。首先，权力的让渡来源于领导者对下属的信任与支持。因此，企业的主管首先要明确推行授权的目的——实现员工激励，以提供更好的产品或服务；接下来，借助真诚的沟通把握员工内心需求、了解他们是否已经做好接受授权的准备。在此基础上，领导者才可以大胆地进行放权。结合上面对人际关系网络的分析可以看到，来自上级的支持能够体现出对员工的关怀与尊重，进而激励他们投入更多的精力尽职尽责地完成工作；与此同时，上级提供的方向性指导也能帮助惯于依赖的员工发掘自身潜力、提高工作效能感，辅助授权的顺利进行。

就授权而言，唯有能够在工作中独当一面的员工才可能不辜负这一信任。为此，领导者可针对性地展开员工培训，将其作为一种支持信号，即组织愿意通过授权培养成员，并为其影响力的发挥提供契机、拓宽渠道。这无疑将极大地鼓励员工参与决策、增强自信，从而积极主动地提高自身的综合能力；与此同时，完善基于绩效的报酬机制也将确保授权的员工及时获得认可，从而进一步强化高效授权行为。

## 小　结

权力是人们所具备的通过影响他人来实现自身目的的能力。权力可由组织正式的职权体系赋予领导者，具体可分为法定权、奖赏权及强制权等三种形式；而在职位权力之外，组织中的成员也能凭借自身的道德修养、专业技能水平等获得专家权、参照权这两种个人权力，从而对他人施加影响。

对于不同的个体，其职位的中心性、来自他人的依赖及危机处理的能力都将为领导权力的获得奠定基础。此外，环境布置、衣着打扮等细节也将在一定程度上影响人们对权力的感知。在此基础上，领导双方须协调各自的影响策略，避免因权术斗争影响整体目标的实现。

权力需要体现出了领导者意欲控制、影响他人的动机，而根据其初衷是攫取私利还是谋求团队福祉则可将领导权进一步划分为个人化权力与社会化权力，权力需要对提高领导有效性具有一定的影响作用。

受到特定文化背景的影响，人们对组织中的权力体系有着不同的理解。权力距离则是用以描述组织成员对等级森严、职权悬殊这一高压权力氛围的认同度。相比较而言，低权力距离的环境更有利于领导授权，而在高权力距离中推行授权则需注意结合本土情境下的管理特点。

## 关键术语

权力（power）
权威（authority）
法定权（legitimate power）
奖赏权（reward power）
强制权（coercive power）
专家权（expert power）
参照权（referent power）
权力需要（need for power）
个人化权力（personalized power）
社会化权力（socialized power）
授权（empowerment）
权力距离（power distance）

## 思考题

1. 在组织中，领导者可以通过哪些方式获得权力？

2. 普通员工的个人影响力是否会影响到领导者履行职权？

3. 你如何看待当前一些领导者对下属“功高盖主”的顾虑？

4. 在同样具备高权力需要的野心家与卓越领袖之间，最大的区别是什么？

5. 在引领团队达成目标的过程中，你认为领导者可以采取怎样的影响策略？可结合现实生活中的亲身经历加以说明。

6. 如何在高权力距离的组织中顺利推行授权政策？

## 案例分析

### 孤独的CEO

卢苇最近一直心神不宁，疲于应对各种传言——关于他本人的离职，还有由于业绩不佳而频频传出自己掌管的电脑公司将被收购的消息。

“去年有一个意外是我此前没有想到的，”作为主管电脑业务的LDS集团副总裁，卢苇忍不住向媒体表达了他的无奈，“从集团层面，8月欧洲业务突然暴露出比较大的亏损，给整个集团的财务带来比较大的压力，集团年初给笔记本电脑业务承诺的投入大幅压缩，这使得电脑公司年初制定的布局、投入计划和市场推广的运营额度都有很大压缩。”

心有余，而力不足？这样的无奈境地，恐怕对于很多LDS的高管来说都不陌生。并购以来，LDS旗下各条产业战线无一不收紧资源，以弥补海外亏损的资金漏洞。几乎同时，为LDS打开新兴市场立下汗马功劳的刘春已经不像之前那样意气风发、斗志昂扬。他甚至不得不在集团公司呐喊：“给我支援！”但后来的事实证明，刘春始终没有能够得到他想要的“支援”。在2007年春节LDS上下经历的又一波离职大潮中，他被委以闲职，不再负责海外新兴市场。

其实，在LDS这个庞大的“家族”里，不管是卢苇还是刘春，几乎所有的高层对于LDS集团董事长王自成这个“大家长”都是心存敬畏和感激的。要知道，正是王自成一手将LDS从生产磁带、以5 000元贷款起家的企业，一步步壮大成为全球最大的消费电子产品生产商之一。换句话说，正是王自成给他们提供了这样一个平台和机会。在拥有绝对权威的“大家长”面前，他们的忠诚度和执行力是毋庸置疑的。而温文尔雅的王自成，在高层的管理方面采取的是“恩威并重”的策略。一方面，他让人才各施其能。相比国内很多企业的集权式管理，他能够容忍像刘春、卢苇这样一些具有个性的经理人，并且充分放权，为其所用。另一方面，当年王自成义无反顾地以绩效为旗把他的创业战友马文生从CEO的位置上拿下，从此外界对于LDS“山头文化”的质疑明显少了许多。

但问题在于，为什么LDS始终处于王自成“一人之下”，一直没有形成一个稳定的核心团队协同作战？其实，在三年前王自成轰轰烈烈地大举走上并购之路时，其他几位元老都是坚决的反对者。所以当LDS后来想转身却转不过身时，他们不得不无奈地选择全身而退。如此大的企业，成败却均系于王自成一人，这不能不让人担心。

当公司高歌猛进时，CEO的旗下猛将如云。而当业务出现危机，高管团队就在短时间内分崩离析。这是为什么？很多人把LDS的困境归于“大跃进的国际化战略失误”“产业投资失策”。但是再往深了看，为什么当事业越做越大时，却始终没能凝聚一个更为强大的高层团队来协助王自成，没有一个明智的董事会来纠正王的错误决策？相反，管理层从元老到新秀，大多选择了“隐退”离去。一年半前，LDS原CEO称病前往美国进修，一年后，继任者也因病辞职，而公司的副董事长也由于个人原因辞去了职务。到2007年5月，LDS的元老基本隐退，而后提拔的几位年轻副总裁等又因故做了调整，王自成愈发孤独。跟随他的只剩下几位从外企、咨询公司来的“空降兵”。他干脆身兼数职，一人身兼LDS集团董事长、总裁、CEO等重任，如今的LDS几乎退回到了空前的“集权管理”时代。

商道即人道，敬仰曾国藩的王自成不可能不明白，“成大事者以人才为本”。在写给内部员工的一封公开信中，王自成检讨道：“对一些没有能力承担责任的管理干部过分碍于情面，继续让他们身居高位……我们决心通过推动新一轮的变革创新，使企业浴火重生。”只是不知道，他的反省是否包括自身？

资料来源：何斌：《孤独的CEO》，载《中国企业家》，2007（8）。

根据上述案例，尝试回答如下问题：

1. 王自成的领导风格给公司带来了哪些影响？
2. LDS无法形成一个稳定的核心领导团队的原因是什么？
3. 领导者能够从这个案例中获得哪些借鉴？

## 参考文献


[1] French, J. & Raven, B. H., The *Bases of Social Power*, in *Studies of Social Power*, MI: Institute for Social Research, 1959

[2] Huang, X. & Van de Vliert, E., “Where Intrinsic Motivation Fails to Work: National Moderators of Intrinsic Motivation,” *Journal of Organizational Behavior*, 2003, 24

[3] McClelland, D. C. & Boyatzis, R. E., “Leadership Motive Pattern and Long-Term Success in Management,” *Journal of Applied Psychology*, 1982, 67 (6)

[4] 冯秋婷．西方领导理论研究．北京：人民出版社，2008

[5] 乔恩·L·皮尔斯，约翰·W·纽斯特罗姆．领导者与领导过程（第二版）．北京：中国人民大学出版社，2003

[6] 罗伯特·萨顿．好老板的尽职清单．商学院，2010（10）

[7] 吕峰．领导进化．北京：机械工业出版社，2010

[8] 一丁，王宇霖，徐敏惠等．苹果为什么这样红．竞争力（三联财经），2010（8）

# 第 2 篇　领导什么样

第5章

# 领导的特质

## 学习目标

- 了解不同的领导特质与领导行为之间的关联
- 理解由性别、年龄及教育背景等引发的领导力争议
- 了解人格特质理论的内容
- 掌握大五人格模型
- 体会个体的智商和情商与领导力之间的关系
- 领会领导者奉行正确价值观的重要性
- 领会领导者的态度的重要性

引例

### 戴尔如何培养女性领导力

茜茜是戴尔中国的员工，4 个月前刚做了母亲。当她回到工作岗位之后，发现有个问题令她很纠结。由于身在跨国公司，电话会议是必不可少的，原先每周 2 次晚上 9 点开始的电话会议现在要增加到 4 次。茜茜担心这会干扰到自己孩子的睡眠。可是如果向公司正式提出，她又担心同事或许会误认为自己想“偷懒”。她在一次互动活动中跟自己的导师倾诉了自己的烦恼，没想到导师鼓励她“可以说不”。她有点吃惊，但随即掌握了如何将 4 次电话会议的内容压缩到 2 次中的方法。

这个恼人的问题就这样轻易地解决了。这种非正式的沟通方式是由戴尔女性追求卓越组织（Women In Search of Excellent，WISE）发起的，该协会旨在帮助女性青年员工解决工作与生活平衡和职业发展等问题。戴尔希望通过 WISE 营造重视各种观点的文化，也塑造一个女性发挥影响力的环境，同时建立起鼓励和培养女性领导者的渠道。WISE 活动

在中国，除了探讨女性员工职业发展以及如何平衡工作和生活，还根据中国女性员工的自身需求，提供包括理财在内的生活方面的指导。

当然，WISE只是帮助女性员工成长的一个侧面。面向女性员工的招聘和任用（到管理岗位）才是真正将女性员工政策落地的关键所在。在戴尔中国，这两项比率都达到了相当高的水准。戴尔中国区公共事业及大型企业事业部总经理李慧女士表示，公司内部已经形成了“女性员工都可以平等参与”的氛围。

这种对于女性的重视，不仅体现在公司内部，还辐射到行业及社会层面。戴尔有一项女性商业力量社区（Women Powering Business）的企业计划，帮助女性企业家和技术领导人拓展其业务网络，并帮助她们利用技术获得更大的回报。

戴尔全球女性企业家峰会（DWEN）则面向全社会，吸引全球各地的女性企业家参与并分享最佳实践，通过合作创造业务机会并获取新资源。DWEN 2010年第一次举办，目前已经举办6届，为数百名女性企业家提供了可行的建议和工具。

戴尔相信，特别是在目前的经济下行时期，女性企业家将成为经济增长的关键因素。在经济下行时期，很多企业家都无法使自己的企业实现持续收益，而这是一个可以和客户建立联系的好时机。类似DWEN这样的沟通和交流活动使得女性企业家可以相互学习，从中知道可以用怎样的技术手段帮助自己实现创新。同时，参会人员也可以通过领英（LinkedIn）、推特（Twitter）等在线沟通方式保持联系和交流，从而实现女性自己帮助自己的良性正循环。

资料来源：郑悦：《戴尔如何培养女性领导力》，载《IT经理世界》，2013（05）。

如今，女性领导力逐渐在越来越多的公司得到了关注，比如戴尔的女性领导力培养体系中就包含一系列正式或非正式的互助组织、峰会和计划。从传统意义上看，女性承担着相夫教子的重任，并不适合征战商场，更遑论成为凡事为人先的领导表率。她们在世俗眼光、家庭责任与事业发展之间竭力周旋，仍难逃外界对其领导角色及工作能力的质疑。而在性别之外，人们对于领导力的争议还涉及个体的年龄、学历、个性品质乃至价值观等一系列因素。那么，领导成功与某些领导特质之间是否存在必然的联系？领导者又该如何利用个人特质展现个性化的竞争优势呢？

## 5.1 领导的人口统计学特征

### 5.1.1 性别

长久以来，人们心目中的卓越领袖往往胸有丘壑、坚毅沉着，敢于直面挑战、引领变革。无论是说一不二的决断魄力，还是令人振奋的冒险精神，都烘托出铁腕霸气的领袖形象，举手投足间无不流露出硬朗、阳刚的气息，仿佛只有这样，才能受命于人心惶惶的变革时代，力挽狂澜。

然而，2008年的金融危机却颠覆了这一固有观念。强势铁腕的华尔街天才们一夕之间纷纷落马：雷曼兄弟申请破产保护，花旗、汇丰等昔日金融神话纷纷破灭，而由此引发的多米诺骨牌效应则令华尔街主要投资银行在两周内或被收购，或被迫转型……震惊之余，人们不禁开始反思历来在商界备受尊崇的刚性领导力。

亨利·明茨伯格曾在《关于管理的十个冥想》中指出："组织需要培育，需要照顾和关爱，需要持续稳定的关怀。"这不禁令人联想到善解人意、细腻体贴这一类女性化的特质。而相应地，近年来涌现出了一大批优秀的女性领导者：eBay的梅格·惠特曼、Facebook的桑德伯格、雅芳的钟彬娴、宝钢的谢企华以及在商界与传媒间游刃有余的杨澜等，她们在传统的以男性为主的职业领域获得的巨大成就吸引了社会各界的广泛关注，也进一步推动了女性领导特质的研究。

## 一、女性领导力的特点

天性使然，大多数女性领导者待人处世自然而柔和，心思缜密，相比男性更能感同身受地体察下属的需求，因而在如下几个方面体现出独特的竞争优势（董晓艳，2009）。

（1）直觉：在依据环境变化制定决策方案时，敏锐的直觉洞察力能够有效地辅助果断决策，这也是女性领导特质中最重要的内容之一。

（2）细腻：细腻是女性普遍具有的性格优势，这也使得她们更有亲和力，在待人接物上耐心、细致，力求全面周到。

（3）民主：女性在进行决策的过程中更善于倾听，支持参与式决策，并注重团队人际和谐。

（4）魅力：她们擅长沟通协调，常借助"和风化雨"的领导方式来营造富有人情味的组织氛围，从而发挥个人魅力的影响。

## 二、玻璃天花板现象

人们往往用"女强人"形容一位事业成功的女性，却没有"男强人"这一说。尽管具备一系列优异的领导禀赋，古往今来能够脱颖而出的女性领导人始终是凤毛麟角。某些人口群体（女性、少数族裔等）晋升到高级经理及决策阶层的障碍被称为玻璃天花板（glass ceiling）现象。长久以来，根深蒂固的世俗礼法、社会的刻板印象以及女性的自我意识等逐渐形成了一道无形却又难以逾越的玻璃天花板，阻碍了她们的职业发展通道。

（1）世俗礼法。尽管日益开放的社会环境为崇尚自由独立的女性提供了宽松的发展平台，但扎根于儒家文化的世俗礼法使得男尊女卑的观念深入人心，"男主外，女主内"这一约定俗成的角色规范在无形中成为女性追求事业发展的最大障碍。

（2）性别刻板印象（sex role stereotype）。人们通常用优柔寡断、情绪化等一类形容词描述女性，这种性别上的刻板印象流露出人们对女性自立自主、独当一面的疑虑。因此，组织成员往往对女性主管缺乏坚定的信任与支持，进而对其领导行为产生消极影响。

（3）自我意识。受到社会整体文化氛围影响，多数女性具有较强的依附心理，相比"崇高"的事业追求，她们更安于稳定的个人生活，从而自觉不自觉地在家庭与事业之间做出妥协乃至牺牲。

（4）其他解释。玻璃天花板现象的其他原因也被学者广泛研究。这包括：1）缺乏机会；2）对女性比男性有更高的绩效标准；3）在专业型和管理型工作中，女性不得不压抑消极情感，并且要比男性表达出更积极的情感；4）有利于晋升的信息网络对女性而言是封闭的；5）一些男性仍然有意识地为自己保留最强有力位置的影响。

所有关于玻璃天花板现象的解释并不是互相排斥的，它们可能交织在一起，整体上创造了一种不利于女性领导者的氛围。

因此，要在提升领导力的同时处理好个人生活，这对很多女性来说是个现实的问题。她们中的一些人不得不将家庭与工作割裂开来，平时住在公司的公寓里，或者从周一到周五都在旅行，到了周末才回家。尽管面临一系列现实压力，当今社会仍然不乏这样一些优秀的女性领导者：通过寻求工作和生活的平衡点，她们在追求个人成就的同时漂亮地赢得了他人的尊重。

### 三、突破女性领导困境

如果能摒弃社会固有的刻板印象，充分发挥女性的性别优势，无疑将极大地促进社会领导力的整体发展。结合上文不难发现，女性在职业发展中面临的障碍除了来自社会的舆论影响，更有着自身不可推脱的内在因素。为此，在具体的领导实践中，女性一方面需要充分地发挥先天优势，凭借出众的工作绩效扭转外界的消极评价，例如通过良好的人际沟通拓展社会交际圈、增加工作阅历，或是采取充满亲和力、真诚而富有人情味的领导方式来获得团队成员的信任与支持；另一方面，在自我意识上也要摒弃潜在的刻板印象，增强自身追求事业成功的意识，进而成长为积极、果敢而富有魅力的女性领导者。雅芳总裁钟彬娴的坚持和梦想为女性领导者提供了很好的借鉴，她说："很多时候，我们会感觉面对的挑战令人无法招架，每个人都会有这样的阶段。而当试着努力一步步往前走，做出一些成就的时候，我们就会惊奇地发现，这些困难无影无踪了。所以，在我最艰难、最绝望的时候，我总是鼓励自己，要坚持，除了坚持，别无选择。坚持会帮助你渡过困境，而梦想却能给人希望和勇气。这就是为什么有的人能够到达顶峰，而有的人却不能。"

另外，企业也可以通过为女性管理者提供针对性的管理技能培训，帮助她们获得更多的信息、鼓励、指导和机会。沙兰诺（Tharenou）等学者借助更具体的实证研究来确定影响不同性别管理者职位晋升的关键因素，其中就谈到了管理技能培训的问题。

**学者说**

**职业阶梯与玻璃天花板：影响女性管理者晋升的内外因素分析**

研究人员从澳大利亚的部分公共机构及私营企业中选取了不同职位等级的管理人员参与问卷调查，其中包括513名女性及501名男性。随后的数据分析结果为该项研究的理论假设提供了支持，同时也揭示了性别因素对于组织管理人员职位晋升的差异化影响。具体来看，可将研究结论归纳为如下一些观点：

（1）男性能够从培训、教育以及工作经验等多个渠道获得管理技能的提升，从而为其晋升积累资本，获得更强的竞争优势。

（2）相比较而言，女性的职业发展在男性占主导地位的组织中极易被忽视，支持的匮乏也相应减少了她们参与管理培训的机会；但另一方面，随年龄增加的工作经验能够在一定程度上改善这一不利局面。

(3) 与中国社会中“男主外，女主内”的传统观念类似，当另一半作为家庭主要经济来源时，女性在工作中的投入会相对减少，转而承担起抚育子女的主要责任。

(4) 面对晋升，管理者对于自身能力的信心以及所表现出来的事业心能够起到有力的推动作用。这一点无论是在男性还是在女性身上均得到了显著的体现。

(5) 具有针对性的管理技能培训将在很大程度上增加女性管理者的晋职机会。

从上述结论中不难体会到在企业内部针对性地开展管理技能培训的重要性，特别地，这将有力地帮助女性管理者迅速成长，以维持组织领导力刚柔并济、均衡发展。为此，现有的企业管理层首先要做的，是摒弃因刻板印象产生的偏见，理性客观地评价女性的能力素养，在此基础上为之提供公平合理的职位晋升渠道以及机会对等的竞争平台；与此同时，企业也可进一步增加在领导力开发与培训等方面的投入，并辅以工龄积金、弹性工作时间等制度帮助女性在家庭责任与事业追求之间找到最佳的平衡点。

资料来源：Tharenou，P.，Latimer，S. & Conroy，D.，“How Do You Make It to the Top? An Examination of Influences on Women's and Men's Managerial Advancement，” *Academy of Management Journal*，1994，37 (4).

## 5.1.2 年龄

所谓“三十而立，四十不惑，五十而知天命”，对于每个人而言，不同的成长阶段对应着独特的人生体验。在追求事业稳步发展的过程中，人们需要结合自身综合素质以及能力水平来设定个性化的职业发展目标。这其中，年龄占据着举足轻重的地位，它为人们提供了相应的资本，如旺盛的精力、活跃的思维抑或经年累积的阅历等。

人们普遍相信历尽沧桑的老者成熟睿智、虚怀若谷，这是因为敬畏在岁月长河中积淀的经验教训与人生感悟。因此，年龄和与之相关的“工龄”作为阅历的代名词，为领导者的行为举措提供了令人信服的凭证。以中国社会为例，大部分企业唯资历是重，无论是大型国企还是政府机关，组织成员在升任领导职务之前往往需要积累一定年限的“工龄”或“党龄”。此外，日本企业所推崇的年功序列制也相应地体现出这一特点。

但从另一个角度来看，领导者的“高龄化”却也成为横亘于普通职员生涯发展中的壁垒。随着知识经济的蓬勃发展，动荡的商业环境要求企业具有极强的环境适应力，并能最大限度地“求新、求快、求发展”，这就需要引领变革的领导者多方整合资源、为企业注入源源不断的创新活力。在这种情况下，若能突破传统的年龄限制，适时提拔才华出众、富有激情的青年才俊，往往能为企业整体发展带来更大的裨益。在这一点上，贝塔斯曼公司无疑是一个良好的典范：作为欧洲第一、全球第四大的传媒集团，拥有近180年悠久历史的贝塔斯曼公司却丝毫不见“老态”，而这无不得益于其幕后极富朝气的青年领导团队。

篇中案例

**贝塔斯曼：年轻团队与时俱进**

作为欧洲第一、全球第四大传媒集团，贝塔斯曼在很多人眼里既熟悉又陌生——作为一个年收入超过200亿欧元的公司，贝塔斯曼一直由家族100%控股，拒绝公开上市，那么，这家拥有近180年历史的公司到底是一个什么样的公司？

历史悠久的公司往往拥有许多传统，内部等级森严，甚至只有到一定年龄才可以达到某个级别，但是，这个定律在贝塔斯曼并不存在。

以贝塔斯曼亚洲投资基金的团队构成来说，据贝塔斯曼亚洲投资基金合伙人熊伟铭介绍，其中大部分人出生于1975—1985年之间，在投资行业，属于非常年轻的队伍，即使作为团队负责人之一的他，也还不到40岁。

“智力不分年龄”，这是熊伟铭最大的感受，在他看来，投资经验固然重要，但是在互联网行业，可能“90后”的感受更为重要。年轻人有他们的优势，聪明，有活力，大家合作起来也非常简单，讨论问题的时候，就像工商管理硕士（MBA）课堂一样，充满热情和快乐。

“在我们七个人的团队当中，其中五个人主要看互联网行业，做业务多一些，另外两个人做后期工作多一些。”熊伟铭告诉记者，正因为年轻，所以这些团队中的人员非常喜欢接触新事物，应对不同的挑战，例如他们最近投资豆瓣网，面对第三轮融资的高估值，他们已经学会了相信自己，坦然应对。“我们坚信这是一家好企业，有好的团队，虽然估值高一点，但我们都觉得，方向没有错。”

资料来源：王月平、熊伟铭：《和贝塔斯曼一同起舞》，载《投资者报》，2011-07-18。

### 5.1.3 教育水平

罗马政治家塞尼卡曾说，受过教育的人一天中经历的事情比没受过教育的人一生中经历的事情都多。从这句话中可以体会到教育对一个人的认知、感悟以及心智成熟度等产生的深远影响。近年来，人们对领导者教育背景的关注更是与日俱增，这由社会上方兴未艾的MBA、高级管理人员工商管理硕士（EMBA）热潮可见一斑：企业的经理纷纷重返校园，争相热捧那一纸烫金的文凭，以此作为晋职发展的敲门砖，可谓“万般皆下品，唯有读书高”的时代新解。

领导是教育与经验的产物（哈格斯等，2004）。规范的学校教育是帮助个人开阔眼界、吸纳知识、提升综合素养的重要途径。伴随着理论的积淀、经验的积累，个体的决断力、协调力、沟通表达力等一系列核心领导能力都会获得相应的开发。但教育的成效最终取决于个体的学习精神与接纳意识，学历只是领导力的“标志”之一而非本质；而如果一味地追求标志，则显然是犯了本末倒置的错误。唐骏的“学历门”正是这种错误的生动写照。在一个重能力、轻文凭的社会里，谁会在乎身边的创业英雄有无博士文凭、是否名校毕业？最让人津津乐道的反例，莫过于比尔·盖茨退学创业的故事，这个故事曾经让大批心怀激情的创业青年为之鼓舞。

## 5.2 领导特质要素

有的人热情外向，而有的人却腼腆内向；有的人反应敏捷、高谈阔论，而有的人却思维迟钝、沉默寡言；有的人不善交际，而有的人却左右逢源。这些差别相当程度上取决于个人特质。特质（trait）是指独有的个人特征，本节重点讨论领导者的人格、智力水平和情商。

### 5.2.1 人格

学术界所说的人格（personality）其实就是我们日常所说的性格一词，是指区分个人行为的特质的组合。当前存在许多人格的分类方法，大五人格模型（big five model of personality）是最广泛使用的划分人格类型的方法之一。

#### 一、大五人格模型

大五人格模型的目的是将人们的大多数特质划分为外倾性、随和性、责任心、情绪稳定性以及经验的开放性五个维度。

（1）外倾性（extroversion）。这一维度描述的是个体对关系的舒适感。外倾者倾向于喜欢群居、善于社交和自我决断；内倾者倾向于封闭内向、胆小害羞和安静少语。

（2）随和性（agreeableness）。这一维度描述的是个体服从别人的倾向性。高随和性的人是合作的、热情的和信赖他人的；低随和性的人是冷淡的、敌对的和不受欢迎的。

（3）责任心（conscientiousness）。这一维度是对信誉的测量。有高度责任心的人是负责的、有条不紊的、值得信赖的、持之以恒的；在该维度上得分低的人很容易精力分散、缺乏规划性，且不可信赖。

（4）情绪稳定性（emotional stability）。这一维度刻画的是个体承受压力的能力。积极的情绪稳定性者倾向于是平和的、自信的和安全的；消极的情绪稳定性者倾向于是紧张的、焦虑的、失望的和缺乏安全感的。

（5）经验开放性（openness to experience）。最后一个维度针对个体在新奇方面的兴趣和热衷程度。开放性非常高的人富有创造性、凡事好奇、具有艺术的敏感性；处于开放性维度另一端的人很保守，对熟悉的事物感到舒适和满足。

研究者将大五人格模型和领导力联系起来，发现与领导力的相关系数最高者是外倾性，其次是责任心，随后是经验开放性，它们都与领导力正相关。换言之，具有较强外倾性的人更像一名领导，他们努力工作并且通常情况下情绪稳定。

#### 二、高效领导者的人格特质

60多岁的中国企业家王石以爱好登山而著称。他不仅担任深圳万科企业股份有限公司董事长的职务，而且是中国登山协会的特邀副主席。在王石看来，他骨子里有一种强烈的探索未知的冲动。这种冒险精神在很大程度上也影响了王石早期的商业经营风格。比如，王石先后经历了君安证券意图鲸吞万科、合资子公司万佳的股东试图架空万科的经典战役。人们在为王石在登山途中表现出的勇气、自信以及坚毅信念所折服时，不禁平添了对这位优秀企业家的景仰之情；对于万科旗下的众将士来说，榜样的力量更是点燃了他们追随左右、开拓地产界未知荒野的斗志与激情。作为领导者，熠熠生光的人格品质无疑为王石的影响力添光增彩，进而得以引领万科上下同仁为领跑中国房地产行业而不懈奋斗。

虽说成功不可复制，但纵观历史发展进程，各行业的卓越领袖总是能够体现出一些共通的优秀品质，例如自信、诚实、富有强烈的进取心与开拓精神等。领导者的人格特征会不会确实有很多共性呢？在早期的领导学研究领域，学者们就开始关注领导者在日常工作及人际交往过程中所体现出的共性特征，由此建立并发展了人格特质理论以探索领导力的个体来源。特质理论又称通用理论，该理论并不太关注如大五人格模型那样对人格的系统分类，而是希望找到高效领导者拥有的一系列特质。人格特质方面的研究从 20 世纪开始延续至今，在近一个世纪的历史变迁中，为求细致周全，研究者在原有基础之上不断地添加或修正，逐渐派生出了形形色色的特质清单供领导者参考借鉴（见表 5—1）。

**表 5—1　　成功管理者的基本特质一览**

| | |
|---|---|
| 勇敢<br>尽责<br>好学<br>自信<br>正直 | 有魅力<br>激情<br>鼓舞人心<br>有远见 |
| 善于思考/见解深刻<br>开朗/宽容/创新<br>善于沟通/好的倾听者<br>保持联系/信息通畅<br>敏锐 | 精力充沛/满怀热情<br>情绪高昂/乐观<br>雄心壮志<br>坚决/执着/热忱 |
| 坚定不移<br>灵活变通<br>善于平衡<br>擅长综合 | 协作/参与/合作<br>乐于助人/同情/体谅 |
| 有思想/有才智/有智慧<br>善于分析/客观<br>务实<br>果断（注重行动）<br>主动 | 稳重<br>可靠<br>公正<br>负责<br>道德/诚实 |

资料来源：亨利·明茨伯格：《如何让管理卓有成效》，载《IT 经理世界》，2010（8）。

事实上，这些“超人”一般的特质要素看似五花八门，但却能折射出一些共同的人格品质。刘澜（2011）在综合国内外研究调查结果的基础之上，归纳出领导者应具备的八大品质，从中不难看到，纵然领导者独树一帜、个性相异，但诸如诚实、激情、富有责任心以及创造力等优秀品质历经时代考验，依然能够为领导力提供核心的价值支撑。归纳起来，这八大品质如下：

（1）诚信。在一项全球调查中，研究人员询问员工：在你们愿意追随的领导者身上，最期待和最推崇的品质是什么？诚信是唯一超过80%的人选择的品质。

（2）胜任。这并非指业务所需的具体技术能力，而是指过往业绩和办事能力，即管理者在人际交往以及统筹分析等方面的能力。

（3）远见。领导者如果想要有人自愿追随，就必须知道自己正行向何方。

（4）激情。实现梦想是历经坎坷的漫漫长途，因此人们期待领导者热情洋溢、活力十足、乐观积极。

（5）谦卑。吉姆·柯林斯在《从优秀到卓越》一书中，把谦卑作为"第五级领导者"的核心品质。因为领导者的任务是解决未知难题，首先要知道自己还有很多东西不知道。

（6）责任心。领导者要承担解决难题的责任。

（7）创造力。面对困难的处境，人们期待领导者能创造性地解决问题。

（8）冒险精神。尽管还有东西不知道，但领导者还是要勇敢地去解决难题，而不是刻意回避。

但需要注意的是，卓越领导力与特定领导品质之间的联系并不是绝对的，即使拥有了这些特征，领导者能否成功也得看他是否身处天时地利的客观环境之中。另一方面，那些对自我有着清晰认识、能够充分地挖掘出自身领导潜质的人比依葫芦画瓢的刻意模仿者，往往更能游刃有余地施展领导才能——唯有独一无二的自己才有可能制造举世无双的创举。在当今的互联网大潮中，也有一些新兴的领导者，他们具有自己独特的风格，有强烈的求胜欲，追求完美，坚持自己的信念和选择的道路，聚美优品的CEO陈欧就是其中的一位。

## 篇中案例

### 陈欧的成功特质

陈欧，聚美优品CEO及联合创始人。16岁留学新加坡就读南洋理工大学，大学期间曾成功创办在线游戏平台Garena，26岁获得美国斯坦福大学MBA学位。2010年创建第一家也是中国最大的化妆品限时特卖商城聚美优品。在短短一年内用户超300万，总营业额突破4亿元，也创造了三年销售额从零到60亿元的创业奇迹。

"作为男性，为什么选择做化妆品网站？"

"因为我做事情是不按常理出牌的。"

这就是陈欧式的回答，不按常理出牌，这种特质在解决问题上，总是能找到意想不到的方法。电视剧《亮剑》中的李云龙也是这样一个常常以独特方法解决问题的高手。在围歼山琦大队的战斗中，不按正规打法出牌，集中全团手榴弹在两分钟内全部投出，造成了意想不到的进攻效果，为战斗胜利奠定了基础。

"我非常强势，你可以理性地说服我，但我也会用强势的理性方式说服你。"陈欧常常这样描述自己。强势，不达目标，誓不罢休，这样的驱动力让他成为优秀的创业者。在工作中的陈欧常常表现出严厉的一面，据说发起脾气来几乎要掀掉房顶。他是一个令人咬牙的完美主义者，绝对不会允许自己犯错。但是陈欧也有大男孩的时候，可能只有极少数生活中的朋友能感受到他的幽默和风趣。

陈欧的同事刘惠璞对他的评价是：极端奇葩的一个人，具有非常强烈的两面性。“生活中的陈欧给人的印象是处于18岁的状态，跟身边的人开玩笑，把每个人都照顾得很好。但是一到工作中他就变成58岁的状态。”“他的抗压能力早就超越同龄人，而且这种能力不是体现在遇事从容，而是面对质疑和骂声，他能迅速消化掉这种负面情绪。就好像参加高考，陈欧不会因为一道题做不出来，导致后面的题都做不出来。”

把生命当成竞赛；有强烈的求胜欲；不易气馁，不在乎外界的评价，坚持自己所选择的道路和方向。他同事的评价无疑印证了他的这些性格特质。

资料来源：闫明：《黄色指挥者——陈欧》，载《新晋商》，2014（2）。

### 5.2.2 智力水平

在国外，借助智力测验工具识别潜在领导者的历史可追溯到第一次世界大战期间，并一直沿用至今。一般认为，智力水平较高的领导者思维活跃，具有较强的学习能力与统筹能力，能够更好地创设理想愿景并开发出可行的战略方案，其绝佳的联想及逻辑推断力也有助于充分地预见决策的现实影响，以便周全、从容地进行应对。

由此看来，智力的确是领导力不可分割的一部分。但作为一种难以捉摸的素质，智力有着怎样的形态构成，又该如何开发呢？对此，探索多年的学者热议不断，建树颇丰。其中，美国耶鲁大学的心理学家斯滕伯格（Sternberg，1985）建立的智力三元理论具有较强的说服力，为该领域研究作出了突出贡献。

#### 一、智力三元理论

根据智力三元理论，人们的智力可以划分为三种基本类型，即分析型、实用型以及创造型。斯滕伯格认为，在一般情况下，人们运用分析型智力解决基本问题，发挥实用型智力拓展综合素质。例如，那些逻辑思维严密、在校成绩优异的学生往往有着较高的分析型智力；而那些易被误解为爱玩“小聪明”的人则通常具备高水平的实用型智力，这具体表现在他们更关注知识与经验的积累，注重特定领域的专业技能培养，并能机敏地应对环境变化，从而在社会交往中游刃有余。最后，创造型智力则是用来衡量兼顾新颖性与实用性的创新能力，以规避不切实际的天马行空或囿于现状的陈规固守，帮助人们在变革的环境里平衡、稳健地成长、发展。

#### 二、对于领导实践的启示

对于领导者来说，分析型智力中的逻辑推理及知识整合能力对制定战略、分析决策等核心领导职能有着重要的支撑作用。结合科举制度与智商测试来看，传统的选拔机制显然关注的是领导者的分析型智力。但面对越发不可预见的未来，领导者不仅要对现行方案予以细致周全的分析统筹，更应及时转变“全知者”的心态，并不断地积累相关领域的知识经验，这就要求他们注重构建并灵活运用实用型智力来增强自身的环境适应力。

作为组织变革的引路人，领导者个人的创造型智力当然也非常重要，但运用创造型智力的关键之处在于怎样营造出一种能充分激发团队创造性的管理氛围（哈格斯等，2004）。为此，领导者首先要搭建起根基牢固的“灯塔”，即清晰宏大、富有开创性的战略愿景，在此基础之上进一步引领团队拿出切实可行的方案以辅助战略“落地”，调动群体创造力来推动企业变革。

### 5.2.3 情商

一个才华横溢的“聪明人”是否一定能胜任团队领导的角色呢？或者说，一个团队中的领导必然会是其中头脑最灵活、智商和能力最出众的人吗？

汉高祖刘邦曾慨叹：“夫运筹帷幄之中，决胜千里之外，吾不如子房；镇国家，抚百姓，给饷馈，不绝粮道，吾不如萧何；连百万之众，战必胜，攻必取，吾不如韩信。”但最终成就霸业的却是“尽不如人”的他，而非骁勇善战、以一挡百的西楚霸王，并且智商奇高的张良和韩信也甘心为刘邦所用。后人曾评价刘邦的帝王气中自带三分痞气，市井而圆滑，但其先项羽入关后“不为财色所动”，而被“勒令”退出咸阳时竟也并无二话，可见其圆滑中自有隐忍之意。而反观项羽，尽管“羽之神勇，千古无二”，性情中人的刚愎自用、喜怒无常却一步步地将霸王推向了穷途末路。这正是二人情商对比后的必然结果。项羽败在他的恣意妄为、刚愎自用，难以设身处地去理解、信任他人；汉高祖刘邦得以君临天下，其收放自如的情绪驾驭力功不可没。这种“胜不骄，败不馁”的情绪管理能力以及基于信任构建合作关系的移情能力均可视为刘邦高情商的体现。

情商（emotional intelligence，EI）这一概念与前面提到的人格特质有很大的相通性，又称情绪智力，指察觉和管理情绪线索和情绪信息的能力。相比智商，情商更多地体现为对情绪的驾驭，比如移情能力、情绪控制力以及逆境耐受能力等。《纽约时报》的专栏作家戈尔曼（Goleman，1998）基于前人的研究成果将情商划分为自我意识（self-awareness）、自我激励（motivating oneself）、情绪控制（managing emotion）、移情（empathy）、社交技能（social skills）等五种基本成分，并列举出了对应的25项具体属性（见表5—2），为领导者的情商“修炼”提供了参考借鉴。

**表5—2　　　　情商的25项属性**

| | |
|---|---|
| 自我意识 | 情绪认知，自我评价，自信心 |
| 自我激励 | 成就动机，归属感，主动性，乐观精神 |
| 情绪控制 | 自我控制，可信赖感，责任心，适应力，创新意识 |
| 移情 | 服务导向，培养他人，利用多样性，政治常识，换位思考 |
| 社交技能 | 影响力，沟通能力，领导能力，推动变革，冲突管理，建立联系，协调合作，团队建设 |

资料来源：Goleman，D.，*Working with Emotional Intelligence*，New York：Bantam Doubleday Dell，1998.

自我意识能帮助人们理解自己的需要，因而有利于评价选择性的解决方案。

在面对困难的时候，情绪控制有利于感情稳定和信息处理，有助于领导者在遇到障碍时保持乐观主义和热情。移情和社交技能可以发展人际关系，有利于维护领导者和追随者之间的关系。而正所谓“君视臣如心腹，臣视君如手足；君视臣如草芥，臣视君如寇仇”，上下级之间的理解与尊重是成就领导者的关键前提，这正需要领导者的可信赖感。在现实生活中，领导者同样应注重自身移情能力的培养，在将心比心的换位思考中充分体察下属的想法与需求，促进双方的沟通交流，并借助情绪的感染力和影响力激发起昂扬斗志，引领全体同仁为实现共同目标而不懈奋斗。

## 5.3 价值观与态度

针对领导特质所展开的一系列论述都围绕一个共同的主题：在正确的既定前提下，具备何种特质的个体才能表现出高效的领导行为？那么在这个诉求多样的商业时代背景下，什么样的前提是正确的，又如何才能保证前提的正确，保证组织不偏离正确航向呢？

### 5.3.1 价值观

#### 一、价值观：领导行为的“导航仪”

价值观（values）代表了人们最基本的信念：从个人或社会的角度来看，某种具体的行为模式或存在的最终状态比与之相反的行为模式或存在状态更可取。价值观是相对稳定和持久的。通常，对价值观的质疑只不过更加强化了我们已经拥有的价值观。价值观有两种属性：（1）内容属性：某种行为模式或存在状态是重要的；（2）强度属性：某种行为模式或存在状态有多重要。

在社会规范的约束之外，人们的日常行为举动主要受到自身价值观的重要影响。因此，评价领导者的是非功过也必须依据价值框架来进行，而不仅仅是考虑各项客观的绩效指标。第4章探讨个人化权力与社会化权力时曾提到，领导者所秉持的价值观将显著地影响权力的使用方式，进而决定所在组织是会迈向共生共荣的昌盛，还是不可避免的日渐衰落。

#### 二、价值观的类型

社会学家罗克奇（Rokeach）列出了价值观的一个清单，明确了在跨文化领域应用比较广泛的18种终极价值观和18种工具价值观（见表5—3）。

**表5—3　罗克奇的终极价值观和工具价值观**

| 终极价值观 | | 工具价值观 | |
|---|---|---|---|
| 舒适的生活 | 享受 | 野心 | 想象 |
| 平等 | 救援 | 有思想 | 理性 |

续前表

| 终极价值观 | | 工具价值观 | |
|---|---|---|---|
| 激动人心 | 自尊 | 才干 | 逻辑性 |
| 家庭安全 | 成就感 | 振奋人心 | 爱的能力 |
| 自由感 | 社会认可 | 干净 | 忠诚度 |
| 健康 | 真诚的友谊 | 勇气 | 顺从 |
| 内部协调 | 明智 | 宽容 | 有礼貌 |
| 自然情感 | 世界和平 | 有帮助的 | 责任感 |
| 民族安全 | 美丽世界 | 诚实 | 自我控制 |

资料来源：理查德·L·达夫特：《领导学原理与实践》（原书第2版），北京，机械工业出版社，2005。

（1）终极价值观（terminal valves），指理想的终极存在状态，是关于值得追寻的目标或者结果的一种信仰。比如，有的人认为安全的生活和良好的健康状态高于生活中的其他事情，是人生中值得奋斗的重要目标；而有的人则更重视社会认可和激动人心的生活。

（2）工具价值观（instrumental values），指个体更偏好的行为模式或实现终极价值观的手段。比如，有的人在追求自己的目标时可能显得不择手段，而有的人则显得谦卑顺从。

### 三、价值观的影响

不同的文化背景、家庭氛围塑造了个性鲜明的价值观，并进一步影响着人们的言行举止。例如，对于一项决策"是否合乎规范""有无违背伦理""将为公司创造怎样的价值""对我自己有什么好处"等的看法，都在一定程度上折射出领导者内心的价值理念。

首先，价值观会影响领导者的人际关系网络。物以类聚，人以群分。价值观在领导者建立人际关系网络时起到了界定亲疏远近的重要作用，并进一步地影响着上下级双方的合作协调性。

其次，价值观会影响领导者的环境洞察力。基于不同的利益出发点，人们对于问题的关注角度不同，因此往往制定出截然不同的解决方案或采取多样化的行动方式。

最后，在不同的价值观下，领导者对于成功以及通向成功的合理途径有着差异化的认知，因而往往引发领导道德问题。下一章将聚焦于领导的道德。在这方面，雷曼兄弟的高层管理者显然做了一个坏榜样：他们利欲熏心，攫取个人利益，造成了灾难性的后果。而相比之下，强生公司则在CEO詹姆斯·柏克的率领下凭借对价值观的恪守成功地渡过了近乎致命的危机，继而持续地发展壮大。

篇中案例

**詹姆斯·柏克：当代CEO的勇敢者**

1982年9月末，一场几乎是灭顶之灾的大祸正向强生袭来。

一位患者服用了一粒特效泰诺胶囊，当天下午就身亡了。类似的悲剧接二连三地发生，矛头直指此前为强生公司总利润贡献了17%的泰诺。

詹姆斯·柏克立即下令撤回了成批的产品，并劝告人们事情还未弄清前绝不要购买特效泰诺胶囊。全美国的药店和超市都从它们的货架上取下了泰诺产品。

不久，有调查指出，毒物污染并不是发生在生产过程中，因为有毒的胶囊是两个工厂生产出的产品，而两个厂的产品同时受到毒物污染几乎是不可能的。尽管如此，柏克仍果断地做出了决定，舍弃利益，保护大众健康。他把所有泰诺胶囊全部收回，共3 100万瓶，总值超过1亿美元。

公司还向消费者承诺，以新生产的泰诺药片换回胶囊，通过发给医生、医院、商家的50万份电报和对媒体的声明及时传达了这些信息，目的是不使形势继续恶化。另外，他还通过一则报纸广告发出了7 600万张面值2.5美元的购物赠券以鼓励购买泰诺。为挽回给消费者造成的损失，那些在毒害事件发生后将他们手中的泰诺扔掉的顾客，只要打一个免费电话，就可以得到一张面值2.5美元的赠券——相当于得到一瓶免费的药。

危机发生后，强生公司在止痛药市场上的份额一度由35.3%急剧降低至不足7%，然而，成功的危机处理策略又很快使强生公司东山再起：到1983年5月，泰诺已然赢回了几乎所有于前一年9月失去的市场份额，达到了35%，并一直保持到1986年。

强生公司的真诚行动有了回报。从强生公司的危机处理中，我们看到的是一个果敢、有强烈社会责任心的CEO形象。

资料来源：子昱：《James Burke：当代CEO的勇敢者》，载《当代经理人》，2010（9）。

### 5.3.2 态度

一、什么是态度

态度（attitude）是关于物体、人物和事件的评价性陈述，这种评述可以是赞同的，也可以是反对的，反映了一个人对于某一对象的内心感受。行为科学家认为，态度由三部分构成：认知成分、情感成分和行为成分。认知成分（cognitive component）是一个人对某一事项所持有的想法或认识态度，比如一个领导者对某个特定员工的能力的认识和看法。情感成分（affective component）是关于一个个体对某一事项或人物的情感。行为成分（behavioral component）则使一个人以特定的方式行事，比如领导者可能会在一个会议上选择批评某个雇员。这三个成分的界限并不是非常分明，往往相互影响，最终形成态度。

二、态度如何影响领导力

首先，领导者对自己的态度会影响其领导力。一般来说，通常对自己正面评价的领导者心态豁达、乐观向上，往往具有强烈的自尊心与自信心，能够为自身乃至下属的成长发展营造积极的氛围，而非求全责备、苛求完美，甚至限制他人成长和发展。

其次，领导者的态度会影响其与追随者之间的相处方式。正如麦格雷戈在他提出的X理论和Y理论中所述，领导者对于组织成员天性“勤勉、积极”或“怠惰、消沉”的不同假设，将决定领导者是采取“润物细无声”的人性关怀还是“胡萝卜加大棒”的威逼利诱。

此外，领导者的个人态度也将在很大程度上影响企业整体的经营理念。星巴克的CEO霍华德·舒尔茨是一位致力于将顾客体验做到极致的领导者，尽管经历金融危机的他暂时“妥协”于标准化的咖啡销售形式，但他从未放弃最初的“咖啡梦想”，并不断地寻求为星巴克注入“灵魂”的具体途径。最终，在他的感召之下，星巴克迎来了初具规模的概念店。

## 篇中案例

### 霍华德·舒尔茨：寻觅星巴克之魂

2009年，56岁的星巴克总裁兼“超级粉丝”霍华德·舒尔茨已呼吸了20余年的星巴克空气。他行事依赖直觉，而他的直觉也一向很不错。1987年，他从星巴克创始人手里买下最初的6家店，当时他就知道星巴克一定能做大。舒尔茨希望，星巴克卖的不仅是咖啡，更是喝咖啡的体验。他喜欢跟人讲咖啡屋的灵魂，他的咖啡吧员就是灵魂的关键，因此吧员的待遇一向优厚，甚至一些兼职员工也能持有公司的股票、享受公司的医疗保险。

当2008年1月舒尔茨重新担任CEO一职时，他对市场的变化似乎仍毫不在意。他宣布星巴克已经迷失：它成了他讨厌的那种没有灵魂的企业。他承诺要把企业带回正轨，重新让星巴克讨人喜欢。但不久后，舒尔茨不得不在金融危机前低头。他勉强承认，星巴克必须改革，它必须变得更普通、更常规。美国部总裁克里夫·巴罗斯开始培训吧员按照标准的六步方法泡咖啡，而不是按照他们各自的喜好随心所欲地泡咖啡。舒尔茨也从雅虎请来了史蒂芬·吉列特做他的首席信息官，管理各个分店的即时数据，并在总部把它们进一步归类分析。

改革措施初见成效。19个月之后，星巴克的变化可谓翻天覆地，经营状况有所好转，尽管前一季度各门店的销售额仍有下滑，但已得到有效控制。

但舒尔茨很不甘心。他的星巴克必须是强大的、有公益心的、受尊敬的、充满激情的、无处不在的，以及充满想象力的。舒尔茨仍在矛盾：“让吧员按照严格标准给顾客泡咖啡，这跟麦当劳的速食有什么区别？”

2009年早些时候，舒尔茨挑出一个团队的员工，询问他们：如果你们要开一家店和星巴克竞争，你们会怎么做？然后，舒尔茨给了这些人一小笔预算，任他们自生自灭。6月的一天，这些人回来了，带给舒尔茨一个名为“15大道的咖啡和茶”的设计，店门上赫然写着：“受星巴克的启发”。7月24日，星巴克的概念店在西雅图开张。新店除了咖啡，还供应啤酒和红酒。店内没有任何星巴克的标志和图案，舒尔茨讨厌的自动咖啡机当然也没有。店里早上会有品茶会，晚上会有音乐会和诗歌朗诵。

概念店开张的前一天，舒尔茨前去拜访。“我完全被里面的创意迷住了，”他说，“我问主设计师，‘你是从哪儿弄来这个的？’她说是从跳蚤市场淘来的。我们上一次去跳蚤市场为星巴克采购是什么时候？这让我想起了我们刚起步的时候，我们为了生存而斗争的时候。”

坐在店里，舒尔茨憧憬着，概念店能进一步扩张，他的咖啡之魂能早点回来。

资料来源：李雪清：《霍华德·舒尔茨——挣扎中的星巴克CEO》，载《上海壹周》，2009-08-19。

## 小　结

个体的性别、年龄与教育背景等特质对领导行为有着不同层面的影响。其中，以敏锐、细致为特征的女性领导力弥补了刚性领导力的不足，然而，若要充分发挥女性的领导优势，还需从女性的自我意识与外部客观环境两个方面共同努力。此外，尽管高龄领导者具有经验阅历上的优势，但青年一代的创新活力同样有助于企业变革。而一系列的社会现象更是引发了人们对学历与领导力的思考。

每个人的人格特质都不同，而卓越领袖所具备的闪光品质，诸如诚实、激情、创造力等基本特质仍可作为检验领导有效性的重要标志。此外，识别并开发个体的智力水平及情商等特质将有助于领导力的培养。前者将在一定程度上预示个体的决策分析及统筹调控能力，而后者则与其移情能力、情绪控制能力以及逆境耐受能力等息息相关。

正确的价值观将对组织领导者起到重要的指引作用，帮助他们全面、理性地衡量领导绩效，避免因一己私利而置组织乃至社会整体利益于不顾。与此同时，领导者的态度将在一定程度上奠定组织的管理氛围，并对企业经营理念产生潜移默化的影响。

## 关键术语

玻璃天花板（glass ceiling）
性别刻板印象（sex role stereotype）
特质（trait）
人格（personality）
大五人格模型（big five model of personality）
情商（emotional intelligence）
价值观（values）
态度（attitude）

## 思考题

1. 作为组织领导者，女性自身的优势与劣势体现在哪些方面？
2. 在一些大型国有企业中，论资排辈盛行，对此你如何评价？
3. 唐骏的“学历门”事件曝出后，有人认为这暴露了他的人品问题，也有人认为不能“以学历论英雄”，请问你对此持怎样观点？
4. 古往今来，你最欣赏哪一位领袖人物？请结合他的事迹谈谈领导者应具备的优秀品质。
5. 你对“相比智力水平，个体的情商更有助于领导成功”这一观点是否认同？为什么？

## 案例分析　小金曼·布鲁斯特：耶鲁大学领航人

小金曼·布鲁斯特于1960年接受耶鲁大学的邀请，开始担任耶鲁大学教务长，并于1963年就任耶鲁大学校长。期间，他以过人的领导才能和卓越的周旋艺术，成功地领导耶鲁大学走过了一段辉煌历程。

在男女平等观点深入人心的今天，女性在社会的方方面面都有自己的一席之地。然而，在1969年之前的美国，像哈佛大学、普林斯顿大学和耶鲁大学这样的世界名校里，200年间清一色都是男性的世界。随着20世纪60年代女权主义的悄然兴起，耶鲁大学有大批男学生举行了集体示威抗议，向耶鲁大学校董会强烈要求学校招收女学生。作为耶鲁大学校长的小金曼·布鲁斯特清楚地看到男女合校乃大势所趋，不过深谙政治的他一直在等待时机。从1965年开始，耶鲁大学在学生们的一再要求下，已经开始讨论男女合校的可能性，但是处于统治地位的保守的校董会对招收女学生的问题非常排斥。

到了1968年的秋天，耶鲁大学的学生们实在没耐心再等下去了。他们向学校提了一个折中的方案，即立刻举行一个“男女合校”的试验，邀请500名来自各个女校的学生前来耶鲁大学试读一年，视效果来定是否招收女学生。眼见这群充满热血的年轻人主动要求改革，小金曼·布鲁斯特当晚就彻夜不眠地策划、商议，希望以速决而合理的方式来答复学生。没等校董会和校友会召开，他就向外公布决定于次年开始招收女生。五天之后，他把全盘计划在紧急召开的校务会中提出；全体教授一致欢呼，百分之百投赞成票。有了教授们的全力支持，校董会只得通过这个议案。不久之后，《纽约时报》以“耶鲁如何选招第一届女生”为题高度评价了耶鲁大学校长的“临门一脚”。他冒着和校董会决裂的风险果断摆平此事的大气魄，为随后哈佛大学和普林斯顿大学招收女生提供了样板。小金曼·布鲁斯特的巨大勇气推动了女权主义的进步。他敢于挑战传统的创新精神，为耶鲁大学乃至整个美国高等教育事业作出了重要表率。

20世纪的美国社会是一个动荡激烈的时代，冷战的笼罩、越战的一触即发、民权运动的声势高涨，无一不冲击着美国的传统保守势力。而作为社会的重要组成部分，大学自然也不能独善其身。作为耶鲁大学的校长，小金曼·布鲁斯特以巨大的勇气，经常发表支持民权运动的言论。他曾经多方奔走，大声疾呼，唤醒所有耶鲁人的正义感，号召学生加入并推动社会进步的大潮，为处境艰难的耶鲁大学作出了正确抉择。

鉴于当时的紧张局势，布鲁斯特将维护学校的正常秩序作为最高要务。他不断发表公开演讲，要学生和教授把“个人的反战”与学校的介入分开，并坚称，大学作为学术机构必须保持“机构中立”，不持任何政治立场。他鼓励学生与市民、工人的合作反战，但一切都以“不牺牲正常的教学秩序”为前提。小金曼·布鲁斯特不遗余力地支持学生的民权运动，这也为他和耶鲁大学带来了一定的冲击。

1969年，美国联邦政府下令，凡是以道德或宗教理由反战者，均不准领取奖学金资助。当时，包括哈佛大学、普林斯顿大学等在内的诸多名校都遵照政府的指示办事。唯独耶鲁大学在小金曼·布鲁斯特的领导下仍坚守学术独立的一贯作风，继续以申请者的成绩为考虑奖学金的唯一准则。尽管耶鲁大学为此失去了来自联邦政府的一大笔基金，甚至一度陷入经济困境，但是布鲁斯特当时的一席肺腑之言激励了一代又一代的耶鲁人捍卫大学精神的本义——“最终一般社会上的人士将会了解：只有在学校拥有全部的自治权利、每个教师及学者皆有研究自由的条件下，整个社会才会有完全的自由与平等；而这也正是耶鲁大学的真正完整精神所在。”

事实证明，小金曼·布鲁斯特这种捍卫大学本义的精神潜移默化地影响着以后的耶鲁学子们。小金曼·布鲁斯特以超人的智慧和勇气，带领耶鲁大学度过了美国现代史上的动乱年代，使得这个名校既未陷入分裂，也未牺牲尊严，同时还推动了进步的大潮。

资料来源：粟景妆：《小金曼·布鲁斯特：耶鲁领航人》，载《教育与职业》，2014（1）。

根据上述案例，尝试回答如下问题：

1. 耶鲁大学校长小金曼·布鲁斯特在招选耶鲁大学第一届女学生的事件中表现出了哪些品质和性格特质？

2. 小金曼·布鲁斯特的领导行为与其个人品质存在怎样的关联？

3. 你认为作为一名优秀高校校长，应具备哪些领导特质？

## ▶ 参考文献

[1] McGregor, D., *The Human Side of Enterprise*, New York: McGraw-Hill, 1960

[2] Sternberg, R. J., “The Concept of Intelligence and Its Role in Lifelong Learning and Success,” *American Psychologist*, 1997, 52 (10)

[3] 理查德·哈格斯，罗伯特·吉纳特，戈登·柯菲．领导学：在实践中提升领导力（第4版）．北京：机械工业出版社，2004

[4] 董晓艳．女性领导的特质及其领导能力的提升．领导科学，2009（24）

[5] 顾琪．领导力的“标志”．21世纪商业评论，2010（9）

[6] 刘澜．领导者该有哪些品质．IT经理世界，2011（2）

第6章

# 领导的道德

## 学习目标

- 了解领导道德引起重视的原因
- 理解道德型领导的含义
- 了解影响领导者道德抉择的个性特质
- 掌握在不同道德修养层次中人们的行为特点
- 理解进行道德反思的前提条件
- 了解由道德辩护引发的消极影响
- 体会道德领袖的责任及义务

引例

**默克公司的选择**

美国默克制药曾经面临一个两难的抉择，公司经过数年研发，投入大量资金研制出来的河盲症（在非洲、拉丁美洲及其他一些地区，黑蝇的叮咬使人们感染盘尾丝虫，产生瘙痒、皮肤脱落、关节突出及失明，这种疾病称为河盲症）特效药却面临大量的非洲患者无力支付药费而无法进入正常的市场运作的尴尬。

是保证公司的利润坚持走市场开发，逐渐回收资金投入成本的道路，还是为了某种道义的存在而无偿提供贫穷的非洲患者使用？默克公司选择了后者，因为默克公司 CEO 瓦格罗斯的看法是：公司一贯的宗旨是“健康重于财富”，公司章程规定，“默克公司的使命是为社会提供高质量的产品和服务”“为投资人提供较高的投资回报率”，但后者只有在前一条得以实现的基础上才能实现；“我们渴望实现利润”，但利润必须“来自顾客对我们工作的满意和我们对人类的贡献”。默克公司的选择为它带来了极大的商业声誉，连续7年荣居《财富》杂志“最受尊敬公司排行榜”榜首，大量优秀人才也纷纷慕名前来加盟企业。

资料来源：胡宁涛：《有灵魂的企业更赚钱》，载《销售与管理》，2010（11）。

利润还是道义？在面对这种哈姆雷特式的抉择时，并不是所有的公司领导者都有勇气像默克公司CEO瓦格罗斯一样选择后者。有些领导者秉持着自己心中的道德带领公司做正确的事，有些领导者却会为了公司的利益做出一些道德上不正确的事情。例如，贿赂经销商是为了打开产品市场；谎报财务状况是为了帮公司摆脱低股价的污名……对于这些行为，或许作为旁观者时，人们总是能够义正词严地加以批判，然而，作为“局中人”，特别是对于那些手握决策权、在道德边缘徘徊的领导者来说，做正当的事并不总是轻而易举。上一章已经触及领导者的价值观和态度问题，本章将重点讨论与之有关的领导者道德问题。

## 6.1 为什么关注领导的道德

### 6.1.1 “缺陷”的领导力

第5章曾探讨领导者的智力水平、情商等个人特质与领导有效性之间的关联，并特别强调了高情商的重要性——将心比心的同理心、收放自如的情绪驾驭力将有助于领导者在日趋庞杂的人、事、物关系中游刃有余。但是，一位睿智且擅驭情绪的领导者就一定会是卓越领袖吗？

2002年，评级机构Weiss对美国7 000家上司公司进行调查后，发现有三成公司在利润上造假；其中，曾经的美国能源巨头安然为哄抬股价在财务上屡做假账，后被揭发而破产。接下来，一度被公认为“最佳投资银行”的雷曼兄弟因以房地产抵押债券的华丽名号掩盖垃圾债券本质，在2008年的美国次贷危机中轰然倒塌。同年，中国的石家庄三鹿集团生产的奶粉被查出因含化工原料三聚氰胺致使婴幼儿患肾结石；而此后，愈演愈烈的“毒奶粉”事件波及伊利、蒙牛、光明、圣元等曾被国人引以为傲的乳业巨头，这不禁令人顿生畏惧、心寒不已。甚至直到2011年3月，根据央视《每周质量报告》的调查，仍有七成中国民众不敢买国产奶；2013年初苹果公司在中国也深陷“维修门”漩涡……一时间，无商不奸的社会舆论此起彼伏：那些才智出众、谋略非常的精英高层管理者，在日趋激烈的商业大战中是否还保有最基本的伦理道德，而竞争中的胜出又是否可以以舍弃后者作为代价呢？

### 6.1.2 领导道德的重要性

#### 一、领导道德对组织的影响

多年以前，人们普遍相信智商是一个人成功的决定因素，随后情商的发现让人们了解到情绪管理比人的聪明才智重要。然而，情商在大多数情况下是价值中立的，它不能帮助人区分对与错。所以，情商并不必然导致持续、长久的成功。

莱尼克（Lennick）和他的合作者基尔（Kiel）提出，德商（moral intelligence）才是长期经营成功的核心。他们把德商定义为“决定如何将普适的人类原则运用到我们的价值观、目标和行动中的能力”。这些普适性原则主要有四项：正直、责任、同情和宽恕，它们构成了“道德罗盘”的基础，从而为具体的目标和行为提供向导。

莱尼克和基尔强调，出色的道德技能不仅是个人领导力的核心元素，而且是一种经营优势。道德性弱智（moral stupidity）会使企业蒙受重大损失。安然公司正是因此遭受灭顶之灾。而三菱汽车由于不愿意承担产品缺陷而带来的社会责任，也导致销售量严重下滑。忽视道德，组织就无法经受市场竞争的挑战。粗制滥造、以次充好的产品质量问题，欺骗隐瞒、敷衍塞责造成的服务质量问题，商业欺诈、不正当竞争造成的信誉问题，环境污染等造成的社会责任问题等，都需要领导者引领组织进行正确的道德决策，使组织基业长青。良好的德商，不仅可以为个人成功打下基础，更可以使组织由于具有良好的声誉而获得更多的商业机会和更好的财务表现，并且支持组织的长期发展。而且，这种竞争优势不是竞争对手能够通过模仿而迅速赶上的。

作为中华民族传统美德中最耀眼的一部分，道德诚信在当今的商业社会中仍然被频繁提及，而早在明清时期，经营盐业、票号的晋商（山西商人）就以崇信尚义而名闻四海，他们凭借着卓越的道德形象积累起富可敌国的财富，以至于到后来八国联军入侵之时，清政府都是向晋商借钱偿还国债。

## 篇中案例

### “以义制利”的晋商之道

晋商“轻财尚义，业商而无市井之气”“重廉耻而不失体面”，以崇信尚义为准则时刻约束自身，将严守信誉的商业美德代代相传。他们“绝不赚昧心钱”，以做信义取利的诚贾廉商为荣。他们受一事诺一言，把信义和取利结合在一起，在商界中美誉相传，形成了稳固的商业地位。

晋商崇尚信义，以诚待人，并非个别，而是普遍和一贯的。晋商发展之初，大多采取合伙经营的方式，合伙经营而能成功，靠的就是诚信的经营理念。晋商票号多为东家出资、掌柜经营的运作模式，两者之间良好关系的维系，靠的也是一种道德自觉，即“信义”。

清朝末年，平遥城内有个讨吃要饭几十年的穷老太太，有一天拿着1 200两的汇票，到日升昌票号要求兑付白银。这张汇票与存款时间相隔30余年，日升昌经查验无误后，立即给这个讨饭的老太太如数兑付了现银本息。原来，这个老太太年轻时，丈夫到张家口做皮货生意，赚钱后办成汇票，在回家途中染病身亡。几十年后老太太摸丈夫当年留下的唯一遗物夹袄，无意中摸出这张汇票。通过这件事，日升昌童叟无欺、诚信为本的声誉大振，业务愈加红火，事业如日中天。

运营资本对于商家而言犹如血脉，须臾不可缺少。但做生意，难免有短缺之时，如何对待借债，对商家和个人的品格无疑是一大严峻的考验。有“天下第一乔”美称的乔家，对债务的态度是：借外的一文不短，外借的听其自便。由此足见其胸怀的宽阔和品格的高尚。

有一家商店关门时，尚欠乔家复盛公钱当行 1 000 两银子，复盛公经理就去那家店里拿了一把斧头了事；有一家商号倒闭时尚欠复盛公 5 万两银子，经理登门向“乔老爷”（复盛公“东家”乔致庸）请罪，“乔老爷”只是安慰，并不追究欠债。若仅从表面上看，乔家让借债人“听其自便”，而借债人的“自便”除感恩戴德，就是广为传颂了。此事在当时传为美谈，而乔家的信誉也随之流传开去，其后的财源滚滚自然也不足为奇。

资料来源：周广宇：《中国商之道：大起底——让藏而不露的不再雪藏！》，北京，外文出版社，2010。

## 二、领导道德对追随者的影响

班杜拉（Bandura）提出的社会学习理论（social learning theory）认为，个体关于行为规范的认识主要来自对周围人的学习，既包括直接的观察和模仿，也包括间接的阅读和体会。在解释下属如何获得道德行为准则方面，这一理论可以作为工具之一：领导者由于身处上位，通常成为下属观望和模仿的对象，下属通过观察领导者的行为来揣摩领导者的意图，并以此作为自己行为的导向。所以，以身作则（role modeling）的重要性不言而喻。在企业的日常活动中，领导者扮演着道德模范的角色，其一言一行都将对下属员工的道德意识产生潜移默化的影响，继而奠定他们的行为基调。试想，如果一个在员工眼中人品素养、处事作风等各方面都有缺陷的经理仅仅因为业绩好而获得提拔，传递到组织中的信息是什么？一旦个人利益与社会规范或伦理道德相矛盾时，受上述“启发”的员工又会做出怎样的取舍？

此外，领导道德对追随者的满意度和工作绩效等也有一定程度的影响。道德型领导关心支持员工，在工作中对员工予以积极引导和监督，帮助他们提升自信，从而取得较高的工作绩效。道德型领导通过愿景感召、组织道德价值观的传递，使员工充分意识到其所从事的工作对国家和社会的意义、对组织与他人的价值。同时，道德型领导也关注员工的个人目标与个人价值实现，通过工作中的关怀、支持及充分授权帮助他们达成人生追求。道德型领导会使下属感受到组织对他们的尊重、认可与欣赏，从而产生目标实现与任务达成的自信，自愿为组织作出更多贡献。

然而，道德型领导对不同的追随者产生影响的程度是不同的。下面两位学者探讨了在何种情况下，道德型领导对追随者能产生更强的积极影响。他们从追随者的角度对个体认知和情感两方面的因素进行了分析。

**学者说**

**道德型领导的影响：追随者注意力和道德情感的作用**

研究者试图寻找在何种情况下道德型领导能对追随者的自发工作行为（额外的努力和助人）产生积极影响。他们假设追随者自身对道德信息的感知和加工不同，这一个体差异进而影响了道德型领导和追随者自发工作行为之间的关系强度。他们以135对领导者—追随者为研究样本展开了调查，对个体在情感和认知方面的两个典型差异进行了研究。这两个典型差异分别是追随者的道德情感和追随者的注意力，它们都与更高的道德倾向有关。他们的研究表明，当追随者拥有更高水平的道德情感和注意力时，道德型领导与追随者的自发工作行为具有更强的联系。他们还探讨了在伦理型领导研究和管理实践中道德信息加工观点的影响。

这一研究为伦理型领导在何种情况下对追随者的自发工作行为产生更积极影响提供了新的理论见解和实证证据。

资料来源：Eisenbeiss，S. A. & Knippenberg，D. V.，"On Ethical Leadership Impact：The Role of Follower Mindfulness and Moral Emotions，" *Journal of Organizational Behavior*，2015，36.

## 6.2 道德型领导

近年来，随着一系列商业丑闻的曝光，领导者的道德问题被推到了舆论的风口浪尖。那么，怎样的领导者可以称得上是道德型领导？若单从字面来理解，是否独善其身、陶冶个人道德情操就足够了？

### 6.2.1 道德型领导

一、道德型领导的定义

前面已经提到，领导者需要在各个方面以身作则。道德型领导（ethical leader）指的是这样的领导者：他们以自身的道德行为来影响、感染身边的人，通过建立一种合乎规范的伦理氛围（ethical climate）来激发成员的道德行为，引导他们不断地提升个人道德修养。在这一过程中，"知行合一"是实现道德型领导的重要前提。与此同时，道德型领导也需要将个人价值观与社会整体需求结合起来，承担起兼济天下的社会责任，避免因私利蔽眼而盲从自我。

由上述定义可以看出，道德型领导有两个维度：道德人和道德经理人。道德人维度意味着，人们认为这个领导者拥有特定的个人特征（比如诚实、正直），表现出某些类型的行为（比如关心下属），同时依据道德准则制定决策。道德经理人维度则意味着领导者通过追随者可见到的行为树立道德模范角色，同时与追随者就道德标准、原则和价值进行沟通，使用奖惩制度以保证追随者的行为与道德标准一致。尽管有众多的学者对道德型领导的维度进行了诸多研究，得出了不同的测量方法，但是其本质均可以归纳为上述两个维度。

二、实践中的道德型领导

在一个团队中，道德型领导将以个人品德修养为出发点，通过持续发挥道德模范作用来促成团队其他成员的道德行为，并引领他们为所在组织乃至社会整体谋求福祉。在这方面，组织中的领导权威似乎总是具备一种不可名状的惊人力量：员工始终对领导者保持高度关注，无论其潜移默化的言行效仿是源于崇敬、逢迎抑或畏惧。

因此，借助这一优势来为团队营造良好的道德风尚，领导者责无旁贷。一旦面临道德困境（ethical dilemma），他们对问题的关注层面及随后的处理方式都将作为组织的“潜规则”传承，因此个人言行更需慎重；而在以身作则的同时，借助良好的沟通平台将帮助成员进一步加深对组织道德规范的理解。不仅如此，领导者也可设立相关的规章制度来增强道德观念对行为的教化作用，例如针对员工的道德行为给予公平、公开的奖惩措施等。但始终如一地坚守道德底线毕竟不是一件容易的事情，曾担任谷歌中国区总裁的李开复在苹果公司工作时，就遇到过道德困境。当时李开复必须裁掉业绩不佳的师兄或者一个有潜力的新员工。“公正”和“负责”的价值观告诉他应该裁掉师兄，而他的“知恩图报”和“怜悯心”的观念却告诉他应该裁掉那位新员工。经过激烈的思想斗争，李开复裁掉了他的师兄，因为“公正”和“负责”的价值观对他而言更崇高、更重要。

### 6.2.2 领导者的道德抉择

即使如李开复般成熟的领导者，在面临道德抉择（moral judgment）时也极易陷入摇摆不定的两难境地：对于合乎规范的道德行为尺度，应该如何去把握？一方面，特定的历史文化、家庭环境、教育背景乃至社会舆论氛围都会催生出截然不同的价值理念；另一方面，立场不同，看待问题的角度、评判对错的标准自然不一样。在规则的盲区，一不留神就会陷入众说纷纭的迷局，是非难辨。因此，这就更需要面临决策的领导者具备“将普适的人类原则运用到我们的价值观、目标和行动中的能力”。

然而，进行道德抉择并不是一件容易的事情。在进退维谷的道德困境里，与唾手可得的个人利益相抗衡的极有可能是来自员工、股东乃至其他各个层面的利益相关者（stakeholders），而愈演愈烈的市场竞争更是在商业时代的大背景下鼓吹急功近利之风气。现实世界的领导者并非圣贤，不同的个性特质、道德修养层次决定了他们在面对诸多诱惑时权衡取舍的能力。

一、领导者的个性特质

说一不二的决断魄力、强烈的自尊心和自信心都有助于领导者在大是大非面前力排众议，坚守普世价值理念。此外，步步为营的心态也将在一定程度上帮助领导者将核心价值理念根植于企业发展、变革的过程中，从而避免因唯利是图的飞速扩张而迷失发展方向。

日本企业家稻盛和夫亲手培植出了京瓷与KDDI两家世界500强企业，这一辉煌成就源于其“敬天爱人”的经营哲学。作为京瓷的引路人，稻盛和夫不仅以“作为人，何谓正确”为判断标准来处理经营中的各种问题，更将这一价值理念付诸行动，为企业成员树立了一个坚定“利他”的榜样形象。

## 篇中案例

### 坚定全方位“利他”的稻盛和夫

京瓷公司设立第二年，招进了10多名高中毕业生，经过一年的磨炼他们已成长为生力军。但创办不久的小企业，工作条件艰苦，常常加班，工资也不高，目标要求又非常高，年轻人无法忍受，他们持联名状，向稻盛和夫提出“集体交涉”。联名状上写明每年最低工资增幅、最低奖金，而且必须连续增长到将来等，要求稻盛和夫予以承诺并做出保证。当初招聘面试时，稻盛和夫曾明言：“公司究竟能成何事，我自己也不知道，但我必定奋力拼搏，力争办成一流企业。你们愿意到这样的公司来试试吗?”他们听过稻盛和夫这些话，知道稻盛和夫事先并无工资奖金增幅方面的承诺，但仅过了一年就写联名状，按上血印，并威胁不答应条件就集体辞职。

“新公司正缺人，他们已成战斗力，如果走了，公司必遭损失。但是，如果他们无论如何都要固执其见的话，那也没办法，就算公司从头再来吧。”稻盛和夫不肯妥协，明确答复：“不接受你们的条件。”

稻盛和夫说：“谈判从公司谈到我家，僵持了三天三夜，我这样对他们说，作为经营者我绝不只为自己，我倾全力把公司办成你们从内心认可的好企业，这话是真是假，我无法向你们证实，你们姑且抱着‘就算上当也试试’的心情怎么样？你们既然有勇气辞职，希望你们更有勇气相信我，我拼上命也要把事业做成，如果我对经营不尽责，或者我贪图私利，你们觉得真的受骗了，那时把我杀了也行。”

这样熬了三天三夜，推心置腹，他们总算相信了稻盛和夫的话，撤回了联名状。

稻盛和夫说：“京瓷公司不是显耀稻盛和夫个人技术的场所，更不是经营者一个人发财致富的地方，而是要对员工及其家属现在和将来的生活负责，京瓷公司应该成为全体员工共同追求幸福的场所。”

此后，稻盛和夫将“在追求全体员工物、心两面的幸福的同时，为社会的进步发展作出贡献”作为京瓷的经营理念。因为企业作为社会一员必须承担相应的社会责任，所以这后一句也必不可少。可以说，正确的经营理念为京瓷的腾飞打下了基础。

资料来源：白立新：《竞争力在于全方位“利他”》，载《商学院》，2010（1）。

具有强烈的社会责任感是促使领导者知行合一的重要保障：一方面，他们会主动依循道德法规进行自我反省与自我评价，时刻谨言慎行以起到模范带头作用；另一方面，他们也善于为他人着想，对于员工的内在需求有着敏锐的洞察力，并能最大限度地给予满足。这些也正与德行垂范、推崇决策民主的道德型领导行为相符。但社会责任感与道德型领导之间是否必然有关呢？下面两位学者的研究对此进行了验证。

**学者说**

**社会责任感与道德型领导**

两位学者借助访谈与问卷对340位来自荷兰中小企业的CEO展开了调查。数据分析结果表明，具有高度社会责任感的领导者更有可能成为所在组织的道德型领导，并且独裁、专断的领导者通常社会责任感较低。

一直以来，领导道德的重要性毋庸置疑，但如何在现实商业社会中将其落到实处却始终是一个知易行难的挑战。该项研究为识别并培养道德型领导提供了一定的启发：在选拔组织领导干部的过程中，决策者可以对参与成员的社会责任感给予更多的关注，并通过一些外在的行为表现进行识别（例如，以身作则，刚正不阿，能够清晰地阐明目标期望，界定职责边界等）。与此同时，企业也可以开展一些培训或是设计相应的薪酬制度来对这些行为进行强化。

资料来源：De Hoogh，A. H. B. & Den Hartog，D. N.，"Ethical and Despotic Leadership，Relationships with Leader's Social Responsibility，Top Management Team Effectiveness and Subordinates' Optimism：A Multi-Method Study，" *Leadership Quarterly*，2008，19.

## 二、道德修养层次

稻盛和夫的案例也同时反映了一个人的胸襟、眼界、涵养在很大程度上决定了他的处世原则及行为出发点，这与其所处的修养层次有很大关系。图6—1展示了一个简化的道德进化模型（Kohlberg，1976），模型依据不同的伦理判断标准将道德发展分为三个层次，从低到高分别为道德成规前期（pre-conventional level）、道德成规期（conventional level）以及道德自律期（principal level），形象生动地展现了臻于至善的道德修养过程。

（1）道德成规前期。处于这一层次的人们总体表现为以自身利益为出发点。他们服从权威，逃避不利于个人的后果。该阶段给予领导者以绝对的权威，使其得以搬弄权术、图谋私利，并凭借“胡萝卜加大棒”的奖惩机制迫使人们形成道德认知。

（2）道德成规期。循规蹈矩、照章办事是身处该层次的人的最大特征。相比前一层次，领导者能意识到关注个人利益的狭隘性，开始设身处地地为旁人着想，能够顾全大局。而来自他人的期望、组织的规章制度等群体价值理念则成为约束领导行为的重要依据。

（3）道德自律期。政策法规有一定的约束功能，却未必放之四海而皆准。身处自律层次的人们坚持以普世价值理念为评判标准，甚至不惜对抗与之悖逆的规章制度。作为领导者，他们立足长远，行为举止独立而高尚，并能积极地投身到为公众利益服务的伟大事业中。

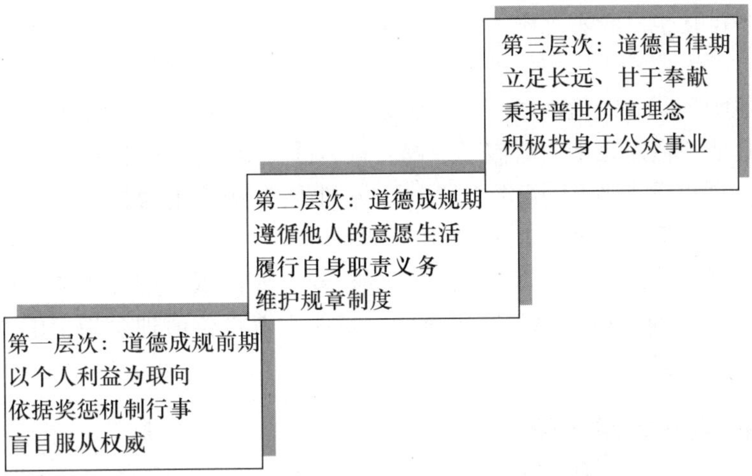


**图 6—1 个人道德发展的三个层次**

资料来源：Kohlberg，L.，*Moral Stage and Moralization*：*The Cognitive Development Approach*，in *Moral Development and Behavior*：*Theory*，*Research*，*and Social Issues*，TX，Holt，Rinehart and Winston，1976；Graham，J. W.，"Leadership，Moral Development，and Citizenship Behavior，" *Business Ethics Quarterly*，1995，5（1）.

领导者的眼光、境界与其道德修养的提升密不可分，这是一个漫长的过程，却也是一场由量变产生质变的历练。大多数领导者尚处于第一层次和第二层次，只有进入到道德自律期的领导者才能自如地遵循最高的道德标准，而这需要领导者长时间的修养。历史上不乏将普罗大众的福祉置于个人利益之上的卓越领袖，比如倡导"非暴力不合作"的圣雄甘地，再比如秉承这一精神的马丁·路德·金，他们将个人生死置之度外，超脱狭隘的民族和种族利益引领规模浩大的解放运动，终生为捍卫高尚和公正而战。所谓"以德服人者，心悦诚服也"，他们在这一过程中展现出来的超凡影响力无疑为其伟大事业的传承提供了源源不断的动力。

## 6.3 从现在做起

2004 年 9 月，日本监管当局要求花旗集团自 2005 年 10 月起关闭其在日本的私人银行业务，因为调查表明，花旗在与客户打交道时存在众多违规行为。花旗集团"爱打擦边球"的企业文化其实由来已久。CEO 普林斯希望彻底告别这种企业文化，10 月底，他宣布解雇三名与日本私人银行业务丑闻有关的高层管理人员。与之类似，遍地的假货给淘宝网带来了巨大的声誉和经济损失，2011 年 2 月，马云不得不忍痛整肃高层管理团队，淘汰掉对于假货持宽容态度的淘宝网 CEO 卫哲。显然，扭转一直以来打"道德擦边球"的形象并不是一件简单的事情，花旗和淘宝网为此付出的代价足以令观者引以为戒，但从中也不难看到公司领导者的努力与决心。成为道德领袖，意味着要顶住舆论的压力、旁人的质疑以及无处不在的利益诱惑。但在物欲横流的商业社会，有人质疑这是企业在作秀，更有人不解：不追求利益最大化这种有悖市场规律的事还"正确"吗？

### 6.3.1 道德反思与自我辩护

道德反思需要持不同观念的公众进行对话，需要公众的共同努力。然而，观念的多样化也意味着这绝不会是一场心平气和的对话；更何况，即使经过理性说服或持续的道德教化协调好各方的利益诉求，但知易行难，个体的道德行为也并不总是与他所赞同的价值观相一致。而为了缓解这种不一致所带来的不适感，人们往往通过其他一些途径来为看似不道德的行为进行辩护。例如将某一行为的目的进行升华——这也是在2001年的9月11日，驱使那些在生命的最后关头依然高唱“圣歌”的人们义无反顾踏上不归路的罪魁祸首。

就像是面对分岔路口的一次艰难抉择，如何抵御虚饰表象的自我辩护，如何于众说纷纭的道德反思中突出重围、辨明由普世价值理念指引的方向，将是坚守道德信仰的第一步。

### 6.3.2 职业道德与短期收益

人非圣贤，天性里固有的贪、嗔、痴等执念总会在人们陷入道德困境时蠢蠢欲动：一份“不慎”落入竞争公司手里的机密文件或许能换回数十倍工资的酬劳；减少几道质检工序，产品的利润或许就能翻番……任市场竞争如何残酷，这样的收益也能唾手可得。

然而，越是在这样的情形下，矢志不渝地坚守普世价值理念就越显弥足珍贵。在一个讲求诚信的企业里，人们之间相互信赖，领导者也能够放心地将权力交予员工，让他们最大限度地发挥自身的才能。例如，在微软公司，员工可以看到许多源代码，接触到很多技术或商业方面的机密；这样的信任无疑为微软赢得了民心，从而激励这些富有责任心的员工全力推动公司的持续创新。

正如西方谚语所说，好的品德才是最好的买卖。作为企业的引路人，领导者应坚持维护商誉，告慰良心。尽管循序渐进的道德修养难以在短期的财务报表中得到体现，但纵观历史发展进程，有些企业之所以能够于风起云涌的经济浪潮中几番沉浮而屹立不倒，比如老字号同仁堂基业常青，职业道德（professional ethics）这一特殊的无形资产在其中起到了举足轻重的作用。

**篇中案例**

**以德为先的同仁堂**

北京同仁堂是中药行业著名的老字号，创建于清康熙八年（1669年），自雍正元年（1723年）正式供奉清皇宫御药房用药，历经八代皇帝，长达188年，造就了同仁堂人在制药过程中精益求精、严格自我要求的作风。在300多年的发展中，同仁堂人“修合无人见，存心有天知”的自律意识确保了同仁堂金字招牌的长盛不衰。历经数代，如今的同仁堂已发展成为跨国经营的大型国有企业——同仁堂集团公司。

**一、德——济世养生的经营宗旨**

同仁堂创业之初就有“可以养生、可以济世者，唯医药为最”的择业思想，因此历代继业者都谨记“养生”“济世”的使命。很多时候，同仁堂在成本提高的情况下仍保持原价出售，还加班生产、济世送货，尽量保证货源充足。熬制汤剂费时费工、代客邮寄药品是赔本业务，但是为了方便顾客，同仁堂仍坚持提供这些服务。虽然没有为企业直接带来经济效益，但却赢得了广泛的信赖与赞誉，形成了最可贵的无形资产。

**二、诚——精益求精的敬业精神**

“炮制虽繁必不敢省人工，品味虽贵必不敢减物力”，这是同仁堂几百年来不变的制药原则。中药的生产过程非常复杂，同仁堂的中成药要经过上百道工序，每道工序都要通过“质量否决权”制度把关。同仁堂对药料选用也非常讲究，“产非其地，采非其时”的药材坚决不用，有些药材还自己培育，以确保质量。

**三、信——童叟无欺的职业道德**

无论谁来药店，同仁堂都一视同仁，公平对待。店内既有不少昂贵的高档药，也有廉价药。有位山东老汉就曾在药店买到过0.01元的药，以为弄错了，店内的师傅却笑着解释：这药只值一分钱。还有位广州顾客来电急要5千克铁落花，当时店内并没有这么多，就向其他批发部紧急调货，当顾客接到只值十元钱的药时，不由感叹在大半个中国都找不到的小买卖最终在同仁堂得以实现。取信于顾客，才是企业长久发展的根本。

“德、诚、信”理念虽是先祖留下的遗训，但在任何时代都是企业持续发展的法宝，对于医药行业尤其如此。同仁堂文化从初创到形成再到发展的辩证过程，折射出中国优秀传统文化的耀眼光辉，“以德为先”更是与其经营需要、行业特性完美契合，从而成就了同仁堂，使之历经几百年仍生机盎然、长盛不衰。

资料来源：胡八一：《一克拉文化——20家著名企业的用人之道》，北京，人民邮电出版社，2008。

### 6.3.3 从我做起——道德领袖的责任

知行合一是一种境界，已然超越了才智而上升到了道德的范畴，于个人的处世作风中折射出成熟而耀眼的光辉。道德的重要性不言而喻，但要落实到具体行动上仍然有很长的一段路要走。为了不让“恪守职业道德”沦为一句口号，更需要领导者以及组织中的全体成员付出不懈的努力。

首先，领导者的道德立场受到其内心信念、价值观、个性特征以及道德发展水平等诸多因素的影响，因此，在自我修养的过程中，时刻保持高度的自制力、践行道德承诺是进行道德型领导的个人基础。

其次，通过道德型领导建立讲道德的组织文化。这可从三个方面入手：第一，配备相应的培训、沟通表达机制，帮助建立组织内部的道德规则，为道德风尚的推广提供制度上的支持；第二，在法人治理结构中，讲究诚信原则，注重对投资者的保护、对董事会的忠诚等；第三，在谋求组织利益最大化的过程中，必须遵守各项法规，履行对组织成员、消费者、股东、政府等利益相关者的社会责任，建立起与消费者、供应商、股东、政府等之间的信任关系。

最后，培养追随者。以追随者替代下属，是道德型领导得以顺利进行的基础之一。与下属不同，追随者无须严密监督，他们会自己作出必要的决策。但是培养追随者并不等于培养“追随领导的人”，追随者所追随的是“他们所依附、所坚信的目的、事业、愿景、信仰、价值观和标准”。也只有当领导实践是建立于对理念的依从时，追随才可能出现。

亨利·福特曾说："很长时间以来，人们一直认为工业的唯一目标是创造利润。他们错了，工业的目标是为大众谋福利。"尽管时过境迁，但如何兼顾企业盈利与大众福祉仍然是当前领导者所面临的巨大挑战。道德型领导为解决"鱼和熊掌"这一看似不可兼得的难题提供了可能性，但要找到柳暗花明的出路绝不只是头戴一顶"卫道士"的高帽，在那里空喊口号。《大学》里的一段话能够很好地说明这个道理："古之欲明明德于天下者，先治其国；欲治其国者，先齐其家；欲齐其家者，先修其身；欲修其身者，先正其心；欲正其心者，先诚其意；欲诚其意者，先致其知；致知在格物。物格而后知至，知至而后意诚，意诚而后心正，心正而后身修，身修而后家齐，家齐而后国治，国治而后天下平。自天子以至于庶人，壹是皆以修身为本。"

## ▶小　结

强大的权威影响力使领导者责无旁贷地承担起了组织道德模范的角色，他们不仅左右着组织的发展方向，自身的言行举止也将对下属员工的道德意识产生潜移默化的影响。但近年来的一系列商业丑闻在将舆论矛头对准领导者道德问题的同时，也使道德型领导受到了社会各界的广泛关注。

总体而言，组织的道德型领导将以自身的道德行为来影响下属成员，并通过建立一种合乎规范的伦理氛围激发员工的道德行为，引导他们不断提升个人道德修养。在这一过程中，知行合一是实现道德型领导的重要前提，而在面临道德抉择时，领导者的个性特征、道德修养层次都将产生不同程度的影响，他们对问题的关注层面以及随后的处理方式也将进一步传递到组织中，形成无形的道德规则。

基于道德反思的价值坚守是帮助人们摆脱道德困境的有力工具，但持有多样化价值理念的人们并不容易达成共识。此外，人们为掩饰言行不一所进行的自我辩护也为道德行为的落实设置了障碍。因而，实践中的道德型领导还需组织全体成员的长期共同努力，在从意识上重视个人道德修养的同时借助相应的培训及沟通机制为营造组织道德氛围提供制度上的支持。

## ▶关键术语

德商（moral intelligence）
以身作则（role modeling）
道德型领导（ethical leadership）
伦理氛围（ethical climate）
道德困境（ethical dilemma）
道德抉择（moral judgment）
利益相关者（stakeholders）
道德成规前期（pre-conventional level）
道德成规期（conventional level）
道德自律期（principal level）

## ▶思考题

1. 在注重个人道德修养的同时，组织的道德型领导还承担着怎样的责任与义务？

2. 当不能兼顾时，"用人以德"与"用人以才"哪一条准则更有利于企业人力资源储备？

3. 领导者的不道德行为将造成怎样的恶劣影响？请结合现实生活中的例子加以说明。

4. 回想一下你的道德观受到考验的情形，你是否认为某些价值理念可以在一定程度上灵活变通？

5. 领导者在进行道德反思的时候，最重要的依据是什么？

6. 为保护商业机密，许多企业不遗余力地构建信息安全保密系统，但同时也不乏诸如维基解密等以揭露政府及企业腐败为宗旨的组织，对于这些颇有些侠气的“黑客”，你如何评价他们的行为？

## 案例分析

## 亨茨曼：坚守道德底线

当你的价值观与组织的价值观相互冲突时，你需要对自己的人生有一个清晰的定位。在这个问题上，我们或许可以从市值130亿美元的美国亨茨曼公司创始人乔恩·亨茨曼的故事里获得一些启发。

在外人眼中，乔恩·亨茨曼似乎过着诗一般的生活，他拥有清晰的价值观、完整的人格、一个庞大而成功的家族、雄厚的经济实力。但亨茨曼一生中经历过多次巨大的考验，每次考验都迫使他深入自己的内心，重新审视自己的价值观。他曾经说：“这个世界上根本没有‘模糊的道德’这回事。”

创办公司之后，他接受了美国健康、福利和教育部部长艾略特·理查德森的邀请，开始成为理查德森的社会服务首席助理。由于成功地安装了一套目标管理软件，在6个月中便为政府节省了1亿美元开支，至此他开始受到白宫的重视。此后不久，他应邀为尼克松总统的联席参谋长鲍勃·海尔德曼工作。有一天，海尔德曼要求亨茨曼想办法给一位总是反对白宫议案的加利福尼亚参议员设个圈套。这位参议员拥有一家工厂的部分股份，据说这家工厂雇用了一些没有记录在册的工人，所以海尔德曼想要收集一些信息让这位议员难堪。亨茨曼的任务就是要从自己的公司里挑出几名来自拉美的员工，让他们潜入参议员的工厂当卧底。有时候我们需要立刻采取行动，但却没有意识到什么是对，什么是错。从本能来说，亨茨曼知道这样做是不对的，但他花了几分钟时间才真正意识到这一点。15分钟过后，他内心的道德指针开始发挥作用，意识到这样做是不对的。那些从童年时代便陪伴着他的价值观开始发挥作用。就在和工厂经理交谈到一半的时候，亨茨曼告诉他：“还是不要这样做了吧，我不想玩这个游戏。”亨茨曼清楚地知道自己是在拒绝全美第二号的权势人物，但没有关系，他随时可以辞职。就这样，6个月之后，亨茨曼离开了白宫。

2001年，亨茨曼遇到了职业生涯中最大的挑战——当时他的公司濒临破产。公司的处境与其说是管理失误造成的，倒不如说市场疲软才是真正的罪魁祸首：竞争对手不断推出新产品，导致严重地供大于求，产品的价格和生产商的利润迅速下滑。更糟糕的是，能源和原材料的价格近乎失控。结果，亨茨曼不得不将自己的高息债券以低价大肆抛售。虽然已经让儿子皮特担任公司的CEO，但亨茨曼仍然是董事会主席，也是公司最大的股东。有一天，金融专家、律师、87位债权人代表，以及来自纽约和洛杉矶的破产专家来到盐湖城，一起向亨茨曼提出了两个选择：要么请求法庭宣布破产，要么坐在那里，无助地看着债主们关掉公司。在耐心地听完这些人的分析和要求之后，亨茨曼告诉自己：“我不会让这帮律师、银行家，以及高薪的管理顾问抢走我的公司。他们根本不懂得什么叫‘人品’，什么叫‘诚信’。”亨茨曼的回答只有一个字：“不”。由于亨茨曼拒绝放弃，整个公司经历了整整3年的动荡。在整个危机期间，始终站在他身边的只有一个人：他的妻子。在整个过程中，亨茨曼的心脏病还发作过一次，而且由于免疫系统功能减弱，他还染上了阿狄森氏病。可他还是骄傲地说：“我付清了所有债务。”今天，所有的债券持有人都拿到了自己的钱。亨茨曼公司的债主们并没有任何损失，所以他们纷纷提高了公司的信用级别。亨茨曼的公司在纽约证券交易所上市，并且取得了不错的表现，收益达到了历史最高水平。亨茨曼说道：“保持诚实善良，秉持正直的人格……当你陷入困境的时候，这些品质会帮助你脱离困境。”

资料来源：比尔·乔治、彼得·西蒙斯：《坚守道德底线比什么都重要》，载《IT时代周刊》，2009（2）。

根据上述案例，尝试回答如下问题：

1. 亨茨曼是如何将个人价值观转化为商业原则的？

2. 在公司濒临破产时，亨茨曼的道德准则在哪些方面起到了作用？

3. 亨茨曼曾经说“这个世界上根本没有‘模糊的道德’这回事”，对此你的看法如何？

## ▶ 参考文献

[1] Brown, M. E., Treviño, L. K., & Harrison, D., "Ethical Leadership: A Social Learning Perspective for Construct Development and Testing," *Organizational Behavior and Human Decision Processes*, 2005, 97

[2] 何惠．道德领导力：社会学习理论角度的研究．管理学家·学术版，2011（5）

[3] 迈克尔·桑德尔．听一堂哈佛最火的公开课．21世纪商业评论，2011（3）

[4] 刘松博，梁丹宁，杜晓琳．道德领导的概念辨析与研究进展．中国软科学（增刊），2012（12）

[5] 芦青，宋继文，夏长虹．道德领导的影响过程分析：一个社会交换的视角．管理学报，2011（12）

[6] 史根林．道德领导的目标与策略．教育发展研究，2007（7）

[7] 徐本华．论道德领导与企业道德资本．领导科学，2012（5）

[8] 曾国华．商业的道德引擎．21世纪商业评论，2006（26）

[9] 周丽．道德领导乃企业长寿之道——论造就有道德的企业和道德型领导．HR经理人，2009（10）

# 第7章

# 领导的风格

## 学习目标

- 区分独裁型与民主型领导风格
- 了解指挥型领导风格的主要特征
- 掌握领导授权的潜在优势与局限性
- 体会追随者在授权过程中的重要性
- 了解松—紧式领导模型
- 了解授权赋能型领导与公仆型领导的定义
- 领会在不同领导风格下的权变思想

引例

### 昙花一现的独裁辉煌

这个不同寻常的故事的主人公名叫斯坦利·高尔特（Stanley Gault）。20 世纪 80 年代，在他领导下的美国乐佰美公司是优质塑料、橡胶制品及玩具的制造和销售大户，一度被《财富》杂志评为全美最受赞誉的企业之一。作为一手促就其辉煌的 CEO，高尔特毫无争议地赢得了崇敬与拥戴：人们热爱这位勤恳工作、才华横溢的领导者，但同时，在当时几乎所有与乐佰美公司相关的文章中，高尔特也被公认为是一位以自我为中心的“暴君”。

例如，当他被指责为独裁者时，他反唇相讥道：“没错，但我是一个真诚的暴君。”他用严格的训练有素的文化规范公司，比如严格的计划和竞争对手分析，系统的市场调查、利润分析和严格的成本控制等。“这是难以置信的严格的训练有素的文化规范的组织，”一位分析家写道，“这就是乐佰美公司运营的全部。”高尔特每天 6 点 30 分到公司，一星期工作80小时，并希望他的经理也能这样做。作为主要的训练有素的文化规范人，高尔特个人扮演着公司头号质量控制机构的角色。一次，他在曼哈顿街上行走，看到一个门卫一边向乐佰美公司制造的簸箕里扫垃圾，一边骂骂咧咧。斯坦利便走过去询问他为何不高兴。高尔特确认簸箕的边太厚，于是立即责令工程师重新设计产品。他说："对产品质量，没有商量！"他的首席运营官（COO）表示同意："他真的勃然大怒。"乐佰美公司在这位铁腕领导人的严厉管理下迅速发展。

另一篇文章则直接引用了他关于领导变革的评论，其中"我"这个字眼出现了44次（"我能做出表率""我拟定了12个目标""我提出并解释了这些目标"），而"我们"一词却只出现了16次。高尔特的确有理由为他职业生涯的成功而感到骄傲。在他的领导下，乐佰美的收入连续40个季度持续增长——不得不承认，这一业绩着实令人叹为观止。

但是高尔特没有留下一个离开他能照样保持卓越的公司。高尔特在职期间，公司收益高于股票市场3.6倍；而他退休后，公司在被纽威尔公司收购之前，相对于市场来说损失了59%的价值。他选择的接班人只在任了一年，而后面的继任者面临一个能力薄弱的管理层，因此，他不得不暂时兼任4份工作，同时艰难地寻找新的二号决策人。高尔特的继任者都发现自己不但面临管理空缺，而且面临战略空缺。此时，笼罩在焦虑与不安之中的乐佰美人心惶惶，流言四散——似乎一切都预示着：失去高尔特的乐佰美衰落已成定数。

资料来源：吉姆·柯林斯：《从优秀到卓越》，北京，中信出版社，2005。

在许多人的心目中，浓厚的英雄主义情结始终挥之不去。影视作品里经常能够看到人们慌乱无助的眼神：他们期待着可能的"救世主"在千钧一发的危急关头挺身而出、扭转乾坤，哪怕那是一个"暴君"，一如曾为乐佰美公司带来无限荣光的高尔特。然而，独裁在为他加冕"优秀领导者"桂冠的同时，也使之止步于此，并带着乐佰美昙花一现的辉煌，使之与"卓越领袖"的称号渐行渐远。事实上，当今商业社会中的领导者风格各异，除了在行为取向上冷酷独裁或者民主，还有在具体的决策制定时偏重指挥还是参与。另外，有的领导者喜欢授权，还有的强调服务，这些人以独树一帜的个性化方式引领企业迈向辉煌。在本章，我们将了解这几种典型的领导风格。

## 7.1 独裁型与民主型领导

走进任何一家书店，人们一定能与那些铸就商业传奇的领袖"不期而遇"。传记扉页上的他们无不带着成功者的微笑，于沉静中彰显睿智，那宠辱不惊而又不失决断的王者风范不禁令人啧啧称叹、艳羡膜拜。面对残酷的市场竞争，人们迫切地需要这样的成功典范来帮助寻觅"卓越领袖"的成长途径。然而，成功可以复制吗？人们既可以从"苹果教主"史蒂夫·乔布斯的自传中获悉，正是他的铁腕独裁推动了苹果公司的高效创新，又可以看到成功的福特公司主张"全员参与"的领导理念。同样如星光般璀璨的传奇背后，竟然是两种截然不同的领导风格。那么，人们是要从这两种领导风格中二选其一，还是继续思索自己的出路？

早在70多年前，就有学者对于不同的领导风格进行了研究，并从中区分出了独裁型（authoritarian）与民主型（democratic）两种领导模式。作为先驱者之一的美国学者勒温（Lewin）在 1938 年与同事在美国艾奥瓦州立大学进行了一场实验，由此揭开了领导行为研究的序幕。

### 7.1.1 家庭中的领导者和先驱者的实验

在将镜头切换到 1938 年的那场实验之前，不妨让我们先回忆一下在日常生活中见到的家长教育孩子的场面。面对“不听话”的孩子（他们可能只是不愿意按父母的意愿继续参加钢琴、舞蹈等课外兴趣班），一心望子成龙的家长通常会采取什么对策？有的家长选择威逼利诱、软硬兼施；有的耐下性子循循善诱，摆事实讲道理；而有的家长则尊重孩子的意愿，放任天性自由发展。那么，哪种方式的效果更好呢？

人们时常发现，那些慑于父母权威（具体来说，或许是一把鸡毛掸子加上一顿劈头盖脸的责骂）的孩子表面乖巧听话，尽管对于父母的要求一一照办，但心里未必能够理解或认同；等到了青春期往往爆发出惊人的逆反力量，决然地划出隔绝父辈的“代沟”，并声称“他们从来不在乎也不会理解我想要的生活”。而那些能够以平等的姿态与父母对话，被鼓励充分表达自己想法的孩子却很少表现出这样的极端行为；相反，他们因为“参与”到自己的成长过程中而逐渐学会理解、适应及包容。

仿照类似的情境，勒温与同事在一群孩子中展开了研究，以探寻由不同类型的领导风格引发的孩子的差异化表现。在实验过程中，每一个孩子都将接受一位行事风格或独裁专断或民主开放的成年人领导，而他们在听候指令时的态度、行为等差异则会被一一记录下来。

实验的结果几乎再现了日常生活的场景。在那些动辄颐指气使的领导者手下，慑于权威的孩子尽管能够按指令行事，但也会逐渐生出抵触甚至敌对情绪，并且一旦脱离独裁者的监控范围，他们往往会一反此前的良好表现，仿佛挣脱桎梏、如释重负。相反，另一群备受民主关怀的孩子并没有因为缺乏鞭策而在相对宽松的环境中放任怠惰，无论领导者是否在场监督，这一组“自觉且懂事”的孩子同样能够有很出色的表现；不仅如此，他们在听从要求或接受任务委派时也没有流露出不满情绪。

### 7.1.2 独裁型与民主型领导

在对实验进行了简单回顾之后，两种截然不同的领导形象也逐渐浮出水面。

顾名思义，独裁型领导最忌讳他人的干涉与质疑，甚至组织中其他成员存在的价值就是无条件地服从与追随。独裁型领导大权在握、说一不二，惯于推行铁腕强势的高压统治，将目标的实现凌驾于员工的真实感受与内在需求之上。近乎冷酷、无情的领导风格使得下属多带着敬畏甚至敌意来完成工作，并且极易陷入失落、沮丧的情绪之中。长此以往，员工的工作积极性将受到严重打压。

而提倡“人性关怀、全员参与”的民主型领导恰好相反，他们致力于营造平等、信任、尊重、开放的团队氛围，并积极地给予员工支持和鼓励。同时，领导者对民主的推崇也奠定了权力共享的组织基调，他们相信由员工自主决定工作方式、掌握工作进度能够为之提供宽广的创新发展空间，并激发出强烈的责任意识与主人翁精神，进而点燃全体成员的工作热情，带来高水平的绩效回报。

在此前的实验中，勒温等学者也对民主型领导风格褒扬有加。进一步地，他们将实验结论推广到了现实世界当中，认为民主型领导不仅能够增强团队凝聚力、促使员工保质保量地完成工作任务，同时也将大幅提高工作满意度。

### 7.1.3 理论的发展与启示

此后的很长一段时间内，民主型领导风格赢得了社会各界近乎"一边倒"的高度赞誉。但据后来的研究发现，理想化的领导似乎没那么简单：尽管在某些情况下，闪耀着人性光辉的民主风格会比一意孤行、独断专横带来更高的工作绩效，但在另外一些场合中两类领导者的团队绩效水平也并未出现显著差异（Yukl，1998）。而且民主型领导风格也有自己的缺点，它的一个令人不能容忍的结果是无休止的会议，因为需要深思熟虑、听取各方意见，而一致的意见又往往很难形成，唯一可以做的就是安排更多的会议。有一些民主型领导倾向于把一些关键问题推后讨论，而员工最终会感到迷惘及无人指导。这种风格在有些情况下甚至可能导致冲突升级，它在员工不胜任或没有得到明确的建议时作用也不大。

另一方面，在企业管理实践中也少有走极端的领导者。在多数情况下，他们游走于独裁型及民主型两种风格之间，并根据环境的变化进行及时调整。因此，单纯在两种各有所长的领导风格中分出孰优孰劣是无意义的。而且，权变的领导理论（参见第9章）已然揭示了这样的道理：没有所谓的"万能"与"最优"，那些能在云谲波诡的现实世界里崭露头角的卓越领袖，必定深谙灵活、权变的领导艺术。

### 7.1.4 权变的独裁与民主

独裁型领导固然有其不近人情的冷酷一面，但他们对于目标的高度关注却也在一定程度上保障了团队的工作效率。当一个组织正处于动荡不安的转型期或是察觉到日益迫近的危机时，民主协商不仅无益于缓解人心惶惶的危急局势，反而更容易陷入众说纷纭、难以定夺的尴尬境地。而独裁型领导说一不二的决断魄力不仅能为化解危机争取宝贵时间，他们的强势与坚毅本就是对动乱军心的最佳安抚。特别是当他们曾不负众望地取得辉煌业绩时，其高瞻远瞩的战略导向更易令人信服。

由此，不难看出民主型领导的缺陷——它需要足够充裕的时间来实现相对漫长的团队磨合。但多数情况下，残酷的市场竞争并不允许人们如此挥霍稀缺的时间资源，理想化的"一致"有时仅仅代表着无数令人头疼的会议和精疲力竭的折中妥协。

总体而言，当时机紧迫或身处危难关头时，领导者往往更倾向于运用独裁式霸权，这将在一定程度上帮助稳定军心、把握军心。但独裁是否有效则在很大程度上依赖于领导者的个人能力与战略敏感性。亚马逊公司的"暴君"贝佐斯使公司氛围变得紧张而具有对抗性，然而他顽强和专注的个性、实干的精神和强大的学习能力却带领着亚马逊不断拓展新业务，让亚马逊成为一家让人瞩目的超级公司。

篇中案例

## 亚马逊“暴君”——贝佐斯

20年低毛利的运营，亚马逊让人感觉是牙没长全的老虎。但是，亚马逊正在成为一家“什么都卖”的超级市场。它是一家跟沃尔玛较量，跟苹果争夺设备制造业务，跟IBM比拼云计算数据服务的商店。

亚马逊今日的一切，是构筑在创始人贝佐斯的“火星人”大脑之上的。贝佐斯对技术的变革性力量充满信心，他不断改善商业模型，开拓新业务，常常令股东感到震惊。而且，贝佐斯给亚马逊带来了一种奇怪的内部氛围。

贝佐斯像一个“暴君”，蛮横强势，以自我为主。他把员工当作一种可消耗的资源，把他们的贡献当作透明，让亚马逊变得抠门、苛刻，让员工变成神经绷紧、相互对抗的“角斗士”。而这种“不友好”的氛围，却成就了亚马逊独特的内部战斗力与凝聚力。

亚马逊对工作要求之高是出了名的。即使周围没有发生什么滑稽的事情，贝佐斯也常会发出近似抽搐的笑声，吓人一大跳。亚马逊前首席信息官里克达尔泽尔说，别人达不到贝佐斯的高标准时他才这么笑，“事情很明显，他这么笑是在解除你的防御，是在惩罚你。”

在高科技界，言行强势的并不鲜见。苹果公司的乔布斯在电梯里解雇过员工，经常怒吼高管；微软公司的鲍尔默则常有扔椅子的冲动；英特尔公司苛刻严厉的格鲁夫更是在绩效考核时把下属吓晕倒。贝佐斯也不例外，“怪人”是他额头上的标签。他的进取心和勇气凌驾于领导者的其他理想品质（比如建立共识、讲究礼貌）之上。虽然他也可以表现得很迷人，在公共场合十分幽默，但在私下里，他的怒气可以爆发到被下属称为“癫狂”的程度。如果一个员工没有给出正确的回答，试图虚张声势，把别人的功劳据为己有，或者是搞了一点钩心斗角的事情，贝佐斯的额头上就会冒起青筋，大声斥责并冷嘲热讽。

贝佐斯的批评常能一语中的，这让员工们恼火中感到惊奇。亚马逊前供应链高级副总裁布鲁斯·琼斯曾经率领5人小组，寻找提高运营中心效率的方法。他们花了9个月将结果展示给贝佐斯，结果贝佐斯说：“你们都错了。”之后，他马上站起身来，在白板上书写下有争议的地方。

回忆当时，琼斯说：“他没有控制理论、作业系统的背景。他只有和分布式中心有关的一点点经验，而且从不在电话以外花上几个星期或几个月的时间研究。但他写下的每样该死的东西都是真实、正确的。与贝佐斯交流时，这是典型的场景。他拥有一种难以置信的能力，能很好地理解他之前并不了解的东西。而在沟通这些问题时，他总是非常无情。”

贝佐斯制定了亚马逊的经营原则，让这个公司在利润率低、外界不看好的情况下挺过了20年。从某种意义上说，整个亚马逊就是围绕着他的大脑建立和发展起来的。贝佐斯的大脑好比一台放大器，可以把他的聪明才智和进取心传播到尽可能大的范围中。亚马逊北美零售高级副总裁维尔克说：“贝佐斯一边实干，一边学习，他从我们每个有专长的人身上学习，并把精华吸纳到他自己的大脑里去。现在大家都希望尽可能地像贝佐斯那样思考。”

资料来源：Brad Stone：《亚马逊：暴君搭配角斗士》，载《商界：评论》，2013（11）。

往往一项决策越关键，对决策者的能力要求就越高，此时的领导者也越倾向于独揽大权。这点在乔布斯身上体现得相当明显。然而，这也往往会导致追随者越发依赖这位强大的领袖，甚至陷入一种恶性循环。不仅如此，领导者的独裁也将对员工士气造成极大的打击。从长远来看，漠视人们的情绪感知与内在需求极有可能因累积的怨怼引发灾难性后果。这也就不难解释为什么离开了乔布斯的苹果公司陷入了创新乏力的局面。

事实上，特定领导者的行为风格是否有效，都需要在特定的情境中才能体现出来：天时、地利、人和，缺一不可。多样性而不是单一性的领导风格，有助于领导活动有效性的提高。因此，在实现领导有效性的过程中，只有牢牢把握权变的思想，才能以不变应万变。

## 7.2 指挥型与参与型领导

尽管历史造就了众多深入人心的独裁者或民主领袖形象（例如希特勒以及甘地），但乍一听独裁型领导或是民主型领导，难免产生一种似是而非的模糊印象。作为团队的高层统帅，领导者的独裁或是民主具体体现在哪些方面？

随着勒温领导风格理论的进一步发展，后来的学者相应提出了指挥型（directive）与参与型（participative）这两种领导风格，二者与上述独裁型和民主型领导概念的外延类似且重叠，不同之处是指挥型与参与型领导更多地是从领导者截然不同的决策形式的角度出发，更为直观地呈现出了两种对比鲜明的领导形象。

### 7.2.1 指挥型领导

对诸葛亮推崇备至的企业领导者在读到“出师未捷身先死，长使英雄泪满襟”之时，往往会为事必躬亲的孔明先生鸣不平；再联系到自己平日里的忙碌与操劳，甚至可能顿生“时运不济，同病相怜”的感慨。

事实上，这源于对指挥型领导感同身受的情绪共鸣。在这类领导者看来，决策是由自己制定的，并且一旦形成，接下来就需要紧锣密鼓地着手布置。他们关心的不仅仅是目标是否实现，而且从流程进度到员工的工作方式，无不悉心过问甚至直接包办替代，每一个细节甚至都需要他们的指挥。指挥型领导的最大优势在于能够为缺乏工作经验、个人能力也相对薄弱的员工提供明确的指示，以免在摸索的过程中绕太多弯路，甚至因方向不明而缘木求鱼。

由此看来，这也难怪大多数指挥型领导终日繁忙，甚至大有效仿诸葛亮“鞠躬尽瘁，死而后已”之态势。但仔细回顾诸葛亮的一生，其“出师未捷身先死”的背后，除了时运不济、造化弄人，恐怕也有自身难以推卸的责任。从某种意义上说，他似乎“过分负责”了。而这也正是指挥型领导最容易出现的问题。在多数情况下，他们因为对下属的办事能力不放心而亲力亲为，但这样一来，本就欠缺锻炼的员工更是失去了锻炼和成长的机会。对于一个新员工来说，若缺乏在实践中摸索的亲身经历而仅仅听从指令行事，则群体思维难以得到拓展，从而无法应对时代所提出的创新挑战。

在知识经济蓬勃发展的今天，领导者大可对员工的综合素养与开发潜力充满信心。他们中的许多人具备较为扎实的专业功底，如果能够获得足够的发展空间，并稍加点拨，就能够引导他们培养、强化个人能力，并且这有助于将这些聪明的头脑转化为企业的智慧资源。相反，事无巨细的干涉与指挥极有可能打击员工的工作积极性，甚至引发反感，最终“费力不讨好”。

### 7.2.2 参与型领导

如果一家公司的普通员工一直以来都习惯于听从高层管理者的指挥：每当高层管理者制定了一个决策，就和众多同事尽快地将其落实到行动上，而对于决策的过程则无权更无心过问，尤其是不涉及他的切身利益时，那么当公司酝酿着要出台一项员工福利计划时，习惯于执行的普通员工还是会希望可以将自己的一些建议向上级反映，甚至希望自己的建议能够被采纳，或者负责落实其中的相关政策。因为在员工看来，这已经不仅仅是工作任务，而是关乎员工自己切身利益的事。在这种情况下，员工的工作积极性就会得到促进，员工会对工作任务高度投入并与同事精诚合作，使方案得以顺利推行。

类似的情境在现实生活中并不鲜见，而深谙内部激励之道的高层管理者正是参与型领导的代表。他们多鼓励员工积极地参与到决策过程中，利用群策群力的团队力量帮助自己更加全面地看待问题，并借此获得决策的支持与认同，以促进接下来的政策落实。不仅如此，在与成员共同制定了工作目标后，他们相信“条条大路通罗马”，而自己为下属指定的那条路也不一定是康庄大道；即便是，相比让下属听从他们的指挥，他们更相信通过让下属亲身参与获取经验才能为企业的未来发展储备人才资源。

需要注意的是，参与型领导倡导的是“放宽自主空间”，而非“无为而治、放任自流”。他们与员工商定的绩效目标、任务完成时限以及可用资源等都会在看似自由的环境中起到无形的约束作用，从而确保组织在轻松、融洽的氛围中高效运作。福特公司的全员参与决策制是这种领导形式的典型表现。20 世纪 90 年代，福特公司总经理贝克制定了员工参与计划，在各车间成立由员工组成的解决问题小组。全员参与决策制的另一项重要措施就是公司向员工公开账目，每位员工都可以就账目问题向管理层提出质疑，并有权获得合理解释。因此，员工的投入感、合作性不断提高，使福特每辆车的生产成本减少了 195 美元。

### 7.2.3 指挥与参与

在理论与实践中体现出的种种优势让参与型领导看上去近乎完美。在知识经济的大背景下，人们对于员工参与计划的呼声始终居高不下。但在下结论之前，与此前学习独裁型领导与民主型领导风格时类似，我们需要先将满堂喝彩放在一旁，换一个角度来审视这两种领导风格，以力求客观公正。

在现实生活中，除了以福特公司为代表的成功案例，也存在一些看上去很美的员工参与计划（employee involvement program）：一方面，企业的管理层通过设置邮箱、发放问卷等形式来征集员工意见；另一方面，统计得到的数据却因分歧过大或不切实际被放在一旁，而照旧依高层领导的决策倾向制定相关方案。从某种意义上说，这实际上是一个重在参与的决策过程。因此，如何避免员工参与“走过场”的决策是推行这一领导方式的关键所在。类似问题发生的原因部分是双方沟通不到位。既然想让作为合作伙伴的员工真正地参与进来，就需要把与决策问题相关的重要信息一一传递下去；这不仅是告知最终的奋斗目标，还包括一系列的现实约束条件甚至是敏感的利益关系。在这一过程中，双方的真诚与信赖非常重要。

此外，领导者“有心授权参与，无奈难获响应”的尴尬场面也时有出现，这又与员工自身的工作量和参与意愿有关——决策参与需要投入大量的时间与精力。因此，如果在员工自顾不暇时硬将他们纳入决策过程，效果可想而知。

另一方面，以“传、帮、带”为初衷的指挥型领导尽管看似落伍，但仍有其可圈可点的固有优势。特别是当一些组织由于制度系统、人才资源等方面的限制无法充分地支持决策参与时，就需要领导者具备较强的指导性来弥补员工在个人能力与独创性等方面的欠缺。同时，由于与民主型领导风格一脉相承的参与型领导需要充裕的时间资源，因此一旦时间紧迫，延续独裁者决断、果敢行事风格的指挥型领导显然更合时宜。指挥型和参与型领导方式的结合显然具有可行性和必要性，通用电气的韦尔奇在这方面就是个很好的例子。

篇中案例

### 韦尔奇：权变授权的艺术

美国通用电气公司前CEO杰克·韦尔奇曾在1999年被《财富》杂志冠以“20世纪最伟大经理人”的头衔。但事实上，韦尔奇不仅仅是卓有成效的管理者。他是一名商业奇才，拥有近乎天赋的领导才华，从而得以引领通用电气一次次地突破桎梏，从优秀到卓越。

韦尔奇高超的领导艺术理论很大程度上依赖于授权的力量。在他看来，所有组织都需要有授权机制，并应精心选择具有这种能力的人。“在任何事情上，重要的是人。”韦尔奇解释道。通用电气尤其重视人的重要性及对其授权的重要性。与可口可乐公司这种业务单一的企业相比，经营一个业务多元化的公司，要求CEO掌握更多的知识。分身乏术的韦尔奇需要“真正懂行的专家和真正得力的骨干”去进行经营管理。“一旦没有了他们，也就没法玩了。”

但是领导者不应该将所有的权力拱手交给骨干人员，而放弃自己应有的权威。韦尔奇巧妙地在放权管理和集权领导之间把握平衡，授予下属企业的主管完全自治和作决定的权力。除了重要的全体行动，韦尔奇还直接干预某些次要的事情，例如断然否决一次广告活动或是决定进入英国宠物保险市场等。

资料来源：罗伯特·海勒：《杰克·韦尔奇：为投资者创造了亿万财富的商业奇才（一）》，载《中外企业家》，2010（2）。

参与型领导关注员工资源的激活与运用，而指挥型领导更依赖于领导资源的指引及弥补功能。但无论采取哪种领导风格，都需要双方的相互扶持与彼此配合。在决策参与的过程中，只有当员工愿意并且能够积极地调动自身知识技能、提供建设性意见时，参与型领导才能够营造出民主、自治、高效的组织氛围。但如果条件尚未成熟却硬要跟风推行员工参与计划，不仅难以实现内部激励，甚至会适得其反地损害领导效率。此时，就需要领导者采取相应的指导或督促手段来规范员工的言行，进而凝聚团队合力、指向共同的愿景目标。

### 7.2.4 指挥型与参与型领导的结合

既然指挥型领导和参与型领导各有所长，那么为什么不将两者进行融合，取彼之长，补己之短？实际上，这种领导模式与中国文化推崇的中庸智慧相契合：并非“鱼与熊掌，二择其一”，而是“扬长补短，兼收并蓄”。以色列学者塞吉(Sagie，1997）建立的基于弹性指挥的松—紧式领导模型（loose-tight leadership model)，就是这样一个将领导指挥（紧）与员工参与（松）融合的尝试。

塞吉分别从目标制定与实施、战略与战术的区分以及决策的框架与实质三个层面阐释了松—紧式领导的内涵。首先，领导者可在目标制定阶段运用参与的形式，而以强势指挥手段促进目标落实。通常情况下，领导者与员工掌握着差异化的知识技能，前者在宏观战略决策方面具有丰富的经验，而后者则擅长微观操作层面的落实。因此，在目标制定阶段可根据决策问题的战略/战术性质，针对性地采取领导指挥或是员工参与的形式。最后，领导者在运用指挥手段确立以目标为导向的总体框架的同时，应保留员工参与补充决策具体内容及选择工作方式的自主权，从而完成目标的制定；而在实现目标的过程中，领导者则需及时地反馈，并在必要时通过指挥进行方向性纠偏。

**学者说**

**张弛有度，统筹兼顾：松—紧式领导模型**

有研究者发现，许多日本企业尽管等级森严、奉行权威，但主管也十分注重培养员工的创新精神，并能积极地采纳可行性建议（Hull et al.，1988)。那么，这两种看似矛盾的行为背后又有着怎样的关联？塞吉（Sagie，1997）将指挥型和参与型领导结合在一起，建立了松—紧式领导模型，并与相关领域的学者不断探索将领导指挥与员工参与进行有机结合的具体形式及其深层次的机制原理。

塞吉等人在一家经营全球服装生意的以色列纺织企业中展开了实证研究。这期间，他们一方面在101名专业技术人员中展开问卷调查，另一方面也对其中一个部门的20名员工进行了半结构化的深度访谈，试图综合定量与定性的分析结果进行分析。结果表明：权变地采取指挥型或是参与型的领导方式对于提高员工满意度、增强组织情感承诺的确有积极的促进作用；值得一提的是，多数受访成员认为尽管领导者的指挥行为显得相对强硬，但却能有效地促进信息共享，进而推动整体效率的提升。

此外，通过访谈，该研究也为模型在实践中的运用提供了一些启示：一般说来，员工希望各自的上级更多地采取“温和而民主”的参与方式，同时他们也相信上下级之间的影响是相互的，决策不能只依靠自上而下的命令指派（当然，管理人员多对此持相反观点）。尽管在地位从属性、决策主导权等问题上还存在争议，但双方却在下面这个观点上达成了共识：来自追随者的影响力是决策制定过程中不可或缺的一部分，并且随着上下级关系的日益密切，双方的交互影响将对决策质量起到至关重要的作用。因此，如何结合现实环境适时适度地与员工分享决策权、增进协调合作，进而将这一共识落实到行动上，将是当前领导者需要考虑的首要问题。

资料来源：Sagie，A.，Zaidman，N.，Amichai-Hamburger，Y.，Te'eni，D. & Schwartz，D. G.，"An Empirical Assessment of the Loose-Tight Leadership Model：Quantitative and Qualitative Analyses，" *Journal of Organizational Behavior*，2002，23.

## 7.3 授权赋能型与公仆型领导

### 7.3.1 员工力量的崛起

在传统的领导关系中，员工似乎总是处于"弱势"：受制于权威，服从派遣，尽职尽责，本分地当好追随者……但逐渐地，人们开始意识到领导者尽管"强势"，却难免受到个人能力的限制；而数量众多、精通各领域知识技能的团队成员则能够较好地弥补这一缺陷。因此，蕴藏在广大组织成员中的潜能逐渐吸引了人们的目光，并进一步地将领导学的关注焦点由"全能、全知"的英雄式领导力转向了团队整体的潜力。

这其实并非一件新鲜事，早在人们热捧民主及参与型领导风格时这一点就有所体现。在信息大爆炸的今天，不断涌现的非正式团队、虚拟组织等对组织成员的综合素养提出了更高的要求，这无一不是在提醒人们：团队的潜能亟待开发，且觉醒后的力量不可小觑。

### 7.3.2 授权赋能型领导

一、授权赋能型领导及其特征

得益于学者的不懈探索，一个好的理论总是能够随时代变迁而获得进一步的完善。经过全面、理性的审视，社会各界对参与型领导的追捧热潮逐渐降温，转而寻求能够弥补其应用局限的新型领导方式。结合以往对参与型领导的相关研究可以看到，褒贬不一的争议多集中于授权参与的时机与对象。正如前面所述，实现形式上的民主并不难，但关键是在这一表象之下，能否如愿地实现内部激励并运用集体智慧优化决策。

在这一过程中，不仅需要上下级之间的协调与沟通，参与成员的能力素养也将起到极为重要的作用。因此，真正意义上的授权既是指领导者在主观上的授予决策权，同时也意味着员工要具备一定的"受权"能力，即具备积极的意愿以及自主决策的能力来接受权力、承担职责，进而将员工授权从以激励、集智为初衷的管理手段提升为开发员工领导潜能的赋能型领导艺术。而这也正是近年来方兴末艾的授权赋能型领导（empowering leadership）所关注的焦点。国内学者提出，授权（empowering）的重点不仅仅是在形式上的授权，更重要的是如何在这一过程中提高下属员工的自我效能感，使之具备较强的工作能力来接受授权，因而以授权赋能型领导表述 empowering leadership，扩展领导授权的内涵，并与参与型领导相区别（张燕、王辉、陈昭全，2006）。

在延续参与型领导风格的基础之上，授权赋能型领导主要体现出如下行为特征：

（1）将员工视为具有自主意愿的独立个体。

（2）善于倾听，尊重团队成员的不同意见。

（3）营造积极的授权氛围，引导员工进行自我激励以更好地完成组织承诺。

（4）关注员工个人能力、道德规范等综合素养的提升。

前面我们曾对杰克·韦尔奇的授权艺术进行了简要介绍。然而，即便享有“全球第一 CEO”的盛誉，韦尔奇也深知单枪匹马的成就不过是昙花一现，通用电气的成长与基业常青有赖于领导力的薪火相传。从简单的授权参与到授权赋能，韦尔奇要做的，是将麾下的精英主管培养为出色的商业领袖。他认为，战术上的工作要留给其他人，这就意味着不干预。韦尔奇充分利用各种会议和委员会，不是进行控制，而是视作他最有力的管理工具。这些会议也将迫使高层管理者直面挑战与考验，互相分享与交流来自不同企业成败得失的经验教训和新的思想理念，进而更为全面地认识彼此的业务。

### 二、如何做一个授权赋能型领导

授权的艺术性就在于领导者是否有能力判断哪些是不能授权的工作，而哪些是可以授权的工作。成功的授权行为的基础通常是选择可供授权的对象和任务。首先应确定哪些任务是可以授权的，例如员工自己的问题，类似准备报告、备忘录的文字工作，类似订购物品、安排行程的常规工作，领导者自己不必亲自参与的技术工作，以及能够培养员工的工作；而被指派亲自负责的任务、机密任务、危机任务则是不能轻易授权的。其次应针对特定的任务选择授权对象，此时要充分考虑对象的能力、兴趣以及任务的时间期限，通过询问相关人员等办法考察对象和任务之间是否匹配。

总之，授权赋能型领导始于授权，却又不止于授权。在他们看来，通过鼓励参与、共享决策权的形式进行内部激励、完成眼下的任务目标固然重要，但同时更应密切地关注成员的胜任力问题，因为后者关乎组织的长远发展，并将为后继有人的领导力培养计划奠定坚实的根基。

## 7.3.2 公仆型领导

同样将目光聚焦于下属成员的还包括这样一类领导者：他们不会凭借领导权威妄自尊大，而是将员工的成就凌驾于个人利益得失之上，并以此作为长期行为准则。颠倒的领导方式似乎掩盖了他们的领导头衔，使之更类似于在幕后运筹帷幄、为员工的能力培养推波助澜的组织“公仆”。

## 一、公仆型领导及其特征

最早提出公仆型领导（servant leadership）或服务型领导理念的是麻省理工学院的格林里夫教授（Greenleaf，1970）。该理论发展到后来，类似的领导形式还包括催化型领导（facilitative leadership）、生成型领导（generative leadership）以及伙伴型领导（fellowship leadership）等。从总体上而言，他们都将服务员工、成就他人作为首要目标，以倾听替代臆断，用真诚培养信任，关注并极力满足员工在成长过程中的多样化需求。

中国媒体所倡导的公仆型领导强调“为人民服务”，往往把这个理念仅仅应用于党政干部。但从西方的企业实践来看，公仆型领导可以适用于任何类型的组织。公仆型领导具有哪些特征？西方学者在这方面的研究成果和西方企业的实践经验是否能直接运用到中国？

国内在这方面的研究还很少，目前孙健敏和王碧英（2010）的研究比较具有代表性，揭示了公仆型领导的构成要素。他们发现，在中国背景下的公仆型领导是一个五因素的多维概念，包括利他主义、情绪抚慰、智慧、说服引导、社会责任感。

（1）利他主义。公仆型领导不以一己私利作为追求目标，而是尽己所能为下属提供服务，甚至不惜牺牲自身利益来满足下属的需要。

（2）情绪抚慰。公仆型领导在帮助下属克服情绪问题方面具有天赋，能够帮助下属从不良的情绪中转变过来，使他们快乐工作。

（3）智慧。公仆型领导十分关注正在发生的事情，往往善于通过自己的分析能力和洞察能力预测决策的一系列后果。

（4）说服引导。公仆型领导非常具有说服力，往往能够提供强有力的理由来说服下属做事，并通过言语和非言语等手段鼓励下属对公司的发展前景充满希望。

（5）社会责任感。公仆型领导鼓励下属在工作场所中发扬集体主义精神，为大局着想。他们能看到公司为社会作出贡献的潜力，并且时刻准备着让公司为社会发展发挥更加积极的作用。

在这样的理念指导下，多年担任星巴克高级主管的霍华德·毕哈帮助星巴克建立起了一种“强调人的重要性远远超过利润”的企业文化。在他看来，唯有始终致力于“构建信任、服务伙伴”的公仆型领导，才能为星巴克创造出远胜于咖啡的财富。为员工效劳就意味着要满足他们在情感、思维及交流方面的不同需求。如果不能满足这些需要，领导者就没有对员工和企业尽责。

对于许多人来说，沃尔玛的成功简直就是一个神话。“公仆文化”体现了沃尔玛把员工当作其最大财富的人才竞争思想。领导以员工为中心，促进了员工的发展，增强了企业的人才竞争力，满足了企业长远发展的要求。不仅如此，公仆式的服务还有助于提升员工的主人翁意识，不管领导者在不在，不管公司遇到什么样的挫折，都愿意全力以赴，帮助公司去创造更多财富。

篇中案例

**"公仆领导"成就沃尔玛**

"公仆领导"对沃尔玛的成功至关重要，对企业未来的发展也非常重要。"公仆领导"是沃尔玛创始人山姆·沃尔顿倡导的理念之一，即团队领导者要为他人服务。

沃尔玛管理者都被亲切地称为"公仆"，服务、指导、帮助和鼓励员工，为员工成功创造机会成为"公仆领导"日常事务的重要组成部分。他们尽其所能来帮助团队完成工作，促进个人努力和团队合作的完美结合。在沃尔玛，"公仆领导"与团队一起做决定和解决问题、虚心请教并付诸实践。他们都是一流的聆听者，他们关心团队成员、为团队收集资源、知道怎样提炼他人的知识和精髓，也知道怎样获得信息和资源。他们是实干家，也善于授权他人大胆尝试，善于分享信息、权限和责任。

"公仆领导"服务的对象包括他的员工、他的同事、他的合作伙伴、商店的顾客以及社区的邻居。因此，沃尔玛公司诸位"公仆"并不是坐在办公室里发号施令，而是走出来和员工直接交流、沟通，并及时处理有关问题，实行"走动式管理"。他们的办公室虽然有门，但门总是打开着，有的商店办公室甚至没有门，以便让每个员工随时可以走进去，提出自己的看法。

为什么沃尔玛会这样做？因为山姆·沃尔顿早已意识到：零售业是服务性行业，顾客就是"老板"。只有把"老板"伺候好了，员工的口袋里才会有更多的钞票。员工作为直接与"老板"接触的人，其工作精神状态至关重要。领导的工作就是指导、支持、关心、服务员工。员工心情舒畅，有了自豪感，就会更好地服务于顾客。

资料来源：张小明：《"公仆"式领导：一场管理革命》，载《中国石化》，2006（4）；董明伦：《"公仆领导"成就沃尔玛》，载《经理人》，2011（6）。

### 二、公仆型领导的影响

公仆型领导奉献和自我牺牲的精神具有强大的感召力和榜样作用，不仅对追随者有影响，而且在团队层面和组织层面也具有积极的作用。

从下属的角度来看，公仆型领导以下属为中心，以促进下属的自我实现和个人成长为目的，对下属的影响主要有三个方面。首先，公仆型领导对下属的工作态度有影响。公仆型领导能够建立起高质量的领导—下属关系，并通过信任与公平的心理感知，影响下属的工作态度，如工作满意度和组织承诺。其次，公仆型领导对下属的生产行为有影响。国内学者指出，在控制人口统计学变量的情况下，公仆型领导对员工的周边绩效、异常行为以及任务绩效均有显著的单独预测效果（孙健敏、王碧英，2010）。而且，公仆型领导对下属的生产行为有积极的正面作用，对下属破坏物品的行为有显著的预测作用（马跃如、李树，2011）。最后，公仆型领导对下属的组织公民行为有影响。西方学者纽伯特、卡克马尔和罗伯茨（Neubert，Kacmar & Roberts，2008）的研究证实了公仆型领导的下属表现出更多对组织有益的组织公民行为。此时，下属将有更多的助人行为、更强的个人首创精神，以及更自觉的公民道德和自我发展。

从团队的角度来看，公仆型领导通过树立正确的榜样，刺激他人朝着共同的利益努力，从而更有利于团队合作。领导者有较强的接纳能力，能够在组织内创造信任、公平的工作氛围，使员工有集体归属感。

从组织的角度来看，公仆型领导行为对组织的服务氛围有较大影响。服务氛围是指员工对组织要求、奖励、支持服务工作和服务行为的政策、管理措施和程序的共同看法。公仆型领导为人正直、思想开放、行为道德、关爱他人，并且勇于承担企业外的责任。这些做法能够在组织内部营造良好的服务氛围，增强员工的服务导向意识，激励员工为顾客提供优质的服务。研究者莱登（Liden）等人特别探讨了公仆型领导及其营造出的服务氛围对追随者绩效的影响机制。

**学者说**

### 公仆型领导通过塑造服务文化来影响追随者

公仆型领导仍处于一个理论发展的早期阶段，虽然越来越多的实证证据表明，这种形式的领导有可能会增强追随者的行为和态度，但致力于揭示这一现象如何及为何发生的潜在机制的研究仍然很有限。莱登等（Liden et al.，2014）通过一个涵盖多来源数据的多层次研究设计，扩展了公仆型领导理论。他们的研究以角色塑造理论和社会认同理论为关键解释机制。

基于71个中等规模连锁餐厅共961名员工的样本，莱登等研究了公仆型领导理论的一个关键原则——公仆型领导通过将其他人的需求优先于他们自身的需求，来引导追随者模仿自己的行为。研究者提出并检验了一个模型，该模型认为公仆型领导通过创造一种服务型文化来发扬和扩散自己的公仆型领导行为。这种服务型文化直接影响到单位的绩效，增强个体的态度和行为，同时也通过个体的组织认同感这一中介变量对个体的态度和行为产生影响。该研究结果表明，如同假设的那样，服务型文化与餐厅绩效和员工的工作绩效、创造力和服务顾客的行为都正相关，且与离职意向负相关。这其中，既有直接影响，也通过员工对餐厅的认同感这一中介变量产生影响。

研究者通过从五个来源收集数据——员工、餐厅经理、顾客、内部审计的总部工作人员和外部审计的咨询公司——减少了同源共同方法偏差。

这一研究值得关注之处是发现公仆型领导影响追随者的过程是通过创造一种服务文化来实现的，这不同于其他领导风格。研究表明，公仆型领导不仅在个体水平或领导者与追随者这一相互关系上起作用，也通过组织层面的文化起作用。公仆型领导在追随者之中树立起行为规范和期望，使他们产生他人导向的动机，进而形成一种强服务文化和同事间支持性的相互作用。

资料来源：Liden，R. C.，Wayne，S. J. & Liao，C. et al.，"Servant Leadership and Serving Culture：Influence on Individual and Unit Performance，" *Academy of Management Journal*，2014，57（5）.

致力于为他人在物质与情感上的收获提供机会，公仆型领导相信自己的一番苦心不会白费：通过这种方式培养出的员工不仅独立自主，善于自我管理；更重要的是，受到领导者的感染，他们也能将心比心地把这一份关怀传递下去，对伙伴施以诚挚援手，向顾客提供贴心服务，从而共同营造出互惠、共赢的整体氛围。

三、如何培养公仆型领导

公仆型领导的众多特质与我国“全心全意为人民服务”“做人民公仆”等社会主义道德观不谋而合。面对当前食品安全卫生、环境污染等缺乏社会责任感的现象，培养公仆型领导是十分必要且重要的。

首先，倡导公仆型领导的价值观。高层管理者自身应首先认识和理解公仆型领导的价值，然后向其他管理人员传达这种价值观，并树立榜样。比如沃尔玛公司的走动式管理就倡导高层管理者到工作现场同员工直接沟通，及时处理员工面临的问题。

其次，考核、奖励公仆型领导行为。组织应对公仆型领导行为及其效果进行考核，及时告知被考核者考核结果，帮助其加强公仆型领导行为，并据此奖励与提拔管理人员。

再次，招聘具有公仆型领导特质的员工。在发布招聘广告、招聘甄选中，组织可通过个性测试、情境模拟和角色扮演等方式考察应聘者的服务和公仆意识，有针对性地进行招聘录用。

最后，培养公仆型领导技能。公仆型领导的技能主要有五方面：倾听，移情，治愈（即关心员工的心理健康和精神状态，治愈员工的精神创伤），劝说以及授权。组织可以通过开展相关培训，指导管理人员更好地掌握有关技能。

## ▶小　结

以勒温为代表的早期研究者将领导风格分为独裁与民主两种类型。其中，独裁型领导具有强烈的目标导向，他们独断的领导方式尽管有利于在高压下推动目标实现，但对于员工需求的长久漠视却极易打击成员的工作积极性。相反，民主型领导提倡共享决策权，鼓励自主化的工作方式以实现员工满意，但其应用往往受到时间等现实因素的制约，因而需要领导者根据情境有选择地加以运用。

指挥型领导继承了独裁型领导的部分特征，他们不仅关注目标的达成，对于员工的工作方式也多加限定，这对缺乏经验、能力薄弱的员工起到了一定的辅导作用，但并不利于员工的独立成长。参与型领导则与早期的民主型领导一脉相承，通过鼓励员工参与实现内部激励及决策优化，从而提高组织绩效。而为了不使参与流于形式，领导者需加强与成员间的沟通交流，同时避免一厢情愿的授权行为。近年来松—紧式领导模型的提出，对于指挥型领导和参与型领导二者的融合具有开拓性意义，更有可能应用于国内管理实践。

近年来备受关注的赋能型领导比参与型领导更为注重员工的能力素养，包括他们参与决策的意愿以及自主决策的能力，这也为组织领导潜力的开发提供了重要途径。同样以员工为关注焦点的新型领导风格还包括公仆型领导，此类领导者致力于满足员工的需求，并通过以身作则影响下属、服务他人为团队营造出互惠共赢的整体氛围。

## 关键术语

独裁型领导（authoritarian leadership）
民主型领导（democratic leadership）
指挥型领导（directive leadership）
参与型领导（participative leadership）
员工参与计划（employee involvement program）
松—紧式领导模型（loose-tight leadership model）
授权赋能型领导（empowering leadership）
公仆型领导（servant leadership）

## 思考题

1. 领导者的独裁与民主行为分别会给追随者带来怎样的影响？
2. 相比指挥型领导，参与型领导的优势与局限体现在哪些地方？
3. 在领导者进行授权时，你认为何种类型的工作适合交给下属去完成？
4. 领导者的哪些行为有助于提高员工参与决策的有效性？请结合具体案例加以说明。
5. 不少经理人认为授权总是“看上去很美”，请结合本章内容思考一下在现实生活中，领导授权可能会遭遇到的阻力。
6. 公仆型领导者的“服务理念”与领导力有着怎样的关联？

## 案例分析　刘强东革新：从独裁者到引路人

2015年，刘强东在澳大利亚接受了网易科技的采访，他表示，自己在京东内部的角色主要是“负责公司的战略和团队”。对于自己比较重视的业务，偶尔会亲力亲为，比如2015年上半年他曾亲自带领O2O项目“京东到家”，但更多时候，他还是站在幕后。刘强东深知，作为一个拥有7万多名员工的企业的领路人，他必须从烦琐的业务中抽出身来，把精力放在战略思考、队伍管理和文化建设上。京东已经度过了自己的草莽阶段，正在变成一个国际化的规范企业，刘强东也要适应自己的新角色。

**“独裁者”**

曾将乔布斯赶出苹果公司的约翰·斯卡利说过一个观点：“成功的科技企业里没有民主。”“硅谷不是靠民主领导成立的。”这个观点同样适用于中国互联网企业，马云、周鸿祎都是有名的“独裁者”，刘强东也不例外。“独裁”对于一个处于打江山阶段的企业来说，某种意义上是件好事，它意味着这家企业有着非常明确的目标、迅速而有力的决策，以及自上而下的执行动力。京东早年的历史，就是一部刘强东个人的奋斗史和独裁史。

刘强东出身农民家庭，对于农民的辛苦和生活不易深有体会，这让他成为了一个有温度的人。1998年，刘强东拿着在日企工作攒下来的12 000元去中关村站柜台，这是京东事业的起点。彼时的中关村是一个鱼龙混杂的电子产品集散地，但刘强东从一开始就和别的商家不一样，他坚持卖正品。2003年“非典”爆发，线下店的生意没法做，刘强东才开始尝试在网上卖货。对于关闭所有门店转型线上，几乎所有员工都表示反对，但刘强东干了。2007年拿到今日资本的投资以后，刘强东又非常独断地决定要自建物流，这种模式在当时的企业家看来简直是天方夜谭，但京东最后真的把物流做成了自己的护城河。

有投资人评价早年的京东商城是一头狮子带领一群绵羊打仗，对手是成立较早、资本雄厚的当当网、亚马逊和淘宝网等。刘强东就是这头狮子，所有的大事小事他都过问，甚至公司最初的很多系统都是由他一行代码一行代码敲出来的。

**引路人**

刘强东一个人负责战略并包揽大事小事的局面一直持续到2008年。之后，随着京东开始向全品类扩张、物流队伍日益庞大，刘强东逐渐发现自己再继续完完全全、事无巨细地管理这样一家急速成长的公司已不太可能。在投资人的介绍下，第一波职业经理人接踵而来。这批职业经理人的到来填补了京东因发展速度太快但内部培养人才较慢造成的缺口，成为刘强东开拓疆土的左臂右膀，也帮刘强东分担了大量的日常管理工作。刘强东在京东的角色开始转变，从彻彻底底的“独裁者”变为只负责战略的引路人。

为了打造一支具有战斗力的团队，京东在内部实行了管培生计划，成立了京东大学，但如何协调几万人的团队协同作战，这是个问题。京东在内部实行ABC管理原则，目的就是对下充分放权但又进行牵制。比如在人权ABC方面，按照级别C向B汇报，B向A汇报。C的加薪、辞退、奖金和股权等都由A和B一起来决定，避免一个人说了算。

当手下拥有十几名副总裁，各管一块具体的业务，并且利用管理制度和企业文化保证大家方向统一、路线一致时，刘强东就被解放了出来。现在，他有更多时间去思考公司战略，而避免让自己成为公司发展的天花板。

资料来源：《刘强东革新：从独裁者到引路人》，网易，http：//tech.163.com/15/0728/08/AVJK4SNG000915BF.html，2015-07-28。

根据上述案例，尝试回答如下问题：

1. 试描述刘强东的领导风格，他的领导风格随着公司的发展有变化吗？
2. 刘强东在放权的过程中采取了哪些具体的管理手段？
3. 从独裁到放权，领导者可以从京东的经验中获得怎样的借鉴？

## ▶ 参考文献

[1] Greenleaf，K.，*The Servant as a Leader*，Indianapolis，IN：Greenleaf Center，1970

[2] Lewin，K. & Lippet，R.，“An Experimental Approach to the Study of Autocracy and Democracy：A Preliminary Note，” *Sociometry*，1938，1

[3] Lewin，K.，Lippet，R. & White，R. K.，“Patterns of Aggressive Behavior in Experimentally Created Social Climates，” *Journal of Social Psychology*，1939，10

[4] Yukl，G.，*Leadership in Organizations*，4th ed.，Upper Saddle River：Prentice-Hall，1998

[5] 丹尼尔·高曼美．成功的领导风格．企业管理，2001（8）

[6] 刘松博，戴玲玲，李育辉．收放自如，张弛结合：松—紧式领导述评．社会心理科学，2013（1）

[7] 凌茜．公仆型领导的塑造与培养．中国人力资源开发，2007（6）

[8] 马跃如，李树．公仆型领导与下属反生产行为关系的实证研究．郑州航空工业管理学院学报，2011（4）

［9］齐朝乐．国外公仆型领导力研究述评．内蒙古财经学院学报（综合版），2012（3）

［10］孙健敏，王碧英．公仆型领导：概念的界定与量表的修订．商业经济与管理，2010（5）

［11］张燕，王辉，陈昭全．授权赋能研究的进展．南大商学评论，2006（4）

第 8 章

# 魅力型与变革型领导

## 学习目标

- 了解魅力型领导的个性风格及其对组织和追随者的影响
- 理解魅力型领导可能会引发灾难性后果的原因
- 了解交易型领导的定义
- 掌握变革型领导的行为特征
- 体会魅力型领导、交易型领导与变革型领导之间的相似点与差异

引例

### 魅力董明珠

直率，倔强，强悍，霸道……这些用在男人身上的形容词套在董明珠身上似乎也不过分，而且只要有董明珠的地方就不缺乏焦点和气场。特别是在以男性领导者为绝对阵容的中国家电行业，有人干脆揶揄和调侃道，“一帮老爷们干不过一个女人”，当然这个“女人”就是董明珠。

在格力内部，董明珠以强人与严威的面孔出现。一个有趣的现象是，格力员工要求统一着工装，而在清一色的白上衣、蓝裤子人群中，只有董明珠如一道流动的彩色风景，变换不同的服装出现在员工面前，并且不会有人质疑。

不仅如此，格力上下还非常崇尚军事化管理。如同往常一样，2013 年格力公司年会在珠海的一个军训基地召开，整个年会过程实行军事化管理，睡的是营房，一间房 32 张单人床，吃的是 10 人一桌的饭，每餐 5 个菜的标准。数百名格力电器的管理人员分成 10 个班，全部换上了戎装，踢正步、站军姿、唱军歌……而这一切，都是董明珠的主意。

"水清必须有鱼"是董明珠在格力反复倡导的道德宣言。在董明珠的世界里，一切都要清澈见底，不接受任何一点"灰色地带"。格力"总裁禁令"中赫然写道"行贿、受贿者一律辞退，情节严重者交由司法机关处理"，这个制度一推就是20年，现在仍在继续。虽然自己不是共产党员，但董明珠要求格力所有共产党员都要戴上党徽，每天接受员工的监督。同时，董明珠专门针对拥有权力的干部队伍提出了"公平公正、公开透明、公私分明"的12字管理方针。如今，无论在格力流水线的现代化车间里，还是在办公室里，抑或在大楼的走廊上，都挂着"公平、公正、公开"的红色条幅，员工一抬头，目光就能瞥见这几个大字。

奇怪的是，虽然格力的管理人员和普通员工都害怕董明珠，但大家却愿意追随她。这种敬畏力量的形成，按照董明珠的解释就是自己的充分自信和公正无私。

不仅如此，在原则面前，董明珠是出了名的"六亲不认"。一个经销商曾找到董明珠的哥哥，希望通过他的关系拿到3 000万元的货源，并按2%给他提成。哥哥向董明珠提出了拿货要求，结果不仅被妹妹一口回绝，而且董明珠毅然停掉了这个经销商的全部供货，弄得哥哥与董明珠反目成仇，兄妹两人从此鲜有往来。

然而，董明珠绝对不是一个无情无义之辈。在格力，董明珠始终将改善员工待遇作为仅次于技术、质量和营销的第四大管理要务，并提出每年员工工资增长的目标要求。因此，即便是格力的普通员工，年薪都在5万元以上，明显高于同行水平。不仅如此，格力的每位员工都有一间20平方米的宿舍，婚后则有一套50平方米的两居室住房，而且只要员工在格力，房子永不收回，退休也不会。在按厂规对出错员工进行处罚后，董明珠经常也会自己掏钱为家庭困难的员工补上罚款。格力的员工们喜欢到厂区对面的小吃摊吃烧烤，董明珠就隔三差五地派人去检查和整顿，理由很简单，我的员工会在这里吃饭，卫生情况我有权知道和整改。除了经常听到员工亲切地叫一声"董姐"，董明珠也获得了来自四面八方的点赞之声。

资料来源：张锐：《董明珠：家电王国的"铁娘子"》，载《对外经贸实务》，2014（3）。

有"铁娘子"之称的董明珠毫无疑问是一名充满魅力的领导者，她的"霸道"、公正无私使员工对她充满了敬畏，而她过人的魄力和对员工的极度关怀又让员工对她十分信服，这种敬畏和崇敬来源于一种超越了普通职权和领导头衔的威望与超凡影响力。

马云、乔布斯也是魅力型领导的典型代表，在他们传奇般跌宕的人生中，许多事迹已经被披上了一层神秘的色彩，进一步渲染了他们独特的个人魅力。在他们进行公众演说时，台下听众的欢呼声和呐喊声总是狂热地要把会场淹没。魅力型领导那种超凡脱俗的魄力和想象力似乎总是能轻而易举地吸引一大批追随者心甘情愿地投其麾下，在这里，领导力被披上了极为绚丽的浪漫主义色彩。然而，任何美丽的事物都有两面性，在这看似与领导者浑然一体、契合得天衣无缝的超凡魅力背后，是否蕴藏着危机？而组织领导者为追求卓越，又是否有必要竭尽所能地奔赴这"浪漫的神坛"？

## 8.1 魅力型领导

如果时光流转，iPod，iPad 和 iPhone 这些引领时代潮流的电子产品想必会让近一个世纪前的德国社会科学家马克斯·韦伯（Max Weber）感到震撼。对于这些产品的创始人，韦伯也大有可能一见如故。他曾经指出，“充满魅力的领袖”的影响力来自超凡脱俗的洞察力和想象力，受到他们的感染与激励，人们将心甘情愿地投其麾下，追随左右。这恰恰是史蒂夫·乔布斯的真实写照。

### 8.1.1 什么是魅力

英语中的魅力（charisma）一词源自希腊语，意思为天赋。这在为此类领导者披上神秘面纱的同时，也赋予了他们令人难以抗拒却又望尘莫及的强大吸引力。马克斯·韦伯曾这样描述魅力型领导（charismatic leader）：“他们展示了一项卓越的使命或行为过程；但如果仅限于此，那些潜在的追随者根本不会为之所动；而正是因为人们坚信他们的领导者具有特殊的天赋，所以该项使命或行为才得以进行。”

魅力是一种无形的感知，也是一种自然的流露，人们总是能够从领导者的一言一行中捕捉到“蛛丝马迹”：在不安于现状、追求自我超越中；在牺牲自我、甘心奉献中；又或者在熠熠生辉的人格品质中。领导者的魅力大体有如下三种类型：

（1）超越的魅力：具有超凡魅力的领导者能够营造变革的氛围，他们勾勒出引人入胜的未来图景，并向追随者灌输一种持久的信念，激励大众不断突破现有桎梏，超越自我。

（2）风险的魅力：为了获得人们的信任，魅力型领导者甘愿以个人安危为“筹码”，以此打动人心、增强情绪共鸣。在历史上，从圣雄甘地到马丁·路德·金，他们受命于危难、置生死于度外，超凡的领导魅力展露无遗。

（3）个人的魅力：追随者尊崇魅力型领导并不是臣服于权威头衔，而是因深受其知识、经验乃至决策魄力等个人特质的感召——人性中最美好的部分，总是能够扶持一个人卓然立世。

### 8.1.2 魅力型领导的影响

魅力型领导对组织和组织成员都具有相当程度的影响力。如果对这个具体的影响过程进行分析和归纳的话，可以总结为以下四步：第一步，清晰陈述一个有吸引力的愿景（关于如何达到一个或多个目标的长期战略）；第二步，传达高绩效期望，并对下属达到这些期望表现出充分的信心；第三步，通过言语和活动向下属传递一套新的价值观系统，并且通过自己的行为为下属树立效仿榜样；第四步，通过情绪诱导和经常性的反传统行为，来表明他们的勇气和对未来前景的坚定信念。

通过上述影响过程，魅力型领导可以将积极的氛围在组织中散播开来，传导到整个组织并成为实现组织目标的推动力。同时，魅力型领导对于组织寻求外界帮助也可能具有一定的效果，他们使得组织更有吸引力并获得外界利益相关者的支持。对下属而言，魅力型领导所产生的效果之一，就是使下属模仿领导者的行为、价值观、自我观念和认知，并且魅力型领导能够影响下属的风险倾向，使下属更倾向于承担比寻常更多的风险。魅力型领导对下属产生的另一种效果就是使他们设立和接受更高的目标，并更有自信地为达成这些目标而努力。理想化的影响力（idealized influence）源于人们真正渴望的事物，人们甘心追随魅力领袖左右并非出于畏惧或是金钱利诱，而是出于爱、出于热烈的献身精神（Tucker，1968）。比如史蒂夫·乔布斯。在乔布斯与世长辞的消息传出后，一时间悲伤的氛围席卷了全球：从普通民众到各国演艺明星、商业精英乃至政界领袖，无不沉痛悼念。美国总统奥巴马形容乔布斯为美国“最伟大的创新者”，联合国秘书长潘基文盛赞乔布斯的“全球影响力”。微软创始人比尔·盖茨以“能与这位对人类产生深远影响的人共事”为莫大荣耀，Facebook创始人扎克伯格诚挚地感激了这位良师益友向所有人展示的改造世界的能力。在美国加利福尼亚州乔布斯家门外，许多苹果迷冒雨前去献上鲜花、卡片、蜡烛和苹果等，当地警方甚至得在该地区拉起警戒线以维持秩序；各地的苹果店门前更是集聚了哀伤的人们，不时地写下各种怀念乔布斯的字句以寄托哀思。

如此令人动容的魅力并非仅仅源于人格力量、独特个性或是标新立异的出位言行，而是通常在组织亟待变革、需要有人临危受命的紧急关头，由潜在的魅力领袖以及追随者的价值理念共同作用而形成。正如《孙子兵法》所说，“上下同欲，士可为之死，为之生”。魅力型领导身上所展现出的强烈使命感与高涨热情铺就了信任的基石，并将感染团队全体成员倾情投入、忘我奉献，进而辅佐他们成为能够引发深远影响的卓越领袖。

### 8.1.3 魅力型领导的特征

豪斯的魅力型领导理论（charismatic leadership theory）指出，当下属观察到某些特定的行为时，会把它们归因为英雄主义的或者超乎寻常的领导能力。这种归因成为人们认为领导者是否具有魅力型特质的认知基础。如果说下属是出于对领导者行为的观察而将其归结为魅力，那么究竟什么样的行为特质才能令下属将其归结为魅力？下面将整合前面的内容和其他研究成果，介绍魅力型领导的一些杰出品质。

（1）提出愿景。愿景能令人感到振奋并产生吸引力。魅力型领导通过综合看似无关的问题、价值观和来自组织的问题，刻画引人入胜的图景并对它充满热情。

（2）坚定的道德观。不变的信仰、强烈的道德观念和乐观的精神使得领导者更容易与下属建立互信。

（3）杰出的沟通技能。魅力型领导通过其巧妙的言辞、想象力和激情鼓舞下属的情绪，引导他们理解、接受并坚信其提出的愿景。

（4）向别人授权的能力。魅力型领导在给下属分派任务的同时提供辅导、反馈和鼓励，以增进下属的自我效能感。

（5）敢冒风险。将自己置身于危险之中是魅力型领导用于宣扬愿景的方法之一，从而能够获得下属的仰慕和尊敬。

（6）精力充沛。魅力型领导几乎总是能准时完成任务，他们将感情投入到每天的工作中，这让下属觉得他们热情洋溢并受到鼓舞。

总体而言，魅力型领导有着这样的特征：他们自信十足、信仰坚定，能够以身作则、树立角色榜样；他们深谙愿景的力量，敢于“造梦”并勇于“逐梦”，在传递梦想的同时运用精妙的辞令技巧将理想的价值信念根植于追随者的心底深处，触动人们的心灵和思想，并激发出强烈的情感共鸣。例如，在邀请当时的百事CEO约翰·斯库利（John Sculley）加入苹果时，乔布斯曾这样说道：“你是要继续卖一辈子苏打水，还是来和我一起改变世界？”

### 8.1.4 客观认识领导魅力

蕴涵在领导魅力中的情绪感召力十分激动人心。但古往今来，人们的理智与情感纷争不断，在现实生活中总会时不时地听说某某人因一时冲动而酿下大错；抑或是受他人情绪左右，迷失自我。

同样的道理，受到魅力型领导的情绪感召，人们往往是下意识地自发追随，而并不经过深思熟虑。由此点燃的激情及奋斗动力固然可贵，然而，一旦理性逻辑长久“缺席”，领导者的超凡魅力也极有可能转变成为一种蛊惑人心的诅咒。例如，如果我们单从感召力的受众范围来看，希特勒绝不逊于甘地，但就因一念之差，同样强大的超凡魅力却促成了有着天壤之别的领导者。

水能载舟，亦能覆舟。就像我们在第4章中介绍过的个人化权力与社会化权力，领导者的利益出发点各有不同，因此基于情感的魅力感召并不是总能为所在组织乃至整个社会造福（尽管他们中的一些人坚称自己所散布的教义才是真正的“济世之道”），甚至这极有可能带来一些可怕的后果：当自我陶醉（self indulged）的领导者将天赋的魅力滥用于私人目的，随之诞生的团队信仰也往往被虚饰美化；而面对虔诚的追随者，本质为欺骗、操纵与剥削的行径也就得到了合理的掩盖。大卫·科瑞施是大卫教派的领导者，他使教派中的徒众相信自己就是先知，哈米吉多顿（《圣经》中所说的世界末日善恶决战的战场）即将来临。为了应对哈米吉多顿的挑战，他要求徒众搜罗大批手枪、攻击型武器和炸药，观看充满暴力的战争片，听他的摇滚乐集会，并让他们进行长时间的绝食。这种行为最终导致85人丧生。

在历史上，一度将这把“双刃剑”的潜在杀伤力发挥到极致的恐怕当属阿道夫·希特勒。希特勒小时候经常被父亲痛打，逐渐地他开始逼迫自己忍住哭泣，不再感到疼痛，甚至能清楚记得某次一共挨了32拳。就这样，童年的他学会了彻底忘记疼痛，学会了隐藏心中的绝望，学会了否认自己的情感。通过否认自己的真实感受，希特勒最终把自己变成了行使暴力、蔑视德意志民族之外的其他民族的军事大师；他按照自己的需要，热忱地维护一切他所认同的社会口号与政治口号，凭借极富感染力的演讲口才极力鼓吹极端国家主义与极端民族主义，最终掀起了第二次世界大战的腥风血雨。

即使对于正面的领导魅力，也有更清晰和客观地认识它的必要性。领导魅力并不总是普遍适用，其有效性还与情境有关。首先，当下属的任务中包含很多观念成分时，或当环境中带有极大的压力与不确定性时，这种领导方式似乎更成功。这就是为什么魅力型领导更多地出现于政治、宗教冲突或战争期间，或者在组织刚刚创建或面临生存危机时出现。其次，限制领导魅力发挥作用的另一个情境因素是组织中的层级。即使一个人具有极大的魅力，也很难在低层管理工作中使用其领导力。这是由于愿景的创造是领导魅力的重要组成部分，而它们一般由高层管理人员创造。因此，领导魅力与高层管理者而非低层管理者的成功和失败更直接相关。此外，埃格（Agle）等几位美国学者在综合前人研究成果的基础之上，从一个新的角度对领导魅力与组织绩效水平之间的关系进行了探索。

**学者说**

**领导魅力是晕轮效应吗？**

以往的研究指出，企业魅力领袖能够引导员工打破思维定式、克服组织惰性，并说服他们积极参与变革过程以更好地适应新的环境；而无论是灵活的环境适应能力还是臻于至善的自我超越，都将在很大程度上提升组织绩效水平。但由于领导魅力无声无形，它将依托于人们的主观感知影响其行为态度。因此，埃格等提出了该项研究的基本假设：

（1）受到领导魅力的感召，团队的整体绩效水平将得到显著提高。但同时，他们也提出了另一种可能性：出色的团队绩效通常会营造出晕轮效应，从而使人们不由自主地将一些闪光的人格品质强加到组织领导人身上；不仅如此，高度不确定的组织环境也极有可能引发员工心理的微妙变化。基于这一系列考虑进一步做出以下推测。

（2）领导魅力只是领导者历史成就的附属产品，是团队绩效的结果而非驱动力。

（3）环境的不确定性将在领导魅力与团队绩效之间发挥重要的调节作用，特别地，动荡不安的外部环境将显著地提升领导魅力对团队绩效的积极影响。

那么，究竟两者何为因，何为果？为了解开这个疑惑，他们一方面在一些美国主要大型企业的 CEO 和高层管理人员中展开问卷调查，另一方面对企业所处外部环境的稳定性、目标证券市场以及相应的会计数据进行了测量。最终，数据分析结果有力地支持了假设（2），即杰出的组织绩效成就将平添“令人着迷”的领导魅力；反过来，即使是在环境高度不确定的情形下，也并未显示出领导魅力对于提升组织绩效有着积极的促进作用。

乍看之下，这似乎是一个令人失望的结果，但就此简单地得出结论说领导魅力不过是一个徒有其表的概念炒作无疑是草率的。事实上，一家大型企业的组织绩效通常受制于一系列错综复杂的影响因素，例如企业规模、公司治理结构以及组织生命周期等。因此，从中提取领导魅力的积极影响并不容易，更何况领导魅力本就是一把双刃剑——稍不留神，那暗藏杀机的自负偏执、自我膨胀以及滥用职权等负面特质都有可能掩盖领导魅力的真实贡献。

然而，姑且不论领导魅力的利弊争议，该项研究至少为探寻领导魅力与组织绩效之间的关系提供了一个相对理性的视角：人们对于前者的迷恋可能只是因为被领导者的过往成就折服，而真正对组织绩效起到关键作用的，仍然是领导者的个人实力——这包括领导技能、品德操行等。此外，这一结论也为该领域的后续研究提供了一些建议：由于组织绩效水平本身可以增添领导魅力，因此，研究者在今后考察企业 CEO 的个人魅力对组织绩效的影响时，需要对前者进行独立测量，例如在履新 CEO 接班之前或是上任之初就对其个人的领导魅力进行评估，而在上任一段时间之后再结合组织绩效结果对两者进行相关分析。

资料来源：Agle，B. R.，Nagarajan，N. J.，Sonnenfeld，J. A. & Srinivasan，D.，“Does CEO Charisma Matter? An Empirical Analysis of the Relationships among Organizational Performance，Environmental Uncertainty，and Top Management Team Perceptions of CEO Charisma，” *Academy of Management Journal*，2006，49（1）.

### 8.1.5 对于领导实践的启发

总的来说，魅力型领导的最大优势在于他们能够凭借个人魅力将组织的愿景使命、价值信仰渲染得更加引人入胜，并为自己赢得足以摄人心魄的影响力。尤其是在危机四伏、充满动荡的环境中，惶惶不安的人们近乎无条件地信任魅力型领导，这将显著地提高组织变革的贯彻力度。与此同时，鼓舞人心的愿景也将帮助领导者在团队中建立紧密的情感纽带，将全体成员的价值理念协调一致，上下同心，共赴理想未来。

为了不辜负这一天赋，首先，魅力型领导要以身作则，为人者先。对于即将传递的愿景目标及价值理念，作为引路人的他们必须由衷地认可并坚定拥护。否则，如果连他们自己都半信半疑、踯躅不前，又将如何去说服众人？在这一过程中，魅力型领导可以不雄辩，但一定不能沉默寡言，恰逢其时地运用睿智而不失真诚的言语是打动人心、燃点激情的有效手段。其次，魅力型领导还要能身体力行地担负起楷模与教练的双重角色。正所谓“坐而言不如立而行”，能够提供指导反馈并及时地鼓励、支持追随者，才有可能在将心比心的情绪共鸣中赢得他们的信任和拥戴。

然而，对于领导者个人的强烈依赖也构成了魅力型领导的“死穴”。

一方面，正如上面所提到的，领导魅力越是难以抗拒，一旦误入歧途，就越有可能引发灾难性的后果。从这个角度看，唯有寄希望于组织的魅力型领导能始终如一地坚守普世价值理念，从而发挥魅力型领导的天赋力量。

即便如此，我们也无法回避另一个更常见的问题——超凡脱俗的魅力型领导极易引发个人英雄主义的崇拜热潮。《华尔街日报》曾撰文指出，只有乔布斯能将一场极为无聊的企业发布会变成一种文化现象，简直可以媲美摇滚明星演唱会或者大型体育赛事，甚至成为一场科技布道。人们热爱英雄，但越是依恋，潜意识里对传奇谢幕的忧虑与恐惧就越深。随着史蒂夫·乔布斯的健康状况时好时坏，每一次坏消息的爆出都引发苹果公司股价的大幅震荡。2011 年 8 月 24 日，乔布斯宣布辞去 CEO 一职；而短短一日之间，苹果市值就蒸发 200 亿美元。短短一个月后，乔布斯的辞世将人们心底的不安推向了极致：在乔布斯去世前一天，库克上台向世界推介了 iPhone 4S 的一系列新功能，但董事会没有听到他们曾经熟悉的那种强烈反响；有分析师从股价窥见，苹果公司将自此从激流勇进时代进入匀速发展时代，甚至预言苹果内部的创新机能将开始消失，取而代之的是保守求稳的风气。事实上，早在数十年前，马克斯·韦伯就提出过类似警告：一旦充满魅力的领袖撒手离去，围绕他构建起来的组织仿若丧失灵魂力量，其活力必受重创；而唯有当他们的组织能够延续前人的智慧，并将其根植于企业文化当中，方能够延续辉煌、基业长青。

此外，对于魅力型领导的描述过于模糊，似乎每一个优秀的领导者身上都有这样或那样的魅力要素，所以往往也较难复制。而且，尽管领导魅力可以后天培养，但有一些魅力型领导的特质在一定程度上是与生俱来的，例如外倾性、自信、成就导向。人们更感兴趣的是，如何做才能获得相应的魅力。

变革型领导作为一种综合性的领导风格，为领导者获得魅力指明了一定的方向。在介绍变革型领导之前，我们先来看看与之相关的一类领导风格：交易型领导。

## 8.2 交易型领导

对于一位时常加班熬夜的企业白领来说，连轴转的日程安排极有可能早已磨灭了他早先的奋斗激情——对他来说，工作仅仅是谋生的手段而非经营的事业；而对于他的主管来说，只需要“配合”地提供相应报酬、奖金或是晋职机会等，大家各取所需。这样的领导者和下属是实践中的常态，交易型领导就是用来描述这一领导类型的概念。

### 8.2.1 交易型领导的内涵

在上述情境中，人们可以感到一种利益博弈的气息：没有过多的情感交流，领导者与追随者通过某种交换关系来各取所需，在公事公办的氛围中不动声色地完成一场场“交易”。因而，这一类的领导者被统称为交易型领导（transactional leader）。在概念的阐述上可以具体划分为权变报酬及例外管理两个部分：一方面领导者会对下属承诺论功行赏、按劳给酬；另一方面领导者也会适时地采取一系列措施规范下属的言行并纠正其工作中的失误，从而确保所有的努力都指向交易的终极目标——实现组织整体与员工个人的利益双赢。例外管理又分主动例外管理与被动例外管理，前者是指领导者通过采取一系列预防性管理措施，如制定严格的规章制度来监督流程、避免意外事故的发生；后者则是指当员工确实出现工作纰漏时，领导者才会进行干预。

与魅力型领导不同，交易型领导看上去更像是“人间的领导者”。相比创设未来愿景，他们更看重执行力（executive ability），并将大部分的精力投入到眼前的事务中，例如团队的绩效水平、组织的运作效率、企业的现行秩序等。尽管在为下属设置了富有激励性的目标之后，交易型领导也将充分地展现对于下属工作能力的信心及期待，并通过提供支持与认可来帮助他们建立自信、激发士气。但在这一过程中，大部分的激励效应来源于互惠式交易本身。“只要把这个项目圆满完成，部门经理的岗位非你莫属。”“若能超额完成本季度的销售指标，年终奖给你加两成。”“带薪休假？那本周五之前把策划书做好交给我”……类似这样的话对许多员工来说并不陌生。

剥离了英雄主义光辉，走下神坛的交易型领导虽然没那么“浪漫”，但从某种程度上说也更容易潜下心来蓄势待发。他们沉静而低调，以不变应万变，与这个日益浮躁的商业社会形成了强烈反差，并凭借着务实的领导方式引领企业稳步前行。

篇中案例

**扎克伯格的三封信**

据说，在 Facebook 刚创立的时候，扎克伯格也曾经为管理而伤脑筋。那时，虽然公司只有几个人，却也出了不少问题。别看那些员工大多是扎克伯格的朋友或同学，可谁也没有把 Facebook 当成自己的事业来做，只是按部就班地工作而已。因此 Facebook 的发展远没有扎克伯格想象得那么顺利。为了改变这种情况，扎克伯格给 Facebook 的所有员工写了三封信。

在第一封信里，扎克伯格描述了 Facebook 的成长历程和发展方向，他呼吁所有员工为 Facebook 献计献策。在第二封信里扎克伯格指出，每一个员工在公司无论负责什么工作，都将对 Facebook 的发展产生重要影响。他还告诉员工，如果将来有一天 Facebook 上市，大家可以大概拿到多少股份。在第三封信里，他讲了每个岗位的情况，鼓励大家为了公司的发展，可以去做自己想做的事，而不是拘泥于自己目前的岗位。

扎克伯格的领导力中包含交易型领导的风格。交易型领导所提供的奖励、承诺、指导并激励下属完成组织目标等基于经济、政治及心理的价值交换，可以满足员工物质及生理上的需求。扎克伯格通过向员工描述企业的发展方向、成长历程使员工更加信任、崇拜领导者的决策并为之跟随：通过提出吸引人的愿景，将企业的长期愿景转化为员工的共同愿景，从而产生工作动力。更重要的是，扎克伯格鼓励员工做自己想做的事而非拘泥于岗位，可以让员工感受到领导者对个人发展的关心与关怀。与此同时，扎克伯格对员工股份的承诺，作为一种物质上的激励，对企业的长期发展也是必不可少的。

果然，扎克伯格给每位员工的三封信发出后，公司的运转开始顺畅了，不久 Facebook 就有了飞跃性的发展。从此以后，Facebook 新来的员工都会收到这样的三封信，依然是由扎克伯格亲自发出的。也许，让员工明白自己在 Facebook 的重要性，明白自己的努力与 Facebook 的发展息息相关，才是 Facebook 的员工能以一当十、Facebook 能迅速成长的真正原因。

资料来源：钟勃扬：《社交网络企业领导者领导力对企业盈利能力的影响——基于马克·扎克伯格的领导力分析》，载《金融经济》（理论版），2014（4）；春夏：《马克·扎克伯格的三封信》，载《中外企业文化》，2012（10）。

### 8.2.2 对于领导实践的思考

#### 一、讨价还价的利益博弈

既然是一场“交易”，人们的关注焦点自然集中到了双方的交换筹码上：一方要求员工履行职责承诺，另一方则关注从中获得的报酬。这本无可厚非。但值得注意的是，企业或组织存在的价值并非只是为利益交换提供内部市场：它就像是一个生命体，日益成长壮大，目的是有朝一日能肩负起创造社会财富、谋求大众福祉的宏大使命，无论交易型领导者是否强调这一点。

交易的初衷是以利益作饵，将领导者与追随者的工作高效地整合起来。但如果在这场博弈中，领导者与追随者之间此消彼长的力量抗衡吸引了人们过多的注意力，那么就极有可能妨碍到对于组织整体利益的关注。舍本逐末将无可避免地打乱组织的现行秩序，而这恰恰违背了交易型领导的初衷。

二、秩序与桎梏

交易型领导最大的优势在于，他们拥有强大的调控能力。尽管在当今的“创新”“超越”企业管理思潮中，过多地强调“计划”“控制”等传统职能显得多少有些跟不上时代潮流，但事实上，它们从未淡出时代舞台。相反，越是在复杂多变、危机四伏的商业环境里，由它们所维持的秩序越显宝贵，而这也是帮助企业戒骄戒躁、沉稳度过动乱时期的重要手段。

维持一定的秩序固然有助于提高企业内部业务流程的效率。但另一方面，物极必反。一旦交易型领导过分地强调秩序，则难免有粉饰太平的嫌疑，严重的话甚至导致企业与世隔绝，困在发展的瓶颈期进退维谷。

综合上述内容，可以将交易型领导的特征概括为如下四点：立足当下、维持秩序、以利益为导向、重视效率与执行力。这些对于提高领导有效性——或者确切地说，是“管理者”有效性——功不可没。但卓有成效的经理人员往往同时扮演管理者和领导者这两种角色：这不仅要求他们成为“多面手”，能够全方位地履行各项管理职能；同时，他们更要具备足以展望未来的眼界与挑战变革的领袖气魄，这就要求他们成为变革型领导。

## 8.3 变革型领导

### 8.3.1 变革与变革型领导

2005年，在美国德鲁克图书馆和档案馆，宝洁公司的CEO雷富礼（A. G. Lafley）在与管理学大师彼得·德鲁克进行的对话中这样说道：“CEO是将组织与外界连接在一起的人，这意味着，世界上任何地方的一位CEO都要思考一件最重要的事情：变革。这是我们可以期待的永恒主题，并且正在变得越发难以预测、错综复杂，时刻都有来自四面八方的变革。”

这并非一家之言。事实上，在信息量空前膨胀的今天，层出不穷的市场需求、日新月异的技术更替、越发狭小的生存空间等都无一不在预示着安于现状的潜在威胁。强烈的忧患意识促使越来越多的领导者身先士卒地引领着一场场高潮迭起的创新变革。百度CEO李彦宏在潜意识里永远有一种“不努力就会被淘汰”的危机感，并声称“百度离破产只有30天”。类似地，当华为公司在2000年以200亿元的年度销售额荣居全国电子百强首位时，总裁任正非却在其著名的《华为的冬天》一文中大谈危机感和失败感，倡导全体同仁居安思危，“在春天与夏天念着冬天的问题”。在他们看来，历史上的辉煌成就转瞬即逝，唯有当下的“危险处境”是永恒的；一旦不及时打破现状、寻求出路，就会致使企业困于墨守成规之中，再无出头之日。

如此的“不安现状”正是变革型领导（transformational leader）的真实写照。变革型领导这个概念作为一种重要的领导理论是从政治社会学家伯恩斯（Burns，1978）的经典著作《领导学》开始的。伯恩斯强调领导者和追随者的联系，将领导分为交易型领导和变革型领导。在伯恩斯著作出版的同时，豪斯出版了关于魅力型领导理论的著作，它常被认为与变革型领导理论相同或相近。巴斯（Bass）的理论拓展了伯恩斯的研究成果，更关注员工的需要而非领导者的需要，认为变革型领导可用于结果不佳的情境，并宣称交易型领导和变革型领导是一个连续体上的不同端点，而非彼此独立。巴斯也拓展了豪斯的研究成果，认为在变革型领导中，魅力是必要而非充分的条件。总之，变革型领导致力于改变现状，向追随者提出当前存在的问题和新组织将会转变成怎样的美好愿景。下面对这三个领导概念进行比较。

对于变革型领导来说，变革不仅仅是在日趋残酷的商业竞争中谋取生存的手段；更重要的是，唯有历久弥新的变革方可为企业奔赴理想未来注入源源不断的动力。而这也正是领导者获得魅力的来源之一。

## 篇中案例

### 雷富礼：温和激进领导

黛布拉·耶森在她的《温和激进领导》一书中指出，“温和激进”指的是那些“既希望船只晃动，又希望留在船上”的人；是“不合群”和“逆流游泳”的成功变革者。他们既希望在组织中取得成功，又不愿舍弃掉自我的价值观；既希望融入环境，又希望保留自己的与众不同的特质。宝洁的CEO雷富礼似乎就是“温和激进领导”的一个绝佳诠释。

在前任CEO耶格尔对宝洁的改革计划失败后，看上去是一位和蔼老人的雷富礼接替了他的职务，从内在来说，雷富礼重整企业的决心和力度可能更甚于耶格尔，但他耐心地采取了稳健的改革路径，他将耶格尔原来设定的年度销售增长目标从雄心勃勃的7%～9%降低到谨慎可行的4%～5%；把每股盈利预期从13%～15%降为更切合实际的不低于10%。同时，与耶格尔高调弘扬、喜好描述未来变革前景的风格比起来，雷富礼则总是和颜悦色，并且尽量争取说服部下，而不是强令他们执行。

在接管了深陷困境的宝洁公司之后，雷富礼不得不做出大量决断。在他早期进行的决断中，大部分涉及人事问题，而在这方面，行动准则和返工环节的作用则尤为重要。雷富礼一鸣惊人，在制定行动准则时，将消费者，而非员工或股东，视为公司最重要的利益相关者，这为他今后的决策提供了参考框架。

雷富礼在行动准则中阐述，公司现在已经无法取悦消费者，而业务负责人和消费者之间又没有建立良好的关系。雷富礼做了一个艰难决定，寻找一位能够与消费者积极沟通的领导人，而不论他是否拥有技术专长。不久，他将德布·亨瑞塔（Deb Henretta）从洗涤产品分部提拔了上来。她善于了解消费者的需求，在品牌创建和有效营销方面颇有建树。

雷富礼相信自己的判断，但遗漏了准备阶段的一个关键环节：动员和凝聚团队成员。由于亨瑞塔从未进入过候选人之列，雷富礼也从未征求过团队意见，因此，亨瑞塔的当选遭遇了一片嘘声，不过雷富礼懂得利用返工环节，召集高层团队开了一次会。在会上，每个成员都可以推荐一位亨瑞塔以外的候选人。他认真听取了大家的意见，但依然认为自己的选择是正确的，而且说出了自己的理由，完全以公司的行动准则为基础。会议结果并没有让所有人都满意，但是雷富礼成功安抚了他们的抵触情绪。重要的是，他没有试图把自己的决定强加于人，而是在继续前进之前，为自己铺平了成功的道路。

在雷富礼戴着天鹅绒手套的钢铁手腕的牵引下，宝洁公司三年中撤换了一半以上的高层管理者，裁减了近10 000名员工，连续并购了伊卡露公司和德国的威娜公司，更是完成了168年历史中最大的一次扩张——收购吉列公司，eBay公司的CEO梅格·惠特曼评价道："他在彻底打破宝洁公司的许多成规。"就连被雷富礼替代的耶格尔也坦然承认，雷富礼正是改变宝洁所需要的那种人，是他将宝洁从沼泽地里拉了出来。而让雷富礼区别于前任耶格尔的，并不是高扬激昂的斗志和坚定不移的决心，而是灵活实际的态度和匍匐前进的姿态。

资料来源：彭淞：《雷富礼：温和激进领导》，载《21世纪商业评论》，2005（3）。

### 8.3.2 变革型领导的特征

圣雄甘地说过："变革者想要获得成功，就要先成为变革的一部分。"因此，在引领团队创造变革的过程中，变革型领导需身先士卒、为人表率，并通过对组织愿景的共同创造和宣扬营造出积极的变革氛围；同时，对下属成员的需求保持密切关注，借助真诚的鼓舞激励团队众志成城地推动组织中的适应性变革。根据阿沃利奥（Avolio）与巴斯等人的研究成果，变革型领导总体上体现出如下四项特征：领导魅力、鼓舞性激励、智力激发以及个性化关怀。

（1）领导魅力（idealized influence）。变革型领导通常具有较强的人格魅力，他们恪守高尚的价值理念，始终乐于伸开双臂迎接冲突，他们身上体现出的自我牺牲精神将为他们赢得众多追随者的崇敬与信任，并进一步激励成员为顾全大局而把一己私利置之度外，坚定不移地拥护变革。

（2）鼓舞性激励（inspirational motivation）。放眼未来的变革型领导将充分运用团队精神与情感诉求为成员勾勒美好蓝图，并向下属表达自己的殷切期望，真诚地邀请他们加入"逐梦"的团队，继而激励众人为实现共同的理想而倾力协作。

（3）智力激发（intellectual stimulation）。引领变革的是领导者，但推动变革绝非翻手为云覆手为雨的个人权力秀。变革型领导深知，上下同心的全员参与才是组织变革的原动力。因此，他们时常借助授权、参与等形式引导下属创新思维理念，并鼓励他们不断地挑战自我，从而最大限度地激发员工的潜力。

（4）个性化关怀（individualized consideration）。作为指点迷津的良师益友，

变革型领导对于个体员工的成长有着莫大的裨益。他们耐心、细致地聆听每一位员工的个性化需求，并根据各人的实际情况提供针对性的指导，帮助员工沉着应对变革和挑战。

在上述一系列推动变革的行动中，最基本却也最容易被领导者忽视的当属如何进行鼓舞性激励。这需要提出愿景并使之为人信服，结合组织的核心价值理念创作和讲述引人入胜的故事，将“我们是谁”“我们将去往何方”生动地传递给全体成员，并从中展现蓝图的美好及变革的必要性。但更重要的是，领导者必须在讲完故事后带头融入变革，在脚踏实地的行动中，用理想成就伟大。例如柳传志的理想就是把联想做成中国最好的企业。所以，当他和他的合作者相处不愉快时，他果断地选择了牺牲，把最好的房子和汽车都给了合作者，而他自己为得到管理人的权力，宁可什么都不要。他内心深处的理想，也就是一定要把联想做成中国最好企业的志向，让他毫不犹豫地这样做。这样的理想使柳传志成为一个伟大的人。

### 8.3.3 变革型领导与交易型领导

变革型领导与交易型领导有着截然不同的行为风格。企业愿景、共享价值以及首创精神等看似虚无缥缈的概念被务实的交易型领导放到了次要位置；对于他们来说，规定、指导、分析等硬性调控手段更有助于促进沟通、协调合作，从而顺利完成“交易”。相反，变革型领导则多凭借自身价值信念与人格品质等软实力来引领企业产品技术革新，推动战略变革。

不仅如此，变革型领导还扩大了交易型领导的影响力。他们致力于获取成员对组织目标的全面认同，从而建立起促进合作的激励关系（而非着眼于博弈的交易关系），这将在很大程度上规避因利益纷争引发的混乱，帮助提升工作效率以及员工满意度。

此外，在为下属设置目标时，变革型领导能够意识到并且深度挖掘成员更高层次的需求，从而激励他们不断地超越自我、突破性地完成既定目标。例如，如果告诉员工将有机会获得到公司海外总部培训的机会（而不是一成不变的加薪、奖金），这学成归来后身价倍增的诱惑会不会为连日来加班加点的他带来全新的刺激?

纵观两种领导方式：交易型领导立足当下，擅长计划、控制等传统管理职能，往往依循规范化模式维持着企业秩序，于商海起伏中平稳过渡；而变革型领导则放眼未来，持续性地引领变革，于突破中觅发展，在动荡里创传奇。相比较而言，尽管后者更顺应时代潮流，但二者并不矛盾。在现实生活中，有效的领导者不仅注重创设愿景以及引领他人执着逐梦的能力，更能凭借绝佳的沟通技巧，设计出辅助“战略落地”的组织结构、控制系统和报酬机制等，从而避免愿景沦为缺乏现实根基的空中楼阁。

### 8.3.4 变革型领导与魅力型领导

对于变革型领导，有学者曾做出如下描述：“富有远见卓识的变革型领导能娴熟地运用修辞及印象管理技能，在与追随者形成强烈情感纽带的基础上极大地提升众人的情绪层次；同时，变革型领导鼓励员工超越自我，他们始终引领着组织成员为实现共同梦想而坚定前行。”（Avolio & Bass，1999；Bass，1985.）“愿景”“超越”“情感纽带”等关键词是否有一种似曾相识的感觉？没错，它们在魅力型领导身上同样有着鲜明的体现。那么，这两者之间究竟有着怎样的关系？是否可以将它们等同视之？

正如前面所说，变革型领导概念比魅力型领导概念更加明确和细致，具有更强的操作性。另外，变革本身是魅力的来源之一，即超越的魅力，所以从这个角度来说变革型领导应该是魅力型领导的一种，而魅力型领导未必是变革型的。

尽管一些学者探讨两种领导理论时存在提法上的一些差异，但现实中它们的相似之处远大于相异之处。下面从三个方面来比较魅力型领导和变革型领导。

（1）愿景。变革型领导与魅力型领导都能认识到当前秩序的缺陷，并提供愿景来克服这些缺陷。然而，一些魅力型领导不能归到变革型领导一类，是因为他们提出愿景是为了满足自己作为领导者的需要。

（2）形象与构建信任。变革型领导能以符合其愿景和价值观的方式做事，通过对追随者的需要许下承诺来构建信任关系。而有些魅力型领导所做的不外乎是将别人的成就归于自己名下、夸大个人能力，甚至更关注创建成功的表象而非成功本身。

（3）个人化的领导。追随者对魅力型领导或变革型领导都有一种明显的参与感。其中，魅力型领导对追随者的情绪状况极为敏感，似乎更擅长找出社会线索，并相应地调整自己的信息。同时，他们往往也善于表达出自己的情感，特别是通过非语言渠道。而变革型领导通过增强下属的自信来鼓励他们参与和更新技能，并创造出一种提升预期的正面环境。

## 小　结

魅力是一种天赋。魅力型领导所体现出的强烈使命感、自我牺牲精神以及高涨热情是他们获得拥护与信任的重要前提。同时，他们将构建出引人入胜的理想愿景，并运用丰富的辞令技巧将其传递给追随者以触发情感共鸣，激励团队成员为实现共同目标而不懈努力。但另一方面，非理性的魅力感召也极易因领导者的自我膨胀而将众人引入歧途；此外，极端的个人主义崇拜也不利于组织的长远发展。

交易型领导与追随者通过某种交换关系来各取所需，相比创设未来愿景，他们更注重执行力，并将大部分的精力投入到眼前的事务中，例如员工绩效、组织运作以及如何维持秩序等。交易型领导主要依靠与下属之间的互惠式交易实现员工激励，以现实主义者的姿态引领企业平稳发展。

与交易型领导相反，变革型领导始终怀着一种居安思危的心态，他们深信唯有历久弥新的变革才能为企业发展注入持久动力，因而致力于不断地突破现状，寻找新的生存空间。拥有领袖魅力的他们同样会借助愿景与个人感召力获取成员们的信任与追随，并通过授权参与等形式锻炼员工的工作能力。但值得注意的是，变革型领导将完全基于追随者的价值观创设理想未来，这一点在很大程度上规避了魅力型领导的个人风险。

## ▶ 关键术语

魅力型领导（charismatic leadership）
理想化的影响力（idealized influence）
交易型领导（transactional leadership）
执行力（executive ability）
变革型领导（transformational leadership）
领导魅力（idealized influence）
鼓舞性激励（inspirational motivation）
智力激发（intellectual stimulation）
个性化关怀（individualized consideration）

## ▶ 思考题

1. 魅力型领导具有哪些典型的个性及行为特征？
2. 领导者主要通过哪些途径获得魅力？这将对追随者产生怎样的影响？
3. 为什么说领导魅力是一把“双刃剑”？
4. 交易型领导者通常采取怎样的手段来激励下属员工？
5. 在复杂多变的环境中，你认为交易型领导方式是否还有可取之处？
6. 变革型领导与魅力型领导间的差异主要体现在什么地方？

## 案例分析

### 转型需要英雄

作为一个国有企业，沈阳机床即使面对的市场是完全竞争的，经营者也并不具有剩余索取权。所以，理性分析，其依然不是一个完全市场化的企业。在这种情况下，以董事长关锡友为核心的经营者，为何还能释放如此之大的创新激情，投入到近乎“自杀重生”的变革中呢？

关锡友的坚决自不必赘述，管理层的“一个声音，一致行动”就已经让人备感惊讶。就像沈阳机床股份有限公司总经理赵彪所说：“大家都说不作不死，我们是宁愿作死，不愿等死！”对于沈阳机床来说，一切都应该改变！这一切的背后，可归因于关锡友的“情怀”，只有这个原因才能解释他的付出，也只有这种东西才能感召他身边的搭档，让大家激情满怀地投入到这份“国家的事业”中。

**逆流而上的“疯狂”**

现在，沈阳机床的技术布局和商业布局已经基本成型。但在初期投入时，却是需要巨大勇气的，因为谁也不知道投入的结果是什么。如果投入不能产生效果，那作为国企干部的关锡友，是不是会影响到自己的“政治前途”呢？平衡损益，如果关锡友足够理性，他应该按部就班，而不是逆流而上。但是，他恰恰就是这种“疯子”，或者说，对中国制造的情结让他不由自主地为变革去“疯狂”。

2007—2012年间，关锡友力排众议，给予沈阳机床总系统师朱志浩带领的i5团队“持续烧钱”。一方面，大量的投入带来了公司财务上的压力，公司内部难免有人质疑；另一方面，有人对他“以权谋私”的猜测也如影随形。但面对这些，关锡友只有扛，还不能将丝毫的压力释放给i5团队。即使苦等不出研发成果，他也丝毫没有摆出行政长官的架子，下命令，定指标。他知道，这样没用，只会让事情更糟。所以，每次到上海研究院，面对i5团队的“奇葩”们，他都是一个“调子”——你们做得很好，加油！后来，问及i5团队元老之一的邓庆野有没有感受到当时的压力，这名技术男呆萌地回答：“没有啊，我们当时就一门心思做研发……”

在漫长的等待中，关锡友的压力不言而喻。2012年，钢贸危机袭来，机床行业开始下行，i5技术尚未研发成功，德国又有新的战略布局，可谓内忧外困。关锡友当时身在柏林，在酒店的窗口站了一晚，差点跳楼。所幸的是，两位年轻的同事及时给他解了围。那是他最脆弱的时刻，他喃喃自语：“出路在哪里？为什么我们布局都挺好，可是……”行者都是孤独的。在那段困难时期，就连关锡友的家人也埋怨他“瞎折腾”，可以想象这种压力之大！

**管与不管的平衡**

即使在i5研发成功之后，要推动一个硬件工厂向工业服务商转型，对于一个国有企业来说，难度也是不可想象的。制度的束缚真的可以让一个企业家放弃抱负，但关锡友没有。他亲自组建了优尼斯团队，再次选择了一群“奇葩”与自己同行。为了让这群人真正具有互联网精神，他力图去除他们身上的“国企基因”，将优尼斯打造成为一个“特区”。此举当然又遭到了各种非议，就连优尼斯团队内部也感受到了，但关锡友还是一句话：“你们放心地干！”从这位别具一格的国企领导人身上释放出来的正是一种“平台领导力”。

你不能说他不强势，不够强势，在这个体制里，很难推动改革。但你又不能说他一味强势，当他用独裁为“奇葩”们划定出一块实验田后，他又收回了自己的强势，让他们自由发挥自己的创意。因为他很清楚，行政命令和过程控制玩不转研发，这个时候，“不管就是最好的管理”。当然，在这一过程中，他抓大放小，从概念设计的层面构想了i5系统的雏形，这和他自己机床专家的身份有关——从大学毕业开始，如今在机床行业干了27年。关锡友在“管与不管”之间，与i5团队形成了奇妙的化学反应。

事实上，在研发i5之初，沈阳机床是要造出一台好机床，没有想到要提供一站式智能解决方案，更没有布局云制造的战略宏图。但在机床运动控制系统研发的过程中，关锡友和他的“奇葩”团队开始观察到外部互联网技术带来的变化。年轻人天生具有互联网思维，关锡友又是精明的企业家，他们都能观察到趋势，都没有太多思维定式的限制，于是以跨界想象力将i5迭代成为今天的样子。

资料来源：杨光、朱丽、穆胜：《转型需要英雄》，载《中外管理》，2015（9）。

根据上述案例，尝试回答如下问题：

1. 关锡友具有哪些典型的个性特征和品质？
2. 在沈阳机床的变革中，关锡友担任了怎样的角色？采取了哪些行动？
3. 请结合沈阳机床的成功转型谈谈你对变革型领导的理解。

## ▶ 参考文献

[1] Avolio, B. J., Bass, B. M. & Jung, D. I., “Re-Examining the Components of Transformational and Transactional Leadership Using the Multifactor Leadership Ques-

tionnaire," *Journal of Occupational and Organizational Psychology*, 1999, 12, 72 (4): 441-462

［2］Bass, B. M., *Leadership and Performance Beyond Expectations*, New York: Free Press, 1985

［3］Bass, B. M. & Avolio, B. J., *Multifactor Leadership Questionnaire*, CA: Consulting Psychologists Press, 1993

［4］Burns, J. M., *Leadership*, New York: Harper & Row, 1978

［5］Tucker, R. C., "The Theory of Charismatic Leadership," *Philosophers and Kings: Studies in Leadership*, 1968, 97 (3)

［6］Weber, M., *The Theory of Social and Economic Organization*, New York: Oxford University Press, 1947

［7］冯秋婷，齐先朴．西方领导理论研究．北京：人民出版社，2008

［8］克里斯托弗·F·阿川，罗伯特·N·罗瑟尔．卓越领导力：理论、应用与技能开发（第4版）．北京：清华大学出版社，2010

［9］理查德·哈格斯，罗伯特·吉纳特，戈登·柯菲．领导学：在实践中提升领导力（第4版）．北京：机械工业出版社，2004

第9章

# 权变的领导

## 学习目标

- 了解以关系及任务为导向的领导者特征
- 理解高效领导行为对于情境的依赖性
- 掌握路径—目标理论及领导者行为的激励作用
- 了解追随者成熟度的概念
- 掌握赫塞-布兰查德的情境领导理论
- 体会环境变量所发挥的领导替代作用
- 理解不同文化下的领导差异

引例

### 宏碁集团的跨国领导

宏碁集团是全球第二大笔记本电脑品牌，是创办于中国台湾的跨国公司。在面对不同国籍、不同文化的员工时，宏碁集团创始人施振荣采取了不一样的管理方式和权变的领导风格。

施振荣了解美国文化是讲求实际、效率、利益导向、重视生产力的文化；美国人的人格特征是个人主义倾向，重视个人权利，人情淡薄，个人成就欲望高。因此宏碁集团在美国分公司针对美国人的人格特征制定出利益导向的绩效奖励制度和工作流程优化等美国式管理方式，激励员工提高生产效率。而且，由于美国员工不同于中国员工重视面子和人际关系，其管理章程也更加严格透明。

而在中国台湾，宏碁集团面对的是中国员工。一般而言，中国人重视社会价值，遵循传统价值观，重视家庭和人际关系，好面子，习惯于间接式表达。因此施振荣在中国台湾强调“人性本善、平实务本、贡献智慧与顾客为尊”四大核心价值，积极推动员工入股和员工分红制度，以此作为送给员工的礼物，吸引优秀人才留下。施振荣还强调公司是永续经营的，大家都应该有参与感，以符合中国文化特性的中国式管理方式来强化宏碁的运作。

跨国公司在不同国家进行国际商业活动，需要先比较文化的异同再制定相应的管理制度，才能收到优良的管理效果。施振荣的权变领导提高了集团内部的管理效率，推动了宏碁集团国际化发展的成功。

资料来源：涂开仁：《宏碁集团的跨国管理与企业战略研究》，载《现代经济信息》，2011（12）。

跨国公司在面对不同文化背景的各种员工时，需要采取不一样的管理方式和权变的领导风格。前两章中，我们已经体会到权变对于领导风格选择的重要意义，并且对于相应领导风格的权变要素已经有所了解。本章将针对性地介绍几种领导的权变理论和模型，章末会重点阐述文化这一权变要素。

## 9.1 费德勒的权变模型

### 9.1.1 领导者的关系/任务取向

美国著名心理学和管理学专家费德勒于20世纪50年代提出了第一个综合权变模型——费德勒权变模型（Fiedler contingency model）。该模型认为，有效的群体绩效可以从三个方面进行考察：领导风格、情境因素及二者的匹配程度。运用该模型时一般遵循以下三个步骤。

#### 一、领导风格的确定

在任何一个团队中，人们都难免会与一些气场不合的人共事。假设你是某公司的项目经理，平时做事雷厉风行、力求效率，那么对于心中最难共事的下属或是同僚，你会如何描述？是“不紧不慢，细致有条理”还是“办事拖沓，因不得要领而缺乏执行力”？显然，这两种描述都可以用在你认为会妨碍项目进度的那位同事身上。二者的区别在于，前者更加委婉，在表达不满的同时照顾了他人的情绪；后者虽一语中的，却极有可能引发怨愤。

费德勒指出，典型的领导风格主要有两种：关系取向和任务取向。为此，他设计了最难共事者评分表（least preferred co-worker scale，LPC）用以确定领导者的领导风格。LPC由16组形容词构成，每组形容词具有8个评分等级（1～8分），形成了双极的语义差别标度（见表9—1）。费德勒首先请参与者回想所有与之共事的人（包括现在与之共事的人及过去与之共事的人两类），从中找出最难共事者，按照LPC对其进行描述和打分。这一评分模式可在一定程度上折射出个人的领导风格。若以人际关系为导向，领导者会倾向于用积极、正面的词汇来维护彼此间的信任与尊重，相应的 LPC 得分高，这表示这位领导者倾向于对下属做出积极评价（即使是他最不喜欢的人），并乐于在团队中营造良好的人际关系氛围。反之，以工作任务为导向的领导者由于更关注最终目标能否如愿达成，其对于最难共事者的描述会较为消极，相应的 LPC 得分低，这表示这位领导者重视团队绩效产出甚于维护团队中的“和气”氛围。

**表 9—1　　LPC**

| 形容词 | 分值等级 | 形容词 | 得分 |
|---|---|---|---|
| 快乐 | 8 7 6 5 4 3 2 1 | 不快乐 | |
| 友善 | 8 7 6 5 4 3 2 1 | 不友善 | |
| 拒绝 | 1 2 3 4 5 6 7 8 | 接纳 | |
| 有益 | 8 7 6 5 4 3 2 1 | 无益 | |
| 不热情 | 1 2 3 4 5 6 7 8 | 热情 | |
| 紧张 | 1 2 3 4 5 6 7 8 | 轻松 | |
| 疏远 | 1 2 3 4 5 6 7 8 | 亲密 | |
| 冷漠 | 1 2 3 4 5 6 7 8 | 热心 | |
| 合作 | 8 7 6 5 4 3 2 1 | 不合作 | |
| 助人 | 8 7 6 5 4 3 2 1 | 敌意 | |
| 无聊 | 1 2 3 4 5 6 7 8 | 有趣 | |
| 好争 | 1 2 3 4 5 6 7 8 | 融洽 | |
| 自信 | 8 7 6 5 4 3 2 1 | 犹豫 | |
| 高效 | 8 7 6 5 4 3 2 1 | 低效 | |
| 郁闷 | 1 2 3 4 5 6 7 8 | 开朗 | |
| 开放 | 8 7 6 5 4 3 2 1 | 防备 | |

资料来源：理查德·达夫特：《领导学原理与实践》（原书第2版），北京，机械工业出版社，2005。

### 二、领导情境的界定

费德勒（Fiedler，1967）与他的助手在借助 LPC 对领导者的风格进行区分后，进一步指出：以关系或是任务为导向的两类领导者各有所长，但前提是要因时、因地制宜，具体体现为对领导—成员关系、任务结构以及职位权力三方面情境因素的权衡。

（1）领导—成员关系（leader-member relations）：双方的信任程度，员工对领导者的忠诚、尊重和追随程度。

（2）任务结构（task structure）：工作任务的结构化程度。比如，若一项任务有明确的目标、清晰的职责范畴以及客观的绩效评价指标，通常认为它具有较高的结构性。

（3）职位权力（position power）：正式的职权体系赋予领导者发号施令以及控制下属的权力。此外，职位权力还包含领导者被上级和组织的支持程度。

费德勒认为，上述三个维度情境变量的评估结果显示了领导者所处的组织情境，这对于领导有效性的预测十分重要。经过系统分析，费德勒得到八种领导情境。比如，一种有利的情境可以是较好的领导—成员关系、较强的任务结构化程度、较高的职位权力，此时，领导者拥有对下属较高的控制力。试想一下，如果你作为领导者带领一个团队，成员尊重并信任你，工作流程清晰且明确，你在公司管理层中的强势地位使得你有权决定对员工的奖惩，那么，这种情况表明你对情境有着高控制力。在相反的情境，即在领导—成员关系差、任务的结构化程度低及职位权力小的情境下，领导者的控制力和影响力将大打折扣。

### 三、领导风格和情境的匹配模型

在自我领导风格诊断和情境分析的基础上，费德勒认为领导行为的有效性取决于两者的匹配程度（见图 9—1），当二者匹配程度最佳时，会达到最优的领导效果。以下是在不利、中等和有利三种情境下二者的匹配情况。

（1）当现实环境并不理想时，那些 LPC 得分较低，即体现出任务取向、略显“无情”的领导者更有可能激发高水平的团队绩效。例如，当企业处于起步阶段，面对尚显混沌的发展前景及模糊不清的职责边界，员工往往需要来自领导者的指导与督促。

（2）当一切渐入佳境时，那些 LPC 得分较高，体现出关系取向的领导则凸显出优势。此时，良好的沟通能够帮助成员进一步明确任务结构，而友善、富有亲和力的领导氛围对于增强团队工作积极性、提升领导威信也有着积极的促进作用。

（3）当领导情境转入另一个极端，即在十分理想的环境中，由于成员目标明确、合作无间，领导者在关系层面的努力则显得多此一举。因此，高效的领导者更多地表现为以任务为导向，通过提供辅导支持帮助成员突破性地完成既定目标。

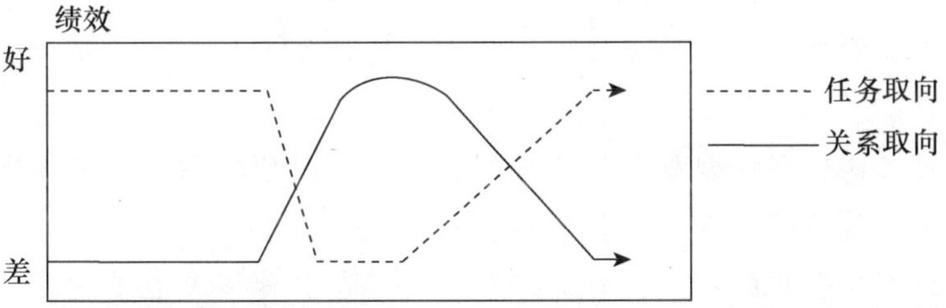


| 领导—成员关系 | 好 | | 好 | | 差 | | 差 | |
|---|---|---|---|---|---|---|---|---|
| 任务结构 | 高 | 高 | 低 | 低 | 高 | 高 | 低 | 低 |
| 职位权力 | 强 | 弱 | 强 | 弱 | 强 | 弱 | 强 | 弱 |
| 情境状况 | 理想 | | | 一般 | | | 不理想 | |

**图 9—1　领导风格与情境的匹配**

资料来源：Fiedler，F. E.，*A Theory of Leadership Effectiveness*，New York：McGraw-Hill，1967.

在预测领导效果方面，由图 9—1 可得出两个结论：（1）在非常有利和非常不利的情境下，任务取向的领导者会比关系取向的领导者更有效；（2）关系取向的领导者在中等有利的情境中工作绩效会更好。

### 9.1.2 关于费德勒权变模型的思考

费德勒权变模型可以说是早期最为著名的权变领导理论，该模型强调为了达到有效的领导需要根据情境采取什么样的领导行为，而不是从领导者的素质出发强调应当具有什么样的行为，这在20世纪中期具有开拓性的历史意义。

该模型破除了关于万能领导及天赋领导的陈旧理论。现实世界是复杂多变的，人们无法从中找到一种能够适用于各种环境的有效领导方式。正因为如此，费德勒权变模型也无法涵盖所有的权变要素，后续学者又进行了更多的研究，推动了领导权变理论的进一步发展。下面的研究表明，员工个性的差异会影响到特定领导风格的有效性。德霍和邓·哈托格（De Hoogh & Den Hartog，2009）两位学者在考察对比鲜明的魅力型领导与独裁型领导对员工工作倦怠感的影响时，发现员工的个性特征具有重要的调节作用。他们认为，领导始终是一条“双向的道路”，上下级之间能否协调配合将最终决定领导的有效性。

**学者说**

**员工个性特征的调节机制**

本研究的假设包括：

（1）魅力型领导能够积极引导员工直面挑战、理性乐观地分析现状并从中捕捉一切可能的机遇，因此他们能够有效地缓解员工的工作倦怠感。

（2）作风强硬的独裁型领导惯于将自己的想法强加给员工，时常漠视组织成员的需求与内心感受，因此只会越发加重员工的工作倦怠感。

（3）那些过分敏感、情绪起伏较大的员工通常会夸大畏难情绪，很难将面临的压力转化为动力，因此在魅力型领导风格下，具有良好情绪调控能力的员工更能有效地避免出现工作倦怠感。

（4）如果员工能很好地调节个人情绪，并借助积极的心理授权实现高水平的自我激励，这一特质将有效地缓解由独裁型领导带来的额外工作压力。

两位学者分别对荷兰的一家人力资源咨询公司与其他多家企业进行了取样调研，数据分析结果支持了上述假设。从这项研究中我们看到，魅力型领导能够有效地帮助员工减轻工作倦怠感，为此，企业有必要推行一些具有针对性的领导力发展计划，与之配套的培训项目不仅要在一定程度上辅助领导者修炼领袖魅力，同时也要向他们传递权变领导的内涵与重要性——在企业管理实践中，领导始终是一条“双向的道路”，上下级之间能否协调配合将最终决定领导的有效性。以该项研究的调查结果为例，领导者的独裁行为极有可能变本加厉地让一些情绪本就不太稳定的员工产生强烈的工作倦怠感，以至于对团队整体氛围带来负面影响。因此，在进行人员招聘或是人力资源发展培训的过程中，各相关部门的主管也要注意结合上述个性特质对员工进行综合评价，这不仅能够提高企业识人、选人、用人的有效性，也能最大限度地减少由工作倦怠带来的不良影响。

资料来源：De Hoogh，A. H. B. & Den Hartog，D. N.，“Neuroticism and Locus of Control as Moderators of the Relationships of Charismatic and Autocratic Leadership with Burnout，” *Journal of Applied Psychology*，2009，94（4）.

## 9.2 路径—目标理论

将一项富有挑战性的任务交给员工之后，如何才能最大限度地激励他们尽心尽力地完成？一种观点认为，这个问题的答案是显而易见的："他们想要什么，就用什么作为报酬，这是胡萝卜加大棒的老问题罢了。"但在现实企业中，员工的需求多种多样——即使都想要"胡萝卜"，还有对蒸、炸、炒、焖、炖的口味偏好；不仅如此，你又要如何鼓动一只年老体衰的"兔子"挑战自我，跳起来去够那高悬半空的"胡萝卜"呢？借助这个比喻，我们不难归纳出激励的两个要素：符合个人真实期望的目标及实现目标的可能性，二者缺一不可。

多伦多大学的组织行为学教授罗伯特·豪斯开发的路径—目标理论（path-goal theory）正是以激励的期望理论为机制的。该理论认为，领导者的工作是帮助下属达成目标，并提供必要的指导和支持以确保各自的目标与群体或组织的总体目标相一致。路径—目标这一概念来自一种信念，即有效的领导者通过明确指明实现工作目标的途径来帮助下属，并为下属清理各项障碍和危险，从而使下属履行职责更为容易。

### 9.2.1 领导行为

组织成员的个性迥异、需求多样，加之任务结构、正式权力系统等来自工作环境的影响，一视同仁的领导方式显然是不合时宜的。这意味着领导者不仅要对不同员工采取差异化的行为方式，即使对于同一个人，领导者也不可照搬以往的经验，而需要结合工作环境具体分析。根据这一权变的思想，埃文斯（Evans，1970）最早提出了路径—目标理论，而后豪斯与德莱斯勒（House & Dressler，1974）等学者以此为基础对理论进行了扩充，进一步将领导者的行为模式分为以下四类：

（1）支持型（supportive）：这类领导者通常体现出友善、平易近人的特征，能够给予员工真诚的信任与尊重，对下属表现出充分的关心和理解，这与费德勒权变模型中的关系导向型领导十分类似。

（2）指挥型（directive）：与前一种充满人性关怀色彩的风格不同，指挥型领导表现为以发号施令等硬性手段委派任务——无论是目标水平、实现途径还是进度规划，他们都倾向于一手包办，将规章制度向下属讲得清清楚楚。结合权变模型来看，这通常在任务导向型领导身上得到体现。

（3）参与型（participative）：顾名思义，这类领导者鼓励员工积极参与决策，在集体商榷的过程中他们会真诚地聆听成员的意见，共同探讨工作计划和实施步骤，借助群体智慧制定出既能兼顾多方利益又能实现既定目标的最佳方案。

（4）成就导向型（achievement-oriented）：该领导风格最为显著的特征在于鼓励下属将工作做到最好，在项目工作中，领导者对下属制定的工作标准较为严苛，这常常使得员工"又爱又恨"。与此同时，领导者也展现出殷切的期望，增强后者的自信心并适时地提供支持与帮助。

### 9.2.2 情境匹配

从组织环境来看，不同企业、不同机构在工作任务、工作挑战性、员工的性格特征及组织权力体系方面都存在区别。如果工作任务明确清晰，基层员工充满自信，组织权力体系严谨，那么，强化控制明显属于多事，会伤害员工的满足感；在相反的情形下，放松管制则易于出现偏差。

表9—2概括了不同情形下，上述四类领导者将如何发挥各自的影响力，进而有效地激励员工实现目标、获得奖励。不难看出，领导者承担的是“对症下药”的职责。

**表9—2　　路径—目标状况以及相匹配的领导行为**

| 环境 | 领导模式 | 对追随者的影响 |
|---|---|---|
| 员工缺乏自信 | 支持型 | 增强信心，达成目标，获得奖励 |
| 任务不明确 | 指挥型 | 阐明获得奖励的途径 |
| 错误的奖励 | 参与型 | 充分沟通，了解需求，改变奖励 |
| 工作缺乏挑战性 | 成就导向型 | 设置较高的目标 |

资料来源：Yukl，G. A.，*Leadership in Organizations*，4th ed.，Englewood Cliffs，NJ：Prentice-Hall，1998.

（1）当下属缺乏完成工作的自信时，来自领导者的支持与关怀无疑是莫大的精神鼓舞，这在帮助员工树立信心的同时也为实现目标打下了心理基础。

（2）当工作任务不明确时，领导的指挥、干涉将帮助员工规划任务流程，尽管略显简单粗暴，却也能在下属陷入迷惘时起到拨云见日的效果。

（3）当原有的奖励对员工失去吸引力时，领导者需要将成员纳入决策过程，通过真诚的沟通交流倾听员工的心声，参照他们的内在需求重新设置富有激励性的奖励机制。

（4）不可否认，对于一些员工来说，富有挑战性的目标本身就能提供较大的激励；相反，长期囿于平淡无奇、按部就班的工作中则可能让他们陷入郁郁不得志的低迷状态。此时，领导者以员工成就为导向，提供“跳起来才能够到”的目标将重新点燃他们的工作激情。

豪斯认为，领导方式是具有一定弹性的，当领导者根据不同的组织环境斟酌选择不同的领导风格时，上述四种领导方式可能在同一个领导者身上得以体现。他强调，领导者的责任就是根据不同的组织环境选择不同的领导方式，如果强行用某一种领导方式在所有环境条件下实施领导行为，必然会导致领导活动失效。

## 9.3　赫塞-布兰查德的情境领导理论

存在这样一种现象，即在组织中能够得到上级悉心“关照”的员工往往并非那些能力强、绩效高、劲头十足的榜样，而是一些缺乏经验的职场新人或工作积极性不高的后进者；相反，对于那些工作得力的优秀员工，领导者更多地在担当幕后运筹帷幄的角色，大胆授权，将他们视为组织的智囊团，鼓励他们参与决策过程。

组织成员间的差异是影响领导权变的重要因素，这并不局限于形形色色的利益诉求或是成员个性。对此，赫塞与布兰查德（Hersey & Blanchard，1982）提出了情境领导理论（situational leadership theory，SLT）。该理论认为，有效的领导来源于领导者风格和追随者成熟度（follower's maturity）的匹配，即根据下属不同类型的成熟度选择合适的领导风格。

## 9.3.1 追随者成熟度

多数情况下，一名职场新人总是会经历相对漫长的蛰伏期，通过不断地积累知识经验，强化专业技能，逐渐成长为能够在工作中独当一面的业界精英。如果将这样一个羽翼渐丰的过程比作组织成员的“发育期”，那么，那些历经磨炼、独立自主的员工相比职场新手显然更为成熟，也较容易获得宽松的成长空间。

追随者的成熟度主要包括两个部分：工作成熟度与心理成熟度。顾名思义，前者用来衡量他们现有的知识储备、工作经验或是相关专业技巧，与当前职位的胜任力息息相关；后者则涉及员工的心态、员工做某件事的意愿和内部动机，例如，下属的得失心、自信心以及激励水平等，这些潜在素质在很大程度上决定着该员工能否胜任未来的工作任务。

## 9.3.2 领导行为分类

如同父母不能持一成不变的方式去教导蹒跚学步的孩童与个性叛逆的少年一样，面对不同成熟度水平的员工，领导者自然也要采取差异化的领导方式。赫塞与布兰查德两位学者经过研究发现，相比特征鲜明的单一模式，任务行为与关系行为的组合在某些情形下显得更为有效。因此，他们在模型中并未将这两种行为对立起来，而是作为领导行为的两个维度，经排列组合形成了参与型、劝说型、授权型和指示型四种类型。四种领导风格特点的对比如表9—3所示。

**表9—3　　领导风格特点的对比**

| 领导风格 | 任务行为 | 关系行为 |
|---|---|---|
| 参与型 | 少 | 多 |
| 劝说型 | 多 | 多 |
| 授权型 | 少 | 少 |
| 指示型 | 多 | 少 |

参与型领导注重为员工提供支持与帮助，鼓励共同决策；劝说型领导会在决策拍板之前征求团队的意见，并在权衡利弊后借助理性说服的方式让成员充分认可该决策；出于对下属的高度信任，授权型领导一般弱化监控，仅在必要时出手干预；相反，指示型领导则往往给予详细的流程指导以及严密的控制。

### 9.3.3 权变的领导行为

上述四种领导行为模式是如何对应员工参差不齐的成熟度水平，从而实现有效匹配的？图 9—2 为探索不同情境下的最佳组合提供了线索：将上述两者联系起来的关键在于图中的那条曲线，它指明了在面对不同成熟度水平的员工时，领导者应采取何种行为风格。经过大量的实证研究，赫塞博士按工作能力和意愿的高低程度将同一人的成熟度水平分为四类：M1，M2，M3 和 M4。其中，M1 代表低水平成熟度，员工表现为“没能力，没意愿”；M2，M3 代表中等水平成熟度，处于 M2 水平的员工表现为“没能力，有意愿”，而处于 M3 水平的员工则表现为“有能力，没意愿”；M4 代表高水平成熟度，员工相应表现为“有能力，有意愿”。比如，假设一位项目主管认为他手下的一名技工工作能力尚可，但积极性有待提高，我们可以判断出他的成熟度处于 M3 水平，与曲线对应后可确定此时更适合采取参与的形式；随着成熟度水平上升到 M4，当领导者面对一位能力出众、有高意愿和动机水平的员工时，他更可能打消此前的顾虑，放心授权。

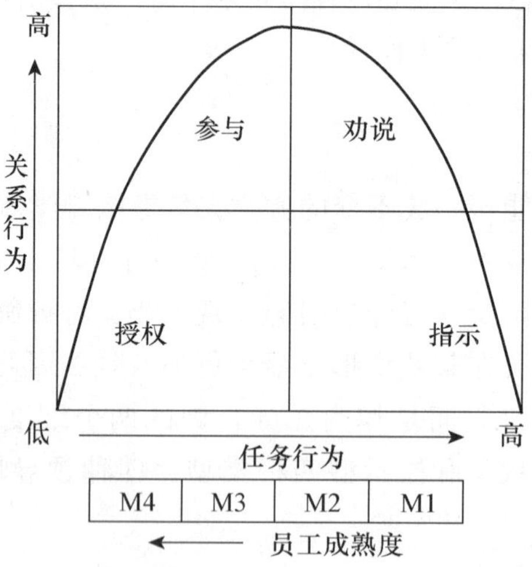


**图 9—2　对应不同员工成熟度采取的领导者行为**

资料来源：Hersey，P. & Blanchard，K.，*Management of Organizational Behavior：Utilizing Human Resources*，4th ed.，Englewood Cliffs，NJ：Prentice Hall，1982.

身为微软亚太研发集团主席的张亚勤就是这样一位依据员工在个性、知识技能、管理意愿等方面的差异进行针对性放权的领导者。在他看来，这也是吸引数千“聪明的大脑”为己所用，并带领他们成功的重要途径。

篇中案例

**非标准化的"科学管理"——张亚勤访谈录**

我接触过很多科学家、学者、工程师，他们都特别简单，很天真。我想举一个例子来说明科学家的价值观——以色列建国时，国民热切盼望爱因斯坦去做建国总统。爱因斯坦写信拒绝了，留下一句名言：政治是一时的，方程式是永恒的。在我们这些人心中是没有老板的，自己是自己的老板，主宰自己的职业生涯。对于这类人来说，公司提供的只是一个平台，由他们来发挥潜力、作出贡献，这样才能成为一个真正的团队。如果你认为科学家是在为你打工，那你绝对招不到最优秀的人——最优秀的人都会到竞争对手那里。这是高科技研发业与制造业和其他行业最大的不同。

有了好的人才，就要为他们创造好的环境。科技研发企业需要的是创意，很难形成量化的管理。比如，在实验室确定了大的研究方向之后，课题由每个人自己来提。需要资源，碰到问题，团队会提供支持。我经常参与实验室课题讨论，但只是以一个合作者的身份提供参考建议，这里有很大的空间。同时，对不同类型的人要用不同的方式管理。有些是科学家，不爱与人打交道，就应该尽量减少他的社会活动，给他充足的资源做研究；有些人可能对管理感兴趣，就可以给他团队；有些人可能对运营比较感兴趣等。没有一种绝对正确的方式，但要达成大家都可以接受的管理方式。

资料来源：张亚勤、王琳：《从科学家到管理者》，载《21 世纪商业评论》，2011（3）。

## 9.4 领导的替代

目前为止，以任务或关系为导向的领导行为是本章关注的焦点，上述三种权变理论归根结底是在两大类别领导行为风格下进行取舍或组合折中；而在这个过程中，变化的领导情境起到了至关重要的作用。这几种权变理论在 20 世纪中后期占据着主导地位。领导替代理论则换了一个角度切入领导学领域。

### 9.4.1 理论内容

领导替代理论（leadership substitutes theory）强调在正式的领导层级之外，来源于个体、工作和企业三方面的变量可以削弱（neutralize）或是替代（substitute）领导行为，从而降低了领导的重要性，这也是它与上述三种权变领导理论的主要区别。

### 9.4.2 削弱或替代领导的环境变量

事实上，由于瞬息万变、错综复杂的情境会显著地影响领导行为的有效性，自然也就存在积极强化与消极削弱这两股针锋相对的力量。相关研究在探索如何提升领导力的同时，也未曾忽视那些会对领导力产生"反作用"的环境因素。

表 9—4 分别列举了来自员工个体、工作及企业三方面的影响因素，这些因

素会对领导行为产生不同程度的削弱甚至是替代作用（Kerr & Jermier，1978）。对于员工因素，我们可结合下属成熟度加以理解——“成熟”的员工通常被认为经验丰富、知识渊博，具备饱满的工作热情，此时领导者的额外“关怀”往往只能产生微弱的“边际效应”，而“手把手”的督导甚至可能变得适得其反。类似地，目标清晰、流程规范的工作任务将为组织成员指明奋斗方向、界定职责范畴，而一份能够为员工带来愉悦、营造成就感的工作本身就能激励员工将其作为自己的事业悉心经营。此外，在虚拟组织中，受到地理空间阻隔的领导者由于很难精确掌控员工的工作进度，其监管效力难免会大打折扣。

**表 9—4　　对领导的替代与削弱**

| 变量 | | 任务导向型领导 | 关系导向型领导 |
|---|---|---|---|
| 员工 | 专业技能 | 替代 | 替代 |
| | 经验 | 替代 | 无 |
| | 低奖励 | 无 | 削弱 |
| 工作 | 高度结构化 | 替代 | 无 |
| | 自动反馈 | 替代 | 无 |
| | 自我满足 | 无 | 替代 |
| 企业 | 凝聚力 | 替代 | 替代 |
| | 正式化 | 替代 | 无 |
| | 刻板 | 削弱 | 无 |
| | 较低的职权 | 削弱 | 削弱 |
| | 地理距离远 | 削弱 | 削弱 |

资料来源：理查德・L・达夫特：《领导学原理与实践》（原书第2版），北京，机械工业出版社，2005。

## 9.4.3 各司其职的领导替代

面对上述一系列意欲“取而代之”的环境变量，领导者是否应怀着如临大敌的心态谨慎应对？他们是否应该采取或规避或打压的方式来维护自身权威？当然不是。从表9—4中我们可以看到，诸如企业凝聚力、员工的知识技能以及从工作中获得的满足感等变量正是提升团队绩效的动力源泉。作为领导者，通过针对性地改变领导情境，例如合理化地设计工作或利用相关培训提高员工的知识技能等，都能在不同程度上辅佐领导者履行核心职能、提高领导效率。事实上，许多常规化、流程化的工作并不需要领导者事无巨细地过问，此时若能充分利用自治制度、员工授权等替代机制会很好地为终日忙碌的高层管理者分忧，帮助他们从琐碎的日常事务中解脱出来，关注更为宏观的战略问题。不仅如此，领导者个人的知识能力储备多有局限，而来自群体的智慧无疑将发挥良好的弥补作用。对于“取团队之长，补个人之短”，张亚勤在管理微软的“聪明大脑”时也深有体会：“作为一个管理者，首先要清楚自己的弱点，做到放权。我不会用下命令的方式做管理，这种方式会让我自己很不舒服。比如，我比较感情用事，做决定很快，面对冲突的应对能力差一些。遇到不擅长的方面，我会找到团队成员互补，这样就能搭建一个很强的团队。像美式足球那样，每个人在自己的位置把关，扮演不同的角色。总体来讲要信任员工，在做管理决策的时候，大家一起充分讨论。最后，可能90%的个人意见达成共识，剩下10%的个人观点也得到了充分的表达，这样有利于做出明智的决定。”

## 9.5 不同文化下的领导

不难想象，不同文化背景对领导有效性的影响巨大。不同国家民族文化的差异会导致领导者和员工在价值观念方面存在重大区别。比如，美国人崇尚个人主义、坦率直白，他们希望能够通过会议拍板定案，尽快采取行动，在谈判时，他们事先会准备一叠厚厚的法律文件，以便在出现意见分歧时参照；相反，中国人崇尚和谐，喜欢面谈和集体协商，常常为达成团队一致不惜反复斟酌，很少进行即时决断，在谈判时，中国人更希望能在此过程中促进双方的友谊。中国人关系观念强，在遇到棘手的问题时，第一时间想到的不是用法律手段解决，而是依赖于友情、伦理等软性因素；相较之下，印度尼西亚人则可能会临时邀请本部门以外的成员加入，如会议议题方面的专家，他们希望会议期间能多休息几次，喝喝咖啡，吃些点心……事实上，随着企业国际化战略的推行，类似的场景在今天并不鲜见，这为管理带来了巨大的难度。尽管如此，面对亟待开拓的新兴市场、丰富的海外客户资源以及因文化碰撞而激发出的创新活力，资本雄厚而又富有谋略的企业家又怎么甘心作壁上观?

### 9.5.1 霍夫斯泰德的五维度文化模型

谈到文化差异，最知名的理论之一是20世纪70年代由霍夫斯泰德提出的五维度构架：

(1) 权力距离 (power distance)：指一个国家或地区的人们对组织机构内权力分配不平等的接纳程度。中国一般被归为高权力距离的国家，下属自愿遵从领导者的特权，并倾向于无疑义地执行领导者的命令。

(2) 男性气质与女性气质 (masculine/feminality)：该维度借助性别差异的理念将社会分为男性社会和女性社会两种类型。男性社会中男性价值观占有绝对的优势地位，即追求权力和物质，不关心他人，美国是高男性气质国家的代表。相反，女性社会更加崇尚和谐的人际关系和良好的生活质量，中国是这类国家的代表。

(3) 个人主义与集体主义 (individualism/collectivism)：个人主义的民族文化中，个体崇尚自己做决策，他们希望依靠自己的努力达成目标，获得所需。集体主义的民族文化中，人们倾向于共同商讨，集体做决策，人们普遍希望得到群体中其他成员的认可和帮助。中国被认为是典型的集体主义国家。

(4) 不确定性规避 (uncertainty avoidance)：指一个国家或是地区的人们喜欢结构化而不是非结构化情境的程度。在不确定规避程度高的国家或地区，人们时刻会感到前景的模糊性以及社会中存在的各种威胁，他们依赖法律和规章制度来消减自身的不安全感。从实践的角度来看，这种文化维度下的员工寻求安全的工作环境、稳定的收入和成文的条令制度。中国在这一维度上的得分较高。

（5）长期取向与短期取向（long-oriented/short-oriented）：长期取向的文化背景下，人们注重勤俭节约和储备，以动态的观点去考察事物，做任何事均留有余地，在享受当下的同时总是想到未来。相反，短期取向则使得人们更加重视过去和当下。中国被发现是长期取向的代表。

结构多样的现代组织正在全球化舞台上表演，不同种族与国籍的人们以前所未有的方式一起工作和生活。“地球村”的形成已经不是趋势，而是现实，并且越来越成为世界的主流。多文化融合要求领导力也要打上多元化（diversity）的烙印，如何在全球化的大背景下成功应对由文化多元性（multiculturalism）带来的冲突逐渐成为领导者关注的焦点。

### 9.5.2 社会文化环境

正如《世界是平的》一书的作者弗里德曼（Friedman）所说：“哥伦布告诉世人世界是圆的，而我们让这个世界变平了。”思想意识、资本、产品、服务以及人力资源在全球范围内快速地流动，社会的巨大变化、员工队伍的更替和全球化速度的加快使组织开始应对文化差异。假设你是一个来到中国开展商务活动的美国人，在日常交流的过程中十之八九会接触到这样一个含义微妙的词汇——“关系”。这对于习惯在商言商、公私分明的你，可能理解起来会比较费劲：工作关系？朋友关系？好像都是，又好像都不完全是。但这种依赖人际关系网的合作却是许多亚洲国家商务洽谈的基础。类似地，激辩的开放性讨论氛围在西方国家颇受欢迎，但在遵从权力等级制度、主张人际和谐的东亚国家，如中国、日本则相对少见。

一项覆盖全球62个国家和地区的跨文化领导研究显示，不同的社会文化背景对人们的价值取向、风险意识、眼界胸襟乃至行为范式都有着潜移默化的影响（House et al.，2004）。例如，在接受资本主义精神教化的欧美企业里，人们普遍以绩效为导向，极力鼓励创新，通过制定具有挑战性的目标不断提升个人能力、张扬自我。然而，在以中国为代表的东亚国家里占主导地位的是一种灵活、权变的中庸式思维。一方面，源远流长的儒家思想鼓励人们通过持之以恒地勤勉工作实现自我超越——“修身、齐家、治国、平天下”，但同时也极为注重传统的家庭社会关系与人际和谐，并将其凌驾于锋芒尽显的个人成就之上，借以营造出一种以关系而非绩效结果为导向的组织文化氛围。此外，在某些以未来为导向（future oriented）的组织氛围中，人们通常具有较强的韧性，能够抵御眼前利益的诱惑并将其转化为今后奋斗的动力，他们逐渐习惯按部就班地进行长远规划，而非抱着随遇而安的心态“临场救急”。

在全球化进程加快的今天，一家企业的领导者极有可能面对来自不同国家和地区、成长背景截然不同的员工。他们是计较自我利益还是注重集体贡献？是乐于迎接挑战还是安于现状？是崇尚优胜劣汰的竞争还是竭力维持人际关系的和谐？由文化多元性带来的类似困惑不胜枚举，这也使得特定情境下的领导风格及上下级工作关系呈现出丰富多样的形式。如何在多样化中去繁就简，识别并灵活运用恰当的匹配模式依旧是提升跨文化领导力的关键。

### 9.5.3 多元文化背景下的领导职责

权变的视角最重要的是告诉我们并不存在一种万能的领导方式。在全球化背景下，成功的领导者也并不总是相似的。但有一点是肯定的，作为企业的引路人，他们要在多样化的价值理念中调和利益诉求并维持清晰的方向感。

跨文化管理首先要求卓越的领导者具备高度的文化敏感性和海纳百川的胸襟，如此才能充分地理解并支持企业的多元化发展。同时，要认识到多元化并非一句跟风的流行宣言——“画饼”谁都会，但它的实现需要领导者虚心求教、不断扩充视野，保证企业文化对新意见的开放性，维持对共同目标的关注，增强将理念付诸实践的意识。另外，以身作则很重要，领导者要具备世界眼光，培养多元化意识，愿意进行自我转变，这将对下属员工产生潜移默化的影响，有利于营造开放、包容的团队氛围。最后，领导者可以建议组织开展多元化意识培训(diversity awareness training)，以帮助员工了解自己的文化限制和偏见，把不同的人聚集在一起，学习新的人际沟通技巧，学会如何在一起工作并获得成功。要知道，跨越文化的隔阂并不是一件容易的事情，除了领导者的努力，还需要团队全体成员的理解与配合。为此，曾从阿根廷“空降”至日本马自达公司的菲尔德没少费工夫。通过在公司内部建立促进相互理解的机制，菲尔德最终赢得了员工的信任，将团队带到了一个新的高度。

#### 篇中案例

**“空降”CEO的多元领导力**

当马克·菲尔德受福特公司委派从阿根廷到日本掌管马自达时，这家公司不仅在财务上走到了悬崖边上，还在品牌定位和企业自信心上陷入了危机。菲尔德置身于一种完全不同的文化之中，日本人的思维方式、沟通风格以及行为方式等都与他有很大的差异。在日本，管理者都是从职能部门一步步提拔上来的，就算是做到了职能部门的负责人，也从来不会从CEO的角度看问题。

然而，能否做到这一点却是决定事业能否成功的关键。菲尔德试图建立起一种机制，让管理团队能从他的角度来思考业务问题。几乎所有行业的日本公司都在经营效率上相互竞争。生产线常常是相似的，那些具有更高质量和成本效率的公司往往能够取得竞争优势。菲尔德决定将马自达定位为一家与众不同的汽车公司，公司依然会坚持高质量和成本效率，但生产出来的产品将会在性能和操控上让人耳目一新。

菲尔德将所有经理集中起来开会，以便统一思想、理解马自达的新定位。为避免经理把自己看做一个发号施令的“空降”CEO，他请来了两位日本本地的专家，一位是商学院的教授，另一位是金融分析师，由他们来向大家分析马自达面临的状况和改正的方法。菲尔德曾在任销售和市场经理时就见识了日本人的典型行为，即不愿意在会议中讲话。在开始的一些高层会议中，竟没有人对菲尔德的话做出任何评论。于是，菲尔德找来下属做一对一的交谈，他认真地聆听他们的意见，然后鼓励他们在下一次会议中当着大家的面把这些意见说出来，意见即使不正确也不重要，重要的是要把这些意见说出来和同事分享，然后大家一起讨论，为公司找出最佳的解决方案。在后来的会议中，逐渐地菲尔德开始能够得到有价值的观点，活跃的辩论也出现了。

在这个过程中，管理团队表现出来的是“和而不同”。菲尔德至少有1/3的时间都用在了管理团队的建设上。这个团队中的大部分人都比菲尔德年龄大，但他却赢得了大家的尊重，因为他将这个团队带到了更高的层次，使公司存活下来并得以发展。

资料来源：张述冠：《多元领导力的双刃剑》，载《21世纪商业评论》，2010（9）。

作为当今跨国公司的佼佼者，马自达的成功令人称羡，同时我们也应看到其辉煌的背后“菲尔德”们的不懈努力。空降异国的CEO，面对截然不同的管理氛围、大相径庭的行为模式以及本能排外的团队成员，将站在一个比以往任何时候都要广阔的平台上去拥抱机遇、迎接挑战。真诚无国界，借助充分的沟通和理解，形态多样的文化在发生碰撞的同时也将相互交融，并在博采众家之长的基础上迅速建立起一种新的团队文化。例如，美国文化的简明高效、中国文化的灵活变通以及德国文化的细致严谨等，这些闪光的文化要素都将会在一个跨国企业里得到传承与发扬。无疑，在逾越了沟通障碍、克服了文化包容性等问题后，这将是多元领导力最大的优势所在。

## ▶小　结

领导行为的有效性随情境变化。根据费德勒权变模型，组织中的上下级关系、任务结构和职位权力等因素将在不同程度上决定领导情境的有利性，进而影响领导成效。总体而言，当处于相对恶劣或非常理想等极端环境中时，以任务为导向的领导方式更为有效；而在略显中庸的环境下，更宜采取以关系为导向的领导方式。

路径—目标理论以激励的期望理论为机制，领导者通过为下属提供奖励并指明获得奖励的途径来实现高效的员工激励。领导者的支持、指挥、参与和成就导向等四种行为在不同情境下各有所长，领导者需结合下属的不同需求进行灵活变通。情境领导理论将领导者的关系与任务行为进行了综合，把领导行为分为参与、劝说、授权和指挥四大类型，结合追随者的成熟度水平来确定匹配的领导模式。

部分来自企业、员工、工作的情境因素将对领导行为产生削弱或抵消的替代作用。通过针对性地改变领导情境，如提供相关培训或鼓励决策参与等，能够充分地利用替代机制的优势提高领导效率。

最后，为胜任多元文化下的领导角色，领导者需具备高度的文化敏感性，培养开阔的胸襟视野，学会借助充分的沟通促进成员间的理解与包容，博取各国文化之长。

## 关键术语

费德勒权变模型（Fiedler contingency model）
最难共事者评分表（least preferred co-worker scale，LPC）
领导—成员关系（leader-member relations）
任务结构（task structure）
职位权力（position power）
路径—目标理论（path-goal theory）
情境领导理论（situational leadership theory，SLT）
追随者成熟度（follower's maturity）
领导替代理论（leadership substitutes theory）
权力距离（power distance）
个人主义（individualism）
集体主义（collectivism）
不确定性规避（uncertainty avoidance）
多元化（diversity）
文化多元性（multiculturalism）
多元化意识培训（diversity awareness training）

## 思考题

1. 在企业的不同发展阶段，领导者的任务行为及关系行为各具有什么优势？
2. 学习了本章内容后，你如何理解“万变不离其宗”与“唯一不变的是变化”？
3. 根据路径—目标理论，确定最佳领导方式的前提条件是什么？
4. 在为下属设置绩效目标时，领导者如何才能实现有效的激励？
5. 面对具有不同成熟度水平的员工，领导者在进行工作部署时可能存在哪些差异？
6. 为什么说领导替代不会真正地取代组织领导者？
7. 就你所知，不同文化下的组织领导方式存在怎样的差异？
8. 虽然中国文化常常被认为是权力距离高的、女性气质的、集体主义的、不确定性规避强的、长期取向的，但在社会变革的大背景下，也有人对此持不同意见。谈谈你对这一问题的看法，并说明这对于中国的领导行为的影响。

## 案例分析

### 权变领导在联想集团的成功

联想集团的创始人柳传志为人务实，中庸，具有政治头脑和商业远见，深谙妥协之道，讲究领导艺术，长于运筹，善解人意，善于发现人才、激励人才、培养人才。而现任董事长杨元庆为人正直，倔强，有毅力，做事脚踏实地，有坚定的意志，不善于人情世故，既谦和又霸气十足，认准了一个目标就会百折不挠。联想集团两位领导者风格各异，所处的两个时代亦面对不同的环境变化。

柳传志在20世纪90年代初期所遇到的最大困境即政策法规的不确定性所带来的政策风险与商业风险，市场竞争相对较小，情境较为有利。此时，在变革战略的选择上，柳传志发挥其关系导向领导风格的优势——善于识人用人，强调激励和授权，重视沟通和人际关系，充分挖掘下属的潜力，发挥主观能动性，正确认识政治环境为其带来的机遇和伤害，选择渐进式的主动变革。联想从最初的平底快船组织结构，到后来的大船结构，直至发展为最后的舰队结构。企业文化从最初的创业文化发展到客户文化，至最后的舰队文化。管理过程中，柳传志创造性提出贸、工、技的发展道路，总结出管理三要素，即搭班子、定战略、带队伍。1984年创办之初，联想的营业额为350万元，到2000年，联想的年营业额已达到200亿元，实现了产业腾飞。在此期间，柳传志成功地运用关系导向与任务导向并重的领导风格和当时的管理情境相匹配，发起渐进式的主动变革，实现了领导效能的最大化。

杨元庆时代所面临的主要问题则是国家贸易壁垒的消除，国际竞争者的大举入侵，市场份额被抢占，竞争形势显著，情境有利性中等。自在2000年联想绩效的顶峰制定三年规划以来，杨元庆备受考验。在变革战略的选择上，杨元庆选择了激进式的被动变革。他"永远冲在第一线，只会玩命工作，一点人情世故也不懂"。杨元庆时代的企业文化从开始的严格文化，转变为亲情文化，直到最后的狼性文化。随着竞争愈发白热化，联想未能达成其三年目标，这让杨元庆反思其战略决策。盛极之时制定的多元化战略在当时的管理情境下，无法与他任务导向的领导风格很好地匹配。于是他及时改变情境特征，营造亲情文化，改善上下级关系，修订二元化战略，使变革取得最后的成功，充分发挥了其领导效能。

不同的环境导致两代领导者的管理情境不同，所采用的领导风格亦不相同；面临组织变革的任务时，两代领导者所采取的组织变革的方式也各异，而这些变革方式与他们的领导风格相一致。当外部环境发生变化时，杨元庆及时通过调整领导—员工关系来改变情境特征，以达到领导风格与情境的匹配，实现了最佳领导效能。

资料来源：董亚军：《基于权变理论的领导风格分析——以联想为例》，载《经营管理者》，2013（14）。

根据上述案例，尝试回答如下问题：

1. 案例中的两位领导者分别属于什么领导风格？这些领导风格分别有哪些特征？

2. 试利用费德勒权变模型来分析评价案例中两位领导者的领导行为。

3. 如果你是联想集团的领导者，在联想收购IBM个人电脑事业部后，面对美国公司的员工，应该如何调整你的领导风格？

## 参考文献


[1] Fiedler, F. E., "The Effects of Leadership Training and Experience: A Contingency Model Interpretation," *Administrative Science Quarterly*, 1972, 17 (4)

[2] House, R. J. & Dressler, G., *The Path Goal Theory of Leadership: Some Post Hoc and A Prior Tests*, in J. Hunt & L. Larson (Eds.), *Contingency Approaches to Leadership*, Carbondale: Southern Illinois University Press, 1974

[3] House, R. J., et al., *Culture, Leadership, and Organizations: The GLOBE Study of 62 Societies*, Thousand Oaks, Calif: Sage Publications, 2004

[4] Kerr, S. & Jermier, J. M., "Substitutes for Leadership: Their Meaning and Measurement," *Organizational Behavior and Human Performance*, 1978, 22 (3): 375-403

[5] Hofstede, G., "Motivation, Leadership, and Organization: Do American Theories Apply Abroad?" *Organizational Dynamics*, 1980 (Summer): 42-63

[6] 斯蒂芬·P·罗宾斯，蒂莫西·A·贾奇．组织行为学（第14版）．北京：中国人民大学出版社，2012

[7] 张亚勤，汪琳．从科学家到管理者．21世纪商业评论，2011（3）

第10章

# 中国背景下的领导

## 学习目标

- 理解中国领导者的价值观
- 掌握家长式领导的三元理论和文化根基
- 理解企业不同时期的家长式领导
- 掌握中庸式领导的行为特点
- 了解中国行政领导的特点及原则

引例

**曾国藩的“拙式领导力”**

在虚浮、圆滑、取巧、推诿成为社会普遍心态的清朝晚期，曾国藩大胆地提出“天道忌巧”的命题。他高呼“去伪而崇拙”。这个“拙诚”的工夫是曾国藩领导力的核心，也是他一生得力之处。许多人心目中的曾国藩是权谋家的代表，这是对他的误解。曾国藩的领导艺术虽不无权谋因素，但其核心却是“忠义血性”的儒家理念。

在人才的选拔上，他选择的则是能够切实认同这种理念并加以践行的“朴拙之人”。曾国藩从最根本的选人环节入手，提出军官一定要选“质直而晓军事之君子”，兵勇则一定要选“朴实而有土气之农夫”。选什么样的人，决定了一个组织会养成什么样的作风。湘军靠什么打胜仗？靠什么持续地打胜仗？就是这种“尚朴实，耐劳苦”的作风。曾国藩的用人，从表面看来迂阔笨拙，其实正是他的过人之处。

管理最忌讳的就是全无实际而空谈误事。曾国藩从一开始就对此有深刻的认识，他强调“军事是极质之事”，来不得半点虚浮的东西。他厌恶听到高谈阔论，只喜欢平实之言、平实之行。曾国藩的管理风格亦是以“勤、实”二字为核心。他认为，带兵一定要脚踏实地，勤勤恳恳，一步步地从小事做起，才能日积月累，见到成效。

曾国藩说过：“驭将之道，最贵推诚，不贵权术。”在曾国藩的身体力行之下，湘军形成了一种坦诚相待、相互信任、相互支持的组织文化。这种坦诚相待的“湘军精神”，也是湘军凝聚力和战斗力的来源。

任何一种理念的践行过程中一定会遇到很多挫折与障碍。曾国藩的一生，可以说是屡战屡败，充满了挫折与逆境，但他的过人之处，就在于他以“男儿自立，必须有倔强之气”的意志力量坚持到了最后。曾国藩说：“天下事，未有不由艰苦得来，而可大可久者也。”取巧只是小聪明，只会得利于一时；拙诚才是大智慧，方可奠基于长远。正如梁启超评价的那样，曾国藩并没有超群绝伦的才华，在当时的著名人物中，他被认为是最迟钝愚拙的一位。他的一生，也一直在逆境之中，然而他立德、立功、立言，达到了古人所说的三不朽的境界。

资料来源：宫玉振：《曾国藩的拙式领导力》，载《商业评论》，2013（12）。

我们常常会谈到东西方文化的差异，这些差异也体现在领导的理念和行为上，从古代的帝王将相到现在的国家领导人，中国领导者在儒家、道家等传统思想的基础上，与时俱进，形成了一套属于自己的领导方式，比如曾国藩基于“忠义血性”的儒家理念所形成的“拙诚”领导力，就带有非常浓厚的中国传统特色。类似的中国特色的领导力的表达还有：《论语》中说“道之以政，齐之以刑，民免而无耻，道之以德，齐之以礼，有耻且格”，强调德治和礼治；“躬自厚而薄责于人，则远怨矣”，说的是要多责备自己，而对别人多谅解多宽容。老子在《道德经》中说“绝圣弃智”，圣人之道，去智去巧。司马光在《资治通鉴》中说“才者，德之资也；德者，才之帅也”。《韩非子·二柄》中说“明主之所导制其臣者，二柄而已矣。二柄者，刑、德也”。中共中央颁布的《党政领导干部选拔任用工作条例》规定，全面考察领导职务拟任人选的德、能、勤、绩、廉，注重考察工作实绩。中国的领导学研究者也发现单纯使用西方的概念和理念不能完全解读本土的领导力实践，家长式领导和中庸领导这些具有典型中国特色的领导力概念应运而生。承接上一章提到的文化这一权变因素，本章将讲述中国领导者的价值观和思维方式，介绍家长式领导和中庸领导的相关内容，以及中国政府中领导的特点和应遵循的原则。

## 10.1 中国背景下的领导学研究

任何领导者的行为方式和特点都反映出其所处的文化脉络，这并非个人意志所能控制的。中国人独有的思维方式受价值观和文化的影响，这是产生中国特色领导行为的根本原因。

彭凯平（1999）等总结了以中国人为代表的东方思维方式的两个主要维度：整体性和辩证性。东方文化熏陶下的人们在看待问题时所采取的认知取向是整体性（holistic）的，他们强调事物之间的联系；相反，处于西方文化中的人们则用分析式（analytic）的方式处理问题，他们强调事物自身的特性。这种认识论上的差异从根本上决定着中国人独特的思维方式，比如，中国人在处理矛盾时更多地求助于协商，而美国人则往往会求助于规则和法律。中国人的辩证观念（dialectic）认为万事万物充满着变化和矛盾，强调中和。从根本上说，中国人的核心价值观是以儒家思想、道家思想和法家思想为基础的。

### 10.1.1 儒家思想对领导学的启示

中国人注重儒家传统思想，强调仁、义、礼、智、信，由此产生了中国组织的两个原则：尊尊原则，即尊敬长辈，注意权力距离，遵守"五常"，强调家长权威中施恩、立威、树德三方面，领导者借助下属的顺从提升自身效能；亲亲原则，即根据"关系"，用不同的方式或是态度对待他人，强调关系、忠诚、才能三方面，领导者通过与下属之间进行合理的交换提升领导效能（Cheng，2008）。在取向方面，儒家提倡的仁慈与友爱奠定了仁慈领导及家长式领导的基础，儒家思想所奉行的"中庸之道"则是中庸领导的思想基础。

遵循儒家思想的领导者有以下特点：

（1）为政以德，齐之以礼的大治思想。

（2）将"安百姓"作为为政的落脚点，以人为本，具有社会责任感。

（3）对政事忠敬勤勉，乐此不疲。

（4）廉洁奉公，舍利取义。

虽然西方也开始重视领导的道德问题（参见第 6 章），但相对来说，中国对于领导者"德"的重视是有儒家文化传统支持的，"德才兼备"是中国人对领导者亘古不变的评判标准。所谓品德要素，就是指领导者要以身作则，有原则性，品德高尚。凌文辁等（1992）通过学术研究也发现，在西方领导力理论提出的领导者的任务行为和关系行为（参见第 9 章）之外，中国人还关注领导者的品德因素，进而提出中国的领导行为评价模式是由个人品德、工作绩效、团队维系三个维度构成的。

### 10.1.2 道家思想对领导学的启示

道家思想中的"灵活多变、以柔克刚、无为而治"的领导原则对中国人的领导思维产生了深远影响。老子认为领导者在领导过程中，要恪守万事万物的发展规律（即道法），使其处于本真的状态，实现道法自然，以无为的方式达到中和有为的目的。道家思想注重机遇和变化，偏爱灵活多变的领导方式，认为任何事物发展到极端，都会走向其反面，提倡以柔克刚，以静制动。推崇道家思想的领导者有很强的自控能力，保持低调，以身作则，善于运用辩证思维，多视角地看待问题，以柔克刚，重视"软"战术和服务，强调企业文化的建设，注重领导者与跟随者关系的精神层面。这类人不会事无巨细，他们敢于放权而又抓住重点。

张瑞敏对老子的《道德经》十分推崇，从中得到了很多领导方面的启发。他说："《道德经》里主要有两点是我一直当座右铭来记取的：一是强调无形比有形更重要，‘天下万物生于有，有生于无’。对于企业现存的最大弊病，从各级领导一直到下边，看有形的太多、无形的太少，哪一位上级领导来检查都是看利润多少，生产多少，没有谁注重企业的文化，而且许多单位也没有企业文化，一个企业没有文化就等于没有灵魂。老子《道德经》中的‘无形’就是灵魂，就像‘道生一，一生二，二生三，三生万物’。万物的根源是道，而道恰恰是非常重要但看不见的东西。再一个感触很深的是‘柔弱能胜刚强’这句话，它说明了一种转化的过程，弱可以转强，小可以转大，问题是你怎么看待。做企业你永远处在弱势，如果能把自己放在一个弱者的位置，你就有目标可以永远前进。”

### 10.1.3 法家思想对领导学的启示

法家提倡的中央集权、法与罚在中国领导人的治国之术中也有所体现，这与西方领导强调规则、制度是十分相似的。同时，中国近百年来又持续提倡共产主义价值观，要求领导者树立以合乎无产阶级及广大人民群众集体利益为根本出发点的思想，借以调节个人利益与集体利益的矛盾。

客观地看，中国式领导往往会出现以下问题：首先，亲亲思想带来的亲密关系产生了情感信任。当这种关系导向的情感信任超过一定的“阈”时，会演变为盲目的信任。更有甚者，拉关系，找后门，以权谋私，戴“有色眼镜”用人，最终产生腐败。此外，尊尊思想所导致的高权力距离，使得威严不容易受到挑战。过于专权的领导可能会破坏人际关系，规章制度严厉、待人不公正会造成上下级间的情感冲突，降低下属决策的参与度。领导者的这些维权行为虽然能够带来下属表面上的顺从，却难以让他们发自内心地心悦诚服。中国领导者注重“面子”，尽量不公开讨论问题以避免冲突，多为私下解决问题。这种行为实际上增加了组织成员知觉的不确定性，使得他们在同领导者交往时缺乏安全感，不敢说出自己的真实想法，很难以开诚布公的方式直面问题。

从以上三个层次来看，传统文化观念对于中国式领导而言是把“双刃剑”。中国的领导者必须客观认识自身的长处和短处，依据环境变化调节行为规范，扬长避短，引导成员的行为，培养高效的领导关系，提高管理能力，以实现组织、团队和个人的持久发展。

## 10.2 家长式领导

霍夫斯泰德曾说：在权力距离小的文化中，理想的领导者是善用资源的民主派；而在权力距离大的文化中，理想的领导者则是个仁慈的独裁者。反映到中国的情境中，好的家长往往扮演着“仁慈的独裁者”这一角色，这为家长式领导的形成提供了文化土壤。

### 10.2.1 家长式领导的概念、特征

家长式领导（paternalistic leadership）是一种常见的领导模式，以前多存在

于家族企业中。如今，它广泛存在于各种组织和团队之中。郑伯壎（1995）最早提出家长式领导这一概念，他将其定义为，在人治的氛围下，显现出严明的纪律与强大的权威、父亲般的仁慈及道德廉洁的领导方式。研究表明，家长式领导在以下条件下易于存在和维持：

（1）家族企业。企业的所有权控制在一个家族里，家族内的成员担任企业的领导者，家族企业是最初产生家长式领导的地方。

（2）所有权与经营权不分。领导者既是企业的所有者，又是企业的经营者。

（3）企业经营环境简单，且技术稳定。此时，企业的组织结构倾向于一种简单结构，即企业人数不多，权力高度集中在一个人手中。

一般而言，家长式领导有以下特征：

（1）所在的组织层级分明，社会权力距离大。

（2）在心态上，下属必须依赖领导者，领导者拥有权威和声誉，并被大家认可，而这并不依赖于严格的制度。

（3）领导者会明察下属的观点，据此修正自己的专断行为。

（4）领导者多实施教诲式领导，下属愿意服从，员工的忠诚度得以提高。

（5）领导者是楷模与良师。家长式领导既要对员工的工作绩效负责，还要关心员工的生活和职业生涯规划，员工犹如自己的“孩子”。

宗庆后在企业中的做法可以让我们体会到家长式领导的特征和管理模式。

### 篇中案例

**娃哈哈的“家文化”**

如今，娃哈哈已从 20 多年前的一个校办企业，成为中国快消品领域的龙头企业。外界都很好奇，娃哈哈的成功有什么“秘诀”？在与上海、温州、衢州等地多位经销商的交谈中，经销商们都说到了一个共同的词，就是“家文化”，并一致认为：“宗庆后老爷子通过营造‘家文化’，让娃哈哈成为一个整体，充满战斗力。”具体而言，就是“凝聚小家、发展大家、报效国家”。

上海的一位娃哈哈经销商表示，她每年年底都会去杭州参加娃哈哈的年会。“在年会上，宗庆后总是衣着朴素，跟大家博感情，希望大家一起干。”在每年的经销商大会上，《保卫黄河》等歌曲都是保留曲目，《团结就是力量》这首大合唱，每次都由宗庆后亲自上台指挥。“每一次，唱着唱着，台下的经销商都不见了，都聚集在台上和舞台边看得到宗庆后正面的地方。”一名经销商激动地向记者讲述，洋溢着发自内心的热情与兴奋。

娃哈哈的员工一直把宗庆后看做家长，很多员工都能够列举出很多宗庆后家长般关切自己的例子。据了解，娃哈哈员工的收入比创业之初涨了 100 多倍，“所有员工都有良好的福利待遇，目前娃哈哈分给单位员工的住房就达 1 000 多套，在刚刚建成的浙江海宁基地，还兴建了一批专为外来务工者提供结婚用房的住宅楼。”

黄渭强是众多娃哈哈员工中的一员，他们一家三口现在住在杭州万家花园的一套 152 平方米的房子里，这是娃哈哈分配给他的房子，而在十几年前，对于一个外地人，房子和户口曾经是他心里难比登天的梦。

1992年，作为毕业于浙江美院（现在的中国美院）的国画高才生，黄渭强来到了娃哈哈应聘。正在忙碌的宗庆后放下手头的工作，问眼前的这位知识分子为什么要选择娃哈哈。黄渭强很实在地回答，娃哈哈名气大，而且他也想在杭州这样的大城市发展。宗庆后问他有什么要求，他说了两点：解决一家三口的杭州户口；解决住房问题。“没想到老板说这不是问题，当下就答应了。”黄渭强有点激动地说，1992年杭州户口非常难进，不敢想对自己而言比登天还难的两件大事就这样解决了。第一个家64平方米，两室一厅，这完全超出了黄渭强的想象，因为按照他当时的要求，只要是个套间就满足了。“三块大石头落了地，我把老板当成恩人来看待。”黄渭强说，事情办成之后，他为了表心意给宗庆后送了点小礼品，结果第二天宗庆后以双倍价值的礼品送还了回来。“那天回家后我对老婆说，我遇到了个好老板。”

两年之后，黄渭强家附近因为工地施工，生活用水成了问题，他再次给宗庆后打了报告，没想到宗庆后又给他分了房。第二个家70多平方米，还是新房。2006年7月，黄渭强退休了。就在退休之前，单位在万家花园争取到了一批房源。黄渭强觉得，新房子应该分给年轻人，留住新的人才。事实证明，这一次又出乎了他的意料。而且，单位还补助给他一大笔购房款。

娃哈哈集团一位从事行政工作的员工表示，除了对社会责任的履行，娃哈哈集团内部员工的精神生活也很丰富。在处理内部员工关系上也独具人情味，这使得集团上下始终拧成一股绳，目光紧盯着企业的长远发展。“在娃哈哈有一句话，就是娃哈哈员工的待遇或许不是最好的，但员工流失率却是相当低的。”

资料来源：杨晶、夏清逸：《“大家长”宗庆后》，载《中国品牌》，2013（2）；子夜：《娃哈哈的家文化》，载《企业文化》，2008（1）。

### 10.2.2 家长式领导的三元理论

西方的领导实践建立在上级与下属之间地位平等的基础上，找出彼此间权利与义务的工作关系；华人社会的领导实践则是从一开始就建立在清晰明确的上下关系的角色套路中。家长式领导的效能建立在下属对领导者角色的认同，以及下属的追随（followership）基础之上，否则会引发管理效能低下，人际和谐关系遭破坏，甚至形成公开的分歧。家长式领导包括威权领导、仁慈领导及德行领导三个维度。

（1）威权领导（authoritarianism leadership）：指领导者具有绝对的、不容置疑的权力来控制下属，要求下属无条件服从，类似于第7章中的独裁型领导和指挥型领导。一般认为，威权领导多带有负面影响，领导者的威权行为会降低下属对于领导者的信任感、满意度以及忠诚感；减少下属的组织公民行为和角色外行为。在团队中，领导者的独裁行为会在某种程度上使得团队成员在决策中难以达成真正的共识，从而降低团队成员的贡献意愿及满意感，削弱团队的运行效率。但如同独裁型领导和指挥型领导一样，威权领导的优点在于有助于快速行动。从这一点来讲，根据东方文化中权力距离高的特点，威权领导行为在中国环境下未必会带来团队效率低的弊端，要结合不同团队所处的特殊情境综合考虑。

（2）仁慈领导（benevolence leadership）：指领导者对下属的工作和生活给予全面的、无微不至的关怀。这一领导维度下，员工为回报领导者给予的恩惠，在工作中可能会为了组织整体利益牺牲小我，借以减轻因领导者的恩惠和仁慈给自身带来的人情压力，努力达到领导者对自身绩效水平的期望，最终这将促进团队整体绩效水平的提高。这与西方领导者在工作中给予下属“个别体谅”（individual consideration）的行为类似，不同的是，家长式领导的仁慈和施恩有时会扩及下属的私人生活，并且是长期取向的。

（3）德行领导（character/moral leadership）：指领导者拥有突出的美德和个人原则，得到下属的敬佩和效仿。当下属在组织情境和工作任务中知觉到领导者公正廉洁、以身作则，是可以效仿的行为对象时，在领导者个人品德的感染下，他们会倾向于认同并内化领导者的价值观，追求集体目标，愿意为集体利益付出更大的个人努力。

国内外学者对家长式领导在各行各业中的作用进行了深入的研究，这也包括以上三个领导维度层面，以下“学者说”专栏有助于加深读者对家长式领导研究历史和现状的了解。

## 学者说

### 家长式领导的研究总结

郑伯壎（1995）提出了家长式领导的二元理论，即家长式领导包含两方面的行为类型：立威与施恩。在立威方面，家长式领导表现出四种典型行为，包括专权作风、贬损下属能力、形象整饰与教诲行为，与之对应，下属会表现出顺从行为、服从行为、敬畏行为与羞愧行为。在施恩方面，家长式领导会表现出个别照顾与维护面子，下属相应表现出知恩与图报行为。后来，郑伯壎又在二元的基础上增加了德行这一维度，构成了三元的家长式领导模型。

关于家长式领导的存在性检验，郑伯壎（2003）和樊景立（Farh，2008）等人的调查研究证实了家长式领导行为普遍存在于中国大陆企业中；希尔（Sheer，2012）的对比调查显示，家长式领导行为只存在于中国大陆的小型家族企业中，而在中国香港的小型家族企业却并未发现；周浩等人（2007）证实了家长式领导行为在中国大陆企事业单位具有广泛的适用性。吴春波等（2009）在企业不同发展阶段领导风格演变的研究中发现，在创业阶段，领导者的领导风格以家长式行为为主。此外，艾詹（Aycan，2006）通过跨文化研究分析发现，家长式领导不仅存在于华人组织中，也普遍存在于高权力距离、层级文化特征和集体主义文化特征明显的社会组织中。邱盛林（2001）在公共服务部门的研究证实，家长式领导广泛存在于各种华人企业组织和团队中，而非仅仅为家族企业所独有，这是中华文化下组织的普遍特征。对中国台湾公共服务部门领导的研究均证明了家长式领导对于组织或团队的效能不仅有独特的解释力，而且优于西方的领导理论（如变革型领导、交易型领导、领导—成员交换）。

学者们对家长式领导的三个维度也进行了详细的研究，如陈璐、杨百寅、井润田、王国锋（2010）对四川省78家企业371名高层管理团队成员进行实证研究，探讨了CEO的家长式领导行为对高层管理团队战略决策效果的影响。结果表明，CEO德行领导和威权领导分别从正反两个方向对决策效果产生显著的影响，仁慈领导对决策效果没有显著的直接影响。德行领导主要通过认知冲突作用于决策效果，仁慈领导、威权领导则通过情绪冲突作用于决策效果。

资料来源：张振刚、徐洋洋、余传鹏：《家长式领导研究述评与展望》，载《中国人力资源开发》，2013（13）。

### 10.2.3 家长式领导的文化根基

家长式领导深受中国传统文化的影响，其中威权领导深受儒家、法家思想的影响。儒家提倡“五常”（君臣、父子、夫妇、兄弟、朋友）和“孝道”。一个家庭之中，父子关系的地位仅次于君臣关系，父亲是家庭的支柱与核心，拥有绝对权威。“孝道”要求子从父愿，即孩子要服从父亲的意志，将孝道视作神圣的职责，这种上下之间不对等的关系巩固了父亲的权威。另外，政府还通过制度把这种权力距离拉大，将家长的权威与儿子的孝顺角色化。领导必须有父亲般的威严，下属必须有儿子般的忠诚。

德行领导表明领导者要注重个人品德、以身作则，体现了儒家文化强调的个人道德修养。领导者的品德会起到模范作用，下属佩服领导者的德行就会自然而然地服从。中国传统的治理方法为“人治”，缺少法律约束，这提高了人们对领导者的道德期望，人们希望能靠领导者自身的道德修养约束自己的行为，正所谓修身、齐家、治国、平天下。

仁慈领导体现着儒家的仁、义观念对理想社会人际关系的设想。中国人存在“报”的观念，报答别人的恩惠，核心就是互惠，这也是中国人际关系的基础。领导者对下属关爱、仁慈，关心下属的生活，视作一家人并给予帮助；下属为了报答，会更加忠诚、感恩与勤奋。

西方人的研究基本上是对某一种风格的领导单独进行的，很难想到会把威权、仁慈这样看似矛盾的领导风格结合在一个领导者的身上，而在中国的管理实践中，这种结合却很常见。

### 10.2.4 家长式领导与下属的反应

家长式领导会依据关系、忠诚、才能对下属进行分类：第一，关系，即是否与领导者有社会连带关系，比如亲戚、同乡、同学等，读者也可将其理解为裙带关系。第二，忠诚，即下属服从甚至愿意为领导者牺牲个人利益的程度。第三，才能，即员工完成组织或领导者所指示的目标的胜任能力与动机。领导者对“自己人”施行较少的威权领导、较多的仁慈领导，对外人则相反。其中，忠诚被认为是这一分类的核心，而关系仅仅是分类的基础。

当家长式领导行为表现为领导的专权作风时，领导者不愿授权，强调下行沟通，独享信息与严密控制，下属的反应则会表现为公开附和，不公开冲突及不唱反调。领导者施恩中的个别照顾体现为视下属为家人，尽可能保障下属的工作，维持其收入的稳定增长，在下属急难时给予帮助，整体照顾及鼓励辅导，下属会相应地表现出感恩，包括感念恩情和感谢。家长式领导行为与下属的心理反应过程如图 10—1 和图 10—2 所示。

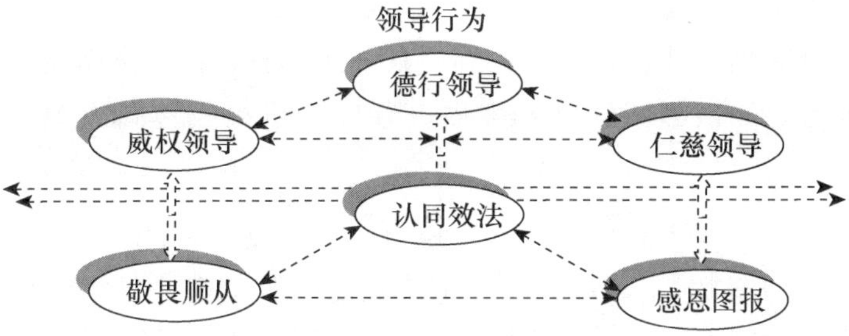


**图 10—1 家长式领导与下属反应心理过程图**

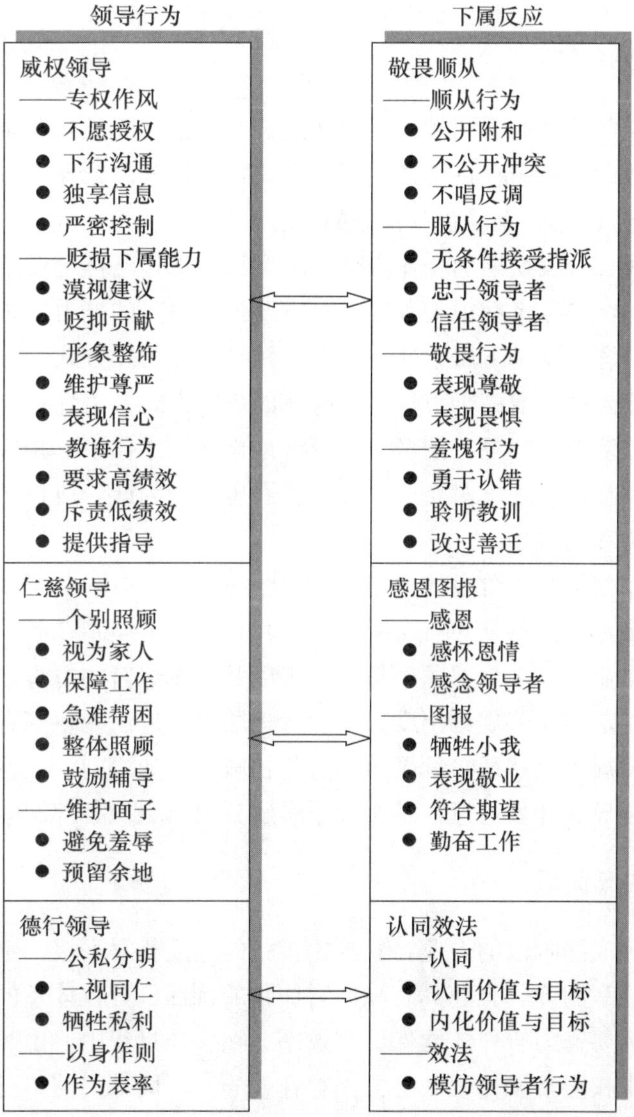


**图 10—2 家长式领导与下属反应心理过程详图**

资料来源：樊景立、郑伯壎：《华人组织的家长式领导：一项文化观点的分析》，载《本土心理学研究》，2000（13）。

需要注意的是，下属的变化使得现今中国家长式领导产生了一些新变化：对年轻、受教育程度高的一代来说，父母已经丧失了对子女的权威与绝对权力。同理，对具有高独立性、多主张的新一代员工而言，家长式领导的权威性正在受到挑战。如今，知识型组织蓬勃发展，领导应将权威转向组织制度与核心价值规范，下属不应再对领导者顺从，而应遵守规章制度。一项研究表明，员工学历越高，知觉到的仁慈领导行为越少，这告诫领导者在展现仁慈行为时要特别注意避免侵犯员工的隐私。另外，在某些情形下，领导者会对一些员工个别照顾或徇私，致力于削弱冲突，维护支配权，这也需要克服家长式领导的弊端。

### 10.2.5 企业不同时期的家长式领导

#### 一、成长阶段

早期企业发展的顺利带来了快速成长的机遇，成长初期企业规模尚小，组织内部的人事设置普遍存在裙带关系，家族特征显著。领导者身边围绕着一些高能力的“元老”，这些人是企业发展的“引擎”。

处于成长阶段初期的企业资金并不宽裕，工作条件还没来得及改善，规章制度也不完善，领导者在很大程度上仍需要依靠自身的魅力、正直的品德以及对未来的坚定信念去激励下属。这一时期，领导者在管理方式上存在明显的集权化特征，对核心人员采取高于市场平均报酬的激励方式，关怀备至，及时为下属解决生活上和经济上的问题，使员工能更好地投入到工作中。相应地，员工对自己的报酬感到满意，表现出对企业家的信赖和忠诚。因此，成长初期的企业家需要重视威权领导和德行领导。

当企业处于成长阶段的中后期时，企业规模比以前有了较大的提升，员工数量不断增多，产品线不断丰富，企业的职能部门不断扩充。此时，作为企业的“家长”，企业家已无力照顾到每个员工以及企业运营的方方面面，于是，企业家开始通过制定和完善规章制度、增加管理层级、广泛授权等方式让企业的运营呈现出明显的规范化特征。领导者本身的权威已不如之前，但德行领导依然十分重要，并且领导者开始通过仁慈领导来缓解分权后组织各部门间的冲突压力。

#### 二、成熟阶段

发展到成熟阶段的企业，其规模扩张的速度相对平缓，组织成员自觉遵守流程规范和规章制度，企业具有高度官僚化的特征。分权体系的建立使得组织内各职能部门需要通力合作才能保证高效率。在合作过程中，由于在专业领域、工作内容、职责权限及工作强度等方面存在差异，不同部门间不可避免地会产生摩擦甚至冲突。这就要求领导者高度重视仁慈领导和德行领导的作用，平衡各方利益，协调组织内部的复杂关系。一般来说，成熟阶段的企业获取的利润是稳步增长的，企业的“家长”常常以此作为成就，将自己看做典范，高度的制度化、规范化也使领导者的权威得以维持。

成熟期过后，一部分企业会进入再生期，另一部分企业则会进入衰退期。所谓再生期，指的是再创业、再发展时期。由于外部因素的不可控性，处于再生期的企业，领导者的控制力在减弱，市场竞争压力变大，组织的外部环境已不再"平静"，这需要企业家具备高度的创新能力和变革能力，通过推行合理全面的变革帮助企业获取竞争优势，实现可持续发展。此时，威权领导的作用将重新凸显出来。

三、衰退阶段

处于这个阶段的企业正承受着巨大的市场竞争压力，它们失去优势地位，逐渐被淘汰。企业的盈利能力受到限制，甚至有些时候会连年亏损。由于企业支付能力有限，员工的工资通常会低于市场平均水平，优秀员工跳槽的现象明显增多，部分企业处在生死边缘。领导者在该阶段要充分发挥威权领导、仁慈领导和德行领导的共同作用，最大限度地改善困境，促进创新，推动企业重新走向繁荣。如果企业能顺利渡过难关，在下一个生命周期的循环中，企业的文化和内部员工的凝聚力都会得到进一步提升。

## 10.3 中庸领导

### 10.3.1 中庸与中庸领导

"中庸"一词最初在《论语》中出现："中庸之为德也，其至矣乎，民鲜久矣。"东汉末年的经学大师郑玄解释《中庸》题曰："名曰中庸者，以其记中和之为用也。"理学家朱熹认为："不偏之谓中，不易之谓庸，中者天下之正道，庸者天下之正理。"孔子所说的中庸，是恰到好处的状态或达到此种状态的行动取向，反对抱有过激的思想和行为，防止在行为上表现得过于极端，倡导凡事做到适可而止。"中"是随时而中，因时而中，审时度势，灵活处理问题，力求全面、均衡和统一，在坚守中庸之道时也强调"权""变"，即所谓"执经达权"。不能达到中庸的有"过之"和"不及"两个方面。

中庸之道的管理学意蕴集中表现在两个基本理念之中：一是中庸辩证论，"中庸"体现了事物"质""量""度"三者之间的辩证关系；二是中庸适度论，它认为任何事物都受"度"的限制，在领导艺术方面强调无"过"且无"不及"。在既有文献中，与中庸思维相近的概念包括认知复杂度（cognition complexity）、思考需要（need for thinking）、整合思维（integrative thinking）等。

中庸领导是指领导者在领导过程中善于平衡各种力量和倾向，调和各种人际关系，根据客观情况灵活应对，做出恰当的优化选择。中庸的最高境界是"致中和"，产生高效的执行力，增加个人魅力，引导下属追随，打造有凝聚力与战斗力的团队。

中庸领导者以中庸思维作为行动指南，"在人们的现实生活中，中庸思维是一套指引个体在处理日常生活具体事件时，如何去理解问题，要达到什么目的，注意什么要点，思考哪些因素，以及要用什么准则来选择最佳行动方案等的思考模式”（杨中芳，2001）。它强调将人们的注意力集中于人际关系以及影响这些人际关系的主要因素，强调关心这些动力之间的互动关系，强调达到一种平稳和谐的状态。由此可见，中庸思维尤其强调人际关系的处理。中庸思维程度高的人，因为能够调节自我内在的期待与外在情境的匹配度，并且适时地展现出不同的自我角色，所以社交能力强，这种社交上的优势将有利于个人在社会生活方面的适应，增进个人的整体适应状态。研究表明，在中国情境下，高层领导者的中庸思维能够促进组织绩效的提升（陈建勋、凌媛媛、刘松博，2010）。

一直以来，许多人对中庸的认识存在误区，因为中庸强调不要采取太过激进或太过挑剔的手段，所以常被看成是折中主义、庸碌主义、妥协主义。例如，在极左时期，中庸之道曾被当作保守、不求进取、无所作为、明哲保身、不讲原则、“和稀泥”的贬义加以宣传与批判。事实上，中庸的定义指出，中庸并非做事平庸、业绩平庸，它讲究平衡与和谐，包含人际沟通技巧、大局观念，但并不排斥规范管理和严格监控的现代企业制度。

### 10.3.2 中庸领导的特点

中庸思维作为中国传统文化中最为凸显的部分，不仅体现了中国历代的伦理道德标准，同时也作为一种思想和思维方式影响着中国人的行为和做事准则。中庸思维是中国文化背景下领导者与他人在互动过程中表现得最为突出的思维方式之一，它不仅隐含了个人的自我感受，也隐含了他人所给予的外在要求，这使得中庸领导在行事方面有如下特点。

（1）注重自我约束，提倡以和为贵，不随一己情绪而采取实时行动。中庸领导往往表面上看似无太多感情变化，一直处于平静状态，实质上他是在约束自己的情绪，理性分析组织局势，审时度势，以便做出最佳决策。

（2）细察自身行为可能涉及的其他所有人，以及自身行为可能给这些人带来的后果，以“诚”为本去思考，撇开“己”所带来的障碍，尽己之心为所有人。中庸领导注重从大局出发，分析自己的决策对其他人及整个局面的影响，注重人际关系的调节，保证组织处于平衡、稳定的沟通状态，通过创造互惠和信任机制，驱散员工对新知识的恐惧。

（3）根据具体情境选择恰如其分的方案。中庸领导在决策时会注意到组织内各个利益团体的感受，根据组织的现实情形，全方位考虑，不走极端，建立包容冲突的组织文化，极大提高组织绩效。

（4）通过自我反省、观察形势等反馈机制来修正自己的方案。中庸领导注意自我反省，找出不足并不断改进，类似于儒家思想中的“吾日三省吾身”。中庸领导同样善于从员工的反馈中获得改进信息。任正非不按照既定的模式或套路，而是在混沌中把握节律和平衡，探寻华为成长的方法，寻求恰如其分的行动方案，正体现了中庸领导的行事特点。

篇中案例

**华为成功：中庸密码**

没有人能够看透任正非。跟了他十几年的高层管理者，往往习以为常的是任正非火爆的脾性，一种偏执狂才能生存的劲头，有谁会想到他会把中庸作为他最珍视的东西？

尼采说，只有散步得来的思想才是自己的思想。任正非对此有很强的共鸣。工作之余，他特别喜欢散步，在外出差的时候还喜欢拉上下属出去散步。1996 年，有一次在保加利亚的雪山脚下散步，任正非忽然问刚回到华为不久的梁国世："你知道华为公司为什么能成功吗？"梁国世心中一喜，赶紧回应："我刚来华为，怎能悟出这般深奥的道理？您说，为什么呢？"任正非答道："中庸之道。"

当时陪他散步的梁国世，负责筹建了第一个海外推广的莫斯科办事处，曾经不合情理地当面顶撞过他，一直让任正非火到弯腰揉肚子。此外，梁国世还与一些高层管理者闹过别扭。说不定什么时候又可能要辞职。

那天，在保加利亚的雪山脚下，空旷的山地上，只有梁国世这样一个脾气有点火爆的青年与他一起散步。在这里，没有熟人的打扰，只有他自己的意识在流动。任正非置身于这样一个场域中，他既想点拨一下身边的青年，也在梳理他自己脾气火爆和偏执的情由。于是他说出了华为崛起的秘密：中庸之道。

常人只看到任正非火爆的性格、偏执狂似的颠覆、刻骨铭心的超越，却不知道偏离只是表象。真正活在他内心的，是一刻接一刻的回归、一刻接一刻的平衡。做人，办企业，绝不是沿着一条既定的坦途走大道就行。如走钢丝的平衡一般，任正非的"中庸之道"是一个诀窍，它不是按照既定的模式或套路，而是在混沌、颤抖中把握节律和平衡的实际体验，是很多尝试和失败的精华。你或许会感觉到某些东西在那里，但它是难以捉摸的，更无法指出它，无法想出它。任正非把他离经叛道的创业求索，说成是"中庸之道"，乍听起来似乎有点滑稽，仔细琢磨，还真是这么回事。他一次次地离开主流或常态，就是为了建立新的常态或形成新的主流。他知道，这是一个人、一个公司、一个国家的生命都离不开的和合律动。

资料来源：王育琨：《华为成功：中庸密码》，载《上海证券报》，2011-05-20。

### 10.3.3 中庸领导的行为互补倾向

一个企业成功的必然要素包括两点：稳定性和变革性。乍看之下，这两者相互矛盾，难以协调，但许许多多的企业家却成功地做到了这一点。有效的中庸领导应该得到推广的一个重要原因是，它具有保证企业成功要素同时达到的互补倾向。

一方面，中庸领导要寻求稳定以减少不确定性，降低交易成本，将已有的惯例制度化，注重领导层之间、领导者与下属之间的正式沟通，充分发挥组织现有的能力。

另一方面，中庸领导又要寻求柔性和追求变化以快速适应变化的环境，领导者需要打破常规思维，搜寻新的技术创意，满足员工自治的要求，并根据产品市场需求的转化开发新技术、开拓新市场。领导者在适当的情境下放弃原有的惯例，对新的行动过程做出新承诺，参与不同层级的社会政治沟通，通过行为整合创造信任和互惠等社会机制，消减组织成员接受新知识的恐惧和抗拒。也就是说，中庸领导通过平衡两种活动之间的矛盾来满足组织的双重发展要求。

中庸领导在现代企业管理中得到了广泛的运用，许多企业管理的伦理法则都体现出了中庸领导的精髓，如良性竞争、整体优化、循序渐进、以人为本、双赢原则等都是平衡、适度、辩证思想的体现。而德才互补的人才策略、适度授权策略更是体现了中庸领导的方圆兼备、情利相协。应该说，中庸领导是中国文化传统下的典型领导模式，有利于建设中国特色的和谐企业。

## 10.4 政府中的行政领导

### 10.4.1 中国行政领导的特点

大到中央，小到乡镇，政府作为国家机器，不仅是国家发展的设计者，也是国家政策的执行者。由于政体和文化的不同，中国政府的领导和西方政府的领导在行为模式上存在差异，本节主要介绍中国的行政领导。行政领导（administrative leadership）是指在政府组织中，经选举或任命而享有法定权威的领导者，其为实现行政目标而依法行使权力，引导和影响下级机关及其工作人员的行为。不同于企业中的领导，中国的行政领导有以下特点：

（1）行政领导是国家行政系统中的领导，是一种政治行为，执行国家意志。行政机关是权力的执行机关，向权力机关汇报工作并接受其监督，这要求行政领导者的行为要对权力机关负责。

（2）行政领导具有法律性权威，这种领导权是由国家法律规定的，并由同级人民代表大会或上级行政机关依法授予，在管辖区域内具有普遍的约束力和支配力。

（3）行政领导要实现有效和公平的服务，追求双重的行政价值，不像企业领导那样关注经济效益，而是要同时兼顾行政管理的经济效益和社会效益。

政府领导者的变革往往比企业领导者的变革影响范围更广、程度更深，所以政府领导者往往需要具有更大的决心和耐心，能够克服更多的阻力，体现出更强的领导力。例如，当中国的农村制度出现“包产到户”的萌芽时，许多人觉得这一新兴的形式破除了原有传统的生活方式，是在搞资本主义，使得改革受到了各种阻力。时任安徽省委书记的万里凭借着敢为天下先的创新精神，并没有加以阻止，而是认为值得一试。对上，他顶着压力找到邓小平，把安徽实行责任制和他在农村目睹的情况，向邓小平作了汇报，最终获得了中央的认可和支持。对下，他调动群众变革的积极性，鼓励农民解放思想大胆探索，使变革成燎原之势，变革结果彪炳史册。

### 10.4.2 中国行政领导应遵循的原则

我国政府中的领导者应该遵循一定的政治原则、体制原则和工作原则（沈亚平，2010）。

（1）在政治原则上，首先，要坚持党的领导。中国共产党是中国的执政党，政府领导人要在党政分工的基础上，实现党对政府工作和领导路线的引导，必须时刻接受党的领导，贯彻党的基本路线，自觉接受党组织的监督。其次，要遵纪守法。政府领导人要在国家法律法规允许的范围内开展各种行政活动，要拥有极强的法制观念。最后，政府领导人要履行公仆职责。政府领导人的权力是人民赋予的，因此政府领导者要为广大人民谋福利，把自己当成人民的公仆，把为社会和为人民服务当成自己工作的宗旨。

（2）在体制原则上，首先，要集体决策。因为个人的经验和能力有限，为避免决策上的独裁专断，尤其在重大性质的决策上，要杜绝决策失误，就需要发挥集体的智慧，充分听取专家学者的意见，由领导集团成员集体民主决策。其次，要做到统一指挥。为保证指挥系统强而有力，执行系统必须高效，做到权力集中、权责明确，多头指挥只会导致指挥系统混乱，令下级无所适从。最后，要科学划分权责。任何政府组织都是由若干管理层级和部门组成的，为使行政工作能协调有效地运转，必须科学划分各个行政领导的职责，理顺上下级关系，高效地完成任务。

（3）在工作原则上，政府领导者要拥有良好的品德，以身作则、平易近人、赏罚必信、尽职尽责，做好表率作用，正所谓“严于律己，宽以待人，首先正己，然后正人”。政府领导干部的优秀代表、原湖南省委副书记郑培民就体现了行政领导的原则，把“做官先做人，万事民为先”作为自己的行为准则，万事为民，为政以德，服从大局，在工作上起到了表率作用。

**篇中案例**

**郑培民**

**一、正确处理做人、做官、做事的关系，坚持立党为公，执政为民**

郑培民亲民、爱民、利民，用对人民高度负责的精神感召人，用突出的工作实绩激励人。一是做亲民之人。群众给他打电话，他总要等对方先挂电话才轻轻放下听筒；凡是群众写给他的信，他总是坚持自己拆看；下农村，他要到农民家去，掀开锅盖瞧瞧吃的什么饭，撩开蚊帐摸摸盖的什么被；与群众真心交朋友，建立起深厚的感情。二是当爱民之官。郑培民始终保持“食不甘味，夜不安席”的敬业精神和执着追求。1998年的那场惊涛骇浪，郑培民冲上了抗洪前线，维护了人民群众的生命财产安全，而他自己却拖着病体在大堤上整整待了60多天，掉了20多斤肉，完成了一次对生命极限的挑战。三是办利民之事。“当干部就要多做造福人民的事”，这是郑培民为官从政的基本准则和不懈追求。在湘西工作的两年时间里，他夙兴夜寐，忘我工作，他领导过的地方和曾分管的每一领域，留给世人的虽然不是眼见耳闻的“大工程”，但都是为群众谋实事、为发展铺路子的实实在在的政绩。

**二、正确处理廉政、勤政、优政的关系，坚持为政以德，务实创新**

郑培民是廉洁从政的榜样。他时常警示自己："情浓钱淡，永葆清白。"他始终保持"对身外之物要铁石心肠"的境界，就连集邮这个唯一的业余爱好，他也从未公开过，为的是"不能给别人一点送礼的由头，不能让自己有半点腐败的念头"。对送礼者，他设下了严密的防线：自己把"前门"，妻子守"后门"，儿女看"侧门"，坚决抵制送上门来的"错误"。郑培民是勤奋敬业的楷模。他攀山涉水跑遍了湘西大山中的218个乡镇，上千个村寨，住过30多个乡镇。在指挥抗洪的60多个日日夜夜，哪里有危险，他就冲到哪里。他在湘西推行"双两大"地膜玉米新技术，不是坐在办公室里指挥，而是带着机关干部下地，亲自给农民做示范，因劳累过度，从3米多高的田坎摔下来，摔成了脑震荡。郑培民是务实创新的典范。他成功地找准了实干精神同科学态度的结合点，讲求工作方法，坚持务实创新，实现了优政的目标。他善于把党的政策同地方实际结合起来，创造性地开展工作。

**三、正确处理个人、家庭、组织的关系，坚决服从大局，牺牲奉献**

郑培民对待个人勤于修身。他对自己要求很严，没什么业余爱好，从不进歌舞厅，最爱的东西是书，最迷恋的地方是办公室。他对待家庭的要求严格。无论是妻子还是子女，都绝不允许以任何形式谋取私利。子女升学、结婚，父母病故，自己生日从不声张；妻子上班，儿女上学，从不让他们搭自己的顺路车，正如他在日记中所写的"在对待子女的问题上，我绝不做不利于党风建设的事"。1990年，组织上将他从湘潭调任湘西，有人戏言是"从米箩里跳到了糠箩里"，而他却宁愿牺牲个人利益，舍小家为大家，坚决服从组织的需要，以党和人民的事业为重，做出了决然的选择，欣然赴命。原湖南省委书记熊清泉这样概括郑培民："党叫干啥就干啥，干啥就要干好啥。"1998年10月，省委领导班子调整后，他在日记中表态："我愿发挥建设性和稳定性的作用，支持主要领导的工作，维护集体的团结、权威和形象。"

资料来源：李光裕：《郑培民的领导方法和工作作风》，载《党史文苑》，2006（4）。

### 10.4.3 行政领导的演变与问题

我国每一代领导集体都体现着不同的政府领导思想，实现了从传统权威到民主型权威的转变，以领导者个人为主要的领导形态向领导权威制度化、平凡化发展。我国以毛泽东同志为核心的党的第一代中央领导集体（1931—1976年）通过革命式的手段打破了旧世界，建立了新中国，政府领导者的个人权威在管理中占主导地位。以邓小平同志为核心的党的第二代中央领导集体（1976—1989年）领导我国人民进行社会主义现代化建设，实行改革开放，增加了对政府领导者权威的监督。以江泽民同志为核心的党的第三代中央领导集体（1989—2003年）在建设中国特色社会主义市场经济的过程中，更注重政府领导思想上的创新，提出三个代表、以法治国和以德治国等思想。以胡锦涛同志为总书记的党中央

（2003—2013年）提出了与时俱进、科学发展观、自主创新的观点。当前，我国已经进入以习近平同志为核心的党中央。

政府机构的领导主要存在以下问题：首先，人治模式。政府机构常常出现“官大一级压死人”的现象，凡事领导一人说了算，管理中缺乏公平感和科学性。其次，效率低下。行政机关人浮于事，行政成本居高不下，政府公务员办事拖拉，没有合理的绩效监管制度。再次，定位不清。政府领导人没有正确认识自身所处位置的意义，对自己所担当的责任认识不清，重权力而轻服务，重利益而轻奉献。最后，非廉行政。近年来部分公务员的贪污受贿现象屡禁不止，政府官员的腐败既增加了我国经济运行的成本，也降低了政府的信用。

“要群众信任，绝不仅仅靠权力，更主要的是靠你的人格魅力和工作能力。”中国政府的领导者要强化自身的公仆意识，改变官本位的认知模式、个性化施政，实现从人治到法治的转变；健全行政领导者的绩效评估制度，将机关效能考核情况作为部门业绩评定的主要标准和干部任用的重要依据，提高行政效率；建立健全的行政问责制，提高政府的执行力；把党内监督、法律监督和群众监督结合起来，建立良好的领导风气。

## ▶小　结

中国企业现阶段正处于转型和变革时期，在企业实践中，高层领导者必然存在与西方领导者不同的认知和行为表现，这些表现不但具有中国传统文化的特点，同时更应适合中国企业管理的现实。近年来，不仅国内的学者，国外的许多知名学者也开始关注带有中国特色的领导理论，归纳和总结转型时期的中国领导者在行为模式方面体现出的特殊性。

领导者的行为方式和特点会反映出所处的文化脉络，中国人思维方式的整体性和辩证性使中国人形成了以儒家思想、道家思想、法家思想和共产主义为主的核心价值观。家长式领导包括威权领导、仁慈领导、德行领导三个维度。家长式领导的文化根基是中国传统思想的综合体，家长式领导不同的行为会使下属产生不同的心理反应。中庸思维强调人际关系的处理，能够调节自我内在的期待与外在情境的匹配度，并且适时地展现出不同的自我角色。中庸并非做事平庸、业绩平庸，其讲究平衡与和谐，包含人际沟通技巧、大局观念和规范管理。

中国的行政领导有自身的特点，遵循政治原则、体制原则和工作原则。我国先后出现了五代领导集体。政府机构领导主要有以下问题：人治模式、效率低下、定位不清、非廉行政。

## ▶关键术语

整体性（holistic）
辩证观念（dialectic）
家长式领导（paternalistic leadership）
威权领导（authoritarianism leadership）
仁慈领导（benevolence leadership）
德行领导（character/moral leadership）
认知复杂度（cognition complexity）
整合思维（integrative thinking）
行政领导（administrative leadership）

## 思考题

1. 你觉得自己身上体现出哪些中国传统思想观念？设想一下如果你是领导者，会怎样对待下属和工作？

2. 家长式领导的三个维度与中国传统文化是怎样对应的？

3. 在家长式领导对下属分类的基础上，解释不同的领导行为引起的下属反应。

4. 阐述中庸领导的特点，试举你身边中庸领导的例子。

5. 根据行政领导的特点阐述政府领导的工作原则。

6. 你认为目前中国政府的领导中存在哪些问题？应该怎样解决？

## 案例分析　多面傅成玉：一个有中国特色的国有企业经理人

2015年5月，中石化董事长傅成玉低调退休。在调往中石化之前，傅成玉曾任中海油董事长，是改革开放后第一个掌权过“三桶油”其中之二的央企高管，也是首位被英国能源情报集团评为“全球石油业年度领袖人物”的亚洲石油公司企业领导人。

傅成玉的个人风格确实在中国国有企业，尤其是石油企业中与众不同：他能说流利的英语——以往每年中海油的年终招待会，他的讲话都用英语而非汉语；相比其他中国石油企业领导人，他对媒体更加友好和开放，除了上市公司业绩会，他经常接受媒体采访，回答提问也相对坦诚；在一幅产品广告上，他面带微笑，双手托着下巴搭在一个带着“中国海油”标志的油桶上。中海油被认为是中国国有企业中治理最好、透明度最高的公司之一。所有这些，使得他看上去更像一个经理人，而非国企干部。

不同于传统国企领导者相对保守的风格，傅成玉是一个坚定的改革派，是央企市场化的倡议者，是引进海外先进经营理念的实践者。就在即将退休的前夕，他在2015年“两会”接受采访时仍然表示：“不改革，才是国有资产最大的流失。”他在中海油建成了5 000万吨的产能，收购了尼克松公司，完成了上市，让沉寂多年的中海油以“新国企”的形象进入了高层和公众的视野；他在中石化大刀阔斧地进行混合所有制改革，推动中石化和腾讯进行合作，甚至尝试将中石化的加油站进行O2O合作，让体积庞大的中石化与时俱进，紧跟互联网时代浪潮。

然而，众所周知，中国的国有企业领导者仍然有其独特的双重属性，他们既是企业的经营负责人，同时又有着与政府官员相匹配的级别。除了中石化的董事长，傅成玉还有着第17届中央纪委委员的身份。双重身份造就了傅成玉独具特色的领导风格。他在强调企业经营要遵守国际商业规则，注重财务和投资回报的同时，也会强调国企的国家责任、员工的奉献精神、国家经济的大局意识。比如，傅成玉在中海油任内，推动了深海舰队“海洋石油981”等五型六船的设计建造。2014年，“海洋石油981”在西沙钻井，被认为是新一代领导人在南海上坚定态度的表现，“981”也因此成为了中国海洋强国、宣誓主权的利器。

如果要给傅成玉一个准确定位，或许可称他为“有中国特色的国有企业经理人”。像傅成玉这样的国有企业经理人，应该是西方媒体眼里所谓中国“国家资本主义”的代理人，他们有着深厚的国际商业和行业专业知识，同时又深深根植并且相信国有经济的力量，由此成为中与外、官与企之间最大的受益者。

资料来源：赵剑飞：《多面傅成玉——一个“有中国特色的国有企业经理人”》，载《新世纪周刊》，2012（45）；向坤：《风口浪尖上的央企高管》，载《董事会》，2015（9）。

根据上述案例，尝试回答如下问题：

1. 案例中傅成玉的领导行为体现了哪些中国传统价值观？

2. 从案例中可以看出哪些国有企业领导者的特点和工作原则？

3. 你认为目前中国国有企业的领导者主要面临哪些困难与挑战？可以怎样解决？

## ▶ 参考文献

[1] Peng, K. & Nisbett, R. E., “Culture, Dialectics, and Reasoning about Contradiction,” *American Psychologist*, 1999, 54

[2] 陈建勋，凌媛媛，刘松博．领导者中庸思维与组织绩效．南开管理评论，2010（2）

[3] 陈学中，孙丽丽，李光红．从企业生命周期理论看民营企业的活力和发展．生态经济，2005（13）

[4] 丁杰．领导科学．武汉：华中科技大学出版社，2005

[5] 李成言．现代行政领导学．北京：北京大学出版社，2002

[6] 凌文辁，方俐洛，高晶．不同社会群体特征对内隐领导因素的影响．心理学报，1992（2）

[7] 沈亚平．行政学．天津：南开大学出版社，2010

[8] 郑伯壎，周丽芳，樊景立．家长式领导量表：三元模式的建构与测量．本土心理学研究，2000（14）

## 参考文献

# 第 3 篇 怎样做领导

第11章

# 领导职能

## 学习目标

- 掌握斯隆领导模型中的四项核心职能
- 理解在弗鲁姆-杰戈权变模型下的决策原理
- 了解领导者在进行决策环境分析时需要考虑的因素
- 理解规范决策模型的局限性
- 掌握三环领导模型的主要特点

引例

### 李彦宏：百度团队五级管理

百度每年营收增速达80%、人员增速接近50%，对百度来说，做好管理是非常重要的。百度的管理团队分为五级，从最低的团队领导到最高管理层，每一层级均有明确的能力素质评价指标。其中，任务分解与专注的能力是百度所有层级领导者都必须具备的两项素质。任何一级领导，在不同环境下同时也是被领导者。百度要求被领导者适应企业文化和价值观，具有投身专业的精神和决心，同时具备学习能力，通过不断自我改善，成为专业领域中的佼佼者。

李彦宏每天至少要把1/3的时间花在人才培养和管理上。对于百度最高管理层，李彦宏有四点要求：第一，要能看到一到两年后的市场变化，并不断问自己同样的问题，一旦答案相同，说明你已经落后了；第二，要果断把握市场机会，一旦得出了推论就要立刻着手解决，而且要比其他所有人做得更好；第三，要善于影响、发展、推动、改变、激励他人，营造良好的工作氛围；第四，要在复杂多变的情况下，通过一系列综合思考的决策技巧，应变式地找出或开发新的解决方案。

资料来源：李彦宏：《百度团队分五级管理》，载《浙商》，2012（13）。

作为一个拥有5万名员工的大型互联网企业，百度的管理团队结构复杂，成员众多，各级领导者在日常工作中既有相似的职能，也有各自的侧重。李彦宏对百度各级领导者的要求体现了领导最基本的职能。然而，在特定的历史文化背景下，行业特征不可一概而论，组织类型更是层出不穷，领导者需要清晰把握阶段性职责，从容应对多样化的角色期待。

## 11.1 斯隆领导模型

多数人心目中，企业CEO及高层管理者的工作场景很有可能是这样的：宽敞大气的会议室里，他们也许正激情澎湃地描摹着蓝图愿景，或是有条不紊地调整发展战略。回到办公室后，各部门的计划书陆续送达，悉心审阅的同时需时刻提防突发事件。董事会上，面对来自股东、员工、顾客的利益诉求不说有求必应，但绝不敢怠慢……

事实上，现实世界中的他们并非大荧幕上横空出世的英雄，作为“凡人的领导”，难免有力不从心的时候；另一方面，那些不分轻重缓急、满满当当的日程表里也不一定对应着核心的领导职能（leading function），这可能会制造出虚假的紧迫感，让组织领导者陷入本末倒置的困境。

领导者的主要职能究竟体现在哪些方面？为此，来自美国麻省理工学院、以安科纳（Ancona）为代表的四名学者展开了一项长达六年的实证研究，最终提炼出以分析现状、建立网络、创设愿景和开拓创新为特征的四项核心职能，并由此建立了斯隆领导模型（Sloan leadership model）（见图11—1）。同时指出，这四大职能相互影响，彼此渗透，具有强大的内聚力，能从整体上提升组织团体的领导力水平。

**图11—1 斯隆领导模型**

资料来源：Ancona，D.，Malone，T. W.，Orlikowski，W. J. & Senge，P.，“In Praise of the Incomplete Leader，” *Harvard Business Review*，2007，85（2）.

### 11.1.1 领导者的核心职能

(1) 分析现状 (analyzing)。"我们身边的世界正发生着什么样的变化?"在回顾"来时路"、展望"未来景"之前，看清自己身处何方才能脚踏实地地迈出下一步。面对动荡的商业环境以及诉求各异的利益相关方，立足当下的领导者需要具备强大的资源信息整合能力，能够从庞杂的数据、过往的经验和日常工作交流中去繁就简，呈现一幅贴合实际的组织全貌图。在此过程中，由于看待问题的角度、关注的焦点存在差异，领导者与团队成员也将随时依据外部环境的变化修改"画稿"，使之与团队的共同目标及核心价值理念保持一致。例如，2011 年年初，作为国内最大房地产企业的掌门人，王石竟然要求万科全年的销售额不得超过1 400亿元，他提出"不要快，而是要持续"，体现出对于整个房地产市场现状的分析和把握。

(2) 建立网络 (relating)。上有关注财务表现的公司股东，下有要求加薪晋职的组织成员，市场需要日臻完善的产品服务，舆论倡导顾全大局的社会责任……从某种程度上看，利益牵连面越广，团队能够依赖的后备资源就越充足。为了能够在组织内外部构建起真诚可信的人际关系网络，领导者一方面要善于倾听，在鼓励成员各抒己见的同时多换位思考，避免主观臆断；另一方面在维护原则底线时也要有理有据，能在个人观点有失偏颇时勇于坦诚，而非一味强辩。

当领导者与主管、同事以及下属保持良好互动时，良好的内部网络就建立了。下面的实证研究中特别关注了组织领导者的内部人际关系网络对于领导—成员交换关系及下属工作满意度、离职率等方面的影响。

**学者说**

**领导者人脉资源的力量**

学者们推测，强大的人际关系网络将为领导者带来更多的资源和信息。这一方面能够帮助他们树立威信、增强个人影响力；另一方面也有助于同下属建立高效的领导—成员交换关系，进而达到提升员工满意度、降低离职倾向等目的。他们还认为，当领导者能够与他的上级主管之间建立良好的资源交换关系时，将极大地提升自己在下属心目中的组织权威地位。

为了验证研究假设的合理性，研究人员从印度一家国有银行的 42 名经理及下属 184 名雇员处收集了调研数据，随后的分析结果均有力支持了上述推测。具体来说，那些能够游刃有余地处理日常人际关系、擅长建立社交网络的主管经理通常享有较高的组织权威地位，并能借助良好的领导—成员交换关系提高工作满意度、减少人才流失。

在假设获得证实的同时，研究人员注意到这样一个现象：按理说，领导者与员工掌握的资源越多，期望收益应该越高，双方进行交换的可能性也就越大，然而，在该项研究中，当员工的人际关系网比领导者更广时，却反而不利于建立高效的领导—成员交换关系。这不排除是因某种程度的"功高盖主"削弱了领导者的影响力。

在理论贡献之外，该项研究也为实践领域的领导者提供了一些重要的启发。鉴于人脉的重要性，领导者应尽可能地结识组织内外的合作伙伴，最大限度地拓展人际关系网络并争取成为当中的关键节点，进而借由积累核心资源、传递关键信息、影响战略决策等途径树立起权威、可靠、值得信赖的公众形象。与此同时，领导者也可借助恰如其分的印象管理来传递一些正面信息，例如在公众场合尽可能多与业界的精英翘楚来往，以衬托自身的社会地位与个人影响力。最后，在领导那些掌握着丰厚人脉资源的员工时，领导者要有这样的认识：相比其他成员，这些享有极大影响力的员工或许会因潜在的优越感更"挑剔"上级的个人能力；在这种情况下，为了避免不必要的冲突，更为了取员工之长、补自身之短，领导者需要在信任与尊重的前提下进行适度授权，通过良好的合作实现高效的资源互换。

资料来源：Venkataramani，V.，Green，S. G. & Schleicher，D. J.，"Well-Connected Leaders：The Impact of Leaders Social Network Ties on LMX and Members，Work Attitudes，" *Journal of Applied Psychology*，2010，95（6）.

（3）创设愿景（visioning）。管理学大师德鲁克曾说："没有将来的决定，只有现在决定的未来。"隐喻、类比等辞令技巧赋予看似平淡无奇的工作深层价值含义，理想的愿景能在行动伊始辅助领导者激励员工、安抚股东甚至威慑竞争对手，将企业的现在与未来紧密相连。为此，领导者不仅需要勾勒出引人入胜的美好画卷，更重要的是成为言出必行的个人表率，引导团队进一步制定出可行的方案，从而使人们深信众志成城的奋斗与拼搏终将让梦想照进现实。就国内的一些企业和机构而言，多数领导者都有能力描绘并向员工传递美好的愿景，但最终的实现效果却不尽如人意，归结起来有三方面的原因。

1）初始愿景定得过高，员工在企业现有资源和本身的能力限制下无法达成。

2）愿景的设定往往是企业家个人的期待，并没有照顾到基层管理者和员工的目标取向，即领导者的美好愿景可能并未反映下属员工的期待。

3）实现愿景的过程中，领导者对下属的激励（精神激励和物质激励）不够充分。

（4）开拓创新（inventing）。通往梦想的路需要先驱者的开拓，这项职能重点关注辅助战略"落地"的执行力，但又不止于此。"当你问人们需要什么，他们总会说要一匹更快的马。"无疑，在这个技术日新月异、市场需求层出不穷的商业社会里，因循守旧地照搬过往经验注定将被竞争对手远远抛在身后。开拓创新要求领导者具备前瞻的战略思维，勇于打破现状桎梏，不断寻求富有成效的经营模式以推动企业变革，能够凭借持续的创新出奇制胜。

"一千个读者心目中有一千个哈姆雷特"，类似地，在理解并切实履行上述职能时，个体不同的价值理念、行为风格乃至专业技能等都将为其领导行为打上个性十足的烙印，顺利推动独树一帜的组织变革。这将是一个漫长的经验积累过程，在此期间，以正确的价值观做指引，领导者能够充分发挥组织楷模的力量，以闪光的人格品质、坚毅的原则态度打动人心，令众人肃然起敬、追随效仿。无疑，来自团队全体同仁的信任与尊重始终是领导者推动变革的强大后盾——深孚众望者，必将立天下。

### 11.1.2 均衡发展的领导职能

斯隆领导模型可以有两个方面的应用：一是可以用来检视我们的领导者是否履行了应尽的职能；二是可以用来反思自己是不是完成了相应的职能，引导自己去做一个未来的领导者。斯隆领导模型中的领导职能看上去简单明了，实则却涵盖了组织领导者日常工作的核心领域：从调动才智到沟通人际，从理性说服到情绪感召，从构建概念到推动变革……然而，人无完人，纵然是那些现实生活中的卓越领袖，通常也只能在其中的某几个领域游刃有余：曾掌舵英特尔公司的格鲁夫拥有绝佳的分析头脑，总是能够对当前局势了然于心，精准地把握组织核心竞争优势；美国西南航空公司的创办人凯莱赫（Kelleher）素以热情洋溢而又不失真诚的沟通技能为人所称道；苹果公司前任 CEO 乔布斯当属魅力十足的梦想领航人；而“全球电子商务教母”惠特曼则通过搭建富有开拓性的网上交易平台让全新的网购理念在 eBay 落地生根。

木桶原理告诉我们，木桶的盛水量是由箍成木桶的众多木板共同决定的。若其中一块木板很短，这块短板就成了这个木桶盛水量的限制因素。同理，卓绝的个人领导力终将受限于职能体系中最为薄弱的环节。事实上，领导力得以均衡发展绝非依靠团队中的某一个或某几个人——这是一种分布式领导力，需要彼此信赖、相互了解的成员凭借术业有专攻的能力优势填补团队领导职能的空缺。在这一动态的涌现机制下，他们将比其他任何团队都懂得何时毛遂自荐，何时退位让贤。个人的知识技能、胸襟眼界、经验阅历乃至品德修养都将为其顺应时势的进退创造契机。例如，作为国内著名教育培训品牌，人才济济的新东方拥有一个极为强大的核心领导团队。对此，新东方高级副总裁陈向东曾在一次访谈中大加赞赏，其感怀之情溢于言表。

篇中案例

**新东方：如何打造黄金领导团队**

新东方在全国有2万多名教职员工，我觉得这是新东方最为宝贵的财富。在我们的核心管理层里，周成刚老师担任集团的董事，他以前是英国广播公司（BBC）的记者，特别优雅，特别包容，特别大气，给了我们很多的参照。我是农村出来的孩子，穿衣服，有的时候包括谈吐方面可能会不那么到位，他就会给我很多帮助和指点。像我们的首席财务官路易斯，他去过斯坦福大学这些学校，形成了极为开阔的国际化视野，擅长与国际投资者沟通和谈判，他对很多东西的不同理解、对不同行业的判断乃至于对数字的分析都是值得我们反复琢磨的。

集团的高级副总裁沙云龙老师，生于1976年，是新东方最年轻的一位高级副总裁，在他看来，成长比成功更重要，而唯有不断地学习，才能让自己加速成长。在新东方总裁办公会里另外一位非常重要的成员是汪海涛老师，他是集团的副总裁，同时也兼任上海新东方学校的校长。他以前是北京大学的老师兼英文教研室主任，后来因为喜欢新东方，割舍不下，就全身心地加入了新东方。汪老师学术水平高，他对整个英语行业的研究达到了顶尖水平。此外，我们的总裁办公会里还有一位成员李国富，他在德国待了十多年，后来来到新东方，也喜欢新东方，他还是俞敏洪老师的中学同学。他在对西方的理解上有着自己十分独到的体验。

由此大家不难看到，新东方的核心团队里既有"海归派"，也有本地派，或称"土鳖派"；有学贯中西的，也有不停走出去接受不同教育的；有的在年龄上相对比较成熟，有的则年富力强、锐意进取，这样一来就能形成非常有趣且强大的团队。

另一方面，当团队整体的能力素质都不错的时候，其实从某种意义上也将帮助第一领导人加速成长。俞敏洪老师北京大学毕业，是学英文的，数学比较差，但是现在能看懂财务报表，能弄懂上市的语言，搞懂金融逻辑。

资料来源：胡慧：《陈向东做客腾讯谈打造团队黄金法则》，腾讯教育网，http：//edu.qq.com/a/20110106/000260.htm，2011-01-06。

分布式领导力有助于促进领导职能均衡发展。企业的领导者不仅仅是一个人，多数情况下他们呈现出领导团队的形式。如果发现团队中的短板，应该迅速将它做长补齐（对原有人员进行培训或是引入外部新成员），促使领导职能平衡发展，否则短板给企业带来的损失可能是毁灭性的。

### 11.1.3 对于领导实践的启示

斯隆领导模型能够在一定程度上帮助领导者从日常琐事的日程表中解脱出来，集中关注核心职能，从容不迫地应对重大风险，把握未来机遇。此外，作为一套形象而清晰的职能模板，斯隆领导模型能及时地督促领导者全面审视当前的工作状态，不断改善自身的不足，提高领导效率。

相比较而言，从这一模型里我们更多地是感受到团队协作的力量。四大核心职能彼此渗透、密不可分——缺乏脚踏实地的现状分析，愿景不过是虚妄的镜花水月，没有融洽和谐的人际氛围，遑论求同存异、一致前行。我们却无法寄希望于寻求传说中那全知全能的领导者，否则将沉溺于充满浪漫色彩的领导力遐想中难以自拔。要知道，在现实生活中常为人称叹的卓越领导者并不是将自己架上"神坛"。相反，他们有血有肉、有缺陷、有过错，尽管不完美，却能够客观坦率地承认自身的不足，他们懂得如何通过与他人协作去弥补个人领导力的缺憾。从这个意义上讲，斯隆领导模型不仅仅是个人的领导职能模板，它在无形中也传递出领导力的扩散效应：从个人到所在团队，再到组织整体，领导并非少数人的"高处不胜寒"。第13章将专门介绍高层管理团队的有关知识。

# 11.2 激 励

## 11.2.1 激励理论

领导从来就不是一个人的表演。无论是一呼百应的拥护、鞍前马后的追随，还是众志成城的倾力协作，下属的重要性都不可小觑。在斯隆领导模型中，宏伟的蓝图、愿景也正是由于能够激起组织上下同仁“逐梦”的信念与激情，才能发挥出深远的指引作用。为了突出激励（motivation）这一重要的领导职能，本节将其作为独立的领导职能进行介绍。

员工激励的重要性不言而喻，那么，如何实现有效的激励？多年来，理论研究与领导实践对这一话题热议不断，本教材的第2章对于激励理论进行了系统的介绍。从内容型激励上看，需求层次理论、双因素理论仍然对企业起到指导作用，实践中逐渐演化出了形形色色的激励手段：由基本的工资、奖金、职位提拔到决策参与、在职培训、带薪假期、员工股权计划等。从直观的物质奖励到无形的认可、褒奖，当下的激励手段可谓别出心裁、花样百出。为了能够最大限度地实现员工满意，许多公司更是在这方面下了大力气。比如邓白氏软件服务公司（Dum & Bradstreet Software Services）的董事长小约翰·依姆利（John P. Imlay Jr.）奖励员工时，会请蒂凡尼珠宝公司（Tiffany）设计一种钥匙型的领针，资历在5年以下的员工，佩戴的是银钥领针；满5年就可以佩戴金钥领针了；任满10年的女性员工再加一颗钻石。

上述内容型激励理论侧重于根据人们内心所想找到足以激发动力的“源头”，但一个好的动机与预计的理想结果之间还存在具体途径的问题——此时不一定是条条大路通罗马。因此，另外一些学者提出了目标设置理论、公平理论等具有代表性的过程激励理论。以公平理论为例，它将关注点从个人扩大到整个团队，指出人们在暗自衡量自己与同事的付出与回报时，对各人所得的心理感知将影响报酬的激励性——毕竟，冷落与不公总是令人愤懑不已。这提醒领导者要注意组织中公平环境的塑造和对下属公平心态的把握。

## 11.2.2 激励的成效

尽管激励的方式多种多样，但实际成效却往往因环境而异。例如，美国通用电气公司会在年度绩效考核中对员工进行评级，将考核结果与工资及职务挂钩：表现出众的员工将获得不同程度的加薪或晋升，而后进者则可能面临降级、停职甚至是解雇走人的后果。此类末位淘汰制看似残酷，但却恰好迎合了成熟的市场经济环境，进而得以持续地激励员工奋发向上、超越自我。而在另一家美国企业，星巴克却致力于打造快乐轻松的工作氛围，因其温馨的关怀和真诚的信任实现了员工满意，激励他们为顾客提供最优质的服务，将企业发展成了全球最大的咖啡连锁店。

篇中案例

## 星巴克的伙伴哲学

1971年星巴克在西雅图起家，1987年霍华德入主后，将其体验文化定位于“第三空间”（顾客在生活中除了家、公司以外最常去的第三个地方），为顾客提供的不只是一杯咖啡。事实上，星巴克对于每一名公司成员来说，也不只是雇主。霍华德曾说，星巴克从来不只为了赚钱而存在，他一直努力将其打造成一家独特的公司：在这里，最重要的资产是伙伴，伙伴第一，其次是顾客，最后才是股东。

**只有快乐的伙伴，才会有快乐的公司**

伙伴之所以重要，是因为他们在提升客人体验、传递爱与快乐的感受上，是最直接也是最前沿的。新巴克的门店内不只雇用咖啡师制作咖啡，更需要一个全情投入的伙伴，令每一个人进入星巴克就有一种宾至如归的感觉，成为将星巴克的文化、品牌、产品传递给消费者的桥梁。

在员工流失率居高不下的零售行业，星巴克的门店经理是出了名的难挖，中国区门店经理的年流动率仅为个位数。在星巴克内部，不存在居高临下的“总部”概念，负责日常经营管理、行政事务的部门统称为“支持中心”，分管人力资源的部门则称为伙伴资源部；“伙伴第一”的理念不只反映在名称上，更体现在行政流程的设计上，如果支持中心需要门店做什么，必须通过营运支持部门的把关和统筹，财务部、市场部、伙伴资源部等任何部门，都绝不允许随意指使门店。

**关注伙伴的成长**

星巴克为每一个伙伴提供量身定制的长期事业发展路径和机会，并且适用于人生的不同阶段和个人家庭需要。在薪酬福利方面，星巴克每年为伙伴进行两次评估，提供具有市场竞争力的待遇。星巴克在中国的每一位员工，包括部分兼职伙伴，都能持有星巴克的咖啡豆股票。除了咖啡豆股票计划，星巴克为所有全职或兼职的伙伴提供具有竞争力的保险、医疗等方面的福利。

受年轻员工“世界那么大，我想去看看”思想的影响，星巴克中国于2015年推出“伙伴识天下”计划，为门店伙伴创造了前往新加坡交流工作一年和国内各城市轮岗的机会。此外，星巴克每年会组织社区服务与慈善义工活动，这不仅是为了企业的社会形象，也旨在帮助每一名成员建立正确的价值观，懂得帮助他人是一种责任。

资料来源：韩璐、阿细：《星巴克的伙伴哲学》，载《21世纪商业评论》，2015（7）。

星巴克的成功不仅在于独特的员工激励机制，与其所在的行业特性也有着密切关联，眼红的老板们若“只见树木不见森林”地跟风模仿，往往会闹出东施效颦的笑话。不仅如此，各行各业中员工的个体差异，任务的完整性、自主性、重要性、技能多样性，以及员工是否能在工作中获得充分的信息反馈等也将影响到激励水平，这使得一些工作本身更容易实现员工满意。例如，对于一个乐于迎接挑战的人来说，朝九晚五地坐办公室就不如干销售、拼订单来得有动力，即使后者意味着高强度的工作压力。

通过上述案例不难看到，文化背景、行业类型乃至组织成员、工作本身所存在的差异均会在很大程度上影响领导激励的成效。不同环境中，任何一种激励理论均有其可取之处，需要在实践中摸索，绝不能局限于纸上谈兵。此外，在对员工内在的需求进行揣测时，领导者是否能够切实做到换位思考也很重要：可以想象，如果仅仅凭借领导者的主观臆断给予激励，极有可能费力不讨好，甚至引发上下级之间的相互埋怨。

## 11.3 决策制定

从公司层面的战略规划到下级部门的政策落实，组织中的正式领导者几乎每天都在忙不迭地“拍桌子”“定方案”，大大小小、紧密关联的决策构成了企业整体的目标体系。因此，决策，特别是那些将为组织确立未来发展方向的战略性决策有着不言而喻的重要性。

理想的情形下，领导者能够通过全面、客观的 SWOT 分析获取决策所需的详尽信息，进而权衡利弊、筛选最优方案。但这往往需要相对稳定的内外部环境和清晰、可预见的备选方案，领导者自身也要具备良好的统筹、分析能力。然而，现实环境往往很难满足上述条件，更多的时候甚至显现着截然相反的复杂局面。这无疑为单枪匹马的领导者带来了极大的挑战，唯恐一个不慎便因个人失误牵连全局利益。为了尽可能地提高决策质量（decision quality）、把握倏忽即逝的机遇，越来越多的领导者对于群策群力的决策参与给予了高度关注，他们希望能够通过共享决策权最大限度地优化决策方案。

### 11.3.1 弗鲁姆-杰戈权变模型

在决策制定的过程中，员工可以通过许多途径参与其中。例如，积极主动地向领导者反馈个人建议，或是加入头脑风暴一类的集体会议。某些情形下，领导者也会给予基层员工先斩后奏的特权，允许他们自行处理突发状况而无须等待上级指令。前面已经提到，鼓励员工参与能够在不同程度上起到优化决策、把握机遇的作用，但受到诸如时间成本、会议场所及下属能力水平等多方面因素的制约，决策参与在实际推广过程中并不都尽如人意。一些研究表明，即使是在领导者独揽决策权时，也有可能获得最优结果（Fiedler，1968）。这就需要领导者在特定情境下灵活地把握决策权的让渡空间，适度揽权，适时放权。类似的观点在第 9 章已经介绍过，此处要介绍的是弗鲁姆与杰戈（Vroom & Jago，1988）两位学者建立的一个专门为领导者的决策设计的权变模型，它关注不同的参与模式对决策质量、方案可信度以及员工接受度的影响。模型主要包含三个要素：决策的参与模式、环境分析和此基础上的权变决策。

#### 一、决策的参与模式

现实生活中，剑走偏锋的独裁者或是甩手掌柜相对罕见，多数情况下的领导者体现出混合型的参与偏好。受到当前知识经济大环境的影响，对于那些思维活跃、具有独立见解的员工，领导者一方面需要营造民主、包容、自由的管理氛围，另一方面又要及时给予督导与流程控制。弗鲁姆-杰戈权变模型对领导者参与度进行了划分，建立起由低到高的五级参与模式（见表11—1）。

**表11—1　　领导者的参与模式**

| 领导者影响 → 团队自由度 | | | | |
|---|---|---|---|---|
| 决策独裁 | 分别磋商 | 团队磋商 | 决策参与 | 团队授权 |
| 领导者独立制定决策 | 分别向追随者征集建议以备参考 | 向团队征集意见，选择性采纳 | 领导者加入团队，共同制定决策 | 在一定约束下将决策权完全让渡给团队 |

资料来源：Vroom，V. H.，"Leadership and the Decision Making Process，" *Organizational Dynamics*，2000，28（4）.

二、环境分析

那么，接下来领导者又将根据什么来确定具体的参与形式？考虑到环境的高度不确定性，模型的核心特征正是权变，所谓的最优方案也只适用于当前情境，因此领导者在采取行动前，需要结合如下一些因素分析决策环境。

（1）决策重要性：很少见到一项战略性决策是领导者"拍脑门"想出来的。事关重大，肩负压力与责任的领导者通常会慎重地征集团队的意见，以免因个人判断失误引发严重后果。

（2）下属支持的必要性：由于人们都会倾向于赞同自己曾参与制定的决策，因此，若一项方案或政策需要成员的高度配合，积极地鼓励他们参与其中可以辅助决策顺利推行。

（3）下属支持的可能性：如果对于一项既定决策，下属已然能够给予莫大的支持并很好地执行，那么鼓励参与就无太大必要，否则会耗费额外的时间和精力，造成资源浪费。

（4）上下级的专业技能水平：决策参与是一个取长补短的过程，其中包括领导者与追随者在决策能力、专业知识等方面的资源和信息共享。如果任何一方拥有解决某一类问题的技能特长，就可相应地将决策主导权移交给他们。

（5）团队合作能力：参与制定决策时，或多或少地会出现意见分歧。这种情况下，团队成员是否具备良好的协调合作能力就显得尤为重要，这将在很大程度上决定决策参与是会陷入利益纷争还是会在共同目标的指引下实现互惠共赢。

三、权变决策

通过上述环境分析不难看出，模型的关注点最终落到了决策质量和成员对决策的接受度上。为了帮助进一步确定员工参与水平，弗鲁姆等人将对环境的分析描绘成了一棵"决策树"（见图11—2），领导者将从左往右地依次回答相应问题，从而确定出一条与决策情境相符的路径，以确保指向能够兼顾决策质量与员工接受度的参与模式。

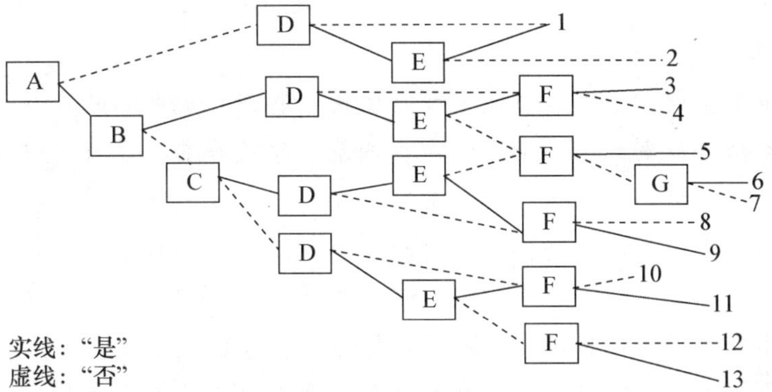


A：这一问题是否包含对质量的要求？
B：我是否拥有足够信息来做出高质量的决策？
C：这一问题是结构化的吗？
D：获得下属的支持对有效实施重要吗？
E：如果我要独立决策，是否有合理的把握获得下属的接受？
F：下属是否一致地认同决策所要达到的目的？
G：下属是否会在方案的选择上产生争议？

| 路径 / 可行方案 | 1 | 2 | 3 | 4 | 5 | 6 | 7 | 8 | 9 | 10 | 11 | 12 | 13 |
|---|---|---|---|---|---|---|---|---|---|---|---|---|---|
| | abcde | e | abcde | abcd | e | ac | bc | bcd | bcde | d | de | e | e |

a：决策独裁；b：分别磋商；c：团队磋商；d：决策参与；e：团队授权

**图 11—2 领导决策树**

资料来源：Vroom，V. H.，"Leadership and the Decision Making Process,"*Organizational Dynamics*，2000，28（4）.

此外，领导者还需要结合现实的时间压力以及下属能力培养计划来权衡所有可行的决策方案。据此，我们不难发现，要制定一项既具有可操作性又能同时协调相关成员利益的决策绝非一件容易的事情，因此也就不难理解为何企业领导总是容易陷入无休止的对策商讨中，不断地调整战略。尽管如此，现实生活中一些卓越企业仍然能够把传统意义上连篇累牍的方案陈列转变为简明精确的信息备忘，从而最大限度地提高会议的效率。

## 篇中案例

### 宝洁：把会议当作备忘录

会议对于脑力激荡、制定决策、追踪事项、信息交换或协调跨部门团队是有一定作用的。但是宝洁公司的会议比起其他公司具有较高的目的性，而且很有组织性。如同精心雕琢的备忘录一样，它是一个非常有效率的信息沟通及行动方案的建议工具，会议的运行也体现着相同的组织性和精确度。

宝洁的离职员工到其他公司上班时，首先要面对的事情恐怕是无边际的会议及缺乏书面沟通。通过备忘录，他们可以详细研究每个步骤之间的关联性。但是，会议却不能做到这一点。

创意审查会议（广告商向品牌经理简报新制作的广告）可以展现宝洁的会议形式。像备忘录一般，会议以联结各个部门为目的进行组织：目的概述、背景说明、建议以及论证。宝洁典型的创意审查会议一开始便由品牌经理说明本次会议计划达到的目的，然后由品牌经理（或副经理）进行创意目的及策略的审查。品牌经理的对等窗口，即广告商的客户服务专员，将说明广告与策略的发展过程及其相关性。接下来创意总监或广告文案撰写人，个别或同时进行广告简报。他们充满热情和活力的简报给人身临其境的美妙感受。

一阵肃静之后，品牌经理、副经理及营销经理都忙着做笔记。

品牌副经理首先回应。他针对简报资料是否确实执行品牌的广告策略进行评论，而不是他本人对此广告的好恶。然后他运用在宝洁广告文案学院所学的广告评价技巧做出相关评论，广告商可以回应并解释广告是如何诠释品牌的广告策略的。接下来是品牌经理发表评价品牌副经理的意见，并加上一些个人的看法，广告商也做出相应的回应。然后是营销经理针对先前的讨论，提出过去宝洁的广告经验和一些个人的主观评价，同样广告商也做出回应。如果营销经理是最资深的与会者，他将作最终的定夺。最后，品牌经理总结会议结论和追踪事项。

资料来源：苏伟伦、童泽望：《宝洁：把会议当成备忘录》，载《环球企业家》，2006（3）。

受过培训的宝洁人能够体会创意过程的独特本质，不会轻率地评价创意成果。会议的根本架构客观并体现目的性，会议的焦点将不断地锁定广告目标、策略和终极目的。与许多公司内部常见的漫无边际的会议相比，宝洁的创意审查会议无疑是简明而高效的。但简明并不等同于简单：所有的可行方案在一一陈列后仍需接受与会成员的分析、评价与质疑。因此，为了避免因跑题而陷入无休止的争论，此时会议的组织显得尤为重要。如何在强烈的目标导向下，借助明确的分工与客观的评价来锁定会议焦点，提高决策效率呢？在此，宝洁公司从具体的操作层面为提高决策效率提供了一个很好的借鉴，其悉心组织的决策流程既是促进信息交换、协调合作的工具，也从本质上影响到最终行动方案的可实施性。

### 11.3.2 对于规范化决策的思考

理论上说，按部就班的理性决策能够在很大程度上规避风险，而配合相得益彰的参与模式也有助于提高决策质量，并在获得广泛认可的基础上推动决策顺利施行。但在信息空前膨胀、不确定性与日俱增的今天，规范化决策程序的弊端逐渐暴露了出来：环境分析需要时间，员工参与需要理解，领导拍板需要经由客观、严谨的逻辑推理……即使满足了上述条件，一项千呼万唤始出来的决策方案也极有可能与悄然改变的现实环境相脱节。

明茨伯格曾用陶艺人塑陶的过程形象地传递了领导者进行战略决策时那种介于确定与不确定、可控与不可控之间的状态。“作为一个手艺人，他是在感觉这些东西，而不是分析；他的知识是隐性的、难以言明的。当他动手时，所有这些都在其脑海里发挥作用。”从某种意义上说，当“身临其境”的领导者依靠个人的经验直觉进行决策时，往往也能与市场机遇“狭路相逢”，出奇制胜地将企业引入一个新的历史阶段。所谓尽信书不如无书，尽管规范化的决策模型对于推动理论发展、优化决策过程有着重要意义，但对于领导者来说，更需要在掌握理论的基础之上学会变通，灵活而不失理性地进行决策。

## 11.4 环型职能模型

一直以来，人们对领导者始终怀着各种各样的期望，诚如前面所述，从创设愿景、制定决策到协调利益相关者、激励员工为共同目标不懈奋斗等。总之，既要立足现状，又需展望未来。随着领导职能的不断完善，加之日趋庞大的组织规模与多样化的团队构成，人们也逐渐意识到这注定不是一场专属于全知全能的英雄人物的传奇剧目。在这一领域，近年来关注团队领导力互补的斯隆领导模型作出了长足的贡献。此外，也有学者以在建设、引领团队实现既定目标的同时兼顾员工个性化需求为出发点，针对有效的团队领导行为建立了一个动态平衡模型，为拓宽个人领导力视角起到了积极作用。

### 11.4.1 阿戴尔的三环模型

领导学专家阿戴尔（Adair）在《领导力培训》一书中指出，作为领导者需同时满足三种需求，即引领团队完成常规型日常工作、建设团队以及培养个体成员。阿戴尔进一步借助一个三环模型形象地呈现出这三类彼此重叠、环环相扣的领导职能行为（见图 11—3）。

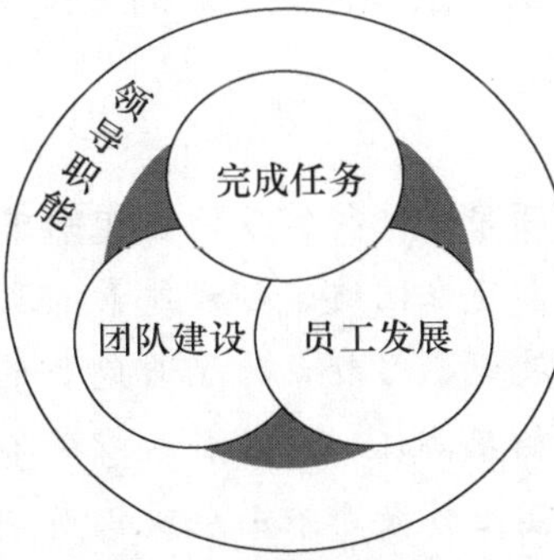


**图 11—3　约翰·阿戴尔的三环模型**

资料来源：Adair，J.，*Training for Leadership*，London：MacDonald and Company（Publisher）Ltd.，St. Giles House，1968.

上图中，三个环形分别对应领导者的任务职能、团队职能以及个人职能，阿戴尔将领导力比作在空中同时转动这三个环形的平衡能力。与以往许多关注个体领导职能的学者不同，阿戴尔认为这并非一场“个人秀”。在他看来，领导角色实质上是由一系列引领团队实现共同目标的具体行动塑造的，而行动的发出者并不用局限于组织中特定的领导者——术业有专攻，只要时机成熟、能力相称，团队领导完全能够由不同的成员胜任。这一“解除职能绑定”的观点与斯隆领导模型中的分布式领导理念有着异曲同工之妙。

### 11.4.2 团队领导行为

一般而言，阶段性的工作任务是一个团队得以存续的首要前提，因而以制定计划、下达指令、控制工作活动进度等为代表的任务型职能构成了三环领导模型的基础，并为团队进一步发展壮大创造了契机。接下来，为了能够更好地履行团队领导职能，领导者需带领成员在不断的碰撞与磨合中共同探索团队运作机制，并就此达成一致。同时，通过协调彼此间的工作关系来增强集体凝聚力，从而推动团队的成长和发展。模型中的最后一个环形代表着领导者的个人职能，它强调领导者应充分地尊重和信任员工，关注其发展潜力。这一方面要求团队领导具备极为敏锐的洞察力，能够将心比心地理解个体成员的成长诉求；另一方面也需要他们将关怀付诸行动，以可观可感的制度体系为员工搭建发展平台，例如通过推行开放包容的参与式决策鼓励成员各抒己见，从而达到开拓胸襟眼界、激活创新潜力等目的。

在这一嵌套式结构中，三大职能彼此渗透、相互影响，共同构建起一整套动态而高效的领导职能体系。所谓牵一发而动全身，其中任意环节的变化都将引发一系列的连锁反应，而这既有可能带来相互促进的积极效应，也有可能因彼此牵制而引发恶性循环。例如当一个团队圆满地完成了阶段性目标时，成功的喜悦不仅能极大地提升团队士气、为其接下来的发展奠定基石，同时也将进一步拉近同伴之间的距离，为个体成员营造出融洽满意的工作氛围。相反，一位过分关注任务、忽略团队建设及员工需求的领导者往往会在不知不觉中损害整体的长远利益，并为日益疏远的团队氛围和冲突不断的工作关系头疼不已。

## 小　结

作为引领变革的核心人物，领导者往往需要迎合组织中的多样化角色期待。斯隆领导模型将领导职能概括为分析现状、建立网络、创设愿景以及开拓创新四项。对此，领导者也将借助个性化的行为方式予以展现。另外，为了避免受个人领导力的局限，斯隆领导模型强调领导者应与团队其他成员相互协作、取长补短以提高整体领导力水平。

激励对于促进员工满意、提高工作效率有着积极作用。随着激励理论的发展，实践中的领导者往往采取多样化的激励手段，但受外部环境、组织成员乃至工作内容本身等因素的影响，激励的实际成效不尽相同。因此，领导者在激励员工时需做到因时制宜、灵活变通，借助换位思考体察员工的内心需求。

在制定决策的过程中，领导者可通过鼓励员工参与实现决策优化、提高成员认可度、辅助决策落实等目的。在帮助确定员工参与水平的理论研究中，弗鲁姆与杰戈两位学者归纳了五类参与模式，建立了相关规则，对领导决策具有一定的启发。此外，由阿戴尔提出的环形职能模型将关注点从单个领导者转移到团队领导行为上，分别阐述了领导者的任务、团队以及个人职能。由于三大职能相互渗透，领导者在带领团队完成任务的同时也要兼顾团队建设与员工个性化发展的诉求。

## ▶关键术语

领导职能（leading function）
斯隆领导模型（Sloan leadership model）
分析现状（analyzing）
建立网络（relating）
创设愿景（visioning）
开拓创新（innovating）
激励（motivation）
决策质量（decision quality）

## ▶思考题

1. 为什么说领导者有时会陷入高处不胜寒的处境？
2. 结合分布式领导的概念，谈谈组织中领导力得以均衡发展的必要性。
3. 在哪些情形下，激励容易产生适得其反的后果？
4. 如果得知一位企业领导者决意在素来注重人际和谐的组织中推行末位淘汰机制，你会对他提出怎样的建议？
5. 在考虑是否需要让团队的其他成员参与到决策过程中时，领导者需要权衡哪些主要因素？
6. 采取团队集体决策的突出优势及主要缺点各是什么？

## 案例分析　李开复：领导力是一种独特艺术

**愿景比管控更重要**

在吉姆·柯林斯著名的《基业长青》一书中作者指出，那些真正能够留名千古的宏伟基业都有一个共同点：有令人振奋并可以帮助员工做重要决定的“愿景”。缺乏理想与愿景指引的企业或团队会在风险和挑战面前畏缩不前，它们对自己所从事的事业不可能拥有坚定的、持久的信心，也不可能在复杂的情况下，从大局、长远出发，果断决策，从容应对。

优秀的领导者会与员工分享企业的愿景，如果可能，还会让员工参与愿景的规划。如果能让员工充分理解领导者对企业长期发展方向的思路，让与自己一同工作的所有人拥有相同的努力目标，那么，员工的参与感和积极性将得到充分激发，整个团队都将保持激昂的斗志和坚定的方向，这家企业就会拥有无穷的原动力。

**信念比指标更重要**

成功的企业总是能坚持自己的核心价值观。而且，公司整体的信念或价值观也必须在员工身上体现出来。毕竟，任何一家企业都是由该企业的所有员工组成和推动的。

通用电气公司原董事长杰克·韦尔奇在论述员工评价标准时指出，对员工绩效的考察必须与对其价值观的考察结合起来，并着重看该员工的价值观与公司的价值观（尤其是坚持诚信的信念）是否吻合。绩效达标，但价值观与公司不吻合的员工是足以“杀死”一家公司的人。现实证明，很多公司就是因为雇用了这些工作能力出色但品格很差，或个人信念与公司背道而驰的人，才走向崩溃的。

因此，无论是公司还是个人，坚定的信念、正确的价值观在任何时候都是不可或缺的。

**人才比战略更重要**

对于21世纪的企业管理者而言，人才甚至比企业战略本身更为重要。没有人才的支持，无论怎样宏伟的蓝图，都无法得以真正实施。因此，企业管理者应当把"以人为本"视作自己最重要的使命之一。通常，一名经理人如果不能将10%～50%的工作时间投入到招聘人才的工作中，那么，就无法让自己的团队获得持久的动力，就不是一名合格的经理人。

好的管理者重视员工的成长，给予人才最大的发展空间，为人才提供足够的培训和学习机会。在微软中国研究院，每一位新员工加入后都会经历3个月的培训，李开复使用自己亲自为他们设计的课程，一节课一节课地为他们讲解各种相关的知识、经验。而在谷歌中国工程研究院，培训的时间更长，包括各种课程、到总部3个月的培训，公司甚至还愿意出学费让员工到斯坦福大学读硕士。

**授权比命令更重要**

在21世纪，放权的管理会越来越接近于员工的期望，是最为聪明的管理方式。因为当企业聚集了一批足够聪明的人才之后，如果只是把这些聪明人当作齿轮来使用，让他们事事听领导指挥，那只会造成如下几个问题：员工的工作满足感降低；员工认为自己不受重视，工作的乐趣和意义不明显；员工很难在工作中不断成长；员工个人的才智和潜能没有得到充分利用。

为了给员工更多的空间，更好地发掘个人的潜力，许多成功的企业都推出了相应的举措。例如，谷歌公司允许工程师在20%的时间里从事自己喜欢的项目或技术工作。这一制度解放了工程师的创意，收到了意想不到的出色效果。事实上，像Gmail和Google News等谷歌引以为豪的许多产品，都是最先由工程师在20%的时间内创造出来的。"20%的时间"的管理模式让员工意识到公司对他们的信任和放权，营造出了非常好的管理氛围。在员工调查中，员工对公司的满意度总是高于我曾经工作过的其他公司。

资料来源：李开复：《领导力是一种独特艺术》，载《基础教育论坛》，2012（10）。

根据上述案例，尝试回答如下问题：

1. 本案例中涉及哪几种领导的职能，结合本章内容，你还能想到其他哪些领导的职能？

2. 你认为领导最重要的职能是什么？为什么？

3. 领导处于不同的情境当中，其各项职能的重要性也会发生变化。思考情境对领导职能的影响。

## ▶ 参考文献

[1] Ancona，D.，Malone，T. W.，Orlikowski，W. J. & Senge，P.，"In Praise of the Incomplete Leader，" *Harvard Business Review*，2007，85（2）

[2] Fiedler，F. E.，*Personality and Situational Determinants of Leadership Effec-*

*tiveness*, in D. Cartwright & A. Zander (Ed.), *Group Dynamics*: *Research and Theory*, New York: Harper and Row, 1968

[3] Vroom, V. H. & Jago, A. G., *The New Leadership*: *Managing Participation in Organizations*, Englewood Cliffs, NJ: Prentice-Hall, 1988

# 第12章

# 领导变革

**学习目标**

- 领会变革的作用和类型
- 理解变革的过程
- 了解阻碍变革的不同原因
- 了解组织变革的抵制现象
- 掌握愿景型领导的特点及领导者构筑愿景的方式
- 理解有效领导变革的做法

引例

**张近东：格局决定结局**

苏宁创业的前十年，中国正处于商品供不应求的短缺经济时代，我和同时代许多民营企业家都是白手起家。那时，空调在中国属于奢侈品，一台空调相当于一个普通人3～5年的工资。到创业第二年，我们的利润就已经有1 000多万元。

十年后，中国家电消费进入普及阶段，市场规模迅速放大，行业利润率大幅下降。苏宁的零售、工程和批发三类业务中，销售规模最大的批发部分出现亏损。我决定放弃一年5亿多美元的批发业务，全面转型零售。当时，大多数管理人员不愿放弃，我不得不放出狠话，谁再说搞批发就开掉谁。转型必须有壮士断腕的气魄。

苏宁开始第二次创业，加速零售连锁扩张。但当我们喊出“在全国开出1 500家店”的目标时，受到业界颇多质疑，甚至嘲笑。当时，苏宁选择了一条看起来风险很高的扩张路径，集中资源率先抢占大城市和区域中心城市，然后再向低端市场渗透。结果只用了不到 5 年的时间，就完成了在全国省会城市的布局。

到 2005 年，中国零售业全面进入连锁时代，开店数量和销售规模成了比拼的重要指标。但我们却坚持把大量的资金和精力投入到后台建设、人才培养和物流基地的建设上。两年后，苏宁的门店数和销售规模都超越了当时的国美。

经历两次重大的战略调整，我们领悟了一个转型真谛：以不变应变，以变应变。无论外部环境如何变化，不变的是要始终把握行业的本质，坚守企业的核心能力建设；变的是一定要掌握时代的前沿技术，才能最终赢得市场。

如今，互联网大潮涌来，我们又开始思考转型。如果说前 20 年的转型创新，都还只是在实体经济范围内，那么现在这 10 年的转型创新，却是在互联网技术的推动下，完全掀开了新的篇章。

未来的零售企业，不独在线下，也不只在线上，而一定是要线上线下完美融合的 O2O 模式。这种模式将给全球零售业带来一个巨大的发展契机，推动零售业的第三次浪潮。零售业未来要把门店开到消费者的口袋里、客厅里去，并通过开放平台，将自身物流、信息流和资金流等资源全面向社会开放，搭建共赢的生态圈。

资料来源：张近东：《格局决定结局》，载《IT 时代周刊》，2014（3）。

是深刻变革还是死亡？组织面对的环境复杂多变，与严格的静态组织相比，适应性、弹性强的组织更具竞争优势。在竞争日益激烈的今天，组织需要变得更加灵活、创新，富有弹性和适应性，固化守旧的组织终将被历史淘汰。然而变革并不是一件容易的事情，“赤手空拳走入未知天地”往往是一种惊心动魄的选择，使人不由得茫然无措。变革是势，顺之者昌，逆之者亡；创新是路，积跬步方能至千里，一步一个脚印方能丈量未来。张近东，作为一位跟中国零售业一起成长起来的企业家，抓住机遇，看清问题，大刀阔斧地进行创新与变革，在保证组织成功适应环境变化的同时保持组织内部的健康发展。第 8 章介绍了变革型领导的概念，上一章斯隆领导模型中的四大要素也提倡追求独树一帜的变革，本章将具体阐述变革的类型、变革过程模型、变革中会遇到的阻力，以及怎样成功地领导变革。

## 12.1 变革的类型和过程

### 12.1.1 变革的类型

曾有人问通用电气的前 CEO 杰克·韦尔奇：“您对通用电气的变革何时结束？”韦尔奇果断地答道：“不，变革刚刚开始。”在韦尔奇的管理生涯中，变革从未间断。世界上唯一不变的是变化，应对变化需要变革（change），变革是永恒的，领导者应该将变革看做机遇而不是威胁。

变革是组织管理人员为适应外部环境的变化，主动对组织的原有状态进行改变，以更好地实现组织目标的过程，这也是区分领导者和管理者的方法之一。变革包含情境、领导者、追随者三要素，这往往与创新密切相关。当组织中劳动力性质、技术、经济、冲击、社会倾向、国际政治等发生变化时，变革也就蓄势待发。比如，始于2004年的我国高校大规模扩招使国内劳动力性质发生了很大变化，各个组织需对内部用人体制进行变革，以适应新的劳动力市场。变革对组织而言是冲击下的提升和蜕变，有利于提高组织适应环境的能力、工作绩效和整体竞争力，正向改变员工的行为。

变革类型因环境而异，不同类型的变革有不同的效果，需要不同风格的领导，常见的几种变革方式分别为计划型变革、无计划变革、渐进式变革、激进式变革。

（1）计划型变革：当人们试图分析环境和组织内部因素时，领导者或员工做出主动尝试而形成的变革称为计划型变革（planned change）。这种变革方式是通过对企业组织结构的系统研究，制定出理想的改革方案，然后结合各个时期的工作重点，有步骤、有计划地实施变革。计划型变革的优点是：有战略规划，考虑到企业长期发展的需求，组织结构的变革可以与人员培训、管理方法的改进同步进行。另外，要使计划型变革的实施取得理想的效果，战略制定的正确性是重中之重，领导者不仅要结合自身对行业发展的认识，同时要适时地咨询行业专家，并让中高层经理也参与进来。联想在收购IBM个人电脑事业部中的变革就是有步骤、有计划、有条不紊地进行的。

（2）无计划变革：现实情况下，企业大部分变革都是人们未曾预期的，这是在没有针对性处理问题的前提下，随机并且突然发生的变革，即无计划变革。当企业的外部环境发生大的变化时，比如政府对行业的政策发生改变或是市场中出现了新的强有力的竞争产品时，为了维护自身利润，企业必须迅速对外部环境的变化做出反应，实施无计划变革。这一过程涉及企业内部的资源分配、人事政策、激励模式等的改变，企业需要在尽可能短的时间内找到应对措施，重新取得并维持竞争优势。

（3）渐进式变革：逐渐发生的变革是渐进式变革。渐进式变革的优点在于变革阻力较小，易于实施，领导者在渐进式变革中需要承受的压力特点为低强度和长期性。渐进式变革与计划型变革的主要区别在于变革之前是否制定了战略计划，即渐进式变革通常是在企业尚没有明确的目标时推行的改良措施，这种变革一般不会涉及组织结构重组等大的方面。

（4）激进式变革：迅速并且显著的变革是激进式变革。这种以变革速度快慢为准的分类中，渐进式变革更易于管理。一些学者也将激进式变革称为爆炸式变革，这种变革方式往往涉及公司组织结构重大的、根本性质的改变，变革期限很短。激进式变革一般只有在极端情况下才会采用，如公司经营状况严重恶化，企业利润急剧下降等。激进式变革存在一定风险，它会给公司带来非常大的冲击，失败的概率也明显高于其他形式的变革。

不同类型的变革需要领导者采取不同的行动，在计划型变革和渐进式变革中，领导者安排工作的能力很重要；当面对无计划变革和激进式变革时，魅力型领导和威权型领导可能会显得非常重要。

## 12.1.2 变革模型

处于初始变革阶段的组织就犹如在险滩不断的河流中航行的小木筏，船员没有航行的经验，不熟悉河流的环境，此时需要变革模型提供系统的理论指导，使领导者能够从整体上把握变革过程。勒温的三步骤模型、活动研究模型和领悟—相信—成就（CBA）变革工具箱就是其中的代表，这些变革模型为领导者领导变革提供了借鉴。

### 一、勒温的三步骤模型

社会心理学家勒温（Lewin，1951）提出了组织变革三步骤模型（Lewin's organization change theory），它包括解冻（unfreezing）、变革（changing）、再冻结（refreezing）三个步骤。该模型解释了变革过程，指明领导者在每个变革阶段的领导方向，这种变革模型也是计划型变革的一种。在勒温的模型中，现状可以视为一种平衡状态，要打破这种平衡状态，领导者必须克服个体阻力和群体的从众压力，因此就需要进行第一步——解冻。

解冻可以通过增加推动力（driving forces），减少抑制力（restraining forces），以及两种力量的结合来实现。任何一种行为都是努力维持组织状态和积极推动变革相协调的结果，当两种力量势均力敌时，就达到了平衡状态。为了实现解冻，领导者需要减弱组织当前状态的力量，使推动力大于抑制力，让员工看到实际行为和期望行为间的差异，动摇原有的思想观念，激励成员参与变革（见图 12—1）。

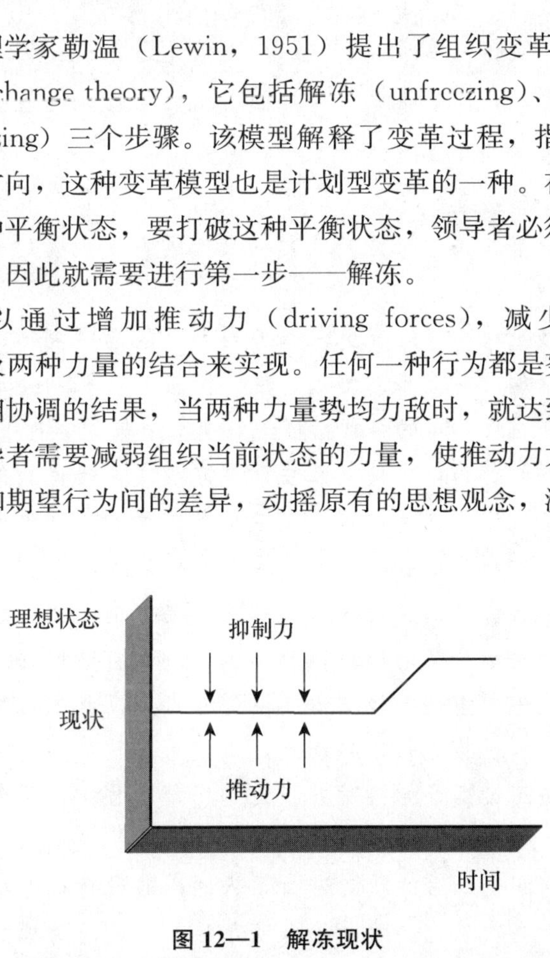


**图 12—1 解冻现状**

资料来源：Lewin，K.，*Field Theory in Social Science*，New York：Haper & Row，1951.

第二个步骤是变革，这是整个过程的核心阶段。领导者实施变革方案，转变部门或个人的行为，在组织成员中发展新的行为、价值观及态度，通常通过组织结构变革、人力资源变革和组织技术变革来实现。变革是一个认知的过程，所以领导者需要给员工提供充分的信息，指明变革方向，使员工理解变革目的，促使其形成新的行为和态度。需要指出的是，因为组织成员存在一种“回弹”的思想，即他们倾向于抵制组织变革，具有使组织回到原有状态的行为意向，所以变革过程不能太拖拉，或者过于追求让所有人都满意，必要的时候，领导者可以通过给员工提供变革培训、心理辅导、增加工资等方式加快变革速度。

最后一步是再冻结。勒温认为组织很容易回复到变革前的状态，除非经历再冻结的步骤。领导者通过对组织文化、规范和政策的再次确定，将组织重新固定在一个新状态的平衡位置，在此过程中不断地给予积极强化，使员工接受并习惯新的组织环境，巩固员工新的行为模式。安全元件公司就利用勒温模型成功地实现了初步变革。

篇中案例

**勒温模型在安全元件公司的应用**

安全元件公司原先为银行提供产品，由于公司想发展成为一个更专业的电子元件制造商，于是把目标用户扩展到电信工业。尽管目前业务已经取得显著进展，但内部业绩不佳：生产线上存在很高的废品率，承诺的发货日期也得不到执行。公司CEO考虑实施变革，他成立了变革小组，并从外面引进了一个有变革经验的职业经理人尼尔，由尼尔担任组长，负责管理变革。尼尔根据安全元件公司的特点，决定采用勒温模型，具体变革过程如下：

第一步，尼尔带领变革小组的成员深入公司生产现场调查，对员工的行为、态度进行引导和纠正；另外，加大对员工的培训力度，使员工认识到变革的紧迫性。同时，尼尔要求财务部门把安全元件公司的经营指标、业绩水平与竞争对手加以比较，找出差距，帮助员工改变现有态度和行为，促使员工主动要求变革，接受新的工作模式。此外，尼尔定期找各部门的负责人进行谈话，减少其在变革方面的心理障碍，提高对变革成功的信心。在解冻了员工旧的观念之后，尼尔开始开展第二步工作。

第二步，尼尔明确告诉员工公司未来变革的主要方向，并着手实施变革。为了提高大家对变革的积极性，变革小组的成员以身作则，带头打破旧的思想，这为员工树立了很好的榜样。同时，尼尔聘请一些管理者、咨询专家定期到公司举办专题讲座。尼尔还不定期地把员工送到培训机构进行短期培训，以使员工适应新的组织环境。通过上述途径，安全元件公司的员工慢慢开始接受并投入到变革过程中，尼尔领导的组织变革取得了初步的胜利。

第三步，尼尔对组织变革后的状态进行了巩固，即进行再冻结，对安全元件公司的组织文化和价值观进行再次确定，奖励符合变革后要求的行为模式的员工，加深员工对变革目的的理解，使新的行为模式得到进一步强化，巩固变革成果。

资料来源：马作宽、王黎：《组织变革》，北京，中国经济出版社，2009。

## 二、活动研究模型

活动研究模型（action research model）侧重在变革过程中，领导者首先系统地收集信息，然后在信息分析的基础上选择变革行为，此模型也是计划型变革的一种体现（Shani & Pasmore，1985）。

活动研究模型的过程类似于医生诊断病情的流程，在面对病人时，医生先对病人进行初步诊断，了解病人身体的基本情况后，分析病情，找出病因。这个过程需要病人的反馈，在得到肯定的反馈后实施治疗，最后由病人对医生的诊断效果进行评价。类似地，活动研究模型包括五个阶段：诊断、分析、反馈、行动和评价（见图 12—2）。

（1）诊断过程。领导者收集信息，通过与员工面谈明确变革的注意事项。

（2）分析过程。领导者对诊断阶段所收集的信息进行分析，并把与问题相关的信息综合成条目，制定相应的解决方法。

（3）反馈过程。领导者鼓励变革对象的广泛参与，积极参与问题的界定，主动寻求解决办法。因此，反馈阶段让员工共同参与前两步发现的问题。最后，在领导者的帮助下，员工可以开发任何有关变革的行动计划。

（4）行动过程。领导者和员工采取具体行动实施变革，改进前几步发现的问题。

（5）评价过程。领导者评估行动计划的效果，对变革前后两个时期进行具体的比较和评价。

**图 12—2　活动研究模型**

活动研究模型的变革行为是以解决问题的方法为中心的，领导者遵循“先有方法，后有问题”的步骤，这能提高问题的解决效率。由于变革过程中包括员工的大量参与，变革阻力得以减弱，员工参与成为变革得以持续进行的内部力量源泉。

## 三、CBA 变革工具箱

飞机飞行时会遇到重力和空气阻力，这些阻力让飞机摇摆不定，难以平衡。同理，令人捉摸不透的变革过程会产生许多变革的脑障，这些脑障存在于人固有的思维中，使人看不到变革的需求。为此，布莱克和格里格森（Black & Gregersen，2003）提出了 CBA 变革工具箱，借以改变人们的心智模式。变革初期，许多人没有探索精神，看不到变革的需求，对问题采取视而不见的态度。员工对变革的领悟能力有限，这是变革开始的第一道脑障。领导者需要促使员工领悟变革的必要性，带领员工聚焦公司内部已经发生变化的东西，比较改变前后的不同，制造反差，创造飞机起飞的动力。

有了动力后，飞机还需要提升力，让人们相信凭借自己的能力可以到达目的地。许多员工明知需要变革，但却认为自己不具备进行变革的能力，这是变革的第二道脑障。此时需要领导者扩大员工变革的信息，而信息来源于资源和奖励。领导者提供给员工实施变革所必备的资源，有力地支持员工的行动，适时地给予激励，强化变革的正面影响，这样做可以突破知而不行的脑障。

变革过程是艰巨而复杂的，人们的疲惫和迷茫往往会使变革行而不达，这是变革的第三道脑障，也是距成功最近的、最可惜的一道脑障。现实结果达不到期望的标准，这种挫败感使人们行而不达，为消除这种负面影响，领导者需要坚定组织的发展战略，指出哪些行为是变革成功的关键，让员工明白初期的低效是正常的，不要气馁，克服疲惫，强化所期望的正面结果。

韩非子说过："世异则事异，事异则备变。"对于任何性质的组织，变革都是保持组织活力和竞争力的重要保证，变革对于组织健康发展是必不可少的。现代商业竞争环境日趋激烈和复杂，变革对于企业生存的重要性不言而喻，领导者对变革要给予高度重视，了解变革的过程，运用合适的变革分析模型，为成功变革打下基础。

## 12.2 变革的阻力

### 12.2.1 阻碍变革的因素

变革意味着破旧立新，必然会同组织内部人员不同的思想观念相矛盾，变革也不免会带来组织资源和利益的重新分配，对组织成员产生压力。当组织中的人们习惯原有的一套思考方式或行为准则时，改变会导致个人抵触情绪，严重时整个组织都会反对变革，形成组织层面的阻力，这构成了勒温的三步骤模型中变革的抑制力。虽然领导职位经常被描绘成令人振奋并且富有魅力，但当领导一个历经变革困难时期的组织时，领导者将面临被踢出局的危险，在变革过程中折戟沉沙。宝洁公司的迪克·雅格、惠普公司的卡莉·菲奥里纳、联想的前 CEO 阿梅里奥等都成为了变革的失败者，失败的部分原因在于，领导者还没有弄清什么是阻碍变革（resistance to change）的因素。

变革阻力的表现可以是公开的，也可以是潜在的；可以是暂时的，也可以是长期的。阻碍变革的因素从其来源可分为组织层面的阻力和个体层面的阻力两类。

一、组织层面的阻力

1. 惯性

惯性是阻碍组织变革的主要因素，在组织的发展历程中，经过时间的沉淀，组织文化和组织结构都已完善并被成员广泛接受，群体已形成固定的行为模式（这种现象也称为"结构惰性"）。惯性起着稳定组织的作用，一旦变革就会产生风险。比如，在 2006 年，当福特公司在损失 127 亿美元后试图重塑自己的管理模式时，遇到了惯性的大挑战，受到全体员工的强烈反对，逼使前 CEO 辞职。守旧的组织文化不利于组织变革，员工多倾向于安全、稳定的组织环境；相反，开放的组织文化有利于员工接受新思想，激发员工的创新精神，有利于组织变革。

2. 威胁

威胁主要体现在三个方面，第一个是专业知识的威胁。变革可能意味着技术的更新和变化，这会威胁到专业群体，使一个专业群体失去原有的作用，部分专业人士担心变革之后他们会丢掉“饭碗”。第二个是对已有权力关系的威胁。变革往往涉及原有组织结构重组和人员变动的问题，组织“大换血”会使经理出现职位上的变化，这本身是对他们已有权力的一种威胁。这种威胁会引起各级管理者的普遍抵制，但对于普通员工来说，这种威胁则显得不这么重要。第三个是资源分配的威胁。变革后，组织资源分配的标准会改变，当组织资源是一块固定的蛋糕时，根据零和博弈的观念，变革之前的资源分配受益者其优势会受到威胁，而之前的资源分配劣势者则可能借此机会“翻身”。比如，新中国建立初期，中国各个组织都遵循着“平均主义”原则，改革后“按劳分配”的原则就对一些人占有的资源构成威胁，形成了改革的阻力。

3. 错误的时机

顾名思义，错误的时机指的是在不恰当的时机实施变革。这分为两种情况，一是前一次的变革还没来得及冻结，领导者又推行新一轮的变革，这使得组织成员的不安全感得以持续，员工对于变革的抵制情绪越来越强烈。二是组织目前的发展状况良好，利润收益持续增长，此时，领导者实施变革时的阻力会比以往更大。一种可能的解释是，领导者的前瞻性和对行业的深入理解使得其能够看得更远，提前实施变革，而组织中绝大部分成员并不具备这种长远思维，他们更倾向于享受眼下的“美好时光”。

4. 缺乏奖励

组织不奖励参与变革的人员会阻碍变革。在推行变革的过程中，领导者对参与变革人员的奖励被看做一种有效的管理方式，有利于及时削弱变革阻力，吸引更多成员参与和支持变革，将变革阻力巧妙地转化为变革动力，促进企业成长。

## 二、个体层面的阻力

除了组织层面，个体层面也会遇到阻力，主要包括以下几种。

1. 个体习惯

个体习惯使个体安于现状，日复一日，年复一年。员工心里充满了安全感和满足感，个体习惯了原有的组织价值观，并坚信“传承下来的是最好的”。

2. 对未来未知的恐惧

变革决定通常是由组织高层领导做出的，员工并不了解变革的目的和意义，对未来状况未知的恐惧感便由此产生，个体感到变革会威胁到自己的既有利益，当未来充满风险时，安全感高的人更容易抵制变革。例如当公司引入新的办公技术时，员工必须花很长的时间接受新技术培训、破除习惯、经过磨合才能适应新的工作方式。管理大师德鲁克认为，组织增长的主要障碍在于，人们认为没有能力按照组织的需要，快速地改变自己的态度和行为。这种变革能力的缺乏，正是一种对未来、未知恐惧的表现。即使人们认识到了改变运营方式的必要性，他们在情感上有时也无法接受，觉得自己无法学会新技能和新行为方式。对变革容忍度低也是对未知的一种恐惧。

3. 官僚主义

官僚主义文化包括层叠的等级制度、自上而下的改革传统、缺乏理想并安于现状。员工认为改革是危险的，如果失败还会遭受惩罚，即使成功了，也会因为提高了工作效率而被迫增加额外的工作，受到同事的嫉妒并被孤立。所以，员工会认为变革之后组织的整体利益提升了，而自己的个人利益会受到不同程度的削弱。相应地，在行为上员工会扩大变革成功的代价，抵制变革。

4. 对信息加工的选择性

人们偏向保留对自己有利的信息，忽略对自己不利的信息。信息加工的选择与个体的价值观、世界观密切相关。当一种新的福利制度出台时，如果这种制度削弱了某些人的利益，他们感受到的可能全是负面信息，即使这种制度对整个大局是有益的。

另外，来自个体层面的阻力可能不仅来自变革本身，成员对变革发动者怀有成见，多一事不如少一事的心态，或是害怕自己会对失败的变革承担责任等因素也会导致个体层面的变革阻力。

如今中国娱乐文化的重要阵地湖南卫视，正是经历了多次变革，遭遇了重重阻碍，才由一家普通的地方卫视走到了今天行业领袖的地位。

**篇中案例**

20世纪90年代末，各省级卫视几乎都走“综合台”之路，“新闻+电视剧”是该模式的典型代表。“湖南卫视之父”魏文彬等决策层大胆探索，终于为湖南卫视找到了一条差异化之路，通过几次变革，为中国传媒业尤其是电视业开创了新的发展空间。

1993年，魏文彬被上级任命为湖南省广电厅厅长，同时兼任湖南广电厅党组书记、湖南电视台台长。上任后魏文彬对国外电视台的发展状况进行了深入研究，看到国外传媒业创造的巨大产值后，魏文彬坚信媒体行业是一个极具潜力的朝阳行业，下定决心要把湖南的广播电视搞好，挤进行业最先进的序列。他酝酿的是一场大刀阔斧的改革。

改革自然要经历惊险和阵痛。而湖南电视台财务人员当时最真切的痛感，就是面对“无米之炊”的尴尬。栏目创新成为当时的核心推动力，但没有强有力的资本作为支撑，便无法实现湖南电视台的高速发展。资本运营是改革的基础工程。一方面，魏文彬向银行筹借巨额贷款，下令员工集资，通过各种渠道争取融资；另一方面，湖南电视台的财务管理也进行了革新，开始现代财务管理模式，运行成本明显降低。

与资本问题并重的还有体制和人才的压力。魏文彬认为，文化产业归根到底是一个创意产业，而创意的核心元件就在人的脑子里。但旧有体制的种种弊端，造成了人才的大量闲置。为了改变员工们“吃皇粮”的心态，1995年起，魏文彬的第一轮改革开始启动，他试图在广电系统内建立以效益和质量为核心的人才评价机制。而这触动了机构原有的利益格局，引起了强大的反弹。魏文彬在老的湖南电视台内推行改革时，阻力重重，进展缓慢。于是他尝试在旧的体制外探索一种全新的机制，他利用湖南经济电视台作为试点，探索新的内部体制与运作模式。通过公开招聘，欧阳常林等年轻的领导人才脱颖而出，为湖南电视台的改革注入了新的力量。

然而，所有大刀阔斧的改革者，一开始似乎都是倍受争议的。魏文彬的改革也面临群众舆论的压力。由于想法太过超前，魏文彬做的几件大事，包括上星、建金鹰文化中心、上市，最初都不被大众理解。几把雄心勃勃的"大火"一度烧得民怨沸腾。这是魏文彬人生最孤独的时期，在周遭一片骂声中，他只能以一种精英的姿态和个人英雄主义的悲情，顶着来自各方的压力，狂热地投入到工作中去，用时间和成果来证明一切。

资料来源：尹良润、周颖、陈朋朋：《舍旧立新，差异化定位》，载《声屏世界·广告人》，2014（10）；王云峰：《40年岁月见证湖南电视的成长》，载《当代电视》，2011（2）；徐琳玲：《电视巨人魏文彬》，载《南方人物周刊》，2006（11）。

## 12.2.2 克服变革阻力的对策

变革对组织可持续发展的重要性不言而喻，推行变革难免会遇到阻碍，面对变革的阻力，领导者必须具备一往无前的坚韧和魄力，锲而不舍。科特（Kotter，1999）和罗宾斯（Robbins，1997）总结出以下克服阻力的对策。

（1）教育和沟通。在组织变革前与员工充分做好沟通，把变革的详细信息如实传达给每一个人，如变革的目的、方法、时间、措施等。在燕京啤酒的发展过程中，面临国家产品流通渠道体制的改变及外国啤酒公司"大兵压境"的困境，李福成始终坚信"变革是发展民族工业的硬道理"，他把这种思想传递给企业员工，激发员工的热情。组织中的每个成员都有权了解变革的内容。组织应加大对变革的教育和宣传，可以采用分发书面文件的方式来实现。该措施适用于变革过程的所有阶段。

（2）参与和投入。让每个人参与变革过程可以有效地建立承诺，当员工参与变革并付出投入时，他们会对变革本身有更深入的了解，也更易于接受变革，以使自己的投入没有白费。比如，当学校要求学生学习党的新思想时，常常号召大家开展活动，通过看电影、写观后感的方式让每位学生都参与进来，同时学校会提供场地和设施促使大家接受党的新思想。该措施适用于变革过程的所有阶段。

（3）促进和支持。领导者应提供各种促进措施来支持变革，必要时可以给员工适当的激励，以减少对变革的恐惧。如采用新技术的企业给员工提供免费的培训课程，聘请外部心理咨询师对怀有不安全感的员工进行心理辅导，以支持员工接受变革。该措施适用于变革和再冻结阶段。

（4）协商和协定。变革者与个体之间的协商可以有力地减少阻碍者的数量，满足阻碍者的需求。当变革的阻力很大时，谈判是最好的方法，但成本会相应较高。西方国家政府在进行工资方面的变革时，必须在与工会协商一致的基础上才能有效地实施。该措施适用于变革和再冻结阶段。

（5）操纵和收买。当其他变革方案都无效或成本太高时，应该采取收买策略，封锁歪曲变革目的的信息，制造员工易于接受的言论。操纵过程中会出现收买某个组织重要人物的情形（可能是某位正式或非正式领导者，也可能是抵制变革群体的头目），这样做是为了取得他们的承诺，以制造积极的变革信息。该措施适用于变革过程的所有阶段。

（6）明确或隐晦的强制。当变革时间紧迫或其他方案都无效时，通过威胁，用使个体害怕的方式来保证变革（如失去工作，丧失晋升机会等），这种强制性措施往往能够很快奏效。同时，这样做要注意避免个体公开反对或抵制，是风险较高的一项措施。该措施适用于变革和再冻结阶段。

如果变革是一颗钻石，这些要点就犹如钻石的六个构面，忽略任何一点都会影响其熠熠生辉。类似地，放松任何一个领导要项都会妨碍变革取得优异成效。由于变革的代价太高，人们很少接受挑战，逃避的结果就是选择慢性死亡。变革能带给人们开创未来的新发现，通过经历惊心动魄的历程所积累的经验和体会，员工会把这种恐惧变成信心，进而满怀激情地走向未来。在变革过程中，领导者要与员工分享变革信息，采取相应的沟通措施，合理的投入和支持也能促使变革的成功。

### 12.2.3 组织变革的抵制现象

变革会遇到阻力，那么，组织领导者凭借什么去判别他们在推行变革的过程中遇到了阻力？即组织成员表现出哪些行为时，能认为他们在进行抵制和反对？以下列举了一些常见现象。

（1）员工抵制变革的最直接体现是消极怠工。消极怠工意味着生产率的下降，如果同一时间内，在排除非人为因素和偶然性因素干扰的情况下，企业整体的生产率水平显著下降，并且生产率的下降并非局限于少数几个部门，而是在各职能部门中广泛存在。此时可以认为，组织的变革受到了员工的普遍抵制。

（2）当领导者对于变革过程中员工的抵制视而不见时，一段时期后，那些对组织失去耐心和信心的员工行为将会变得更为极端，可以表现为公开反对、部分罢工、对人事政策的变动不予执行等。

（3）变革的中间环节，抵制情绪最为严重，组织成员的缺勤率显著上升，组织公民行为多半会消失，一些员工不惜丢掉“饭碗”，以自动离职来表示对变革的反对。

总之，在变革过程中，员工的抵制行为各种各样，但有一点是相同的，即这些抵制措施都在一定程度上损害了组织利益和经营效益。员工想要借这些方式引起领导者的注意，延缓或阻止变革，维护自身的利益。

## 12.3 领导变革

### 12.3.1 愿景与愿景型领导

橘子洲头，毛泽东低吟“问苍茫大地，谁主沉浮”。正是他坚持信念，坚守革命愿景，才实现人生辉煌的成就。从历史和文学作品来看，我们熟知许多类似的成功领导变革的伟大领袖，但成功领导变革的典范到底有哪些共同点呢?

作为组织发展最初的导航仪，愿景在变革时再一次被提出来。领导者在变革时期最重要的一项职能是描绘愿景，清晰的愿景使员工不至于在“动荡”中失去方向。马丁·路德·金在演说中向美国人号召“我有一个梦，梦想有一天一切山洼填平，终有一日我们将获得自由……”他注定成为美国黑人追求种族平等的领导者，这个愿景不仅指引他的奋斗，还团结和激励着美国黑人从此沿着追求种族平等之路前进。

愿景一词，从字面上，我们将其理解为希望看见的景色，《现代汉语大辞典》将其定义为所向往的前景。在现代企业中，愿景指企业想要达到的状态，这种状态不是指当前的，而是10年后、20年后、30年后的……它代表企业为了达到更高的目标而对员工的期许。愿景包含企业的未来目标、使命和价值观。清晰的愿景能让员工理解组织变革的理由，也为实际变革过程提供了支持。愿景型领导(visionary leadership)对下属授权，不让员工依赖领导者，代以自由和独立的工作。愿景型领导时刻关注组织灵活度和组织变化，强调团队合作。愿景型领导常常通过讲故事的方式传递价值观，比如星巴克的霍华德·舒尔茨就是一位讲故事的能手，他经常通过分享个人经历来传递公司愿景。

拥有调动员工积极性的愿景对领导变革而言是十分重要的，这在上一章的斯隆领导模型中也得到了体现。库泽斯和波斯纳(Kouzes & Posner，1995)提出了愿景型领导模型。该模型中的领导者要以身作则，发展并鼓励分享愿景，授权并激励员工(见图12—3)。

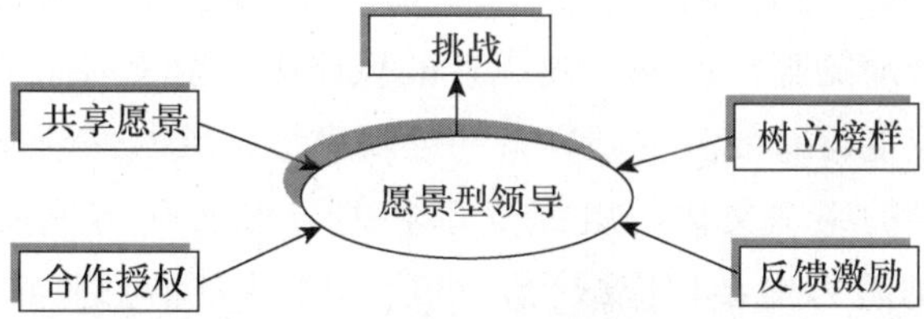


**图12—3　愿景型领导的管理实践**

资料来源：Kouzes，J. M. & Posner，B. Z.，*The Leadership Challenge：How to Keep Getting Extraordinary Things Done in Organizations*，2nd ed.，San Francisco：Jossey-Bass，1995.

愿景型领导在组织整合与维持现状中并没有明显的成效，但愿景为领导者提供了管理组织变革的指南针。领导者要发展、阐明他们的愿景，同员工分享权力，身体力行地为员工树立榜样。

### 12.3.2　愿景型领导的形式

企业的发展需要愿景的指引，清晰有效的愿景传递能够最大化员工的工作积极性。然而，领导者构筑和传递愿景的方式不是一成不变的，它与领导者本身的个性特征和组织环境相关。从领导者构筑愿景的方式来看，主要有三种不同方式：集成化、影响式和凝练式。

（1）集成化。领导者在创业初期通过向组织中的老成员灌输自己的愿景，使大家在创业初期的价值观和目标趋于一致，此时，整个组织是个“小雪球”。我们知道，企业的发展必然伴随着规模的扩大、员工数量的增多，当招募新员工时，领导者不仅关注教育经历、能力、资格等级等硬性指标，还强调新员工的价值观和个人愿景要与组织的价值观及愿景相匹配。在新员工入职之后，领导者还会通过组织文化熏陶的方式使员工从内心真正认可这种愿景。这样，雪球越滚越大，成员工作的协调性也得到提升。

（2）影响式。影响式愿景的建立过程始于领导者个人的愿景，进而会影响到组织的全体成员。在这方面，魅力型领导具有先天优势，这类领导者本身具有很强的影响力，他们被员工信任和尊敬，他们的个人愿景会自然而然地影响很多员工。相比之下，非魅力型领导，即一般领导者构筑愿景的过程将会是漫长的，但这并不意味着这类领导者没有影响力，只是实现对下属影响的过程不同。非魅力型领导常采用连续沟通和分享的方式传递和强化愿景，相应地，愿景会在潜移默化中深入人心。

（3）凝练式。这种愿景构筑方式适用于领导者和下属的愿景趋于一致的情况。领导者无须做过多的工作，只需要将自己和组织成员共同的愿景挖掘并清晰地加以描述即可，而不用去担心员工对愿景的认可问题。这种方式的运用范围有限，但却是最为省力和有效的。

### 12.3.3 领导创新

所有的创新（innovation）都包含变革，但并不是所有的变革都涉及新的观点，领导者和员工的创新是组织变革的一个关键因素。领导者的哪些品质和风格是对创新有帮助的呢？首先，领导者的风格要从独裁型转向开放式的公开交流，开放式的交流能够有效激发领导者的创新思维；其次，领导者需提倡尊重变革和有建设性差异的组织文化，组织变革和差异性文化若能受到基层员工的尊重，领导者创新的阻力也会相应减少；最后，领导者本身要具备质疑的态度，敢于质疑，鼓励和启发员工质疑原有的规范，容忍错误甚至鼓励错误，适时传达“冒险是重要的”这一信息。要知道，无论是产品设计、内部流程还是销售手段，成功的创新总是建立在无数失败和冒险的基础上的，因此，一个具有创新意识的领导者应鼓励下属不断尝试，并给予资源支持。另外，领导者要提高自身的即兴创作能力，在互动中擦出思维的火花，在没有事先准备的情况下，临时产生创造力，某一个情境、某一次谈话说不定就能激起领导者的创新想法。在变革中，领导者要结合计划和没有计划的活动及资源来发挥创造力，发挥自己对变革的理解。马克·帕克（Marker Parker）就是一个在带动创造力、创新和成长方面有着成功经验的人，他与同事相处融洽，成为具有创新精神的领导典范。

## 篇中案例

### 马克·帕克：耐克公司的创造力带动者

2006年1月，菲尔·奈特（Phil Knight）在自己一手提拔的威廉·佩雷斯（William Perez）仅仅上任13个月之后，就用马克·帕克替代他成为新任CEO。在对其退位做出反思之后，佩雷斯说："耐克是一个非常优秀的组织，它有着巨大的成长机遇。不过，菲尔和我在领导公司长期成长的最佳方式方面，看法南辕北辙。"董事会任命帕克为新任CEO和董事，实际上是找到了一位在耐克工作超过27年的经验老到的管理者，他参与过很多耐克最著名的产品革新，也曾是公司长期战略规划的领衔人物之一。马克·帕克被人们认为在带动创造力、创新和成长方面有着成功的经验。"他是经验丰富的天才管理者，在我们的商业运营和耐克品牌建设中起着关键作用，令耐克成长为今天如此强势的品牌"，奈特是这样评价他的。

在领导耐克品牌之前，帕克经营公司年销售额达几十亿美元的鞋类和服装业务。"我的一生都在建立耐克品牌，对于领导世界最蓬勃发展的组织，我非常激动。"帕克这样说过。自接任耐克CEO的职位以来，帕克的团队颠覆了耐克的经营方式，将以往亚品牌和以品牌为基础的架构转变为顾客导向的架构。他将耐克产品划分为六种"客户导向"类型，包括田径产品、篮球产品、女性产品等。帕克亲自主导了耐克的创新过程。例如，他成立了一个以长期创新为目标的团队，称为"Explore"。他将"Explore"称作一个与学术界、发明家和其他公司合作，并在多领域追求"深层空间"（deep space）创新方向的团队。他指出，"Explore"主要负责与苹果合作，共同发起2006年的Nike Plus计划。耐克+iPod是一个无线系统，它能令耐克鞋与iPod互动，并使人达到个人奔跑和锻炼的终极境界。

马克·帕克掌握耐克管理权的时候正是美国市场风起云涌的时期，尤其是阿迪达斯在收购锐布之后势力愈发增强。不过，帕克相信他能领导耐克面对未来的挑战。在他看来，耐克的成功之道在于总是关注顾客的需求。"在耐克，我们所有人都为一个老板工作，那就是顾客。"只要耐克与顾客之间保持紧密的联系，公司就能够保持产品的创新性和有用性。

帕克认为，自己的工作是确保耐克对创新的热情能够薪火相传下去。耐克依然是世界上最大的运动服饰生产商，每年的销售额超过180亿美元，在全世界员工总数超过32 000名，并在超过200个国家经营。马克·帕克的领导地位是否能持久将取决于他和团队的创造力。

资料来源：克里斯托弗·F·阿川、罗伯特·N·罗瑟尔：《卓越领导力——理论、应用与技能开发》（第四版），北京，清华大学出版社，2010。

产品可以成为经典，但终究不能成为永恒。任何产品都存在一定的市场适应期，当顾客的需求发生变化时，哪怕是微小的，企业在产品设计上也要及时做出改变。对于企业而言，没有哪一种组织方式对所有企业都是有效的，也没有哪一种推销方案对所有产品都是适用的，企业的发展过程有着显著的独特性，其他企业难以模仿。因此，不同企业的变革也具有特殊性，没有最适宜的变革方式，最有效的变革只有通过领导者和员工在长期经营过程中共同发掘、共同努力才能实现。在全球化的今天，中国企业面临许多问题，绝大多数企业充当的是代工厂的角色，在世界市场中，多数中国企业还处于产业价值链的底端，缺乏变革和创新意识。要想做大做强，中国本土企业无论在产品设计上还是在管理方式上必须有自主知识产权和品牌，变革的道路要符合中国国情，只有这样，企业才能在一个更高的水平上存续和发展。

领导者推行新的变革思想，点燃员工的工作激情和对未来的希望。变革是时代发展的必然趋势，领导者要成功领导变革，共享组织愿景，培养创新精神，提高即兴创作的水平，构建一套适合组织变革的学习管理体系，使员工融入新的组织结构。这是一个辛苦的历程，也是一个充满光辉的历程，如同英特尔的安迪·格鲁夫在《只有偏执狂才能生存》中所说："经过战略转折点之后，一个新的企业将诞生，因为以往的一切你都必须抛弃，这是很艰难的选择，但你必须面对。"

## 小　结

变革是组织管理人员主动对组织的原有状态进行改变，以适应外部环境的变化，更好地实现组织目标的活动。变革有利于提高组织适应环境的能力，提高组织的工作绩效和整体竞争力，正向改变员工的行为。变革有以下类型：计划型变革、无计划变革、渐进式变革、激进式变革。组织变革主要有三种模型：勒温的三步骤模型、活动研究模型、CBA变革工具箱。

变革的阻力可以是公开的，也可以是潜在的。组织层面的阻力主要包括：惯性（组织文化、组织结构），威胁（专业知识、权力关系、资源分配），错误的时机和缺乏奖励等。个体层面的阻力主要包括：个体习惯、对未来未知的恐惧、官僚主义和对信息加工的选择性。作为领导者应该学会克服变革的阻力，可采取的对策包括教育和沟通、参与和投入、促进和支持、协商和协定、操纵和收买、明确或隐晦的强制。

为实现成功领导变革，领导者应该实施愿景型领导、激发创新精神、构建学习型组织。愿景型领导能使组织成员明确变革目标，构筑愿景的方式包括集成化、影响式和凝练式三种。最后，创新孕育着变革，学习型组织是不断开发适应于变革能力的组织。

## 关键术语

变革（change）
计划型变革（planned change）
勒温组织变革三步骤模型（Lewin's organization change theory）
解冻（unfreezing）
变革（changing）
再冻结（refreezing）
推动力（driving forces）
抑制力（restraining forces）
活动研究模型（action research model）
阻碍变革（resistance to change）
愿景型领导（visionary leadership）
创新（innovation）

## 思考题

1. 组织变革的类型有哪些？每种类型的变革对应什么样的组织？
2. 本章介绍了哪三种组织变革模型？领导者怎样让它们发挥作用？
3. 阻碍变革的个人层面的因素有哪些？组织层面的因素有哪些？
4. 领导者克服变革阻力的措施有哪几种？
5. 愿景型领导对实施变革有何种积极影响？

## 案例分析

### 领导者的变革窘境

尼克和比尔是两家公司的CEO，两者都具备与领导力相联系起来的所有品质——敏捷的思维，充沛的精力，能言善辩，果断勇敢。但两者在引领各自公司转型变革过程中的行为却引发了完全不同的故事。

**CEO尼克的故事**

尼克加入公司时，公司除被竞争对手夺走市场份额，还面临两个主要问题：一是顾客不满与流失；二是糟糕的现金流。前两任CEO都败得很惨。尼克接管公司后迅速做出几个大胆的举动——数周之内，从竞争对手处挖来擅长运营和后勤的部门主管担任总裁，任命与自己长期合作的信息顾问为IT副总裁，并在IT业务方面做了很大改动，奋起追赶竞争对手在这方面的领先地位。但尼克的变革举措却收效甚微——新IT副总裁之前主要负责提出建议，缺乏管理经验的她无法激励高智商、独立性强的技术专家团队，IT部门很快落后于工作进度。建立起亲信体系的新总裁，靠大宗买入的折扣来降低产品价格，以期从对手处赢回市场份额。但竞争对手迅速打折的回应，令新总裁的策略徒劳无功，大宗买入的商品开始在零售点积压，因过期而不得不大幅降价，远低于公司成本。而大宗购买和库存占用了维持运营的大量现金，一再使公司现金流降到警戒水平，但执着于夺回市场份额的尼克根本无视财务总监的警告，违反了银行还贷合同。结果，董事会命令尼克解雇这位新总裁，公司被迫进入破产保护程序。尼克很快就被撤换掉了，这个公司现在仍然在窘境之中挣扎。

**CEO比尔的故事**

当比尔被任命为另一家公司的CEO时，公司在过去两年中收益平平，投资者渐渐失去了耐心，开始抛售股票。比尔接管公司后没有马上做出决定，而是深入调查行业环境，研究如何重新定位。比尔发现，公司的主要收益来自10家客户，而这些客户的决策中心正在向日本和中国台湾转移。研究的结果表明，如果要同时保持产品设计效率和成本领先优势，公司的决策重心必须转移到中国台湾。比尔要做的这个决策相当于重新构建了整个公司的结构。如果不起作用的话，公司将面临很大的风险。但这项行动的最大益处在于，公司可以在选定的细分市场与对手展开激烈竞争，在成本结构方面获得全球竞争力，回报客户更高的价值，增加公司的市场份额和收益。

比尔选定一些人来实施变革计划，安排了每周一次的“共同解决问题电话会议”，创造了团队内部同步、深入沟通的工作机制。此外，每月一次的碰头会也能将所有相关人员聚集在一起，讨论手边的最新事务：哪些事务需要相互协调和平衡，需要采取哪些行动，由谁来完成，后续工作怎么做等。比尔的重新定位使公司很快得到收益，利润也快速增长。尽管是在全行业都一片低迷的情况下，比尔公司的股价依然保持了上涨。

资料来源：张焱：《领导者的转型窘境》，载《商学院》，2014（4）。

根据上述案例，尝试回答如下问题：

1. 分析案例中的两个变革属于哪种变革类型。
2. 本案例中尼克和比尔面对改革时的对策有哪些异同？
3. 联系领导与管理的功能，评价尼克在公司变革中展现出的领导力水平。
4. 你认为在尼克和比尔的变革中可能遇到的阻力有哪些，可以如何应对？

## ▶ 参考文献

[1] Black, J. S. & Gregersen, H. B. , *Leading Strategy Change: Breaking Through the Brain Barrier*, Pearson Education, Inc. , 2002

[2] Kotter, J. P. , *Leading Change*, Harvard Business School Press, 1999

[3] Shani, A. B. & Pasmore, W. A. , *Organization Inquiry: Towards a New Model of the Action Research Process*, in D. D. Warrick (Ed. ), *Contemporary Organization Development: Current Thinking and Applications*, Glenview, IL: Scott, Foresman, 1985

[4] 杰弗瑞·克雷默，杰克·韦尔奇．领导艺术词典．北京：中国财经出版社，2001

[5] 史蒂芬·罗宾斯，蒂莫西·贾奇．组织行为学（第12版）．北京：中国人民大学出版社，2008

[6] 斯图尔特·布莱克，霍尔·格里格森．领导战略变革——突破脑障．北京：机械工业出版社，2003

第13章

# 战略领导

## 学习目标

- 理解战略领导的贡献
- 了解战略领导的类型
- 领会战略领导的战略驱动力
- 了解战略领导者的内外部制约因素
- 掌握构建有效战略的方法
- 理解高层管理团队的特点

引例

## 马蔚华：银行先行者

2013年5月8日，深圳招商银行总部召开管理层大会，宣布马蔚华离开招商银行的领导岗位。马蔚华是中国最具创新意识的银行家，执掌招商银行达14年，在他的领导下，招商银行从偏居一隅的区域性小银行逐渐发展壮大，成为中国第六大银行，其本人也被评为20世纪影响中国的25位企业家之一。

马蔚华被称为机具创新意识的银行家，不是凭空而来的。在中国人民银行的任职经历使他在做银行经营时，常能从金融监管者的角度来看问题。博览群书与敏捷善思使他在把握市场趋势和招商银行的发展战略时更有底气。业界认为，招商银行就是以领先同业的理念和执行力，探索有别于传统银行规模扩张发展的新模式。

所有的银行都在发展，怎样才能让几乎没有什么优势的招商银行显示出独有的特性，让顾客和市场能够记住招商银行？马蔚华的战略眼光就在于他不局限于一城一地，而是另辟蹊径，开始做起“网上银行”的买卖。1995年，美国3家银行联合在互联网上建立全球第一家网上银行。网上银行的兴起为中国银行业提供了与国际银行站在同一起跑线的竞争机遇。马蔚华目光如炬，及时锁定银行业务网络化的战略目标，让招商银行走在了网上银行的前列。随着马蔚华“网上银行计划”的深入实施，马蔚华把计算机、手机、自动柜员机（ATM）都作为终端，各个终端连起来延伸了招商银行的网络服务。自此，马蔚华确立了以银行业和互联网产业相结合的营销方式。“网络化、资本市场化、国际化”成了业内对招商银行的评价。

经过五年的累积积淀和思索，2004年，马蔚华提出了发展零售银行的理念，这亦是招商银行的第一次转型。

招商银行自走入民众视线以来就与传统银行业的经营方式背道而驰。当时的银行业，客户几乎都是大企业，即那种对公信贷业务的客户，而个人零售业务较少，被各家银行认为是“鸡肋”，市场规模微乎其微。

马蔚华的第一次转型就以彻底颠覆国内传统银行业的营销模式为宗旨。马蔚华基于对未来市场的判断，将零售业务定位为招商银行的核心战略，并成立专门的个人信贷部门，直接服务于新兴的个人客户。在马蔚华的带领下，业务员们化整为零走入街头巷尾、高校社区、中小型企业，以一对一的服务方式开展零售业务。这位招商银行的掌舵人，从战略到销售亲力亲为，带动招商银行上下的市场扩张，迅速赢得一批年轻、有实力的客户，为招商银行的零售银行业务奠定了初步的客户基础。经过多年发展，零售银行成为招商银行的“光环”。2014年招商银行零售存款占存款总额的33%，在中国境内股份制银行中位居前列。

此外，招商银行信用卡自2003年推出后亦迅速普及，截至2014年底，招商银行累计发卡量达到5 981万张，在中国信用卡市场中排名第三。招商银行的信用卡业务被誉为国际信用卡发展历史上的一个奇迹，被哈佛大学编写成MBA教学案例。

资料来源：刘建茂：《马蔚华的领导艺术》，载《决策》，2013（6）。

---

领导者在组织中的职能之一是决策制定，而最为重要的决策制定是制定组织战略。一个优秀的领导者不仅要带领团队朝着既定的愿景努力，还要制定具体的战略以保证目标的实现。对此，马蔚华的观点是“战略就是比别人早看三五年，积极适应经营环境变化，比别人早一点、快一点、好一点”。基于这样的战略思想，再加上马蔚华对银行业市场的敏锐认知和准确预测，招商银行一次次走在行业变革的前沿，用创新服务弥补规模劣势，以黑马姿态一跃成为中国银行界的领先企业。马蔚华倡导的很多银行业服务理念，如今都可以轻易在各家银行找到，这就是战略领导者的魅力。战略是保证组织健康发展的导航仪，任何行为都不能偏离战略要求，领导者作为公司这条大船的船长，要时刻把握航行方向，给员工以正确的战略领导，调动追随者的士气，穿过暴风雨，到达愿景的彼岸。20世纪90年代响彻大江南北的熊猫、海鸥、太阳神、三株、亚细亚、秦池等，这些本土化品牌遭受的损失都和战略失误密切相关。本章将讲解战略领导的贡献和组织机制，并阐述高层管理团队是怎样运作的。

# 13.1 战略领导的贡献与类型

## 13.1.1 战略领导及其作用

成功的组织与卓有成效的战略密切相关，一个有战略眼光的领导者会抛开暂时的利益，为组织的长久发展指明方向。在瞬息万变的世界里，领导者必须根据纷繁复杂的信息来制定组织的发展战略。近年来，设立首席战略官（CSO）职位的公司数量猛增，这进一步凸显了战略领导的重要性。

那么，何为战略领导呢？战略领导（strategic leadership）指领导者引导整个组织发展，设计并实施组织战略以实现组织目标的过程。工作中常见的领导者多为指挥团队或部门的人，而战略领导者与之不同，他是组织发展的“代言人”，领导整个组织。

战略领导者具体指哪些人呢？难道只有董事长才是战略领导者吗？答案是否定的，CEO、COO、高层管理团队（top management team，TMT）等都是战略领导者。一般来说，从事研究和制定企业发展战略的高层决策群体都可称为战略领导者，由此可见战略领导不只局限于某个人，团队也是一种常见的载体，并且以战略制定团队为核心的战略领导在现代企业中更为常见。例如，国内彩电行业领先者创维集团设立了董事会直属的战略规划委员会，负责战略领导工作及组织战略制定、实施监控、战略评估和战略调整。设想一下，当公司的高层管理团队因全球经济低迷做出裁员决策时，数以万计的员工会失业，如果考虑到供应链和员工的家庭，裁员决策的波及面会更大。战略领导者作为企业发展的掌舵者，其所做的每一项决策都关系到整个组织，这种颇具炸弹威力的影响力使得战略领导者在做出决策时，必须缜密慎重、全面考量，避免造成大的负面效应。

战略领导者的绩效标准不同于普通员工，他不侧重一线的生产操作技能，也不关注员工的离职率，战略领导者主要关注组织整体绩效的投资总回报和公司发展情况，在内部生产率和组织整体绩效的基础上建立自身的绩效标准，组织的良性发展才是其工作成就的标尺。

如图 13—1 所示，战略、愿景（vision）、使命（mission）、执行是战略领导密不可分的统一体。为保持组织的竞争力，战略领导者需要保证战略的落地，因此，战略领导者需要把握愿景、使命、战略以及执行之间的关系。本教材多次提到愿景，此处对愿景和使命这两个概念进行区分：愿景是企业对未来可能达到的状态或者人们所期望的状态所作的界定，说明企业应成为什么样的企业；使命是企业对自己的根本任务所做出的口号性描述，体现了企业的总发展方向、企业行为的总原则，回答了企业的任务是什么的问题。愿景和使命是组织对环境的反应，战略为愿景的实现提供方向和计划，最终通过执行来落实。战略领导者体现着设计者和执行者的双重角色，对组织发展作出贡献。

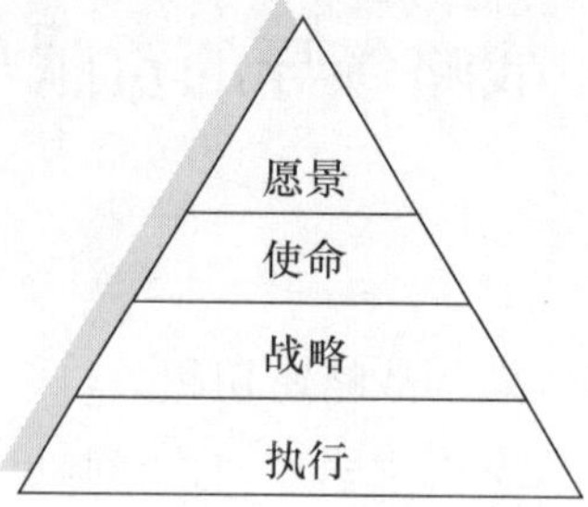


**图 13—1 战略领导的构成**

资料来源：Maghroori，R. & Rolland，E.，"Strategic Leadership：The Art of Balancing Organizational Mission with Policy，Procedures，and External Environment，" *Journal of Leadership Studies*，1997，(2).

（1）设计组织结构，规划组织愿景和组织战略。战略领导者作为战略设计师，需要对组织的环境、文化、战略和结构进行全面分析，当组织还未形成战略，或是正处于变革之中，需要转变战略的方向时，领导者应该充分发挥创造力，结合实际，设计组织发展的蓝图。企业战略的设计和制定需要战略领导者具备长远的战略思维，企业的战略要具备方向性、动态性和整体性。领导者根据对企业使命和当前行业发展形势的研究确定企业今后的业务重点和产品特性，即实现方向性；由于行业发展的不确定性、市场的不可预测性及其他因素的干扰，使得企业战略规划不是一成不变的，需要根据企业的内部优势和外部环境做动态变化，即实现动态性；战略制定的整体性则是指企业的战略从设计到执行并不是哪一个部门的事情，也不会局限于某几个部门的变革，正所谓"牵一发而动全身"，企业战略贯穿各个职能部门和组织层级，需要领导者和成员的共同协作才可以完成。

（2）鼓舞士气，实施组织战略。当组织已经拥有公认的战略，战略领导者作为战略的执行者，要保证战略的成功执行。他们采用先进的生产技术激励员工执行决策，引导员工成为积极的追随者，实现人和战略的双向匹配，提升组织绩效，实现组织愿景。组织战略的实施又称为战略执行，这一阶段需要战略领导者具备高度的战略执行能力，全面调动组织内外部资源配合战略的实施。不仅如此，领导者还需要具有足够的影响力促使员工自愿参与战略的实施。

### 13.1.2 战略领导的类型

不同类型的组织对应不同的战略领导风格，如果把战略的设计用"寻求挑战"这一维度表示，把对战略的执行用"控制意愿"这一维度表示，根据寻求挑战和控制意愿的强弱可以分出四种类型的战略领导者，依次为高控制创新（high-control innovator，HCI）型领导、参与创新（participative innovator，PI）型领导、过程管理（process manager，PM）型领导和现状维持（status quo guardian，SQG）型领导（见图 13—2）。每种领导风格没有绝对的好坏，需要综合考虑组织文化、员工参与程度以及组织创新性加以判断，组织要基于自己的实际需要选择不同的领导风格。

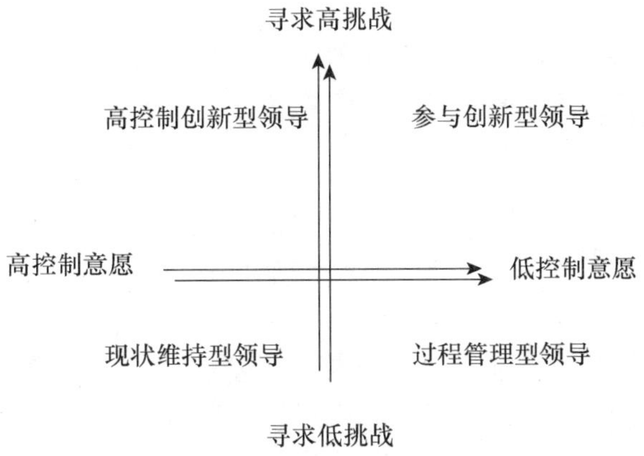


**图 13—2　战略领导者的类型**

资料来源：Malekzadeh, A. R. & Nahavandi, A., *Leadership and Culture in Transnational Strategic Alliances*, in Gertsen, M. C., Søderberg, A. & Torp, J. E. (Eds.), *Cultural Dimensions of International Mergers and Acquisitions*, Berlin: Walter de Gruyter, 1998: 111－128.

（1）高控制创新型领导对组织高控制的同时又寻求高挑战，该类型的战略领导者认为外部环境中有许多成长机会，他们愿意采取新技术、高风险、产品创新的战略。与之相反，这类领导者在组织管理中则显得很保守，认为外部环境虽有机会但也存在许多来自其他组织的威胁，他们提倡集权式的决策过程，坚持核心业务，营造高控制的组织管理氛围。苹果公司前 CEO 乔布斯就是一个有远见但控制欲很强的人，他在战略规划和市场定位上是一个创新者、冒险者，但对组织却常常强行施加控制。

（2）参与创新型领导认为外部环境存在许多机会，倾向于对外开放、取长补短，鼓励创新，广泛使用新技术，多采用高风险、创新性的、有利于开辟新领域的战略。这类领导者在管理方式上表现为低控制，他们营造一种宽松、开放的组织文化，对多样性高度容忍。决策权下放到底层，授权度高，领导者和管理者的管理风格呈现多样化特征。比如，谷歌公司的 CEO 拉里·佩奇鼓励员工创新，并通过一系列的投资和合作，不断推动科技的发展和进步，带领谷歌以不可思议的方式“改变世界”。

## 篇中案例

### 拉里·佩奇的科技野心

曾有人戏言称谷歌 CEO 拉里·佩奇的终极实验室 Google X 为“登月”工厂，谷歌正在研发自动驾驶汽车、高空风力涡轮机、可为全球提供互联网服务的平流层气球等。

或许有一天，终极实验室里的天才科学家们会挥舞着其最新改变世界的发明走入佩奇的办公室，包括时间机器。但当科学家们插上电源线准备演示时，佩奇会不经意地问道：“为何你还需要插上电源插头？”

Google X 的主管阿斯特罗·泰勒说：“佩奇想要确保登月计划持续进行。这也提醒我们他的雄心如此之大，渴望更多帮助人们。”Google X 的最新未来计划是利用可吸收纳米粒子监控病情，其负责人安迪·康拉德说，与佩奇讨论各种创意是一种奇异的体验，你同时会感觉到恐惧、启发以及熏陶。如果说设置很高的期望、挑战员工去满足它是谷歌的长期管理传统，那么佩奇的管理方式已经达到另一个水平。

自从佩奇 2011 年成为谷歌 CEO 后，这个在《财富》500 强企业中排名第 47 位的科技巨头 2013 年营收已经达到 600 亿美元。谷歌股票价格依然比苹果低，但却非常稳定。现在，苹果视谷歌为其头号竞争对手。但很显然，亚马逊、Facebook、微软、雅虎以及其他著名科技巨头也都如此。

连续创业企业家约翰·巴特尔（John Battelle）写过有关谷歌早期历史的书，他称："我们以前从未在科技界看到过谷歌这样的公司。它是一个整体，触角延伸到各个领域，充满野心。"

在担任谷歌 CEO 不到 4 年的时间里，佩奇沿着这一方向取得了巨大进步。谷歌著名的"登月"计划并不新颖。在过去一年中，谷歌向人工智能、机器人、递送无人机等方面投入巨资。谷歌还在大力扩建其风投机构，后者已经投资数百家初创企业，将它们作为谷歌之外发酵的创意来源。谷歌以 32 亿美元价格买下 Nest，意图打造全自动家居。它还向 Calico 投资数亿美元，帮助这家生物技术公司研发抗衰老方案。此外，谷歌开始商业化监控血糖的隐形眼镜，同时继续推出虚拟现实眼镜 Glass。

谷歌的原始使命——整合全球信息，使人人都可访问和使用，曾被视为荒谬和大胆。可是今天，这个使命似乎显得有点儿狭隘。佩奇希望他与斯坦福大学校友创建的公司，能继续以最不可思议的方式改变世界。人们很容易将谷歌最深远的努力解读为"白日梦"，但请注意：当谷歌公司于 2010 年首次公开表示其正在研发在自动驾驶汽车时，也很少有人严肃对待。可是 4 年后，自动驾驶汽车的目标似乎即将实现，汽车行业正投入数十亿美元研发追赶谷歌的技术。这是一个绝佳的例证，可以证明佩奇推动其周围的世界走向未来。

佩奇当前的许多投资都被视为明智的押注，可确保公司的未来，并弥补搜索广告业务下降的不足。世界上的顶级工程师和科学家不想在那些重复同样技巧的地方工作。而佩奇希望谷歌能够继续吸引世界上最好的人才，以便于他能建造全新的公司。这样的公司可以确保处于同行业巅峰 10～20 年时间，甚至数代人。佩奇说："这就是不断驱使我的动力。"

资料来源：《拉里·佩奇：宇宙最具雄心的 CEO》，载《环球市场信息导报》，2015（1）。

（3）过程管理型领导者偏好保守战略，认为外部环境充满了威胁，应该保护组织免受外部环境的影响，他们宁可采取低风险、低创新的战略。但过程管理型领导对组织实行低控制，提倡多样性和开放性，让员工拥有自主权，在文化上注重渐进变化。IBM 公司前 CEO 郭士纳是一位谨慎的领导，他对变革的态度并不激进，擅长让众人接受他的预期，并以 IBM 缓慢而稳定的进步而自豪。

（4）最后一个类型为现状维持型领导，他们寻求高控制、低挑战，该类型领导者视组织所处的外部环境为威胁，期望保护组织免受外部环境的影响。他们不寻求新颖、创新的组织战略，对组织内部的管理高度集中和保守，并伴随紧密而明确的组织文化。该类型的战略领导者节俭、勤奋，对每个操作和决策高度控制，以低成本著称。

成功的战略领导者随处可见，人们往往褒奖创新者或通过变革推动企业发展的人，忽略现状维持型和过程管理型领导。其实，他们也在有效地管理组织，也可以成为成功的战略领导者典范。

对组织的战略做出重大变动的时刻，往往是组织复兴的时刻。有变革就会有阻力，战略的变革算是各种变革中任务最艰巨的一个，因为战略处于组织金字塔尖最关键的位置，多适合渐进式变革，而非激进式变革。因此，许多战略领导者会先尝试在小范围内改进现有的战略，带来绩效的临时改进，一步一步促进战略的成功执行。那些采取更多冒险行动的管理者带来的战略的巨大变化会让组织急剧震荡，增大变革风险，虽然有时也会给企业带来巨大的收益。

### 13.1.3 战略领导的特征

战略制定和战略部署过程如同下棋一样，需要战略领导者或战略领导团队从全局的角度出发，准确预测对手的战略布局，在组织层面进行修正和调整，提前采取应对措施。那么如何评判战略领导是否有效呢？爱尔兰和希特（Ireland & Hitt，1999）两位学者总结了有效的战略领导需要具备的特征（见图13—3）。

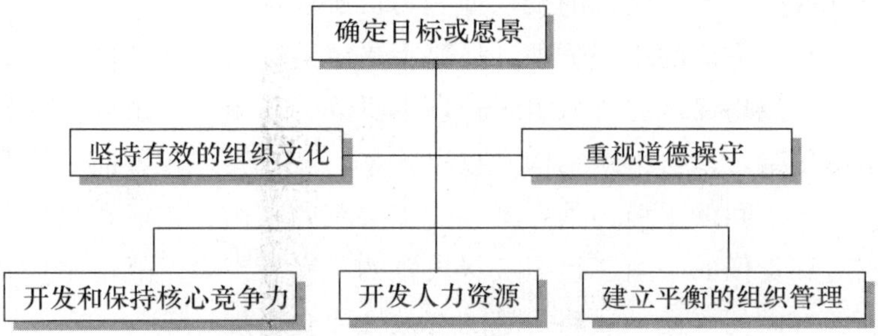


**图13—3 战略领导的特征**

资料来源：Ireland-Hoskisson & Hitt，*Strategic Management*：*Concepts and Cases*，Thomson South-Western，1999.

（1）确定目标或愿景。企业的目标和愿景为组织指引方向，它回答了“未来企业要做什么事情，要成为什么样”这一问题。共同的目标和清晰的愿景能够帮助领导者获得广泛认同，聚敛人才，减少战略实施的阻力。

（2）坚持有效的组织文化。组织文化作为一种意识形态和控制机制，其在增强团队凝聚力方面的作用很大。不同的组织文化对应于不同的组织战略，比如，以顾客为导向的组织文化适合基于顾客服务的组织战略；以员工的满意度水平为导向的组织文化适合基于生产率提升的组织战略；以鼓励产品创新为导向的组织文化适合技术领先型的组织战略。另外，战略领导者需要重视团队精神，组织文化对团队精神的培养和延续有积极的促进作用。

（3）重视道德操守。中国传统思想重视道德的规范作用，就这一点来说，是与西方存在较大差异的，西方的领导者习惯将法律作为一切事务的评判准则，而中国的领导者则强调亲和、信任与诚实。因此，中国背景的组织环境下，战略领导必须遵从道德伦理规范，这需要领导者不只关注企业的利润指标，还要将承担社会责任、帮助员工培养终身就业的能力、提供质量合格的产品、为顾客提供满意的服务以及做慈善纳入到企业战略计划中去。当战略的制定和执行符合道德伦理准则时，战略领导者就会事半功倍。

（4）开发和保持核心竞争力。当前，随着企业所处的产业环境竞争越来越激烈，已经很难找到行业"盲点"和产业"空白区"，几乎所有企业都处于不安全的产业环境中，它们必须时时刻刻提防来自全球范围内同行的威胁。对于中国本土的企业来说，传统的粗放型投入、高资源浪费和以破坏环境为代价的生产方式已不再适用，企业想要取得竞争优势就必须开发和保持核心竞争力，鼓励创新，在生产技术、管理方式和企业文化等方面形成自身的特点。

（5）开发人力资源。有了战略方案，战略领导者工作的重点便转移到战略执行方面，人力资源被认为是现代企业的核心要素，如何正确用人和合理分工自然而然地成为战略执行需要解决的关键难题。当前，裙带关系、重忠诚轻才干、重学历轻能力、用人追求短期效益等问题在中国各类企业中广泛存在，并且根深蒂固，这种人力资源的运用模式被认为是企业没落的主要原因。因此，在人力资源的开发过程中，战略领导者要有意识地避开上述误区，建立高效的、长期取向的、责任性的、基于能力的授权型人力资源模式。

（6）建立平衡的组织管理。战略不是单纯针对外部环境做出的反应，从根源层面上说，战略最终需要从组织管理本身的变革出发，由内向外施加影响。组织管理结构复杂，包含组织结构、权责体系、流程管理等方面，涉及生产上游环节和下游环节之间的平衡、领导者和员工关系的平衡、企业和政府及银行关系的平衡、权力和责任的平衡、组织层级设置的平衡等方面。战略领导者只有处理好组织管理各方面的平衡，战略实施的有效性才会增加。

## 13.2 战略领导的组织机制

### 13.2.1 战略领导者的内部来源与外部来源

战略领导者也有退位的时候，为弥补这个空缺，组织应该选择内部人才还是外部人才？内部继承人与外部继承人均有自身的特点和适用性。当涉及组织核心环节时，领导者更乐意晋升内部人士，最有力的"内部人"往往能成为组织的战略领导者，通用电气、麦当劳和艾默生电气的CEO多从内部产生，这批人对公司的产品和文化有更多的了解和融合，对战略计划有更多的影响，并最终影响组织绩效。而价值观不同的"潜在敌人"，不管是沉默的还是合作的，都可能会被驱逐出组织。外部继承人多是在企业危机的时刻空降到企业中以解救企业，虽然外部空降的CEO有更新的思想和丰富的行业经验，但有关外部空降CEO帮助企业脱离危机的例子其实并不多，大多数时候，他们反而使情况变得更糟。

**学者说**

**CEO：指定继承人与非指定继承人**

有学者（Zhang & Rajagopalan，2004）对公司筛选新CEO产生的影响进行了研究。研究人员摒弃了只研究内部和外部CEO两者之间差异的做法，转而研究那些由组织指定或推荐接任的内部人选（指定继承人）、那些没有被组织指定也没有得到专门推荐的内部竞争者（非指定继承人）、外部候选人三者之间的差异。此外，研究还综合考虑了内部候选人的现状和人数、继任前公司的业绩、组织的战略稳定性、产业稳定性（环境变化）等因素，并考量了这些因素对继任者类型与继任后公司业绩相互关系产生的影响。

研究人员对美国164家大型上市制造公司的204名CEO继任者进行了调研。数据显示，这些继任者中有75人属于组织内部指定，53人为非内部指定，76人来自组织外部。研究发现，内部候选人的数量越多，内部指定或推荐候选人当选的机会就越少。组织指定继承的做法效果较好，内部继承人接任后一般能够提高组织的工作绩效，特别是当公司处于动荡时期及业绩表现低迷时更是如此。

当组织面临不确定的环境时，领导者的作用会十分突出，如果作为战略领导者的CEO来自外部，他需要承受很大的提升组织绩效的压力，在组织战略震荡、人心不稳的情况下，这种压力往往会降低外部继承人的绩效，阻碍变革行为，领导者难以得到组织成员的认同。此时组织最需要的是了解组织文化、拥有群众基础、具有长远眼光的战略领导者。处于创业阶段的组织在选择“空降”职业经理人时，更要仔细考量，通过实际的行为观察，或采用行为面试法来寻找具有相同核心价值观的证据。

资料来源：Zhang，Y. & Rajagopalan，N.，“When the Known Devil Is Better than an Unknown God：An Empirical Study of the Antecedents and Consequences of Relay CEO Succession，” *Academy of Management Journal*，2004，47.

## 13.2.2 战略领导者的制约因素

战略领导者的影响力常常受环境因素的制约，环境因素在很大程度上限制了战略领导者的决策自由度。为制定合适的战略规划，领导者不仅要关注影响组织发展的内在因素，也要关注外部因素。

### 一、组织内部因素

（1）稳定性。当组织内部不稳定时，员工会更加依赖领导者提供的方向和指导，如当公司面临兼并或收购威胁时，员工会更加依赖战略领导者，视其为“救世主”，在领导行为中寻求自己的发展方向。此时，领导者的平静和自信是促使领导成功的关键因素，危机感会增强战略领导者的影响力。当宝洁公司的CEO雷富礼逐步改变组织文化并带领公司重新盈利时，他的创新和自信使他得到公司员工的支持，他也成为公司内外关注的焦点。

（2）组织规模。组织规模也会对战略领导的效果产生影响，组织规模越大，决策层级越多，控制跨度越小，领导者与其他组织层级的距离会越远，导致领导者管理决策的幅度越小。这种纷繁复杂的权力层级极大地阻碍了信息传播的速度，有时还会引发信息失真，造成内部沟通障碍。当前，不少大企业为了避免这一弊端而尝试采用扁平化的组织结构，减少决策层级，提高组织对外界环境变化的反应速度。

（3）高层管理团队的现状。“上下同欲者胜”，作为战略领导者的聚集地，高层管理团队必须对整个企业负责，必须致力于实施战略。然而，高层管理团队的决策是否一致，高层管理团队的力量是强是弱都会直接影响战略的实施。如果有一个强有力、有着共同目标的高层管理团队来管理组织，战略领导往往能取得好的成效。现今许多企业的 CEO 被迫辞职恰恰是因为得不到高层管理团队中其他成员的支持。

二、组织外部因素

（1）环境法、卫生和安全法规、贸易壁垒等外部因素会限制战略领导者的决策自由度，这是显而易见的。比如，随着环保意识在世界范围内的普遍提高，各国先后制定了一系列约束企业排污的环境法规，这对于那些原来以排污和环境污染为代价拉动利润增长的企业来说无疑是当头一棒，战略领导者需要鼓励这类企业改进环保技术、削减成本以维持企业的平均利润率。

（2）良好的公共关系也有利于战略的实施。处理好组织与政府、股东、顾客等不同利益主体之间的关系，可以为战略领导者提供资源支持，为战略领导施加积极影响。比如，海南航空公司在面对是合并还是独立经营的重大决策时，高层管理团队运用自己和海南政府、中国民航局的公共关系，了解到国家对海南经济特区的优惠政策，抓住机遇，获得了中国民航局的支持，成为年度中国最佳航空公司。

### 13.2.3 有效的战略构建

在了解战略领导的组织机制后，领导者还要掌握构建战略的方法。有效的战略构建（strategic formulation）是战略领导过程的第一阶段，是战略领导的核心，也是战略领导者最有难度的职责之一。认清形势和行业发展规律，正确地构建战略往往能扭转企业面临的困境，比如，乔布斯基于对顾客和市场的认识，制定出的优先发展“i”系列产品的战略成功地使苹果从破产边缘成为获益巨大的公司。具体的战略构建步骤可以分为 7 步，如图 13—4 所示。

（1）基于组织的使命和愿景决定长期目标，这是构建战略的第一步，也是构建有效战略的先决条件。当组织中存在许多目标时，领导者应确定每个目标的相对重要性，进行排序，或是对某些相通的目标进行整合，归结为少数几个目标。企业的长期目标并非越多越好、越细致越好。相反，过多、过细的目标划分反而会使下属认不清工作的侧重点，常常造成战略执行上的失误，即所谓的战略信息失真。战略领导制定的长期目标应与关键绩效指标（KPI）相挂钩，当企业的战略在关键绩效指标上有所体现时，下属会因为绩效考核与薪酬、奖励、晋升等因素相关而给予更多的关注，更易于接受。

1.决定长期目标和优先性。
2.评估现在的长处和弱点。
3.确认核心能力。
4.评估战略所需的重要变革。
5.确认可行的战略。
6.评估一个战略的可能结果。
7.在选择一个战略时让其他执行官参与。

**图 13—4 战略构建指南**

资料来源：加里·尤克尔：《组织领导学》(第五版)，北京，中国人民大学出版社，2004。

(2) 企业战略目标的制定不是凭空想象的，需要以企业目前的经营业绩、人力资源存量、产品竞争力现状等为依据。对与战略目标和竞争者相关的绩效进行客观评价，从长处中明确自身的核心竞争力，从短处中发现问题并进行改进。

(3) 企业的核心竞争力又称为企业的核心能力，具有价值性、独特性、难以模仿性和组织化四大特征。价值性指的是企业拥有并维持核心能力的收益与成本之比必须大于1，只有企业从中获益，才是有意义的；独特性指的是企业拥有的核心能力是竞争对手所不具备的，至少短期内不具备，这涉及人力资源、组织管理等方面；难以模仿性指的是企业的核心能力是在企业长期发展过程中逐渐形成的，刻着企业特殊经历的烙印，不是其他企业从表面可以模仿的；组织化指的是核心能力并非企业哪一个职能部门或流程所独有，而是在各个流程和职能部门相互整合和协调之下培养形成的。战略领导者应该尽量识别和培育组织的核心竞争力，充分发挥它的优势。

(4) 在明确核心竞争力后，领导者据此制定渐进的改进方案和重大的改进方案。重大的改进方案需要大幅改变战略，战略制定者需要特别谨慎，多探讨一些可能的情况，制定多个备选方案。重大变革是整个战略的中心，领导者往往期望借此扭转局势，虽然效果显著，但风险极大，稍有不慎就可能使情况更糟。因此，面对重大变革的制定，领导者一定要确认战略方案的可行性。

(5) 对战略的可行性进行评估，减少战略方案的种类和范围，使战略的实施更具针对性。此时可采用德尔菲法，让每个人预见出一个变化的结果，并把结果分给所有团队成员，反复讨论，直到小组成员得出一个一致的预见结果。

(6) 让其他高层管理团队成员充分参与，协商改进，最终确定最合理的方案。

很多战略领导者没有很好地处理组织前后发展的关系。比如，有的企业领导者在创业初期展现出了企业家的创业热情和能力，很好地担当了战略领导者的角色，而当他们向成功之路迈近一些后，就不由自主地变成了行政专家、政治家。在企业取得成功后，资本积累和利益攫取成为了多数领导者的唯一目标，他们对企业未来的利润前景着迷，却忘记了企业的使命，过于依赖以前的成功因素。由于不自觉地强调个人荣誉和个人成就感，致使企业没有获得进一步发展，反而走向了衰退。“人无远虑，必有近忧”，应该说，战略领导者缺少的绝不是热情、能力，而是成功后的使命感。比如创办巨人集团时，史玉柱从成功到失败的根源就在于此。

由此可见，仅仅构建出优秀的战略还远远不够，战略领导者还需要牢记公司的使命，理性分析内外环境要素，牢记自己的职责，用发展的眼光引导战略实施，向着目标前行。

## 13.3 高层管理团队

### 13.3.1 高层管理团队及其组成

在联想集团原总裁柳传志著名的管理三要素——“搭班子、定战略、带队伍”中，“搭班子”排在了管理三要素的第一位，突出了高层管理团队在企业中的重要性。拥有一个能使一群领导型人才在企业内部发挥领导层“合力”的班子，无疑会给企业的发展打一支“强心剂”。

高层管理团队作为战略领导的一种形式，对战略的制定和战略领导的有效实施有直接影响。既然高层管理团队有这样的威力，那么它有什么特点？高层管理团队应怎样建设自身，以提高战略领导效率呢？

高层管理团队由CEO及与CEO有直接汇报关系的分管执行经理组成。由于高层管理团队能改变组织系统，具有广泛的“团队塑造”权力，因此在做决策时，其对整个组织制度的影响是直接的、快速的。高层管理团队中一个微小系统的改变会对整个组织产生影响，所以，高管团队必须形成高度的战略认同（strategic consensus）。这种认同比任何一种团队的要求都要高，价值观不一致的高层管理团队成员会在战略制定的标准上产生严重分歧，难以达成共识，严重影响整个组织的工作效率。

高层管理团队并不要求每次都使用团队的工作方式来完成任务，鉴于每一个团队成员都具有很强的能力，都是自己所负责领域的专家，因此在一些情形中，团队可以只运用个人技术和技能，而在另外一些情形中则要运用团队所拥有的集体技能。每一个高层管理团队的成员需要有极灵活的在个人技能和团队技能之间转变的能力，才有资格进入团队。值得注意的是，在制定战略的过程中，必须由高管团队成员达成一致后，才能实施战略。

“人无完人，用人之长”。每个人都是有缺点的，高管团队内部需要很强的互补性，比如，可口可乐公司前CEO唱郭思达“红脸”，负责与外部利益相关者搞好关系，而当时的COO伊韦斯特唱“白脸”，目标就是要击垮百事。高层管理团队成员分工明确、尽其所长，是整个组织战略制定和实施的关键，也是实现组织愿景的有力保障。

### 13.3.2 高层管理团队中的领导—成员关系

每一个群体都有一个自发的领导者，对高层管理团队而言，也有团队领导者这一角色。哈克曼（Hackman，1990）对高层管理团队中的领导者（通常是CEO或董事长）与其他成员相处的注意事项进行了总结，概括出以下五个方面。

（1）处理好团队和个人的关系，不要对高层管理团队的成员进行个人化管理。领导者要让全体成员对任务进行界定，赋予团队成员相应的权力。对于直接涉及战略的任务，团队领导者应该把职责细分给每一个人，然后逐项设计每个人的活动，以保证每个人的成果最终能结合在一起形成团队成果。对于涉及团队成员专业领域的任务，应该将整个工作的责权都分配给团队成员，让团队成员自主决定如何完成工作。另外，具体领导决策的选择要依据情况而定，防止出现信息传递混乱的情况，以有利于提高组织的运作效率。

（2）处理好权力的分配，创建适宜的权力平衡。权力分配一向是高层管理团队中最难协调的问题，权力不平衡会引发高层管理团队成员心理上的不公平感。根据亚当斯的公平理论我们知道，那些认为自己被轻视了的成员会通过选择退出或降低自己的努力水平来寻求心理层面的平衡感。然而，这些举动会影响到其他成员的工作进程，进而导致人们焦虑，大大降低团队整体效力，严重的时候甚至会导致团队解散。作为战略领导者，如果将全部权力分配给团队，会导致混乱或使团队的发展方向出现偏差；如果领导者保留了所有的权力，则会丧失团队工作带来的大量益处，事实上，此时的团队只是个空壳，没有了实际意义。因此，领导者要明确对哪些权力进行分配，哪些应该保留；领导者应该坚持使用自己在指导方面的权力，即战略领导的方向性；同时，将与工作完成方式有关的权力充分下放给团队。下面的例子中，住友集团的创始人朱晖正是认识到了酒店行业中权力分配对留住优秀人才、促进其领导力开发的重要意义，大胆放权，成就了住友集团飞速发展的奇迹。

## 篇中案例

住友酒店集团成立不到 8 年，如今已经拥有 600 多家门店，4 个独立品牌，居世界百强酒店集团第 41 位。对于这样的高速发展，创始人也是集团的领导者朱晖坦言，正是解放了高层管理者的领导力才获得了意想不到的生机与活力。

住友的四个品牌各有负责人，朱晖觉得他们像是合伙人一样发挥着各自的独立性与主动性。全国的重点城市有 10 个区域中心，除了人力和财务等行政职能部门是统一提供服务，业务线是完全独立竞争的关系，好像一个个小家庭，基本上各自为政。除了定期的座谈交流管理思想，酒店日常的经营管理，朱晖彻底放权给了各个负责人。

朱晖认为，传统的酒店行业总会面临人才流失的窘境，特别是高端人才的频繁跳槽。其主要原因就是传统的升迁和管理体制以及薪酬激励措施，无法满足优质人才不断成长的需求，最终体制的僵化也使得这些人难以发挥自己的才干。因此朱晖致力于将公司发展为平台，让高级管理者成为合伙人。各个酒店按照市场化运作，和集团进行独立结算。但最终服务的客户还是同一批 18～30 岁的年轻群体，只是他们住宿的场景与要求不同，客户还是那些客户。

“我们要做重度垂直，让高管成为合伙人，给予他们自由发挥的空间。”朱晖表示，如今有创业潮，就是因为很多人在原有企业感到被限制和束缚，所以才会去创业，而在企业内部给予他们同样的平台和权力，他们也能做得更好。正是基于这种理念，住友不仅迅速创立多个子品牌，就连自己内部的一些部门也开始进行独立创业。比如他们的酒店智能化系统因为很受欢迎，如今已经独立出去创造利润。朱晖认为，企业领导者必须有心胸和格局，敢于给予员工更多成功的可能。

"我们的所有制度、所有文化、所有管理模式，最终是服务于客户的，客户需求不断改变，我们的管理模式必将随之改变。作为领导者，我们必须成为主动变革的那个领头人。"朱晖强调。

资料来源：邓纯雅：《住友深度垂直构建全新领导体系》，载《中外管理》，2015（5）。

（3）清晰的任务界定。即领导者要用通俗的语言告诉高管团队需要完成什么，并由他们解决细节问题。模糊的任务界定、过于概括性的语言，只会使任务不清晰，这种模糊性使团队成员就像在湍急的河水中逆流游泳一样，难以前进。由于任务界定不明晰而引发的问题主要分为两类：一是对多个高层管理者分配有交叉性的工作，不仅造成了智力资本的浪费，还会为后期任务的整合埋下隐患；二是任务分配上存在空缺，即当所有高层管理团队成员将自己的成果整合以后，领导者还会发现疏漏之处，这将拖延战略执行的进度。

（4）提供支持。在认真分析团队能力的基础上，领导者说明具有挑战性的团队目标，但不要吝于提供组织支持。如果所有成员都准备以绝佳水平去完成工作，仅仅由于无法获得所需的组织支持而失败则显得十分可惜。没有组织的支持，就无法充分发挥群体的潜力，团队的内在热情也会很快化为泡影。许多工作单靠团队是无法完成的，必须借用组织资源，例如组织中所有员工的个人信息、组织的客户关系网络，这些资源只有组织才能提供，单个高层管理团队成员是无法拥有的。

（5）进行自我评估。高层管理团队的建设是一项持续的活动，是一个不断改进的过程，这意味着高层管理团队必须经常回过头来，反复检查战略、资源和成效等问题。团队领导者可以采用月度、季度、半年度、年度四种自我评估的方式，培养一种以坦率和乐于接受挑战为特征的参与型文化。

国内学者对中国高新技术企业的高层管理团队进行了研究，得出了中国背景下高层管理团队的特征，下面的"学者说"专栏对这些特征进行了阐述。

**学者说**

### 高新技术企业中的高层管理团队

中国高新技术企业中正式团队领导一般比较年轻，有多样化背景，且具备前人提到的有效领导者的多数特征。团队成员倾向于拥有同领导者相似的价值观和目标、互补的技能以及相容的人格特质。领导者的品质和团队独立决策的能力对团队的有效性起决定性作用。

通过对北京市中关村科技园区中高新技术企业CEO的访谈，我们发现大部分领导者都具有较高的教育水平，有一些人为博士。他们中有几位企业家是校友或同事共同创业或自主创业，但有大约一半的领导者是被国有企业的上级机构提升到现在职位的。

中国的团队领导者认为，影响团队有效性的因素中，成员合作、沟通和冲突解决都是重要的团队过程变量。大家都强调要有一个强有力的领导者，几乎每个人在开始就谈到团队中有一个真正领导者的重要性。好的企业必定由于它有一个好的领导者，如果高层领导者不好，公司必然会垮掉。

产权体制对团队有影响。公司在刚建立的时候有自主权，但当它做得很好的时候，高层主管部门恢复了其对公司的控制权。由于董事长不懂商业，对管理也没有概念，因此很难胜任其职。另一方面，总经理是指派的，他根本不知道如何管理，但他服从命令来此任职，董事会成员不知道如何与他打交道，下面的人也不能换掉他。只有当整个公司垮掉时，高层才会意识到这个问题出在替换的领导者身上。

在团队领导者身上，最重要的是价值观、特质、技能和能力。领导者必须有正确的价值观并要坚持他的价值观，通过创造财富来获得财富。领导者不想要任何不是自己创造出来的财富，公司的人都以领导者为榜样。领导者必须具备基本特质，比如个人魅力、诚实、有远见、坦率、有奉献精神等，他也需要有团队精神、专业知识和足够的勇气面对生活，能认识到错误，并能找到失败后重新开始的方法。关于技能和能力，协调能力、适应性、分析综合能力、学习能力、变革能力、有效沟通、正确认识自我以及团队建设、发现人才、授权等都是高层管理团队领导者必需的。

资料来源：富萍萍等：《高新技术企业中高层管理团队的特征和过程》，见徐淑英、刘忠明主编：《中国企业管理的前沿研究》，北京，北京大学出版社，2003。

组建一个完美的高层管理团队并非坦途，在高层管理团队的合作过程中可能会出现摩擦和冲突，这就需要团队成员之间基于企业核心价值观，相互理解，相互妥协，其中良性的冲突有利于激发创造性，有利于组织的高效运作。另外，高层管理团队的领导者要以长远利益为导向，学会从差异中寻找价值，无须让所有团队成员都和自己的风格完全保持一致。每一个团队成员都要信任团队伙伴，熟悉他人的风格和特点，遇到问题时及时沟通。高层管理团队中的每一个人都肩负着组织发展的使命，都要发挥出自己的才能，服务于组织战略，搭建最适合企业发展的卓越领导团队。

## ▶小　结

战略领导与以往微观层面的领导不同，其决策会影响整个组织的绩效。战略领导者多为带有头衔的高层管理者、高层管理团队或治理团队，通过愿景、使命和战略来为组织指明方向。战略领导者承担战略制定者和战略实施者的双重角色，激励员工，实现组织目标。战略领导在寻求挑战和控制的强弱上的差异产生了四种战略领导类型：高控制创新型领导、现状维持型领导、参与创新型领导、过程管理型领导。

战略领导与变革、内外部人士和冲突均有密切联系。战略领导往往是变革的前奏，内部人多受到战略领导者的青睐，领导者要协调战略领导过程中出现的各种冲突，根据价值平衡做出理性的决策。战略领导者的影响力常常受到内外部环境因素的制约，这些环境因素在很大程度上限制了战略领导者的决策自由度。

高层管理团队对战略的制定和战略领导的有效实施有直接影响，只有高层管理团队才能改变组织系统。高层管理团队应有高度的战略认同、在个人技能和团队技能之间转变的能力、极强的互补性。高层管理团队领导者在与团队成员相处时，要处理好团队和个人的关系，处理好权力的分配，清晰地界定任务，提供支持，进行自我评估。

## 关键术语

战略领导（strategic leadership）
高层管理团队（top management team，TMT）
高控制创新（high-control innovator，HCI）
参与创新（participative innovator，PI）
过程管理（process manager，PM）
现状维持（status quo guardian，SQG）
战略构建（strategic formulation）

## 思考题

1. 归纳战略领导的主要贡献。
2. 在不同风格的组织中，战略领导者可以采取的战略领导类型有哪些？
3. 如何理解战略领导与变革的关系？
4. 战略领导者如何平衡好内外环境因素，有效构建战略？
5. 与一般团队相比，高层管理团队有哪些特点？
6. 作为领导者，怎样才能处理好与高层管理团队成员的关系？

## 案例分析

### 碧桂园发展之路

杨国强，1955年出生，祖籍广东顺德北滘镇，皮肤黝黑，身材偏瘦，自幼家贫，17岁前未穿过鞋，经过20年奋斗，带领一家镇办建筑企业发展成为全国知名的房地产开发公司，并成功在香港挂牌上市。2013年，公司销售收入翻倍增长，高达1 060亿元，闯入中国房企千亿军团，增速位列龙头房企中第一。问及成功秘诀是什么，杨国强回答："我们比较笨，不会出歪招，坚持做自己就好了。"

**一、农村包围城市**

杨国强"做自己"有做自己的套路。那就是坚持"走'农村包围城市'的路，盖'住得起的'房子"。这一模式的经典之作，是2001年开发的碧桂园凤凰城。凤凰城以每平方米2 800元的均价推出带装修的房子，"50万就买个独栋哦，还是精装修的房子。"杨国强回忆说，"价格比同一地段的毛坯房还便宜"。由此创下一分钟卖出十栋房子的惊人纪录，被业界笑称"像卖白菜一样卖房"。

多年来，碧桂园一直致力于"为大众建造买得起的好房子，提升大部分人的居住品质"。这些项目多在大城市周边。在大片荒地上盖房子、筑酒店、办学校、建社区——当一处处小城镇建设起来之时，也是当地农村的落后面貌改观之日。

相对于一线城市和城市中心地带的房地产项目，二三线城市和郊区的房地产项目受市场波动的影响要大得多，遇到市场和行业大调整时，甚至可能成为重灾区。这对于碧桂园模式无疑是个考验。对此，杨国强坦承，"今年房地产市场波动，我们也不好做。"但是，"同样的市场环境，我们在河北涞水做得就很不错。所以，大盘是一方面，同时还要看品质、价格和市场需求，关键是能不能做出人家需要的产品。"

**二、遭遇困境**

杨国强是靠做房地产发家的，他人生的第一个转折机遇是让很多企业家谈虎色变的亚洲金融危机。当时很多企业（特别是房地产开发商）破产或从此一蹶不振，而事业刚有起色的杨国强和他的团队也陷入了资本危机。正在大家想着要申请破产、分钱走人的时候，杨国强想出了一个在当时看起来想都不敢想的近乎完美的策略——兴建一所贵族国际学校，吸引有钱人的儿女就读，并以此带动学生家长到穷乡僻壤买楼定居。

杨国强把公司剩下的钱全部挪来办贵族小学，大搞"义务教育"，之所以叫"义务教育"，是因为只要去他的小学上学，不但享受国内顶尖教育资源，而且整整6年不用花一分钱学费，但条件就是必须缴纳30万元的押金（在金融危机时，30万比现在的200万还要珍贵）。就靠这个"异想天开"的策略，在其他房产商（包括深圳万科）都陷入资金稀缺的情况下，他一下子募集到了数十亿元资本，从而利用那个时候土地的降价，买下了大批后备土地资源，紧接着又在那个连商品房别人都买不起的情况下大肆建奢华别墅。金融危机过后，他的土地升值，别墅被疯狂抢购。

**三、向现代企业蜕变**

随着碧桂园成为公众公司，作为创始人的杨国强以及他的家族开始受到世人关注。虽然在股权结构上，杨国强家族依然是碧桂园的绝对控股股东，但在公司治理上，碧桂园在营运、营销、土地、工程、财务等重要环节已经由职业经理人接班。

事实上，上市之后，碧桂园已逐步从家族企业向现代企业蜕变，形成了一套比较成熟的现代企业管理体制。有熟悉碧桂园的业界同行表示，杨国强在企业管理上风格开明，敢于放权，也愿意通过利益分享激发员工的积极性。2010年，中建五局原总经理莫斌出任碧桂园执行董事兼总裁，随即填补公司在建筑工程、质量管控等领域的短板。2013年，被誉为"清华神童"的原富力地产副总裁朱荣斌加盟碧桂园，出任联席总裁，成为公司土地拓展的指挥官。两位总裁已然成为杨国强的"左膀右臂"，并推动碧桂园进入房企千亿俱乐部。

作为企业创始人，杨国强对企业传承有着独到的思考。"全世界都有成功案例和失败案例，不能一概而论，家族企业也有成功的百年企业，非家族企业也有失败的。社会发展太快了，一点闪失都可能招致失败。关键在企业发展过程中，坚持什么，顺应什么，调整什么，想清楚这个很重要。"

今年，碧桂园引入很多跨国公司"管理培训生"的做法，在全球范围内启动高端校园招聘与人才发展项目"未来领袖计划"，一举招聘100多个博士。如此大规模、高规格的人才引进，显示了这位创业者对公司未来的深谋远虑。难怪一些跟随杨国强多年、本乡本土成长起来的中层管理人员危机感油然而生，"老板这招厉害呀，我们再不快步前进就要被淘汰了！"

资料来源：杜跃进、陆敏：《低调的"土豪"》，载《企业文化》（上旬刊），2015（2）。

根据上述案例，尝试回答如下问题：

1. 结合战略领导类型的知识，你认为杨国强是哪种类型的战略领导者？
2. 分析杨国强作为战略领导的内外部制约因素。
3. 结合案例简述如何构建有效的战略。

## 参考文献

[1] Gertsen, M. C., Søderberg, A. & Torp, J. E., *Cultural Dimensions of International Mergers and Acquisitions*, in De Gruyter (Ed.), *Leadership and Culture in Transnational Strategic Alliances*, 1998

［2］ Hackman，J. R.，*Groups That Work*（*and Those That Don't*），San Francisco：Jossey Bass，1990

［3］ Ireland-Hoskisson & Hitt，*Strategic Management*：*Concepts and Cases*，Thomson South-Western，1999

［4］ Maghroori，R. & Rolland，E.，"Strategic Leadership：The Art of Balancing Organizational Mission with Policy，Procedures，and External Environment，" *Journal of Leadership Studies*，1997，2

第14章

# 团队领导

## 学习目标

- 理解影响团队绩效的因素
- 掌握塑造高绩效团队的方法
- 掌握团队领导模型的运用
- 了解自我管理团队的特点
- 领会自我管理团队中的领导角色

引例

### 微软的团队文化

微软是以创造团队文化闻名的公司。以项目小组的形式来开发电脑软件是由微软首创的。微软独特的团队合作文化与比尔·盖茨本身无惧权威的性格有关。他创办微软之后，争论思想、敢于向他人的思想挑战的风气就被鼓励并发扬光大，他甚至要求向他汇报工作的人以及所有项目小组都遵循“敢提不同意见”的原则。项目小组有名的“三足鼎立”结构也就这样建立起来：软件设计员、编程员、测试员，三种人员互相给对方挑刺，刺挑得越多，最后的产品就可能越完善。而项目小组的成员大家都平等，组长也没有特别的权力，主要担任沟通协调的角色，解决任务冲突、人员冲突、时间冲突，使大家愉快配合，按时将产品完成。

这样独特的团队合作能够实现，与公司对几个重大环节的把握有十分密切的关系。首先是公司文化的创立，营造平等自由的氛围。其次是人员招聘的把关，微软招用的人都对电脑技术沉迷热情，懂得思维的乐趣，同时又率真而无视权威。再次是分工的极其明确和流程设计的周密。每一个团队成员都十分清楚自己的职责、自己的工作在整体中的位置和顺序以及时间进度。由于分工明确，而且每个人都无法被他人替代，因此彼此尊重，同时敢于提出自己的不同见解。最后则是大家都有明确的共同目标：让产品按时并高质量地完成。

微软的产品是电脑软件，专业性很强，需要知识积累和不断创新，并要求不能出错。在这种情况下，公司需要的文化并非一团和气的温暖，而是平等又充满争论，在思想的交锋中产生创新的火花，在不同视角的争辩中创造最独特完美的产品，这是合作精神在微软产品项目小组中的体现。

资料来源：《最经典企业管理案例解析如何建立高效卓越的团队》，新快网，http：//www.xkb.com.cn/xinxi/10350870.html，2015-05-30。

荀子说："义以分则和，和则一，一则多力，多力则强，强则胜物。"从上一章的高层管理团队中我们就看到了团队的重要作用。仅靠领导者一人是不能实现组织愿景的，只有组织成员相互合作才能达成目标。微软的案例告诉我们，领导者要在领导团队成员的同时又让成员感受到他们自己也是整个团队中无法取代的。这样，当每一个成员都产生自己对团队的拥有感时，他们就再也不必苦苦思索是否要合作的问题，而是会忘情地全心贡献自己的力量。

近几年来，"团队"已经成为一个时髦的词汇，有远见的公司纷纷把"富有团队精神"作为企业选择人才的标准。各种类型的团队在生活中随处可见，大学里有科研团队、教育团队、大学生创业团队，企业里有营销团队、高层管理团队、虚拟团队等。那么，团队领导者到底该怎么做才能打造出高绩效团队呢？本章将阐述高绩效团队的特点、自我管理团队的构成，以及作为一名领导者，怎样高效领导团队、建设团队。

## 14.1 高绩效团队

### 14.1.1 团队的概念与发展阶段

蚂蚁这类群居动物对人类是很有启发的：它们生活在集体之中，以团队的方式进行工作，非常勤劳，谨慎小心，而且严守纪律。难怪《圣经》里的所罗门斥责懒汉的时候说，懒惰的人呢，你去察看蚂蚁的动作，就可得智慧。

20世纪80年代开始，团队合作使沃尔沃、贝塔斯曼、米其林、百胜等公司成为同时代公司的杰出代表。现今商业环境多变，工作流程也越来越复杂，完成一项任务不仅需要多种技能和经验，更为灵活和迅速的判断也是必不可少的。另外，高绩效团队（high performance teams，HPT）的构建需增强组织中的民主氛围，提高员工的积极性。

团队和群体是有区别的。团队（team）是人们为实现某一目标，通过相互协作使团队绩效大于个体绩效的正式群体（group）。团队的目标是提高集体绩效，人们通过彼此合作实现共同目标；而群体的目标只是共享信息，集体绩效不会得到显著提升。团队内部产生的是积极的协同效应，而群体内部的效应是中性的，有时还会形成势力争斗的小集团（cliques），造成消极的群体效应。团队成员承担个体责任与共同责任，而群体中，人们只需承担个人责任。团队任务常常是高难度的，这就需要团队成员之间技能相互补充，而群体成员间的技能是随机的。只有当人们朝着共同的目标，以相互补充的技能和积极的协同效应为基础进行合作时，才能形成一支合格的团队。

团队是如何形成和发展的？学者塔克曼（Tuckman）将团队的发展过程分为如下四个阶段。

第一阶段是团队的形成阶段（forming）。该阶段中，团队成员互相介绍、认识，共同摸索团队运作的方式，在工作中逐步建立彼此间的信任和依赖关系，团队得以初步形成。

第二阶段是团队的震荡阶段（storming）。随着团队规模壮大，在执行任务时，团队成员在意见上往往存在分歧，成员之间的矛盾逐步显现，此时领导协调能力起主导作用，当团队中出现一个被成员共同认可和尊敬的领导者，并且团队的权责体系得以明确时，震荡阶段就结束了。一个团队处于震荡阶段可能会有如下表现：(1) 团队成员在工作上普遍表现出不信任感和焦虑感；(2) 对于任务目标的达成存在多种路径意见，且方案的提出者之间很少沟通和做出让步；(3) 对领导权归属问题存在质疑；(4) 对资源分配的合理性提出质疑；(5) 团队成员的主要注意力没有放在如何实现工作目标上。

第三阶段是团队的正常运作阶段（norming）。经过震荡阶段，团队成员开始相互信任，团队凝聚力得以提升，成员彼此之间表现出理解和支持。大家对自己在团队中担任角色的认识和解决问题的方法方面达成共识，团队建立了较为完善的工作制度和流程规范，整个团队达到自然平衡。一些优秀的团队在这一阶段会尝试建立自己的团队文化，促进成员共同价值观的形成，借助文化的熏陶使成员自觉地为团队整体利益着想。

第四阶段是团队的执行阶段（performing）。成员之间互相依赖，互相支持，团队内部达到高度统一，能够高效地解决问题，完成任务。企业在这一阶段的生产率水平要高于上述几个阶段，在工作过程中，成员不断学习新的技能，提高自身熟练度。相比之下，在前两个阶段，团队是很难产生高绩效的。

### 14.1.2 高绩效团队的影响因素

一车沙倒在地上，对地面的冲击是不大的；如果把一车已凝固成块的混凝土倒下来，结果就大不一样。团队领导者需要把一车散沙变成一整块混凝土，将一个个独立的员工组成一个坚强有力的整体，这需要领导者具备塑造高绩效团队的能力。

高绩效团队的影响因素是多种多样的，通过分析这些影响因素，可以为领导者塑造高绩效团队提供参考。

(1) 领导者要为团队制定高成就目标，培养团队成员的组织使命感。每个人都有获得成就的愿望，这种成就动机可以极大发挥员工的创造力，尤其在知识型员工占主导地位的现代企业中，工作的挑战性和成就感本身就成为关键驱动因素。因此，制定高成就目标，不仅可以提高员工冒险和接受挑战的勇气，也会激发团队成员的自豪感，激发成员愿意为团队奉献的精神动力。另外，团队的目标应该与组织整体目标保持一致，团队任务理应成为组织“拼图”中的模块。领导者需要培养团队成员的组织使命感，驱动其他具体行为。

（2）团队成员应该有共同的行为准则或规范（norm），这决定着团队成员能否认同并参与组织的各项决定，实现团队目标与个人价值观的匹配。领导者应该鼓励大家参与团队准则的制定，确保这些行为准则不会让团队感到困惑，同时团队成员要定期评估现有的准则，确保准则能支持总体目标。有了共同的目标和行为准则，才能保证团队顺利地从震荡阶段过渡到正常运作阶段。

（3）团队成员的结构要互补。这种互补指技能、年龄、经验、团队角色等因素的互补。汉高祖刘邦取胜的关键就在于张良、萧何、韩信这三个人在能力上的绝妙组合。团队整体是否具备完成团队任务的知识和技能，是否有足够的技巧化解冲突，实现有效沟通，将直接影响每一项团队任务的完成效率。在团队的形成阶段和震荡阶段，团队的结构要加以完善。

（4）灵活运用激励机制。一个团队要想保持持久的动力与活力，就必须引入竞争性的激励机制，打造优胜劣汰的评估和奖励体系，奖励不仅是单纯的奖赏，更是对成员优秀绩效的认可和表扬。本教材的第2章和第11章都对激励问题进行过介绍。

联邦快递公司就注重树立团队共同的目标，强化团队成员的使命感，通过灵活运用激励机制加大团队认同，团队绩效持续表现为高水平。

## 篇中案例

### 联邦快递打造高绩效团队

作为全球最大也是最早创立的航空快递公司，联邦快递目前正向包括中国在内的220个国家及地区提供24～48小时之内门到门的快递运输服务。毫无疑问，联邦快递是全球业界的典范，它的成功因素有不止一个，其中，高绩效团队是关键。

**一、塑造共同的团队目标**

联邦快递的团队目标主要体现在两个方面：一是企业的业绩目标以及分解到团队的业绩目标；二是联邦快递更注重的体现在团队成员行为标准上的目标。作为世界500强企业，联邦快递每年都关注财务业绩指标的实现，但是财务指标远远不能满足企业发展的要求，企业早已追求给员工提供良好的工作环境、对社会应负的责任等非财务目标。2004年，在美国《华尔街日报》刊登的年度哈里斯企业声誉调查中，联邦快递被评为“企业声誉最佳”的运输公司，并在“感染力”“社会责任”和“工作环境”三项指标中，取得了前五名的优异成绩。

**二、建立系统的培训体系**

在以人为本的团队文化影响下，联邦快递非常重视员工的个人发展。为此，公司建立了一整套“培训—选拔—角色转换”机制。可以这么说，参加培训是员工在联邦快递能够获得发展的重要条件，特别是培训课程级别的升高意味着公司对你的信任与期望在提高，加上培训课程确实能让员工学到真正的技能与知识，因此，培训在联邦快递备受员工欢迎。

**三、推行有效的激励机制**

在联邦快递，接近50%的支出用于员工的薪酬及福利。联邦快递的团队激励机制包括三大方面：整体报酬、名誉奖励、发展计划，主要奖项包括：

(1) 祖鲁奖或勇士奖 (Bravo Zulu)：奖励超出标准的卓越表现。

(2) 开拓奖 (Finders Keepers)：给每天与客户接触、给公司带来新客户的员工以额外奖金。

(3) 最佳业绩奖 (Best Practice Pays)：对员工的贡献超出公司目标的团队给予一笔现金。

(4) 金鹰奖 (Golden Falcon Awards)：奖给客户和公司管理层提名表彰的员工。

(5) 明星/超级明星奖 (Star/Superstar Awards)：这是公司的最佳工作表现奖，奖励相当于受奖人薪水2%～3%的支票。

作为一家跨国公司，联邦快递尊重多元化的文化并鼓励员工与公司共同成长，同时相应地提供给员工一系列发展计划：雇员内部晋升政策，即公司内的空缺以内部雇员为优先考虑人选；黄金计划，这是一项内部管理发展计划，包括成长、机会、领导及发展计划。

资料来源：周密：《联邦快递如何打造高绩效团队》，载《华东经济管理》，2005 (6)。

(5) 成员的职责划分清晰。“一个和尚挑水喝，两个和尚抬水喝，三个和尚没水喝。”当团队成员没有职责上的区别，谁也不服谁的领导，你推我、我靠他、他怨你时，只会造成角色混乱和扯皮推诿的现象，激发员工之间的冲突，降低团队绩效。

(6) 应该引导员工学习未来关键的技能，为员工提供发展空间。领导者要有长远眼光，让团队成员意识到自己是有发展机会的，通过辅导、培训项目、资源支持等开发个人技能和团队技能，为员工提供发展平台，帮助员工在岗位上获得发展，引导员工学习未来工作中所需的关键技能。

(7) 注重沟通。许多团队的失败往往是由于它们没有明确决策、会议和沟通规范。团队中会出现人际冲突，领导者此时应该与团队成员一起制定解决团队冲突的方案，召开会议，公开讨论，或采用拓展训练的方式加强沟通，提高士气。

小成功靠个人，大成功靠团队，高绩效团队的塑造需要领导者的支持和引导。领导者要给予团队一定的支持，平衡好领导团队过程中专制与民主的权重，使权力得以灵活应用。在面临突发事件时，领导者要有足够的任职能力让团队成员认同自己，同时，要让每一位团队成员都觉得自己获得了充分的信任，能够参与领导决策，提出意见和帮助。领导者永远不要以为自己比员工聪明，可以驾驭他们，领导过程需要大胆授权，适时引导，使他们感觉舒适，并有能力轻松、有效地完成工作。

领导者对于团队的重要性在任务失败时也极为重要，首先承担责任的往往是团队的领导者。比如，美国雷曼兄弟破产后，投资人将领导团队的失误归于前总裁福尔德，对他在公司健身房中饱以拳脚，他在被揍倒在地后一度失去了知觉。

下一节介绍的就是团队领导的重要性、复杂性，团队领导的新变化和团队领导模型。

## 14.2 团队领导

首先，我们需要了解一下什么是团队领导。通常来说，团队领导指的是负责为团队提供指导，为团队制定长远目标，在适当的时候代表团队处理与组织内其他部门关系的角色。

### 14.2.1 团队领导的任务功能、联络功能和整合功能

团队领导的重要性体现在任务功能、联络功能和整合功能上（见图14—1）。任务功能主要指团队领导者帮助团队完成任务，这是团队绩效（team performance）的载体，包括信息的分析和传递、决策、制定计划、实现目标等。

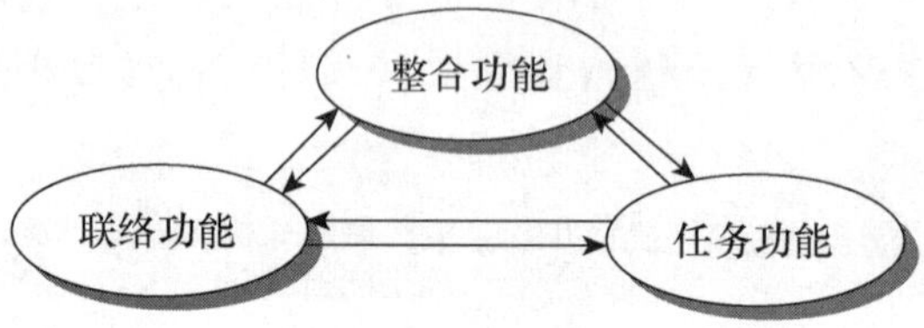


**图14—1 团队领导的功能**

联络功能主要包括两点：获取外部资源和协调内部人际关系。领导者不仅要获取团队发展所需的信息和资源，同时要关心团队成员的情感和需要，消除团队成员的矛盾，建立积极的气氛、和谐的人际关系，这是团队发展（team development）的载体。这个功能与任务功能是相互关联和相互影响的，生产不佳的团队会挫败员工的信心，影响人际关系；紧张的成员关系会使团队无法很好地完成任务，降低效率。

整合功能主要指平衡团队内在和外在的需要，整合任务功能和联络功能，帮助团队适应不断变化的外部环境。团队领导者不仅要调节人际关系，实现联络功能，还应分析团队所处的复杂社会环境，为团队培养和配置合适的人才，充分利用每个人的长处，采取适当的应对行为。显然，整合功能与上述两个功能高度相关。

为了实现任务功能，领导者本人无须亲自承担具体的任务。如果团队领导者承担太多，往往会忽略组织战略和人才培养，易使团队士气受挫，为团队任务的失败埋下隐患。因此，团队领导者需要给予团队合理的建议，将团队成员的注意力转移到特定的工作上。重视整合功能的领导者往往会把培养和配置人才当成自己的首要工作，他们会在分析外部环境和内部能力的基础上，通过给员工提供方向性的指导、必要的资源支持和适当的机会来实现管理，帮助员工发展必要的技能，保证人岗匹配，因此许多人也称团队领导者为“教练”。

### 14.2.2 中国文化背景的影响

考虑到文化背景的差异，有些联络功能和整合功能方面的团队领导行为虽然在中西方都存在，但可能在中国文化背景下尤其需要得到领导者的关注。比如，有些团队成员爱面子，不会主动向领导者寻求帮助，也不会主动示弱。为了解员工的工作状态，团队领导者需要对下属的生活予以关注，经常和员工交流工作生活的细节，使员工敞开心扉，交流真实想法。

对于团队中年长的员工而言，他们的观念大多已经过时，对西方最新的管理方法不熟悉，对变革表现出排斥。为了保持团队的活力，领导者需要先肯定他们的功劳，唤起他们内心的自豪感，进而阐明变革的必要性，最好让这些员工参与到变革措施的讨论中，提高他们的积极性，激发整个团队的活力。

很多时候，团队成员会把生活卷入到工作中，许多员工的生活问题往往成为团队中其他成员的"谈资"而被他人过分关心，这虽在一定程度上有助于成员间关系的建立，但过于关注也可能偏离团队的核心任务。团队领导者要以身作则，引导大家通力合作，以完成团队目标为先，相互学习，相互支持，相互信任，与其他部门互动，树立工作中以团队任务为重的榜样。

### 14.2.3 诺思豪斯的团队领导模型

诺思豪斯（Northouse，2002）将协调和监控概念与团队效能融合在一起形成了团队领导模型（见图14—2），该模型包括协调决策、干预具体方式和团队效能，这为理解团队领导的复杂现象提供了一种整合型工具，为领导者实现上面提到的任务功能、联络功能和整合功能提供了相应的措施和建议。

为了提高团队的整体机能，领导者要对团队决策进行干预。领导者面临的第一个决策是是否干预，即领导者是应该继续监控这些因素，还是要根据已经收集和处理的信息采取行动。若选择采取行动，领导者应该进行第二个决策：干预的内容和程度。确定领导干预行动的内容和程度，最重要的是弄清是内部的团队领导行为（任务/关系）还是外部的团队领导行为（环境）。比如，群体成员间存在冲突吗？如果是，就应该采取行动以维持群体，改善人际关系。团队目标不清楚吗？如果是，就需要任务干预。组织没有对团队工作提供适当的支持吗？如果是，此时关注组织环境就是最恰当的干预。领导的第三个决策是确定最恰当的干预方式。

有效的领导者需要依据情境采取行动，顾及团队利益，做出最佳决策，针对每一类干预内容都要选择合适的干预方式。第一类干预内容为内部任务领导行为。为改善任务表现，领导者可以采取的干预方式有：关注目标（明确、获得一致），根据目标设置结构（计划、组织、明确角色、委派），为决策准备（报告、控制、协调、分析、问题关注），培训团队成员的任务技能（教育、发展），维持绩效水平（评估团队和个人绩效、面对不好的绩效），如果领导者确定某些成员

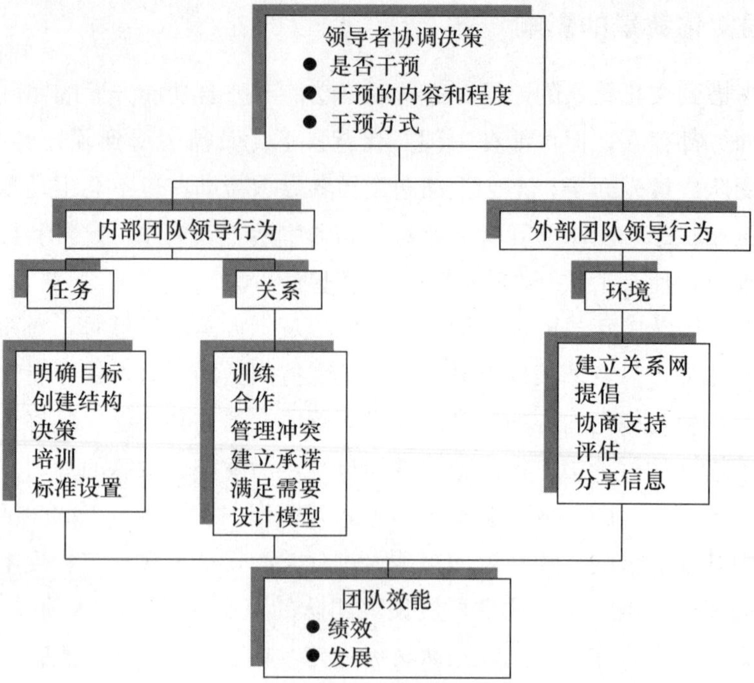


**图 14—2　团队领导模型**

资料来源：彼得·诺思豪斯：《领导学：理论与实践》（第二版），南京，江苏教育出版社，2002。

工作效率不佳，就要及时与成员讨论绩效问题。

第二类干预内容为内部关系领导行为。为改善团队关系，领导者可以采取的干预方式有：向团队成员传授人际关系技巧，合作（包容、参与），管理冲突和权力问题（避免对抗、讨论思想问题），建立承诺和团队精神（乐观、革新、展望、社会化、奖赏、重视），满足成员的个人需要（信任、支持、鼓励），提倡模范的道德行为和原则性（公正、一致、规范）。

第三类干预内容为外部环境领导行为。如果环境监控发现需要领导干预，领导者就要选择下列干预方式：建立关系网络，在环境中构成同盟（收集信息、增加影响）；将团队推向环境；与上层协商，确保取得必要的资源、支持和重视；缓和团队成员与环境的摩擦；对影响团队效能的环境指标进行评估（调查、评估、绩效指标）；与团队分享相关的环境信息。

模型的最后一个部分关注团队效能，或者说是对团队工作成绩的期望，这显示出团队领导的两个重要作用：绩效和发展。绩效表现在团队完成任务的能力、问题的解决程度上；发展则表现为团队能否有效地共同工作，适应不断变化的外部环境。

随着管理实践的发展，团队领导的角色也在发生新的变化。比如，下一节将要介绍的自我管理团队，其内部和外部团队领导行为就与传统团队领导行为的侧重点不同。

## 14.3 自我管理团队

### 14.3.1 自我管理团队及其特征

第 3 章中介绍的分布式领导和自我领导等概念在团队管理中往往会表现为自我管理团队（self-managed teams，SMT）。自我管理团队一般由 5～30 名员工组成，这些员工拥有不同的技能，轮换工作，自我决策，是为实现组织目标具有高度自主权的团队。团队成员之间相互依赖，承担了许多以前由主管承担的责任，比如计划和安排工作日程，给各成员分配工作任务，做出操作层面的决策等。这种类型的员工渐渐地能独立决策，学会承担更多的责任，而不是依靠领导者的指挥。科技的发展和知识型产业的增多使自我管理模式越来越普及，自我管理团队常出现于制造业和工艺生产行业中，其在服务行业中的运用也在不断普及，施乐公司、通用汽车、百事可乐、惠普公司等都是推行自我管理型团队的代表。

自我管理团队有以下特征：

（1）有管理自己工作的权力。自我管理团队能够监督工作，设定目标和计划，选择成员，让成员相互进行绩效评估，并会随着环境的变化不断调整团队，承担更多的责任，对团队资源进行有效整合，实现团队运行的高效率。

（2）自我管理团队弱化了外部管理者的作用。自我管理团队可以分担领导的一些职能，自行确定如何运营，如确定项目进度、管理团队预算等。自我管理团队无须向外部管理者汇报，团队中没有严苛的权力等级，没有服从与被服从的关系，所有成员都以平等的身份参与问题的讨论，提出自己的见解。

（3）有执行决策的权力。领导者给自我管理团队适当的资源并授权，帮助团队成员以更大的灵活性执行他们的决策。自我管理团队是独立的，自主决定同其他团队和个人的协调合作，没有经理“出头露面”，必须靠团队自身的力量去协调和整合，还需亲自解决执行方案，并对工作承担全部责任。

（4）团队领导的支持。自我管理团队中领导者的主要作用是为团队提供必要的资源支持，领导者应该为团队提供便利而不是控制团队，推动自我管理团队实现预设的目标。

自我管理团队中的成员往往具有鲜明的个人特征。他们提倡积极和激励性的思维模式，推崇一种独立、自主的思考方式，自我反省，营造支持性和激励性的团队氛围，同时，他们注重设定个人目标。自我管理者会在理性审视自己的基础上，主动设定自己的绩效目标，他们善于观察其他成员的行为并进行自我评估，提供反馈，分析评估自己的绩效。最后，自我管理者会进行自我强化，他们会为自己提供部分奖励和支持。

### 14.3.2 自我管理团队的领导者

虽然弱化了外部管理者，但自我管理团队中还有领导者的身影。自我管理团队中存在两种领导角色：内部领导角色和外部领导角色。内部领导者多为协调者角色，主要协调团队活动，大部分内部领导者是由团队成员默认或选举产生的。自我管理团队中的内部领导角色是共享的，成员通常一起讨论重要事务，集体决策，在一个时期内，担任内部领导者的很可能是最有专长或是对这项任务具有强烈兴趣的人，他协调推动整个团队的活动。关于这类领导的涌现，可以参考第3章分布式领导的相关内容。

有学者探讨了自我管理团队中内部领导者的过度涌现现象，这一研究加深了我们对自我管理团队中领导现象的认识。

## 学者说

### 自我管理团队中领导的过度涌现——性别和补偿性偏见的作用

自我管理团队中往往不存在组织正式任命的领导者，相反，领导者往往是以一种非正式形式出现的。由于涌现型领导往往在自我管理团队中扮演非常重要的角色，很多研究致力于识别与领导涌现相关的个人特质和行为。如同大家预想的那样，大多数致力于领导涌现的研究聚焦于领导力的发展，希望能够帮助个体涌现为领导者。实际上，这些研究的潜在设定是如果一个人能够涌现为领导者，那么他就应该涌现为领导者。在某些情况下，这种假定是正确的，即一些诸如智力、自我效能这样的个人特征与领导涌现和领导有效性有大体同等水平的相关性时，但在另外一类情况中，预测领导涌现的因素与预测领导有效性的因素不同，一个经验事实是一个涌现为领导者的人可能并不能在这个角色上表现得很好。例如，有证据表明，外倾性与领导涌现之间的相关性高于外倾性与领导有效性之间的相关性。这意味着一个高外倾性的人涌现为领导者的可能性高于他将是一个成功的领导者的可能性，拉纳贾和霍伦贝克（Lanaj & Hollenbeck，2015）把这种个人的领导涌现高于领导有效性的现象称为过度涌现。这种现象意味着在某些情况下，一个错误的人可能涌现为团队领导者，或者一个正确的人没能涌现为团队领导者。这种不恰当的领导涌现是一个在组织文化中重要的但长期被忽视的现象。

一个与过度涌现有关的尤为重要的特征是性别。研究者以一个共同工作7个月的自我管理团队为研究对象，借助性别角色理论和期望违背理论来研究性别在预测领导的过度涌现中的作用。基于性别角色理论的观点，由于性别特定的社会角色和行为期望，在其他条件一致的情况下，男性被认为更拥有领导的特质（诸如自信、独立等），更符合领导角色，更可能会过度涌现为领导者；然而，期望违背理论认为，女性很可能会受益于一种补偿性偏见，尤其当女性表现出一种与团队有关的代理领导行为时，她们被认为比男性有更大的可能涌现为领导者，即使他们的行为水平几乎是一样的。这一补偿性偏见的有关影响被实证性地记录和利用，用以帮助形成在自我管理团队中，一种对性别与领导涌现、领导有效性、领导过度涌现等关系更加深入的认识。

资料来源：Lanaj，K. & Hollenbeck，J. R.，“Leadership Over-Emergence in Self-Managing Teams：The Role of Gender and Countervailing Biases，” *Academy of Management Journal*，2014，58.

外部领导者的主要角色多为教练、促进者和咨询者，自我管理团队常常需要外部领导者给予教导和鼓励，帮助团队成员树立信心，支持成员学习团队技能，改进工作关系（Manz & Sims，1989）。同时，外部领导者要清楚地表达对团队成员的期望，规范成员的行为，帮助团队从上级或其他部门中获取必要的资源和政治支持。

### 14.3.3 自我管理团队的优势和面临的挑战

自我管理团队有许多潜在的优势，比如，团队成员更支持工作，这提高了工作满意度；团队成员交叉训练做不同的工作，提高了团队技能的灵活性，有助于提高团队成员解决问题和提出建议的能力；分担了领导者的部分职责，减少了组织中经理和技术专家的人数，从而降低了成本。

在组织运营过程中，自我管理团队也会面临一些挑战。比如，自我管理团队分担领导者的职责，因此会出现领导权分散的问题，这使得自我管理团队并不总能带来积极的效果，虽然有时员工的满意度随着权力的下放得到提升，但同时缺勤率、流动率也在增加。自我管理团队是以自我管理为基础的，成员拥有自己的价值观和处事方式，并不是所有的人都适合这样的团队，如果在构建自我管理团队时选人不仔细，容易造成团队人际交往方面的问题。EKATO 公司的自我管理团队就出现了问题，虽然领导的愿景很好，但有些员工并不具有领导和协调能力或意识，对自我管理团队抱有抵触情绪。

**篇中案例**

**EKATO 自我管理团队的新问题**

EKATO 公司是一个家族企业，创建于 1933 年。它位于德国西南部，公司的 600 名员工每年生产大约 2 500 台工业搅拌机，在搅拌机行业，它是第二大公司。每年的营业额约为 3 500 万欧元，在欧洲市场占有领先地位。

公司建立了新工厂，新工厂支持基于生产间和自我管理的文化，这与 EKATO 公司先前的官僚主义方式有着根本的区别。但是，员工对于变化已做好了充分的准备。在变革之前，公司内部已制定了一个广泛的咨询和参与计划，该计划以人员、过程、技术及设计战略为中心。所有影响员工的变革都在计划小组内讨论过，这些小组由工人及委员会的代表组成。较温和的员工小组讨论的是可能影响日常工作的未来问题和事务。

在转向生产间结构之前和之后，公司通过培训加强了团队技能，使工人拥有多种技能，这使得他们在某种程度上能够轮换工作。培训可以帮助个人适应每天的工作，小组成员在以下几方面接受过培训：解决冲突及问题、与人打交道的技能、团队角色、小组动力、决策、设定小组目标和优先事项。公司把发展团队当作一种正在进行的过程，而且在转向新工厂之后，公司还继续提供支持。

公司把大量的内部信息提供给员工，以支持新的自我管理、自我优化方法。此外，奖励系统经过调整之后，包括与工人贡献相关的个人奖金、基于小组生产力的奖金以及年度利润分享奖金。

但是，随着时间的推移，EKATO公司并没有像以前那样强调自我管理型的生产间。1991—1992年，EKATO公司拥有的生产间和小组数量是2000年的2倍。对于规模相对小的公司来说，原来的3人小组数量太多了，这使得公司需要进行更多的协调，而协调小组不得不召开更多的会议。EKATO公司随后把生产间重新改为8～9个成员的小组，分配给负责驱动器、轴和叶轮的3个主要制造区域。

EKATO公司的管理层承认，一些员工希望到工作场所中工作，但不希望负责任。虽然工人希望拥有领导权力，但并不是所有员工天生都是领导者和协调者。公司现在正努力使员工比现在更能自我管理，同时认识到：一些人在抵抗这种变化，因此他们需要在自我管理和小组过程方面接受更多的培训。

资料来源：盖尔·艾弗里：《领导学：模式与案例》，上海，上海财经大学出版社，2006。

领导者可以多鼓励团队成员进行自我管理，通过解释自我管理的优点和介绍自我管理的模式来帮助员工发展自我管理技能。领导者提供足够的独立性会使员工的自我管理更容易，也可以将自我管理的流程模式化，为追随者创建一个范例。当员工发展自我管理技能时，领导者应鼓励他们在工作中承担更大的责任。当然，如果下属还没有相应的能力和意识，领导者也不必急于推广这种团队模式。

## 14.4 怎样发展团队领导者的技能

为何许多团队在工作时容易陷入僵局？怎样才能结束这个僵局？美国畅销书《可预见的成功》的作者莱斯·麦克文（Les McKeown）给出了答案，即领导者领导技能的提升。在书中麦克文认为，每一个成功的团队包括一个关键“球员”，该“球员”需要具备三种不同的角色，即大胆的梦想者、务实的现实主义者和系统设计师。领导者需要能够捕捉到每个人最好的一面，组建动态、全面的团队。对于现实企业中的多数领导者而言，他们要么控制团队活动，要么撒手不管。显然，这两种方式都不能很好地促进团队产生高绩效。

一些优秀的领导者希望可以和他们的团队平等地工作，扮演“资源”的角色，而非团队的控制者。这种领导者有能力和团队一起工作，就像团队中的其他人一样，在使用资源和获得信息方面也是平等的。那么，如何培养领导者的这种技能呢？麦克文提出了如下几种方式。

（1）从小事开始。小事指的是领导者可以控制的事情，领导者在团队活动中不要一开始就强迫自己对大事负责，这样不仅不能让团队成员平等地对待你，当事情不在预料范围内时，你也容易重新使用权威来控制事件的发展态势。一个典型的例子是交叉功能团队，交叉功能团队又称多功能型团队，该类团队由来自同一等级不同领域的员工组成，成员之间交换信息，平等合作，共同完成任务和解决问题。交叉功能团队建立的宗旨是任务攻坚，团队成员均是各自领域的专家，这就必须讲求平等。如同多数团队一样，交叉功能团队也需要领导者，但领导者的功能并不在于控制，而是参与式地协调，适当分配资源。

(2) 指定其他人员主持会议。这是一个新颖的尝试，在主题会议中，指定一个负责人引导会议。需要注意，这并不是指定其他人代为传达你的意思，而是要做到事先不沟通、不教授，充分授权。指定的负责人需要对每一议题分配时间，主持讨论，进行总结，在会议进行的过程中，领导者只需坐在那里，耐着性子，和其他成员一样，适当参与讨论。对于一些兴趣不大的议题，领导者会觉得无聊、繁杂和琐碎，此时切勿离开，而需要和其他成员一样，把分配给自己的细节一一弄完。

(3) 参与。在团队日常讨论中，领导者需要以普通成员的方式参与其中，如果不参与，那就和不做领导者没什么区别了。领导者需要在讨论过程中贡献自己的智慧，分享经验。反复练习和熟悉这种参与方式有助于团队成员对你平等看待，而又不失尊敬。

(4) 主动承担行动任务中低级、卑微的部分。当团队在分派任务时，领导者切勿挑肥拣瘦，切勿只承担那些关键的任务。为了表明自己的参与平等性，领导者需要证明，既然其他人能够自觉承担低级、卑微和不重要的部分，自己也同样可以。

(5) 适应沉默。在关键问题上，尤其在那些存在意见分歧的问题上，常常会出现沉默的状态，此时，所有成员都会将目光转向领导者，希望领导者能够站出来，发表意见，做出评判。此时，不要做任何解释，不要发表任何见解，保持沉默。这种情况下，成员会自觉尝试梳理不同方案的内容，找出利弊。

(6) 长期的领导地位会让领导者的自我感觉良好，他们会极不放心其他人的工作方法，也不愿意实现他们希望的结果，但这种方式永远无法成为优秀的领导者。领导者需要抵制事后转变的诱惑，当会议结束时，最终结果代表了团队中绝大多数人的意见，方案是什么样就是什么样，切勿通过各种方式企图改变结果，将原有方案替换为你所倾向的方案。因为作为领导者，你只要做一次，就不会再有人相信你承担的“资源”这一角色了。

下一章会就领导技能问题进行专门介绍，视角将不局限于团队这个层次。

## ▶小　结

团队是指通过成员共同努力产生积极的协同作用，从而使团队绩效远远大于个体绩效之和。团队与群体有很大的区别。影响团队绩效的因素主要有：团队结构、团队目标、行为准则、领导对团队的支持等。塑造高绩效团队包括以下要素：制定高成就目标，灵活运用激励机制，营造赢得尊重的文化，成员的职责划分清晰，沟通和发展未来技能。

团队领导的重要性体现在三个功能上：任务功能、联络功能、整合功能。优秀的领导者是环境和成员的“协调者”。团队领导者的角色也在发生新的变化，领导者要给予团队更少的指导，让团队意识到自己的能力范围，把自己当成团队的输入力量。诺思豪斯的团队领导模型包括协调决策、干预具体方式和团队效能，这为理解团队领导的复杂现象提供了一种整合型工具，为领导者实现上面提到的任务功能、联络功能和整合功能提供了相应的措施。

自我管理团队一般由5～30名员工组成，这些员工拥有不同的技能，团队具有高度自主权。自我管理团队有许多潜在的优势，自我管理团队中存在两种角色，分别为内部领导角色和外部领导角色。自我管理团队体现了自我管理，作为领导者应多鼓励团队成员进行自我管理，建设自我管理团队。

团队领导者在团队中需要扮演“资源”这一角色，而非团队的控制者，他们需要和其他成员平等地工作，平等地分享信息和参与讨论，培养相关技能。

## 关键术语

高绩效团队（high performance teams，HPT）
规范（norm）
团队绩效（team performance）
团队发展（team development）
自我管理团队（self-managed teams，SMT）

## 思考题

1. 从团队的发展阶段分析完善团队绩效的影响因素。
2. 领导者怎样才能塑造高绩效的团队？
3. 对照诺思豪斯的领导模型，分析一下你身边某个领导者的领导行为。
4. 自我管理团队有哪些优势？给领导者带来了哪些挑战？
5. 对照前面章节的领导概念，谈谈相关概念如分布式领导、涌现型领导、自我领导、超级领导等在本章的自我管理团队中是如何体现的。
6. 中国目前还没有普及自我管理团队这种团队运作模式，你觉得其中的原因是什么？

## 案例分析　联合食品公司的自我管理团队

联合食品公司的自然食品连锁店有多达1 400名雇员和90家商店。这是一个非常成功的组织。它关键的组织方式和管理哲学是运用授权的自我管理团队。

联合食品公司文化以分散的团队工作为前提。它超越等级构成了新的单位。每个商店是一个利润中心，一般有10个自我管理团队——生产、杂货、成品——有选定的领导和明确的行动目标。每个商店中的领导是个领导团队，每个地区的商店领导也是团队，公司的6个地区主管同样是团队式的。

该公司的文化以对生产力的共同承诺为特征。员工的参与加强了个人对绩效和利润的关注，坚实的财务基础使员工有更多的创新自由。公司运作遵循以下三大原则。

第一个原则是：所有的工作都是团队工作。每一个加入联合食品公司的人迅速地将团队工作放在首位。那是因为团队——只有团队才有权赋予新雇员全职工作。商店领导考察每个候选人，然后将他们推荐给某一特定团队。必须通过团队2/3投票同意并经过30天试用期，候选人才能成为全职员工。团队成员对新雇员严格要求还有另一个原因：钱。公司的分配程序将奖金与团队绩效结合——特别是和每个员工每小时的销售量（最重要的生产指标）相结合。民主强化了以下原则：若对那些不合格的人投同意票，你的奖金在数月之内也许会减少。有效团队的首位要求是信任。在联合食品公司，建立信任是从对新雇员的投票开始的。另一个因素涉及工资。信任（团员间及成员和领导间）是通过排除主要的不信任源——捕风捉影来提高的。每个商店都有一本手册，列出上一年每个员工的工资及奖金。

第二个原则是：对任何值得做的事情进行评估是有价值的。联合食品公司将这一简单原则发展到极致——评估结果公司成员人人分享。CEO 约翰·麦克（John Mackey）称之为“无秘密管理哲学”。他指出：“在大多数公司中，管理层通过控制信息达到控制员工的目的。通过分享信息，我们处于统一战线。”让商店获得有关利润的详尽信息，有利于它们进行用人、订购、价格决策——这些都是决定利润的因素。

第三个原则是：成为最有力的竞争者。联合食品公司对责任感非常在意。团队被期望设置挑战性的目标并达到它。责任感并不意味着官僚监视。

在联合食品公司，行为表现的压力来自同伴而不是上级，并且以一种内在的竞争形式出现。团队同自设的销售目标、成长和生产力目标竞争，也同本店的其他团队、不同商店或地区相似的团队竞争。这种竞争是行为信息如此重要的一个主要原因，它已成为每个团队以其他团队来评价自身的标尺。

资料来源：苗青：《团队管理：成就卓越的基石》，杭州，浙江大学出版社，2014。

根据上述案例，尝试回答如下问题：

1. 上述案例中体现了哪些自我管理团队的优势？

2. 联合食品公司的管理层是如何帮助自我管理团队提高生产绩效的？

3. 思考联合食品公司的自我管理团队模式是否可以在中国企业进行推广，会存在哪些潜在的问题。

## ▶ 参考文献

[1] Les McKeown，*The Synergist：How to Lead Your Team to Predictable Success*，New York：Palgrave Macmillan，2012

[2] Manz，C. C. & Sims，H. P.，*Superleadership：Leading Others to Lead Themselves*，Englewood Cliffs，NJ：Prentice Hall，1989

[3] Tuckman，B. W.，“Developmental Sequence in Small Groups，” *Psychological Bulletin*，1965，63

# 第15章

# 领导技能

## 学习目标

- 掌握目标设定的基本原则
- 了解提升创造力的途径
- 了解谈判的过程
- 理解会议管理的窍门
- 能够解决冲突并加强人际沟通
- 明确领导力开发的四个阶段

引例

### 李开复的“午餐会”沟通

2000年李开复到微软总部出任全球副总裁，管理一个拥有600名员工的部门。作为一个从未在总部从事过领导工作的人，他需要倾听和理解员工的心声，为了达到这个目标，他选择了“午餐会”沟通法：每周选出10名员工，与他们共进午餐。用餐时，李开复详细了解每个员工的姓名、履历、工作情况以及他们对部门工作的建议。为了让每位员工畅所欲言，他尽量避免与同一个小组或一间办公室里的两个员工同时进餐。另外，他还要求每个人说出工作中遇到的一件最兴奋的事情和一件最苦恼的事情。

午餐后，李开复会发一封电子邮件给大家，总结“我听到了什么”“哪些是我现在就可以解决的”“何时可以看到成效”等。使用这样的方法，他在不长的时间里就认识并了解了总部的每一位员工。最重要的是，他可以在充分听取员工意见的基础上，尽量从员工的角度出发，合理地安排工作。

资料来源：《善用非正式沟通》，载《福建教育》，2013（2）。

沟通是领导者最重要的技能之一。引例中的李开复显然具有很强的沟通技能。当你自认为不具备领导者的魅力或魄力时，可以先从领导技能入手开始你的领导生涯。领导者面临许多新的挑战，他们需要帮助组织适应周围的环境，实现组织愿景。为实现目标，他们博采众长，上下求索，不断完善自身的领导技能。本章总结了七种公认的领导技能，并将之归结为三类：目标设定和创造力属于个人技能；谈判、沟通、冲突管理属于人际关系技能；会议管理和授权则属于团队技能（见图 15—1）。下面你将了解每种领导技能的特点和培养这些技能所需要的方法。

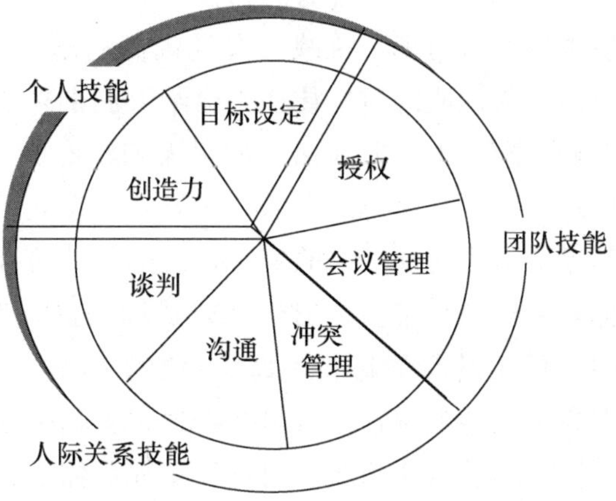


**图 15—1 领导技能模型**

## 15.1 领导者的个人技能

### 15.1.1 目标设定

第 2 章简单介绍过目标设置理论，设置合理的目标对领导者来说是一项十分重要的个人技能。为合理设置目标（setting goals），领导者应该遵循 SMART 原则。

（1）S 意为目标是具体的（specific），不是笼统的。目标设置过于含糊会使员工感到疑惑，无法完成预期任务，因此目标要有详细说明，包括具体项目、衡量标准、达成措施、完成期限以及资源要求，使员工能够很清晰地看到组织计划，明确自己要做哪些事情。

（2）M 意为目标是可衡量的（measurable），评估标准最好是定量的。在目标实施的过程中，领导者可以定期评估员工的工作进度，追踪反馈，及时发现问题，解决问题，提高工作绩效。企业的目标设置通常是用数字表现的，比如，明年的销售额要比今年增长 4%，这些具体数字就是可观察、可衡量的。

（3）A 意为目标是可实现的（attainable）。通过努力，目标应该是可以达成的。目标的设置切忌脱离实际，有时领导者为达到预期的结果，把目标设置得过高，超出了群体现有能力的范围，揠苗助长，最终只能使愿望落空。

（4）R意为目标与其他目标具有相关性（relevant）。一项目标的设定与组织的其他目标应该是相关的，并以组织的总体目标为导向。

（5）T意为目标是有时限的（time-based）。每项任务都有一定期限，周围的环境在不断变化，任何事物都有一定的时效，目标要在一定期限内达成，若超出此期限，目标也就失去了原有的价值。

在遵循SMART原则的基础上，目标的设定还需要挑战、承诺和反馈。目标应当具有挑战性，设定过于容易的目标并不会带来高绩效，更高的绩效往往在拓展目标和超越自我时出现，挑战会激发人们的创造力，从而展现出最好的一面。相反，一项很容易达成的目标往往不会给人们带来欣喜和自信。

目标需要认同，也需要承诺。如果大家没有激情，对目标抱以质疑的态度，那么目标只是一句极其简单的空话。领导者在设立目标之初就应该让员工参与进来，并向其提供达成目标所需的资源，奖励推动目标实现的员工，这样，追随者就会对目标表现出高承诺。在目标实施过程中提供反馈可以有效提高组织绩效。对一段时间内员工的行为进行追踪、评估、反馈，可以及时发现不足，尽快修正。反馈提高了沟通频率，当成员多渠道、多指标地提供反馈时，领导者可以更好地了解目标实施的真实情况。目标设定充分体现了领导者的目标管理技能，它是目标管理的第一步。目标管理概念的提出者彼得·德鲁克认为，目标并不是在工作开始之后产生，相反，是先有了目标，才确定了每个人相应的工作。

目标管理通过在组织内部建立覆盖各个层级的目标链实现上级对下级的管理，在设定目标时，组织的领导者和高层管理团队首先确定组织的整体目标，继而将整体目标细分为各部门的目标，再细分为部门内部每个人的具体目标，同时，这些具体目标的完成情况将是今后人事考核和奖惩的依据。组织各级目标的设定必须符合方向一致、相互协调的原则，在目标分解过程中，只有明确了权、责、利三者的关系，整个目标体系才能为企业战略的落地提供精确的指引。

需要指出的是，在目标设定的过程中，除了要遵循SMART原则，还需注意以下几点。

（1）不能将全部关注点放在企业的利润指标方面，目标的设定要结合企业的使命和价值理念，即目标必须是有价值的。

（2）企业流程体系指标较为繁杂，领导者和管理者在设定目标时需要从中筛选出关键指标，进而将其转化为相应目标。

（3）各层级目标的描述，尤其是员工个人的目标描述要通俗易懂，避免专业词汇造成的语义模糊。

### 15.1.2 创造力

创新是领导者的职能之一，反映到技能层面上则表现为领导者需要具有创造力。创新的意义不言自明，领导者需要以新的方式看待事物以增强自身的创新能力，尽可能多视角地分析问题，对事物进行新的观察，带领团队或组织实现创新以获得持久的生命力。

迪格拉夫和劳伦斯（DeGraff & Lawrence，2002）遵循从想象力到孵化的步骤，提出了提升创造力（improving creativity）的途径（见图15—2）。想象力（imagination）是获得创造力的根本，天马行空的想象可以帮助领导者形成革新性的看法以及独一无二的解决方案。苹果的史蒂夫·乔布斯、迪士尼的沃特·迪士尼和亚马逊的杰夫·贝佐斯都喜欢标新立异，愿意冒险、打破常规是这类创新者的典型特征。

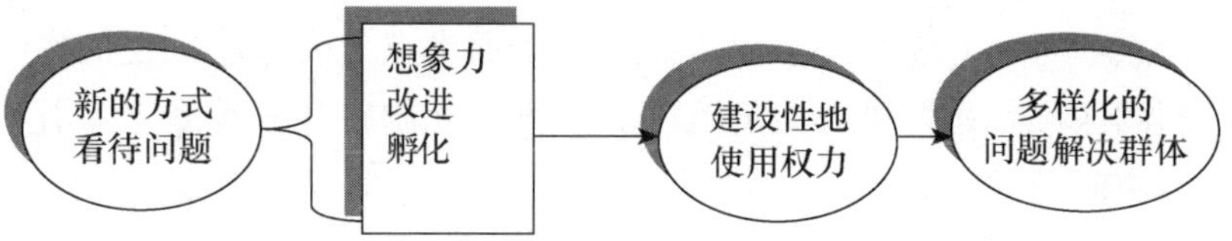


**图15—2 提升创造力的途径**

对原有事物的改进（improvement）有时也可产生创造力，这需要改进性的想法。这种方式并不具有突破性创意，只是不断改进现有的创意，开发越来越好的替代方案。采用这种方式的领导者不是冒险者，而是系统的、谨慎的和严格的人。雷·克罗克没有发明快餐，却创建了一种标准化的菜单、统一的烹调程序、一致的服务行为，造就了麦当劳的巨大成功。阿里巴巴集团的马云不断否定自己、突破现实，对原有的C2C和B2C模式不断进行改进，阿里巴巴才得以保持今天在电子商务领域的领导地位。

通过个体间的团队工作、参与和协调来获得创造性，这种方式叫做孵化（incubation）。在共同价值观的引导下，人们合作的集体智慧会产生创造力。比如，圣雄甘地就很擅长利用孵化动力，他动员人们追寻一种明确的愿景和价值观，追随者的集体智慧激发出足够的创造性以阻止一场战争。

当权力距离较大时，群体成员可能因领导者过于挑剔而抑制了创造性思考的能力；当领导者不善于接受新观点或群体其他成员的思想较为传统时，群体成员会抨击新思想，不愿意提出新的想法。领导者要明白创造力虽然是在变，但绝不是突变，一定要保证追随者的行为处在正确的轨道上。因此，领导者需要建设性地运用权力，向群体授权或委派职责，放松对追随者的限制，减少追随者的压力。他们要向追随者明确目标，引导他们的行动方向，使其不偏离总体目标；他们还要提供充足的资源，为追随者实现创新扫除障碍，减少成员之间的恶性冲突，兼用物质和非物质报酬奖励创新，促进成员创造力的发挥。

最后，领导者还可以促进组织形成多样化的问题解决群体，群体间的价值观、经验、偏好会有差别，通过运用共同研讨、头脑风暴法（brainstorming）等方式在群体中激发创造性思维，往往会促成大量不同的解决方案，形成思维碰撞，提升创造力。

## 15.2 人际关系技能

### 15.2.1 谈判

谈判作为领导者的重要技能往往会在关键时刻帮助领导者取得成功。领导者对外谈判以获得资源和政治支持，对内谈判以确定目标和行动方案。当领导者进行谈判时，他的策略必须集中在努力使对手认同自己的具体目标点，或者尽可能接近这个目标点。领导者需要说服对手，让其觉得自己的目标点是不可能实现的，而接近领导者的目标点才具有合理性。如图15—3所示，每一方都有一个目标点，每一方也有一个保本点，这个保本点代表可以接受的底线，双方保本点之间的区域就是解决方案的范围，双方的期望在某种程度上重叠，这样的重叠表示解决问题的空间。

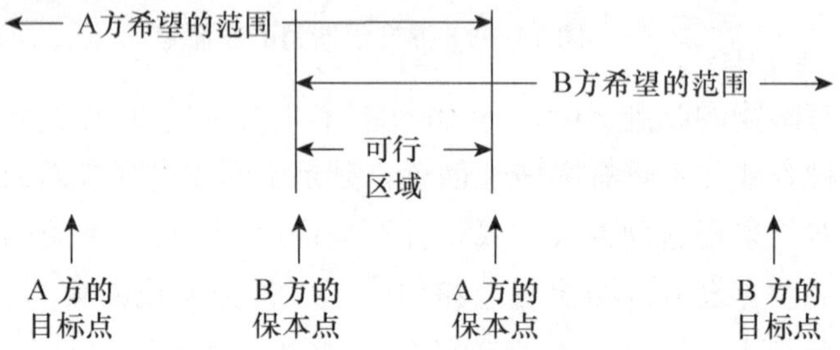


**图15—3 谈判区域**

资料来源：菲利浦·L·胡萨克尔：《管理技能与方法》（第2版），北京，中国人民大学出版社，2007。

为提高谈判成功的概率，领导者要遵循科学的谈判方法，实现合作性双赢。卢西尔（Lussier，2000）指出，谈判的过程有三步，分别为策划、谈判、延缓，这个模型可以进行适度调整以适用于不同的谈判类型。

策划阶段是谈判的前期工作，人们必须明白自己谈判的内容具体是什么，要达到什么样的目标，在谈判前需要调查谈判方。孙子在《孙子兵法·谋攻篇》中解释了知己知彼的重要性："知己知彼，百战不殆"。如果能够了解谈判方的个性特点和谈判风格，努力发现他们需要什么或不想放弃什么，达成协议的机会就很大。在了解对手之后，领导者要确定谈判的目标，明白自己期望什么。在策划阶段，领导者需尽量提供更多的选择，以使双方都可以达到各自的目标，想办法把"蛋糕"做大，而不是互相争夺这块"蛋糕"。最后要预测可能出现的问题，并准备应对方案。谈判过程如图15—4所示。

在谈判初期首选面对面的谈判方式，因为领导者可以接触到对方的非语言符号，而且比较容易营造和谐的气氛。步入正题后，可以让对方先出价，在知道对方提出条件的基础上，领导者可以适当地调整自己的条件来争取谈判的主动权，获得更多的优惠条件。在谈判后期，不要过早说放弃，需审时度势。

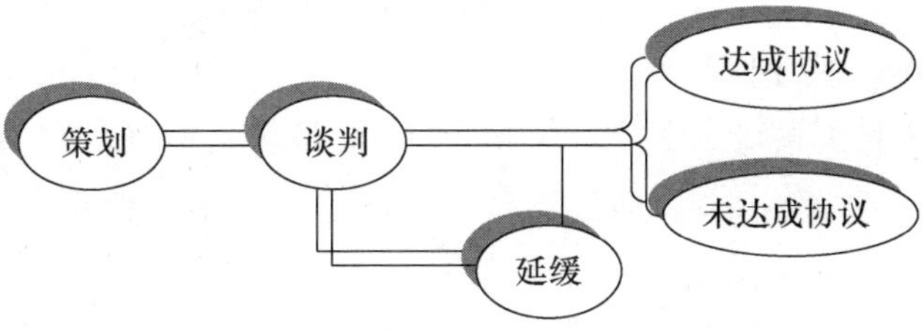


**图 15—4　谈判过程**

资料来源：Lussier，R. N.，“The Negotiation Process，” *Clinical Leadership & Management Review*，2000，14（2）.

谈判应随环境的变化而变化，见机行事。谈判可以说是一场心理战，在重大的谈判中，把握好对方的心理就可以叱咤风云，把握不好则可能粉身碎骨。请记住，不到万不得已不要通过放弃来达成协议，不要低于自己的最低目标，避免做出单方面的让步，但关键时刻也可以根据情况适当地改变自己的策略。比如，1990 年在中美世界贸易组织谈判结束前几个小时，美方主要谈判者宣布中国进入世界贸易组织的概率几乎为零，然而就在最后一分钟，中方宣布做出关键让步，从而与美方达成协议。下面的案例也说明了谈判中造势定性的重要性，郑从周根据局势的变化采取相应的谈判策略，最终取得了成功。

## 篇中案例

### 因时而异　造势定性

韩国现代企业集团麾下有钢铁、建筑、电子、造船、汽车、海运等 26 家子公司，年产值在世界 500 强中跻身前 100 名。其缔造者郑从周的成功，可以说是经历了一系列内外商务谈判的成功。

郑从周出身贫寒，小学文化程度。小学毕业后他不甘在穷山恶水中求生，就到高原市、汉城等地打工、修车，省下钱，晚上进会计速成学校。他攒下 3 年工资办起京一商社，后又集资开设汽车马达修理店，以“快修、高价”两年内攒下一大笔钱。但他觉得赚钱来得不快，就斗胆向美国占领军贷款上千万韩元，于 1947 年办起现代建筑社。他把现代汽车工业社交给弟弟和妹夫经营，不料二人极力反对他的冒险行径，说他是左道旁门。他说：“什么冒险！韩国饱受战争创伤，亟待建设；美国重视韩国的战略地位，要大建军事设施，这不正是赚钱的好时机吗？”

通过内部谈判达成共识，他就甩开膀子大干了。1953 年承建釜山洛东江桥梁，动工后不幸遇上特大洪水，加之物价飞涨，竟使费用超出承包价的 4 倍多。怎么办？郑从周的回答是：“言则有信！”他变卖家产，举债动工，终于保质保量如期竣工，赢得社会的广泛赞誉。当局表彰他的非凡表现，授予“承建政府工程特许权”；交通部、建设部许诺“今后重大工程优先考虑郑从周的要求”。

于是一连串竞标谈判的奇迹发生了：1957 年韩国最长的桥梁江汉大桥一期工程招标，预计耗资 2.3 亿韩元左右。韩国四大建筑巨头为了争得这项名利双收的工程，均以低于 2.3 亿韩元竞价投标，最后郑从周的现代建筑社竟以高于 2.3 亿韩元的 3.7 亿韩元中标。于是在1968年的“自开国以来最大的工程昭阳江水坝”招标中，韩国建筑业的七大巨头接受前次教训，竞价投标都在100亿韩元以上。郑从周摸清对手的意图后，将计就计，大放“高质量需要高造价”之风，最后又是郑从周的现代建筑社以66.7亿韩元中标。

郑从周的成功，总是同在企业内外部谈判的成功联系在一起，同“因时而异，造势定性”的计谋联系在一起。郑从周在商务活动和商务谈判中的成功给我们提供了许多发人深省的有益借鉴。

资料来源：杨志歧：《精妙谈判技巧》，上海，上海文化出版社，2005。

如果谈判没有任何进展，延缓是最好的选择。若是对方提出延缓，领导者可以催促他们，促使对方给出一个明确的答复。另外，领导者要听懂对方的言外之意。与不同文化背景的人谈判时，有些人不会直接说无法达成协议，比如日本人会说“这样做很困难”，言外之意是停止谈判，但日本人不会直接说出来，因为他们认为那样是不礼貌的。若是自己这一方提出延缓，对方进行催促，领导者则需要给对方一个具体的时间期限。

达成协议后，领导者在适当的时候要重申协议或做书面记录，可以写一封感谢信以便重申协议。如果没有达成协议，领导者也不要气馁，应该重新对形势进行分析，找出可能存在的问题，也可以向对方咨询，争取在日后的工作中做出改进。

### 15.2.2 沟通

沟通（communication）使领导者与组织内外的其他成员传递信息，以达成一致行动。谈判可以看做一种特殊类型的沟通。领导者决策、用人都要以信息为基础进行广泛而有效的沟通。有效的组织内部沟通能使领导者与员工随时了解组织和彼此的职能关系，提高组织整体的领导水平和成员的生产效率，达成组织层面的共识，促进组织持续发展，为组织树立良好的公众形象。

沟通是一个复杂的过程，沟通的对象和渠道多种多样，沟通过程难免会出现障碍，受到干扰。

那么，如何克服沟通障碍达到有效沟通的目的呢？领导者在沟通前要明确沟通的目的，确定沟通的方式，做好沟通的准备，这些是有效沟通的前提。应该公开交谈还是私下交谈，应该采用口头交流还是书面交流，应该在办公室交流还是在咖啡厅交流，该说哪些话，以怎样的方式讲话，这些都是应该事先考虑好的。沟通是听和说的艺术，在沟通中要认真倾听，把握对方语言的内在含义，有针对性地讲，不仅要注意口头信息的传播过程（oral message-sending process），还要合理运用非语言因素，使用熟悉的词汇和术语使信息简单明了，提升沟通的清晰度。

领导者在沟通中要注意与员工的互动，留意员工的价值观和期望，尽量形成一致的评判标准，减少员工的困惑。积极与员工进行双向沟通，及时收到员工的反馈信息能确保交流的信息被正确理解，减少噪声的干扰。

反馈可以实现信息的有效互动，许多领导者难以获得反馈，可能是由于员工对自己缺乏自信，认为自己无知，或者担心自己提出的问题会反映出上级工作上的失误，得罪上级。为了消除员工的顾虑，及时获得反馈信息，领导者首先要乐于接受反馈，当别人询问时，要及时做出回应，耐心回答并解释。其次，领导者要注意非语言交流，确保自己的非语言交流可以鼓励别人做出反馈，不要表现出茫然的表情，如果做出了让对方困惑的非语言行为，领导者需要及时解释。

杜柏林（Dubrin，2006）就领导者如何进行有效的口头和书面沟通提出了如下几点建议。

（1）让自己值得他人信赖。这要求领导者以真诚的态度面对员工和下属，保持和员工之间的诚信记录，长此以往，员工会在潜移默化中信任领导者。

（2）针对听众调整信息。企业中下属也分不同的知识水平和等级。比如，在与中层管理者和基层员工的交谈方面，领导者传递的信息、用词甚至语气都会有差异。对于前者，领导者可以使用专业的管理词汇，传递的信息量也通常较大；对于后者，领导者的语言不仅要通俗易懂，而且信息量也要适度。另外，在向专业技术人员传递信息时，领导者特别要注意尊重对方的专业知识，更多地充当聆听者和咨询者的角色。

（3）将团队成员可能得到的好处告知他们。激励措施可以激发员工努力工作，有效的领导离不开激励，运用提前预示的方式，领导者可以给员工以激励方面的心理预期，这同样会促使员工勤奋工作，提高工作满意度。需要指出，领导者在告知员工可能得到的好处时切勿夸大，否则下一次员工就不会再相信了。

（4）运用高冲击力和激发情绪的词语。领导者在向下属传递信息的时候，更多地是表达自己对于员工完成工作的信心，从这个角度来说，领导者的沟通也是一种激励，需要使用能够激发情绪的词语。一般来说，该方法对于口头沟通和书面沟通同样有效。

（5）运用趣闻轶事表达含义。对于一部分员工，尤其是在表达批评意见的时候，中国企业的领导者出于尊重需要，通常会避免当面斥责，也不会使用直接的言语。那么，如何能够准确地表达领导者的意图呢？杜柏林认为，领导者要善于运用大家熟知的趣闻轶事来表达含义，这样既尊重了员工，也能准确地表达自己的意思。

（6）用数据支持结论。领导者常犯的错误之一是运用直觉来判断事情。每个人都有直觉，但存在差异，虽然凭借丰富的经验，领导者通过直觉进行决策可以提高效率，并且也经常取得成功，但这种成功的可持续性较差。而且，专业技术人员常常将领导者的直觉看做“凭空而论”，从而质疑领导者的可信度。此时，领导者需要拿出确实的数据来增加观点的说服性。

（7）尽量减少语言错误、无用的词汇和声音停顿。该建议主要针对的是口头沟通，涉及领导者的沟通技巧。领导者在沟通的过程中需要体现准确性和流畅感。试想一下，如果一个领导结结巴巴地向员工传递信息，并且用词错误百出，作为员工，你会从心底信服吗？

（8）直接而非间接。所谓直接，指的是领导者用直白的语言准确地传达信息；间接不仅指含蓄地传递信息，还涉及用不同的方式，通过不同的人来传达。直接的弊端是在有些情况下可能会伤害到员工的情感，间接的弊端是容易造成信息失真、丧失效率。相比较而言，间接沟通方式造成的后果要严重得多。所以，在一些重要问题，特别是容易引起歧义的问题上，领导者应果断选择直接的方式进行沟通。

其实，沟通首先是态度问题，其次才是方法问题，并且合适的沟通方法因人而异。只要愿意沟通、真诚待人并且注意观察，那么完全可以根据所处的情境和以往的经验总结出属于自己的沟通方法。

### 15.2.3 冲突管理

当两个主体的利益和目标不一致且很难协调时就会产生冲突（conflict）。冲突的主体多种多样，可以是个人、团体、组织甚至是国家。冲突是能被对方感知的，且至少是两者及两者以上的相互作用。如果只有单方面的感知就无法构成冲突。相应地，人们若以自己为中心来界定问题会阻碍冲突的顺利解决，此时往往会陷入“有你没我，有我没你”的极端情境，严重时甚至会导致两败俱伤。

关于冲突的作用，有些人认为冲突是消极的，所以应该避免；而有些人认为冲突的影响是多样的，它在某些情况下能成为积极的动力，这些人鼓励维持组织内部最低水平的冲突。一些积极的冲突可以在组织内部形成良好的竞争氛围，人们可以公开表达个人感觉，更好地理解他人，激发创新思想，产生变革动力，有利于领导者更好地制定决策。可以这样说，积极的冲突对有效的群体工作来说是不可缺少的。

托马斯（Thomas，1992）把冲突行为按两个维度划分为五类，这两个维度分别为：一是合作性，即一方愿意满足另一方愿望的程度；二是自我肯定性，即愿意满足自身愿望的程度。托马斯根据这两个维度确定了五种处理冲突的行为意向（见图15—5）。

（1）竞争（competing）：自我肯定但不合作。即一个人在冲突中寻求自我利益的满足，而不顾及冲突对另一方的影响。

（2）协作（collaborating）：自我肯定且合作。即冲突双方相互合作，寻求共赢的解决办法，以使双方的利益均得到满足。协作不是迁就不同的观点，而是澄清差异与分歧，找到解决问题的办法。

（3）回避（avoiding）：自我肯定且不合作。即个体意识到了冲突的存在，但希望逃避它或抑制它。

（4）迁就（accommodating）：不自我肯定但合作。即个体为了维持相互关系，愿意做出自我牺牲，尽管自己有所保留，但可能还是愿意把对方的利益放在自己的利益之上，支持他人的意见。

（5）折中（compromising）：合作性与自我肯定性均处于中等程度。即冲突各方都寻求放弃某些东西，愿意共同承担冲突损失，并接受一种双方都达不到彻底满足的解决办法，折中最终是为了能共同分享利益。

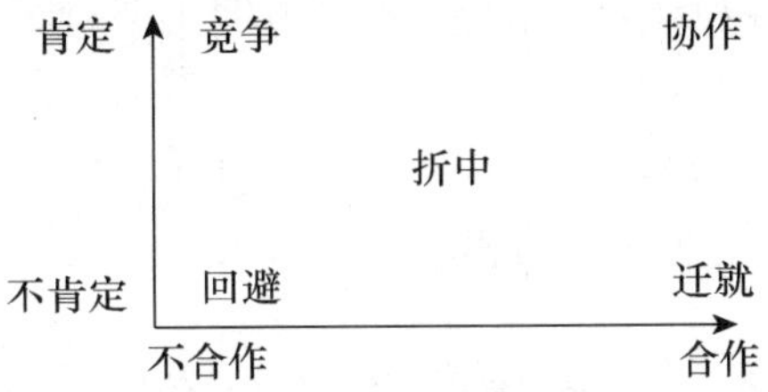


**图 15—5　冲突处理的行为意向**

资料来源：Thomas，K.，*Conflict and Negotiation Process in Organizations*，in M. D. Dunnette & L. M. Hough（Eds.），*Handbook of Industrial and Organizational Psychology*，2nd ed.，Palo Alto，CA：Consulting Psychologists Press，1992.

那么，在什么情况下应该有针对性地使用上述五种冲突处理方式，而在什么情况下不能使用呢？表 15—1 进行了总结。

**表 15—1　　不同冲突管理方式的运用**

| 冲突管理方式 | 什么时候用 | 什么时候不用 |
|---|---|---|
| 竞争 | 当时间很重要时<br>当问题微不足道时<br>当任何办法都不好用时<br>当对方缺乏专业技术时<br>当对你来说问题非常重要时 | 当问题复杂而且需要他方的参与并提供信息时<br>当与有权力的对手共事时<br>当需要长期的解决方案和作出贡献时 |
| 协作 | 当问题复杂而且需要他方的参与并提供信息时<br>当需要作出贡献时<br>当处理战略性问题时<br>当需要长期的解决方案时 | 当时间紧迫时<br>当他人不感兴趣或不具备技能时<br>当由于不同价值观念产生冲突时 |
| 回避 | 当问题微不足道时<br>当冲突激化且双方需要冷静时 | 当需要长期的解决方案时<br>当你负责解决冲突时 |
| 迁就 | 当问题对你来说不重要时<br>当你的知识有限时<br>当存在长期的业务往来时<br>当你没有权力时 | 当他方缺乏道德时<br>当你确定自己正确时 |
| 折中 | 当目标明显对立时<br>当双方势均力敌时<br>当需要快速解决时 | 当力量明显不均衡时<br>当问题复杂时<br>当需要长期的解决方案时<br>当冲突根源于不同价值体系时 |

资料来源：Rahim，M. A.，"A Measure of Styles of Handling Interpersonal Conflict，" *Academy of Management Journal*，1983，6；Rahim，M. A.，*Managing Conflict in Organizations*，2nd ed.，Westport，CT：Prarger，1992.

在冲突中寻求共识是领导者的职责。造成冲突的原因多种多样，可能是资源问题，也可能是组织结构的问题，或者是人员配置的问题等。相应地，领导者可以采用多种方法解决冲突。领导者可以提出一个共同的、更高的目标，而且这个目标不经冲突双方的协作努力是不可能达到的，这能促进双方的团队合作，利于在工作中达成共识。如果冲突是由于资源缺乏造成的，那么领导者可以开发新资源，或改变短期任务目标，实现双赢，或者通过强调冲突双方的共同利益弱化对资源的争夺，让双方各自放弃一些有价值的东西，实现利益上的折中。领导者还可以通过改变个人因素或结构因素的方式来解决冲突，对于个人，可通过行为改变，转变其对待冲突的态度；对于组织，可通过重新设计工作、工作调动、建立合作等方式，改变冲突双方的相互作用模式。

## 15.3 团队技能

第14章介绍了一些零散的团队领导技能，本节集中介绍会议管理和授权这两种团队领导常用的技能。

### 15.3.1 会议管理

许多领导者的工作状态都是遨游于会海，应接不暇，晕头转向。会议作为一种重要的管理方式和沟通方式，本身会耗费很多时间和资源。不必要且无效率的会议只会令与会者不满，因此对会议进行良好规划和领导，不仅有助于实现多样化目标，也利于组织之间、团队之间、组织成员之间开放沟通渠道，节省时间，提高工作效率。为此，古斯和肖（Guth & Shaw，1980）提出了领导者召开会议（conducting meetings）的五个窍门（见图15—6）。

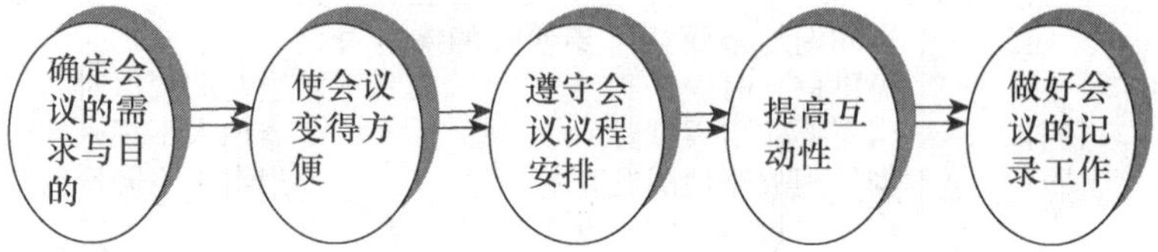


图15—6 召开会议的窍门

是否真的需要召开会议？会议召开的目的是什么？在会议召开前，领导者需评估会议有无价值，预测最终能达到什么样的效果。开会之前需要了解其他成员的意见，若大部分人认为有必要，会议出席率才能得到保证。领导者要时刻记住开会的目的，会议并不是茶话会，每次会议都承担着交流信息、解决问题的任务。领导者要把会议目标按重要性排序，分类统筹，列出会议目标后，制定实现这些目标的计划，预计在每项议程上花费的大致时间，做出合理的会议时间预期。领导者一定要做好会前的通知和宣传工作，事先将会议议程和拟探讨的问题告知与会者，并提供相关报告和支持材料，以利于大家做好会议的准备工作，提高开会的效率和效果。

开会前，领导者要使会议尽可能方便。为了提高会议出席率，领导者要选择方便参会人员出席并与会议性质相匹配的地点。会议中所需的各种设备要准备齐全，比如黑板、投影仪、会议桌、咖啡、点心、会议地点的指示图等。领导者要坚持遵守会议的时间表，准时召开会议，不要随意让会议延时，即便因为不可抗力因素需要延迟，也要提前通知与会者。

会议中，领导者要严格遵守议程安排。为了营造一种轻松、自在的氛围，领导者可以讲一些友善、和气的故事，谈一些大家都感兴趣的话题。但这也容易让人们转移目标，偏离主题，此时，领导者一定要及时引导与会者回到会议的正题上来。对于议程的重要事项，领导者要确保这些问题在会议中有足够长的讨论时间。下面的案例讲述了开会时与不爱说话的同事沟通的技巧，以使大家都融入会议讨论中，集思广益。

篇中案例

**开会时与不爱说话的同事沟通**

在开会时，不可避免地需要借助头脑风暴法来寻求解决问题的办法。但是如果在一个团队中有几位参与积极性不高的同事，那么可想而知，效果是打折扣的。

在小 B 刚接手目前所在的这个团队时，就遇到了这样的问题。每次小 B 滔滔不绝之后并没有达到抛砖引玉的效果，小 B 将这种无论什么情况、无论遇到什么事情都一言不发的人叫做“闷葫芦”，你不知道他到底是想法过多还是没有想法。如果一个三人团队有两人是这样的“闷葫芦”，要开展工作就很难了。如何让这些沉默寡言、害羞的人开口讲话是当时非常困扰小 B 的一个问题。

经过一段时间的琢磨，小 B 慢慢发现其实还是有办法让一个不说话的人开口的，他总结出如下几点。

**一、赞扬加提问**

每个人在听到赞扬的时候，一般都是心花怒放的感觉，哪怕他再害羞。小 B 首先让不愿说话的同事知道，小 B 会欣赏并感激他的讲话，并认为他的观点将非常有价值。小 B 甚至会暗示他，只有那些有专业背景的人才能回答小 B 的问题，然后再让他详细陈述观点。

**二、直接提问**

小 B 认为少言寡语者（即那些只说“是”或“不是”的人）会觉得说话越少越自在，应该利用而不是抵制这一特点。小 B 首先弄清自己究竟想要知道什么，然后直截了当地提出只需回答“是”或“不是”的问题，或者提出只需回答一两句话的简短而又切中要害的问题。

**三、引发议论**

只要有合适的鱼饵，再不容易上钩的鱼也会上钩。为了使不愿说话的同事打破沉默，小 B 还经常用容易引发争论的陈述做“鱼饵”。比如，有时围绕想了解的主题，小 B 对现有的一些共识提出疑问，或直接对一些观点（尤其是不愿说话的同事所持有的）提出反对意见，当自鸣得意的观点受到挑战或有机会拆穿一个广为流传的谬误时，很少有人会无动于衷。

**四、不要打断**

一旦小 B 想方设法让不愿开口说话的人开了口，接下来要做的就是把自己的嘴闭上。

如果在他们说话的时候插嘴，陈述自己的观点，就会使他们有借口停止说话。此时，再想让他们开口将会非常困难。即使小B想到一个重要的问题或有什么高见，也会等到不愿说话的同事说完之后再说出自己的见解。

**五、适当反馈**

要想让不愿说话者继续讲话，还需要告诉他们，他们说的非常有趣、非常有价值，纵使他们算不上世界上最好的演讲者，小B还是非常希望他们能继续说下去。这里要强调一点，不能用语言鼓励他们，这只会让他们分心，小B认为最好是运用身体语言，通过看得见的信号对他们做出积极反馈，同意时点点头，赞许时微微一笑。有意识地盯着说话人的眼睛，就好像他在说一件小B从未听过的、有意思的事情。

资料来源：王青、胡巍：《沟通技巧与领导力开发》，上海，上海交通大学出版社，2007。

会议是一种互动的沟通方式，需要参会人员的积极参与。领导者应鼓励大家积极互动，确保不爱发言的成员也能参与进来，让每一位与会者都有机会发言，并感到自己对会议成果有所贡献。对于那些爱说话、乐于直言的与会者，领导者要尊重他们的观点，指出群体已经充分了解他们的立场，注意控制会议的整体局面。

会后，无论是领导者还是参会人员，都要及时把会议内容整理出来。不要过分相信自己的记忆力，正常人是无法将会议中所有的信息完整保存下来的。因此领导者在会议期间，要清楚了解所讨论的观点、各种决策、采取的行动，包括谁对此负有责任、任务完成的时间期限等，确保这些信息能被及时地记录下来，会后进行详细的归类整理，这样领导者就能清楚地知道自己和与会者在会议中的想法以及最终讨论的可行方案，明白为什么应该（或者不应该）采取某种行动，这同样也有利于领导者准备未来的会议议程。

### 15.3.2 授权

授权是领导的风格之一。其实，领导者如果想做到合理且高效的授权，也需要掌握相应的技能。

授权的益处很多。对领导者而言，授权可以为领导者节省时间，他们可以把时间投入到只有领导者适合或胜任的活动中，提高工作效率，为群体的长期利益着想。对追随者而言，他们可以在授权中成长，领导者将重要任务委派给追随者，这种“干中学”的方式，能发挥员工的主动性和创造性，增加实践经验。对组织而言，善于授权能有效地激励员工，提高员工的工作满意度，在整个组织中激发创新能力，巩固组织结构。

很多员工不情愿接受授权，一种合理的解释是害怕承担风险。对许多管理者来说，他们认为组织“一放就乱”，因此也不愿意授权。一些领导者认为员工没有足够的能力完成工作，另一些领导者则认为授权给下属后，自己会失去相应的认可、报酬、权力和地位。这种对下属能力的不信任和对失去权力的不安全感都会造成领导者的授权恐惧。

其实，授权不是权力的任意下放，更不是领导者撒手不管的态度。授权有几条需要遵循的原则。

（1）信任原则。领导者要么不授权，一旦授权，就要表现出对下属能力的充分信任，切勿中途干涉下属的工作。信任是授权过程需要遵循的最基本的原则，失去了信任，下属的工作动力和积极性会大打折扣。

（2）可控原则。授权是将权力下放给下属，这个过程要讲求“度”的原则，领导者要把握对工作任务的可控性。从领导者授权的目的来看，授权是领导者在减少自己任务量的同时能够全面观察和把握组织整体运营状况的一种有效方式。在层级清晰的组织中，授权不需要越级，权力由高层管理者开始，逐级下放，既能保持沟通的有效性，又能明确每一层级的职责权限。

（3）权责统一原则。权责统一又称权责对等，指的是在授权过程中，上级给下属赋予权力和自由度，下属就需要承担相应的责任，赋予的权力越大，下属承担的责任就越大。

（4）动态原则。动态授权讲求灵活性。对于同一个下属，在不同的情境下，领导者的授权存在差异；对于不同的下属，在同一项任务中，由于其担任的角色不同，授权同样存在差异。因此，授权要因时、因地、因情境而异。当前，组织所处的外部环境瞬息万变，工作任务和工作内容经常会中途变更，这也对授权的灵活性提出了高要求。

不会授权的领导者会大大增加自己的工作量和工作压力，他们试图做到事事皆细，将宝贵的时间浪费在一些琐事上，大大降低了领导效率。比如，诸葛亮事无巨细而必躬亲，错误地将主要精力放在“管理事”而非“领导人”上。曾有人劝他：“治家之道，在于各司其职，如果凡事主必躬亲，将形疲神困，终无一成。”果然，诸葛亮本人不堪重负，累死于五丈原，群龙无首，人心涣散，蜀国二世而亡。

领导者授权的重点在于合理性，下面我们来讨论合理授权的具体方法（见15—7）。

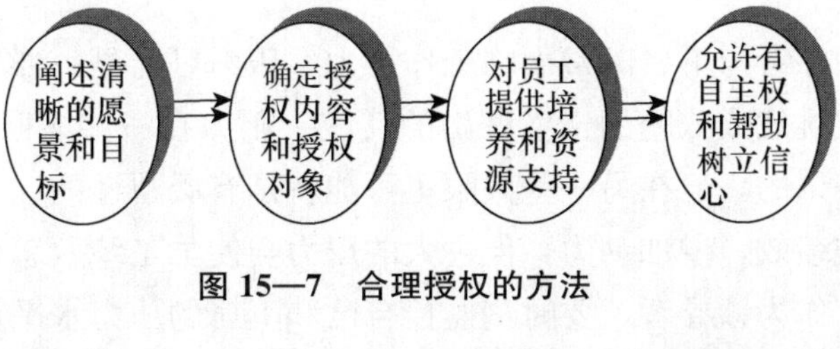


**图15—7 合理授权的方法**

（1）阐述清晰的愿景和目标。为实现合理授权，增强员工的胜任感、价值感和安全感，领导者首先要阐述清晰的愿景和目标，特定的行为目标能强化授权，指导个体执行任务。当下属了解组织的愿景，看到自己的价值，并明确能完成愿景的特定行为时，其就感知到了授权。

（2）确定授权内容和授权对象。确定目标后，领导者要确定授权内容和授权对象。领导者应该从自己的工作经验中估计任务的难易程度，弄清楚哪些任务只能由领导者完成，哪些任务可以由员工来完成。同时，领导者在合理分配任务时还要因人而异，既不能让下属感到负担太重，也要给予员工充分的成长条件和发展机会。

（3）领导者对员工的培养和资源支持对达到授权的预期结果至关重要。下属是在授权中不断学习和成长的，领导者可以通过示范特定行为提供支持，为员工执行权力扫除障碍。在心理作用层面，当下属感知到并且得到资源支持时，这本身就会增加员工的信心。

（4）允许有自主权和帮助树立信心。授权作为提高下属能力的途径之一，主要是通过目标管理过程中的自我控制、自主管理实现的。这就涉及自主权的问题，领导者要信任员工，给员工发展的空间，允许员工有自主权，帮助员工树立信心，营造民主氛围，给下属赞许而不是责备，把犯错当成员工成长的必需。当员工被授予新的权力时，会有一段适应期，出现错误是正常的，领导者无须责备，应多鼓励员工在失败中吸取经验和教训，实现自我能力的提升。

## 15.4 其他领导技能和领导力开发

### 15.4.1 其他领导技能

成为一名优秀的领导者还需要其他一些技能，这里介绍两种典型的领导技能——果断行为（assertive behavior）和压力管理（stress management）。果断行为指领导者既有能力坚持自己的权力，又能认识到其他人具有做出同样事情的权力。果断行为介于默许和侵害之间（Alberti & Emmons，1974）。默许是指为了完全避免人际冲突，以放弃或一种谦卑的方式来表达个人需要；侵害是指通过攻击或伤人达到设定的目标。果断行为是两者折中的产物，不消极也不具有侵略性，它是直接、坦诚的表述，共同解决问题，兼顾他人的利益。领导者要以果断的方式行事，大声说出自己的需要，学会说“不”，监控自己的内心，并坚持不懈。

领导者与下属时常面临工作压力，压力可能是由环境产生的，也可能是人们对构成挑战或威胁的情境做出的反应。压力在一些人眼中可能是具有挑战性的、值得一试的，但在另一些人眼里可能就是有威胁性的、令人苦恼的。压力有时可以促进绩效，增加动力，但过大的压力会使员工绩效恶化、情绪低落，组织绩效低下。作为领导者，要时刻监控自己和下属的压力水平，形成定期关注压力水平的习惯，还要善于识别导致压力的根源。领导者应提倡一种健康的生活方式，学会放松，构建一个亲密、支持性的关系网，全面地看待事物。

### 15.4.2 领导力开发

《大学》说：“苟日新，日日新，又日新”，强调人的修为是一个不断持续的过程。同样，对领导力的开发也是永无止境的。领导力是一种特殊的人际影响力，按照分布式领导的理念，组织中的每个员工（包括领导者）都有机会且能够影响他人，同时也会接受他人的影响。因此，每个员工应该在实践中不断学习上述技能，根据自身和组织环境的需要，接受培训和教育，更新思想观念，提升团队和组织绩效，这就需要组织重视领导力的开发。图 15—8 描述了领导力开发的的四个阶段。

1.进行开发需求分析
2.对发展要素进行排序
3.制定一个发展计划
4.在新环境中实现学习转移

**图 15—8　领导力开发的四个阶段**

（1）进行开发需求分析是领导力开发的前提，需要员工收集所有与开发过程相关的信息并加以归类，员工根据组织的目标、自身的能力来确定发展要素（Peterson & Hicks，1996）。员工要清楚地知道自己应该做什么，开发要素是否符合组织的使命，在现有能力的基础上为实现目标需要开发哪种技能。

（2）在确定发展要素后，员工要对所得信息进行重要性排序，明确自己向何处发展，自己的上级和组织对自己有何种期望，自己目前具备何种优势，存在哪些不足，根据现有的优势应该怎样对这些发展要素排序。

（3）为弥补自身能力的不足，员工要制定一个发展计划，明确发展目标，安排定期反馈和反省时间。多数情形下，员工与上级一起回顾计划会获得许多有益的信息，显得更有价值。

（4）随着人们经验的积累，获取的新技能已能满足发展需要。此时，领导力开发计划也要与时俱进，纳入新的学习环境中。人们可以通过持续更新发展计划、改进学习方法、辅导他人等方式强化自己新学的技能，实现领导力的持续开发。

领导力的开发可以采取多种实现方式，例如提升自我意识，开设深度反馈项目，加强课堂教育，举行户外训练等。在进行领导力开发时，一定要因材施教，增强开发的针对性，对人才进行定期盘点，根据人才类型实施不同的开发方略。比如，通用电气关于领导力的培训有很多种，不同的人、职务、业务等级对应不同的培训阶段。职位轮换也是开发领导技能的好方法，在英特尔，公司常常采用跨国工作轮换的领导力开发方式，派遣管理者到其他国家工作一段时间，以提升他们的跨文化管理能力。表 15—2 总结了一些常见的领导力开发的实践方式。

**表 15—2　　领导力开发的实践方式**

| 实践 | 描述 | 发展目标 | 优点 | 缺点 |
| --- | --- | --- | --- | --- |
| 360 度反馈 | 经过组织并呈现给个体的多来源绩效评估 | 自我知识、行为改变 | 综合的描述、广泛的参与 | 大量的数据；没有指导如何变革 |

续前表

| 实践 | 描述 | 发展目标 | 优点 | 缺点 |
|---|---|---|---|---|
| 训练 | 实践的、聚焦目标的一对一学习方式 | 自我知识、行为改变、职业发展 | 个体化的；集中的 | 感到耻辱（补习）；费用高 |
| 导师制 | 建议/发展的关系，常常和更资深的管理者一起 | 宽泛的理解、进步催化剂、课程学习/避免错误 | 强烈的个人联系 | 同辈妒忌；过于依赖 |
| 网络化 | 与不同功能和领域的人加强联系 | 更好的问题解决、学习向谁寻求项目帮助、社会化 | 组织建设 | 特设的；无组织的 |
| 行动学习 | 针对重要商业问题的基于项目的学习 | 社会化、团队工作实施策略 | 与必要业务紧密联系；行为导向 | 时间集中；领导力课程并不总是清晰；过于强调结果 |

资料来源：David V. Day，"Leadership Development：A Review in Context，" *Leadership Quarterly*，2000，Vol. 11，No. 4：581－613.

行动学习是开发领导力的有效方式，许多企业都采用过这种方式。行动学习让员工在促进师的指导下，以小组的方式进行学习，完成头脑风暴、调研、讨论、阶段性报告、终期报告等。在行动学习的过程中，大家交流了思想，解决了公司问题，提升了自身的领导力。在实践中学习的效果更显著，员工备受鼓舞。IBM在20世纪90年代初面临生存危机，其CEO郭士纳就引入了行动学习模式来提升高层管理人员的领导力。

## 篇中案例

### IBM用行动学习开发领导力

我们都知道郭士纳拯救IBM的英雄故事。不过，在这个成功变革的案例中，还有许多更微观的情节。引入行动学习推动高层管理人员的思想转变与领导力提升，无疑是其中颇具闪光点的一幕。

临危受命的郭士纳认识到，要想反败为胜，他必须动员一切可以动员的力量，开发和凝聚一切有助于变革的智慧。他入主IBM后做了许多新动作，通过行动学习，发展参与者的战略性和全球性领导能力。在专业化公司，许多人是由于出众的专业能力、技术能力或操作性能力而得到提拔的。他们因为解决了关键的操作性问题而得到别人的认可，并逐渐升到高级管理职位上，但是当他们被提拔到高级管理岗位之后，专业性和操作性的工作明显减少，而战略性、全局性的工作增多，尤其是与人交流的能力变得更加重要。但事实往往是，相当数量的管理者虽然身居高位，思维方式和工作方式却依然停留在低位上。

在行动学习的对话中，郭士纳反复与大家交流他的基本理念。他用最简洁的语言将他的变革策略总结为"赢""执行"和"团队"。这三个词成为了行动纲领，"为了赢，我们必须坚持彻底的顾客导向！"这就是郭士纳的看法。其次，强调"执行"是希望扭转IBM原有的擅长理念阐述但不重视"做"的文化，这意味着清晰的目标沟通，同时也意味着团队合作，而不是各自为政。在全球化的今天，最佳的工作方式是以团队核心的，尤其是在新环境中建立全球性团队（不是"德国队"或"美国队"，而是真正的"世界队”)。这样的团队将为世界各地的顾客提供解决方案。

在行动学习过程中，还有一个特殊的角色，那就是促进师。在IBM的项目中，每一个小组都配有一名外部促进师。外部促进师是心理学专业的博士，并且都是从事企业咨询与培训方面的专家。IBM在选择促进师时，要求促进师具备很强的思维能力与沟通能力，另外还要具备一定的企业战略与执行方面的知识。有一次，有一个小组里正好有一位市场部的人员，他总是喜欢跳出来主导一切。促进师让他说了大约半小时，然后让他停了下来，促进师对他说：“我希望你看看房间里的人。在你讲话期间有三个人离开了，其他人也开始目光呆滞。”这样的介入让所有在场的人都意识到，不良的交流方式是怎样损害团队交流质量的。促进师正是以这样的方式改善着大家的行为能力，以便他们回到工作岗位与其他团队成员一起工作时，能够和其他人进行良好的沟通，从而发挥团队最大的潜能。

资料来源：《案例解析——IBM通过行动学习发展战略领导力》，中教电通网，http：//www. mittcn. com/kech-engs. asp? read－37&id－229。

## ▶小 结

目标设定首先要遵循SMART原则，此外目标要具有挑战性，实施过程中要求承诺，并提供反馈。领导者以新的方式看待事物可以有效地增强其创新能力，建设性地运用权力，形成多元化的问题解决群体。合理管理有创造力的追随者有助于实现创新领导。

谈判的过程有三步，分别为策划、谈判、延缓。领导者在沟通时要了解自己沟通的目的，认真倾听，注重与员工的互动，减少噪声干扰。冲突在某种情况下能成为积极的动力，领导者可以通过提出更高的目标、拓宽资源、改变个人因素或结构因素等方式来解决冲突。

领导者召开会议的窍门包括：确定会议的需求与目的、使会议变得方便、遵守会议议程安排、提高互动性、做好会议的记录工作。作为领导者要合理授权：阐述清晰的愿景和目标；确定授权内容和授权对象；对员工提供培养和资源支持；允许有自主权和帮助树立信心。

成为一名优秀的领导者还需要其他一些技能，如果断行为和压力管理等。领导力开发的四个阶段为：进行开发需求分析、对发展要素进行排序、制定一个发展计划、在新环境中实现学习转移。

## ▶关键术语

设置目标（setting goals）
提升创造力（improving creativity）
想象力（imagination）
头脑风暴法（brainstorming）
沟通（communication）
口头信息的传播过程（oral message-sending process）
竞争（competing）
协作（collaborating）
回避（avoiding）
迁就（accommodating）
折中（compromising）
召开会议（conducting meetings）
果断行为（assertive behavior）
压力管理（stress management）

## 思考题

1. 除了遵守SMART原则，领导者在设定目标时还需注意哪些方面？
2. 领导者怎样才能提高自身的创造力？
3. 领导者如何有效克服障碍，实现有效沟通？尝试总结出属于自己的一些沟通方法。
4. 领导者可以采取哪些方法来解决消极的冲突？
5. 领导者召开会议的窍门有哪些？
6. 在了解授权恐惧的基础上，为领导者合理授权提供建议。
7. 你希望如何开发自己的领导力？为什么？

## 案例分析

### 闲与忙

**闲可钓鱼的王业震**

1982年11月，46岁的高级工程师王业震出任新港船厂厂长。该厂的新领导班子由正副书记、正副厂长等7人组成，平均年龄43岁，文化程度在中等专科以上（其中5人为大学本科）。

新港船厂是中国船舶工业总公司下属的一家较大型的企业，企业内部管理体制设两大系统：直线指挥系统和职能系统。日常工作中，上级不可越级指挥，但可越级调查；下级不可越级请示，但可越级投诉。每个人只有一个直接上级，而每个上级直接管辖的下属为3～9人，归厂长王业震本人直接领导的只有9人。此外，专设3个“厂长信箱”，随时了解职工的意见和建议。

新领导班子对会议作了改革。全厂必须召开的15个例会，时间、地点、出席人员都通过制度固定下来。一般会议不超过2小时，每人发言不超过15分钟。王本人每周仅召集2次会议：厂长办公会和总调度会。

王业震基本上按时上下班，很少加班加点。每逢出差外出，他就委托一位副厂长代行职权。厂里曾经委派一位中层管理人员去日本监造主机，行前又明确授权让他一并购买主机控制台用的配件。那人到日本后，却接连就价格、手续、归期等事项打国际长途电话向厂里请示，王业震的答复是：“‘将在外，君命有所不受。’你是厂里的全权代表，可以做主，不要遇事就请示，那里的事你相机定夺。今后再打电话来，电话费由你自己付。”

仅仅一年光景，新班子和王业震的初试即见成效。1983年，新港船厂造船4艘、修船137艘，工业总产值、利润、全员劳动生产率分别比上年增长25.6%，116%和20%。在成绩面前，王业震想到的是上级主管部门的支持，前任书记、厂长打下的工作基础，新班子的团结奋斗，尤其是全厂职工的信任、支持和辛勤努力。

**无暇吃鱼的步鑫生**

海盐衬衫总厂坐落在浙江省海盐县武原镇。到1983年，该厂已拥有固定资产净值107万元，600多名职工，当年工业总产值1 028万元，净利润52.8万元。厂长步鑫生名闻遐迩。

成功容易却艰辛。步鑫生为厂里大大小小的事情操心，可谓殚精竭虑、废寝忘食。他性喜吃鱼，却忙得连吃鱼也顾不上了。有一次，食堂里没有别的菜，只有鱼，鱼颇鲜美，正合口味，可是他只吃了几口，因为太费时间，张口将未及咀嚼的鱼连肉带刺吐了出来，三口两口扒饭下肚，急匆匆地走了。他每天工作十五六个小时，从不午睡，每次出差，都是利用旅途小憩，到达目的地立即投入工作。

步鑫生常对厂里职工说："上班要拿出打老虎的劲头。慢吞吞，磨蹭蹭，办不好工厂，干不成事业。"他主持制定的本厂劳动管理制度规定：不准迟到早退，违者重罚。有位副厂长从外地出差回来，第二天上班迟到了3分钟，也被按规定扣发工资。以1983年计，全厂迟到者仅34人次。步本人开会、办事分秒必争，今天要办的事绝不拖到明天。在他的带动下，全厂上下形成了雷厉风行的作风。只要厂内广播一通知开会，两分钟内，全厂30名中层以下干部凡是在厂的全都能到齐，开会的时间一般不超过15分钟。

进入1984年，一阵风在中国刮起了"西装热"。在与上级主管部门来人的一次谈话中，前后不过2小时，步鑫生做出了兴办西装分厂这一重大决策。副厂长闻讯提出异议："不能这样匆忙决定，得搞出一个可行性研究方案。"然而，这一意见被步厂长一句"你懂什么"否定了。6 000平方米的西装大楼迅速进入施工，耗资200万元。无奈好景不长，宏观经济急剧降温，银根紧缩，国家开始压缩基建规模，海盐厂的西装大楼被迫停工。与此同时，市场上一度十分抢手的西装也出现了滞销迹象。步鑫生是靠衬衫起家的，但代表本厂水平的"唐人"牌高级衬衫在全国同行业产品评比中落选了。

是步鑫生精明强干，他的助手多数也很能干，只是当他从早到晚忙着处理厂里的大事小事时，他的助手似乎插不上手。步鑫生备尝创业的艰辛，终因企业濒临破产窘境而被免去厂长之职。

资料来源：周三多：《管理学——原理与方法》（第4版），上海，复旦大学出版社，2004。

根据上述案例，尝试回答如下问题：

1. 同为一厂之长，为什么王、步两人忙、闲如此悬殊？试从领导技能上分析原因。
2. 作为厂长或经理，"从早忙到晚"意味着什么？试评述得与失。
3. 结合案例和本章所学，思考如何进行有效授权。

## ▶ 参考文献


[1] DeGraff, J. T. & Lawrence, K. A., *Creativity at Work: Developing the Right Practices to Make Innovation Happen*, San Francisco: Jossey-Bass, 2002

[2] Guth, C. K. & Shaw, S. S., *How to Put on Dynamic Meetings*, Reston, VA: Reston, 1980

[3] Peterson, D. B. & Hicks, M. D., *Leader as Coach*, Minneapolis: Personnel Decisions International, 1996

[4] 安德鲁·杜柏林. 领导力：研究、实践、技巧. 北京：中国市场出版社，2006

第16章

# 学习型组织与虚拟组织中的领导

## 学习目标

- 体会学习型组织中的五项修炼
- 了解学习型组织中学习主体的类型
- 掌握领导学习型组织的方法
- 了解虚拟组织的特点
- 明确领导力发展的新趋势

引例

**耐克的虚拟经营**

有一则家喻户晓的耐克神话：在美国俄勒冈州的比弗顿市，四层楼高的耐克总部里看不见一双鞋，员工们只忙着做两件事：一件事是建立全球营销网络，另一件事是管理它遍布全球的公司。不用一台生产设备，耐克公司缔造了一个遍及全球的帝国。一双耐克鞋，生产者只能获得几美分的收益，而凭借其在全球的销售，耐克公司却能获得几十甚至上百美元的利润。

实际上，这得益于耐克公司“虚拟化生产”的经营模式。耐克公司总裁菲尔·耐特是一个富有开拓进取精神的现代商人。他经过分析认为，在运动鞋生产经营的价值链条上，价值含量最高的环节有两个：一是产品的设计和开发；二是产品的市场营销。菲尔·耐特将大部分价值握在手中，将价值较低的产品生产加工全部外包出去，实施虚拟化生产。耐克公司将设计图纸交由生产厂家，让它们负责严格按图纸式样进行生产，并保证相应的质量。然后耐克公司再将自己的品牌商标贴在这些产品上，并将产品交给公司自己的营销人员，由他们通过公司的营销网络将产品销售出去。这种模式充分实现了优势互补的作用。菲尔·耐特的这一战略，节约了大量的生产投资以及设备购置费用，将产品的生产加工外包给东南亚等地许多发展中国家的企业，利用当地廉价的劳动力，极大地节约了人工费用，这也是耐克运动鞋能以较低的价格与其他名牌产品竞争的一个重要原因。

资料来源：白万纲：《耐克的虚拟生产，营销管控》，中华品牌管理网，http：//www.cnbm.net.cn/article/jg82579991.html，2007-03-12；谢建成：《以耐克公司为例看鞋类产品的虚拟模式》，载《西部皮革》，2009（22）。

一个企业自身资源有限，组织结构功能有限，为实现某一市场战略而组成的虚拟企业中，每个成员只充当其中某部分结构功能，通过信息网络，支持着为虚拟企业依空间分布的生产而设立的复杂的后勤保障工作，这样的企业结构和传统的组织结构相比，有较大的结构成本优势，大大提高了企业的竞争力。国际范围内的竞争将日趋复杂和激烈。结构多样的现代组织深刻影响着社会的演进，知识管理、学习型组织和虚拟组织正大行其道，全新的变革与瞬息万变的动态环境对领导者提出了更高的要求。领导者必须努力改变自己的组织，提升组织的灵活性和适应性。引例中的耐克通过虚拟组织的方式来转变领导方式，对于其他领导者而言，他们又该怎样接受新的挑战呢？本章将介绍学习型组织和虚拟组织中的领导，以及与之相关的柔性领导概念。

## 16.1 领导学习型组织

### 16.1.1 学习型组织

随着信息科技的进一步发展，以全球化趋势为特征的市场环境更加多变，充满了不确定性，企业需要以一种新的思维方式思考组织的发展，强调终身学习的学习型组织（learning organization）应运而生。

学习型组织是美国学者圣吉（Senge，1990）提出的，他把学习型组织定义为“能持续扩展自己的适应与改变能力以开创未来的一种组织”。为了应对瞬息万变的组织外部环境，组织应力求精简、扁平化、终身学习、不断自我再造，以维持竞争力。学习型组织的战略目标是提高学习的速度和能力，发现、尝试和改进组织的思维模式，并借此改变个体的行为。变革需要领导者和参与者发挥创造力，人们之间相互对话，交流变革的想法，这就必然导致学习型组织的诞生。这种组织以克服传统领导方式的僵化性、迟滞性为目的，可以有力地培养人们的学习能力和系统思考能力，最终把新的学习能力融入到工作中。在学习型组织中，大家有共同的愿景；摒弃旧的思维方式来解决问题；成员作为相互关系系统的一部分，对组织的活动进行思考；成员间坦率沟通，摒弃个人和部门利益，为实现组织共同愿景而一起工作。

领导者必须采取一些措施来支持组织成为学习型组织，确定战略，对变革、创新做出承诺，鼓励个人或团队制定并执行自己的解决方案，构建以冒险、开放和成长为特征的组织文化。近几年来，我国不少企业如宝钢、海尔、联想、兖州煤矿、江淮汽车等，都在努力创建学习型组织。

### 16.1.2 学习型组织的五项修炼模型

学习是一种正向积极的过程，学习型组织的建立能够促成组织成员的高效率和高绩效。学习型组织包括五项要素，美国学者圣吉在《第五项修炼》一书中提出了“五项修炼”模型。该模型指出，学习型组织的五项要素分别为：自我超越（personal mastery）、改善心智模式（improving mental models）、建立共同愿景（building shared vision）、团队学习（team learning）和系统思考（systematic thinking）。其中，团队学习和改善心智模式是基础，通过系统思考的过程，影响人们的心智，实现自我超越，最终实现共同愿景。具体关系如图16—1所示。

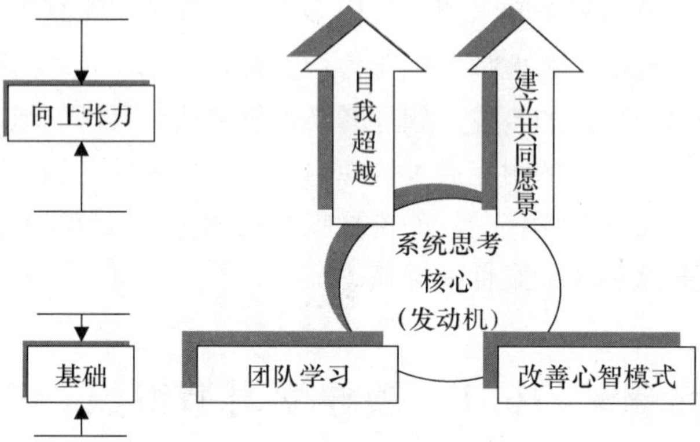


**图16—1　五项修炼的地位、作用与相互关系**

资料来源：张声雄：《第五项修炼导读》，上海，上海三联书店，2001。

（1）自我超越：自我超越需要员工具备学习和创新的主动性，强烈的主动意愿是员工努力学习专业技术知识的驱动力，一点一滴的积累促使员工最终实现自我超越。

（2）改善心智模式：心智模式是指深植我们心中关于我们自己、他人、组织及周围世界每个层面的假设、形象和故事，深受思维习惯、思维定式、已有知识的局限。简单来说，心智模式代表着旧的思维定式，在追求变革和适应的组织中，思维定式是一大阻碍。学习型组织是从组织领导者的头脑中开始的，作为领导者，应该首先善于改善自身的心智模式，消除头脑中本位主义和固执己见的思想，为下属做出表率。

（3）建立共同愿景：愿景是对组织未来理想状态的一种设想，这种设想是长期取向的，涉及企业未来的战略、组织结构、利润指标、社会声誉等各方面。学习型组织中共同愿景的设立需要增加学习程序、知识共享和协同合作方面的内容，以促使组织在不断学习的过程中实现目标。

（4）团队学习：就决策的准确性而言，个体决策准确性的平均值要低于团队决策，团队决策过程能够收集到更为广泛的意见、多元化的备选方案。类似地，就学习方面来看，团队学习的整体效果也普遍高于单独的个体。另外，团队学习还有助于提高团队凝聚力。

(5) 系统思考：系统思考是五项修炼的核心。圣吉曾在其畅销书《第五项修炼》中指出，系统思考的精髓在于用整体观点看待周围的事物。对组织而言，领导者需要及时了解组织的整体运营情况，培养统筹全局的思考方式。

正如壳牌石油公司的德格（De Geus，1988）所说："比竞争对手学得更快的能力也许是唯一持久的竞争优势。"与其他传统型组织相比，学习型组织是一种用崭新的思维方式来思考的组织，每个人都会参与识别问题，不断进行尝试，改善和提高能力。学习型组织中的成员不仅要懂得顾客需要，还要善于识别问题、解决问题。学习型组织的内部通常为平等、分享的组织文化，信息公开，具有很少的等级制度和很强的组织适应性，能帮助组织抓住机遇，化解危机。这种柔性、直觉的文化会提高员工的独立性和创新能力，大大加强组织内部以及与其他组织之间的合作关系。

学习型组织具有不同类型的学习主体，根据自愿式、要求式、个人式、团队式维度可以把学习主体分为四类。

**学者说**

**学习型组织中的学习主体类型**

员工是学习型组织中真正的学习主体。根据两个不同维度自愿（voluntary）—要求（required）、个人（individual）—团队（team）可以总结出四种学习主体类型，即I—V型、T—V型、I—R型、T—R型。

**一、I—V型**

I—V型中最有代表性的是摩托罗拉的IR和惠普公司的Idea Box，其目的是鼓励员工学习思考，收集他们对于企业经营管理各方面好的建议和想法，然后在企业范围内公开实施，其机制当然是以个人和自愿的方式为基础的。这是组织中非常重要的学习方式和创新来源。

IR实际上就是大家都很熟悉的意见箱，听起来没什么新奇，一些国有企业中也有，但效果却相差很大。在一些国企中会发现意见箱上布满灰尘，明显无人管理、流于形式。在一些优秀的外企中，对于任何新的改革方案，一定会有专人去推行，奖励有功人员，庆祝该方案的成功实施。

**二、T—V型**

T—V型是员工自发组成团队，主要利用业余时间在一起活动，探讨改善企业经营管理、提高质量和运作效率的方法。最具代表性的是各种旨在提高质量的团队，如日本企业的质量圈（quality circle，QC），摩托罗拉的让顾客完全满意（TCS）团队和追求卓越（TFE）团队，惠普公司的全面质量控制（TQC）团队。这些公司把建立员工团队作为发现并创造性地解决企业问题、促进组织学习和自我更新的重要途径。员工工作在生产第一线，很多生产中的问题都是他们最先发现的。然而，由于传统企业中固有的角色定义，工人只负责生产，发现和解决问题是管理层的事情。

**三、I—R型**

通用电气的六西格玛活动是T—R型的典范。实施六西格玛一个很好的案例是一家叫卡姆科的加拿大家电公司，该公司花了一年时间，运用传统手段，想找到一种方法解决因炉灶面坚硬度差而导致大量废品的问题。马丁花了 8 个月的时间运用六西格玛来解决这个问题，他和同事采用“实验设计”的方式试验了 10 种不同原因的组合，用 14 种方法进行了试验。待计算机得出结果后，马丁采用“主效图形分析”和“图形分析”确诊了误差的根源——在搪瓷烧结的烤箱中，悬挂零件的方式有误，还有炉灶正反两面搪瓷比例不当。通过严密控制这些过程，他们每年节省了 50 万美元并大大地提高了产品质量。

**四、T—R 型**

在 T—R 型中，通用电气的群策群力（work-out）活动是最好的代表。它要求所有员工必须参与，分小组进行讨论，给企业提建议。韦尔奇不愿意采用传统的做法，他认为，要想调动员工的积极性就必须给他们创造新的动力，于是韦尔奇发起了群策群力项目，其本质就是要给员工授权，让员工觉得他们是公司的主人。

资料来源：陈国权、李赞斌：《学习型组织中的“学习主体”类型与案例研究》，载《管理科学学报》，2002（8）。

## 16.1.3 学习型组织中的领导

如何领导一个学习型组织？学习型组织的领导又需要做些什么以最大限度地提升组织绩效？图 16—2 给出了领导学习型组织的措施。

1.创建共同的愿景
2.形成服务型领导
3.建立扁平化组织结构
4.学会系统思考和主动学习
5.坚持以人为本的人力资源管理

**图 16—2　领导学习型组织的措施**

（1）首先，学习型组织的领导者要创建共同愿景。组织的愿景是大家共同的理想，必须得到广泛的理解并被融入员工的行为和态度。强化组织愿景、使命和核心价值观，是构建学习型组织的第一任务。此处可参考第 12 章中关于愿景型领导的介绍。

（2）学习型组织的领导是一种服务型领导（即第 7 章中所说的公仆型领导），需要激发员工的学习热情，在组织中倡导一种积极探索的学习精神。领导者应给予员工足够的支持，鼓励大家去思考，去创造，这样不仅有助于解决问题，而且有利于主动寻找问题，为员工提供进行试验的条件。学习型组织的领导者还应将权力、观念、信息分享给大家，鼓励大家积极、主动地思考、学习，增强员工的创新思维。

（3）扁平化组织结构所隐含的人性假设是“自我实现人”。该假设认为，人除了有社会需求，还有一种想充分表现自己能力、发挥自己潜力的欲望。该假设提倡建立分权的决策参与制度，以提高管理效率、减少失误、降低费用。基于此，领导者应该帮助组织建立扁平化结构，以使组织结构更具弹性。学习型组织的层级应该缩减，尽可能地将决策权下放至组织的底层，让最下层单位拥有充分自主权的同时，也对结果承担责任，形成独立创新的扁平化组织结构。

（4）领导者要让组织学会系统思考和主动学习。系统思考意味着领导者要善于敏锐地关注外部环境的变化，鼓励组织成员进行团队学习。在团队学习中学会集体解决问题，自由地分享信息和看法，提高问题的解决效率。领导者要鼓励员工不断实验、敢于冒险、勇于犯错，通过变革和适应使企业不断发展。

（5）企业的竞争归根到底是人才的竞争，领导者要坚持以人为本的人力资源管理，调动员工的积极性、创造性，把组织意志变为个人的自觉行动，将组织规范内化为员工的自觉认识。组织内在驱动力和自我约束力的提升有利于组织内部形成相互协作的团队精神。

### 16.1.4 知识管理

打造学习型组织的一个重要途径是知识管理。德鲁克曾预言："知识将取代土地、劳动、资本与机器设备，成为最重要的生产要素。"知识管理（knowledge management，KM）是指对组织中的信息与知识进行整理，构建一个知识系统，使显性知识（explicit knowledge）与隐性知识（tacit knowledge）相互转化，以达到知识的不断创新。显性知识是指能用文字和数字表达出来，容易以硬数据的形式交流和共享的知识；而隐性知识是指高度个性化并且很难格式化的知识，这类知识通常与主观的理解、直觉和预感有关。

在当代社会，知识管理对不少中国本土企业来说仍旧是一个新的概念，作为企业内部一个正式、规范的流程，知识管理既是机遇又是挑战。如果组织要对信息、知识进行收集整理，实现知识的生成、传递和内化，领导者就要向下面案例中的麦肯锡公司学习，领导企业的知识管理工作。

**篇中案例**

#### 麦肯锡公司的知识管理

今天，无论你身在美国，还是在世界的任何一个地方，无论你走进哪一家麦当劳餐厅，你享受到的都将是一样的服务和口味，因为麦当劳的服务和食品制作工艺都是标准化的。同样，无论你找到世界各地的哪一家麦肯锡分公司，你也将享受到与其他80多家分公司同样的咨询服务，你对这点也许会感到不可思议，因为做"企业医生"可远比"做饭"要复杂，但这却是真实的。麦肯锡能做到这一点，要归功于麦肯锡公司的知识管理。

**一、麦肯锡的学习传统**

麦肯锡公司从1980年开始就把知识的学习和积累作为获得和保持竞争优势的一项重要工作。在世界各地的麦肯锡分公司，员工必须参加公司至少两次的学习和培训。其中包括每年一次的全球培训、四次的各大区培训和每月一次以上的专题培训，对于新员工，公司还有基础培训。麦肯锡在伦敦和新加坡设有培训中心，每年在这里会有四次分专题的培训。

此外，所有麦肯锡员工每月还有一次共同学习的机会，就是在一个约定好的星期五，每位员工都回到自己的总部，全球通过互联网和幻灯片的形式进行学习。这种学习每月一次，称为 Home Friday。

麦肯锡公司不但建立了科学的制度促进学习，而且通过专门的组织机构加以保证：从公司内选拔若干名在各个领域有突出贡献的专家作为在每个部门推进学习机制的负责人，并由他们再负责从部门里挑选六七个在实践领域和知识管理等方面都有丰富经验和热情的人员组成核心团队。

**二、发掘隐性知识**

麦肯锡把知识管理的重点放在了对隐性知识的发掘、传播和利用上。为了解决这个问题，麦肯锡创办了一份内部刊物，专门供那些拥有宝贵经验却又没有时间和精力把这些经验整理写成正式论文或著作的专家，把他们的思想火花简单地概括出来，并与同仁共享。这种不拘形式的做法降低了知识交流和传播的门槛，使许多重要实用的新思想和新经验能够在短短一两页的摘要里保存下来，并用于传播。在每一篇这样的短文后面，都附有关于作者的详细信息，便于有兴趣的读者按图索骥，找到可以请教的专家。

为了使信息在公司内更加有效地交流和传播，麦肯锡公司还建立了一个储备经验和知识的专门数据库，用以保存在为客户工作过程中积累起来的各种信息资源，并委派专职的专业信息管理技术人员对数据库进行维护，确保库中数据的更新。当咨询专家需要从数据库中寻找信息时，由他们提供相应的检索帮助，提高使用效率。

**三、全球一张损益表**

目前，麦肯锡的咨询业务已经涵盖了18个行业和近40项职能，积累了丰富的专业知识和信息。而全球各地分公司的每一个咨询人员都可通过麦肯锡知识管理系统访问这些专业知识和信息，使用全球知识库。同时，麦肯锡利用其全球的咨询人员为客户提供服务，任何一位咨询人员可向全球各地的同事寻求帮助。因此，客户无论身处何地，都可以充分享用这一全球资源。这也真正体现了麦肯锡全球一体化的管理理念。

为了保证分享的实现，麦肯锡有一个著名的制度，叫全球一张损益表，实质是进行全球考核。比如，北京分公司员工的工资并不是由北京分公司业绩来决定的，也不是由中华区的业绩来决定的，而是由全球的业绩来决定的，这是鼓励知识共享的机制保证。这决定了全球咨询人员自然而然地互相激励。吴亦兵是麦肯锡的合伙人和董事，在对他的考核中就一定会考察他的合作性，如果合作性不好不可能当选为董事。“这么多年下来，这些观念已经进入我的血液，我一天有四五百封电子邮件，如果不回完，我睡觉都会不踏实，所以无论多晚我都会回复。”吴亦兵说。

**四、百分之百立方**

麦肯锡认为：90%的知识都在大家的脑子里，最重要的是建立知识共享的制度和文化。所以麦肯锡有一种文化叫百分之百立方，就是用百分之百的时间把百分之百的知识传递给百分之百的客户。比如，北京分公司要给中国银行提供服务，不是中国区的员工把所有麦肯锡的知识读完后再来给中国银行服务，而是会找出麦肯锡全球范围内所有这方面的专家，重要问题通过电视、电话解答。如果是一个非常核心的问题，资深专家会飞过来，如果是一个专门特殊的问题，他还会专门来负责这个项目。由于公司关于合作的内部考核和机制，每个人都会感觉帮助别人和帮自己是一样的。

资料来源：刘宏君、王缨：《麦肯锡：让知识100%立方》，载《中外管理》，2004（1）。

## 16.2 领导虚拟组织

### 16.2.1 虚拟组织及其特点

虚拟组织（virtual organization）是由一些独立的厂商、顾客甚至同行业的竞争对手，通过信息技术连成临时的网络组织，以达到共享技术、分摊费用以及满足市场需求的目的。虚拟组织使跨时间、跨空间和跨文化的管理成为可能，这种组织以灵活性著称，适应个性化、多样化和易变性的市场，诸如华纳兄弟、福克斯这些电影制片公司都运用了虚拟组织模式。购买福特汽车的顾客大概不会了解福特汽车的款式设计是由一个虚拟设计工作室在负责，它通过电子手段将世界各地的设计人员联系在一起，实际上，这些人员分属福特的七个设计中心。

与传统的组织模式相比，虚拟组织的特点主要有以下几方面。首先，虚拟组织具有管理的高效性。虚拟企业减少了管理层级，扩大了管理幅度，中层领导的功能被网络替代，组织边界模糊，管理呈扁平化，人们拥有较大的相对自由度和独立性，信息传递能在瞬间完成。其次，虚拟组织的全球经营风险小，利用网络把资源优化整合、开拓市场，避免实体企业难以适应的国外法律法规和政府政策的风险，虚拟组织通过虚拟网络方式联系——如电话、电子邮件和视频会议来传递信息，大大降低了运作成本。再次，虚拟组织共享各成员的核心能力。在资源有限的情况下，企业为了能在竞争中取得优势地位，只需掌握核心竞争力，而把其他低增值、非强势部分虚拟化。比如，耐克公司将其所有的产品交给其他企业（通常是一些生产能力强的企业）生产制造，把企业所有资源集中投入到产品设计和市场销售中。最后，虚拟组织具有较大的适应性，具有对环境反应的敏感性与响应的敏捷性。虚拟组织对环境极为敏感，能够快速地聚集实现市场机遇所需要的核心能力和资源。

潘新的美食中国（BFIC）双语网站，靠虚拟网络进行同步的管理运作，集聚国际人才，发挥跨边界的优势，达到取长补短、互利共赢的良性结果。

**篇中案例**

**动态虚拟组织的管理**

BFIC是中国最大的美食双语媒体，覆盖8个城市、1 200个餐厅，在4个城市（上海、北京、天津、杭州）建立了约50人的团队，包含外文编辑和中文顾问团队，外文编辑中包含大量来自牛津、剑桥、耶鲁、哈佛的毕业生，以及《时代》等全球顶级媒体的记者，中文编辑主要是英语专业或者英语口语不错的同事。BFIC的创始人潘新成功领导了自己的虚拟组织，是互联网创业的典范。潘新认为，作为一个依靠互联网的公司，做有壁垒的业务对初创企业很重要。BFIC的壁垒主要有两方面：一是英文，因为网站聚集了一批优秀的英语母语作家；二是网络效应，也就是餐厅与用户以及媒体之间的互动关系。收费模式逐渐确定以后，一个重要挑战就是组织模式与沟通方式。潘新想到互联网结构是网状结构，和传统金字塔结构完全不同，所有“推”的力量都不是很有效，“拉”才是真正最有力量的。因此，为随时了解团队进展，潘新做了几个方面的调整，各种沟通手段包括见面、聚会、MSN、飞信、英语讨论组、短信、电话等。

“动态虚拟组织”不必让团队里的每个人都一定获得某一项信息，部分人会传递给网络的其他成员，潘新为此组建了一个核心团队。核心团队成员比其他成员更活跃积极，所以获取的信息也更多。利用好有限的资源逐渐放大、扩大影响很重要。在形成虚拟团队的沟通方式后，潘新有了更进一步的想法，即在商业模式上利用平台优势，达到取长补短、互相共赢的良性结果。“这取决于两点：第一，所建的平台是否有足够的吸引力和能否扩散影响力；第二，分账是否足够合理。总的来说，希望合作伙伴挣到钱，挣得越多越好，甚至超过我们，如果合作伙伴成功了，我就成功了。我希望把硅谷应用程序编程接口（API）的开放平台模式带到线下的世界。”

潘新说：“在网络上，在虚拟组织中，只要把人的能量发挥出来，很多事情都是能想到且能做到的，思想决定行动，行动决定未来的边界，当我们打破一些固有的想法后，未来会以一种不可思议的形态展现出来，这就是互联网的魅力。”

资料来源：潘新：《互联网创业：动态虚拟组织的管理》，价值中国网，http：//www.chinavalue.net/Management/Blog/2009-12-10/251568.aspx，2009-12-10。

## 16.2.2 虚拟组织中的领导

随着全球化市场的形成和竞争的加剧，企业单枪匹马地面对市场竞争实属不易，企业由常规型组织向虚拟组织过渡已成为必然趋势。虽然虚拟组织的长期雇员和临时工数目并不多（通常小于50人），但领导这一类型组织并不简单。作为领导者，需要做好以下四方面工作。

（1）首先，领导者要建立成员之间的互信氛围。虚拟组织不同于传统组织，组织成员极少进行面对面交流，组织成员在文化背景和地域方面存在较大差异。为建立互信，虚拟团队的领导者需要创建高度明确的流程，树立可靠的社会道德标准，促进组织成员的有效沟通。

（2）领导者需要明确规定各团队成员的角色和职责，并且以身作则。在传统的工作团队中，由于成员可在面对面的互动中培养团队精神，工作职责分工相对松散一些，有时甚至可以两个人担当同一种角色。在虚拟组织中，这种做法行不通，领导者必须提供清晰的方向，明确规定每个人的职责，消除工作中任何模棱两可之处。

（3）领导者要建立完善的沟通体制。必要时对虚拟组织中的参与者提供培训，对通信环境建立统一标准，以减少潜在的沟通误解。通过使用合适的工具将任务完成过程结构化，对意外事故做出预期，听取虚拟团队对意外事故的处理汇报。对于承担重要工作任务的员工，领导者还要与之建立良好的领导—成员交换关系，适当给予其特殊照顾和优待。

## 学者说

**领导—成员交换对虚拟员工的组织承诺、工作满意度和工作绩效的研究**

对于专业员工（professional-level employees），虚拟工作模式越来越受大家的欢迎。领导—成员交换对个人工作结果有突出影响，但现有的研究大多聚焦于个人在传统工作模式下的工作结果。有学者对375名专业员工（这些员工在虚拟组织的不同层级中工作）进行了调研。研究结果表明，相比工作范围窄的员工，那些拥有高质量领导—成员交换关系，又在虚拟组织中具有广泛工作范围的人，表现出高水平的组织承诺、工作满意度和工作绩效。然而，那些拥有较低质量关系，同样拥有广泛工作范围的人，表现出较低水平的组织承诺和工作满意度，但工作绩效却比那些工作范围小的人要好。

因此在实际管理实践中，管理者要注重通过领导—成员交换提升组织承诺和组织绩效。那些只有低交换关系的员工会降低组织承诺，缩小工作范围。所以，管理者要尽量扩大员工的工作范围，拥有低领导—成员交换关系的员工会因为能在虚拟工作模式中扩大自己的工作范围而报答领导者。

**资料来源**：Golden，T. D. & Veiga，J. F.，"The Impact of Superior-subordinate Relationships on the Commitment，Job Satisfaction，and Performance of Virtual Workers，" *Leadership Quarterly*，2008，19.

（4）领导者要熟悉并学会利用网络。2016年1月世界经济论坛（World Economic Forum）和韦莱韬睿惠悦（Willis Towers Watson）联合发布的调研报告显示，有32%的员工每天为工作在网络上花费超过3个小时。网络在改变人们工作和生活的同时也在改变着领导活动，信息革命使每个人的权力相对扩大，使每个人的自由度相对提高。一些组织已开始实行管理工作数字化、网络化、信息化，这就要求领导者要学会网上领导，在网上办公，实现领导职能的电子化。这些变化都对旧的领导方式产生了极大的冲击，使领导活动显现出新的特点。

网络让领导环境虚拟化和扩大化。虚拟化给领导者的工作带来了诸多方便，如网络会议更节省时间和成本，电子邮件使信息传播更加快捷，网络还为其带来海量的资源，这些都使领导者减少了中间管理层级，延伸了追随者的外延，领导环境得到进一步扩展。这也对领导者的协调组织能力提出了更高的要求，当领导者利用网络社交媒体与员工进行交流时，他需要改变自己的思维模式，开展网络化领导。很多公司都在要求员工开微博、上微信，这正是在这样的大背景下出现的趋势。

互联和移动互联时代的技术、理念和工作模式的革新也使追随者进一步自主化，其对领导者的影响力越来越强。追随者向知识型、综合型方向发展，拥有更高的自我控制力和自主化倾向。他们与领导者网上面对面进行沟通和互动，信息共享，更多地参与决策，使追随者的想法更易影响领导者，从而使分布式领导与共享式领导（参见第3章）的理念逐渐成为现实。

学者霍克（Hoch）和科斯罗斯基（Kozlowski）关注了在虚拟组织中传统

的层级领导和新兴的分布式领导中的共享式领导与团队绩效的关系，为共享式领导在虚拟组织中的运用提供了实证支持。

## 学者说

### 领导虚拟组织：层级领导，结构支持，共享式团队领导

虚拟组织通过电子媒介来跨越时间和距离，一同努力以达成共同的目标。随着企业对虚拟组织的运用不断增加，关于虚拟组织的研究也越来越多。多数研究都关注于虚拟组织的优缺点，对虚拟组织领导方面的关注则较为有限。而当团队为虚拟团队时，团队领导被认为是减少动机流失、合作缺乏和保持团队有效性的一个关键角色。

值得关注的是，由于虚拟组织中缺乏面对面的接触，传统层级领导在虚拟组织中被认为是处于不利地位的。因此，一些学者指出，在虚拟组织中层级领导方式需要得到补充，以增加团队有效性（Bell & Kozlowski，2002）。

基于此，霍克和科斯罗斯基展开了研究，以探讨随着组织虚拟程度的变化，团队领导对团队绩效的影响。他们引入了结构支持和共享式领导，以作为传统层级领导的补充。研究者实地抽取了101个虚拟团队作为样本，研究了传统层级领导、结构支持和共享式团队领导对团队绩效的影响。基于贝尔和科斯罗斯基（Bell & Kozlowski，2002）的研究，他们预期结构支持和共享式团队领导对团队绩效的影响较大，而传统层级领导对团队绩效的影响较小，而团队的虚拟程度越高，这种相关就越强。

就如同假设的那样，数据分析表明，在一定程度上，团队的虚拟程度越高，团队绩效与层级领导的相关性就越弱，而团队绩效与结构支持的相关性就越强。而无论团队的虚拟程度如何，共享式团队领导则始终与团队绩效有着很强的相关性。

该研究表明，对于虚拟团队的领导，提供一些适当的支持或培训可能是有用的，相较于面对面团队而言，他们需要更多的时间以及资源来领导他们的虚拟团队。其次，结构支持很可能成为一种有效的管理工具，可以帮助领导者更好地管理虚拟团队。结构支持包括公平和值得信赖的奖励体系、透明的交流和信息管理。由于共享式领导对团队绩效的影响不随虚拟程度变化，共享式团队领导似乎有可能成为虚拟组织中的一种强有力的领导方式。

资料来源：Hoch，J. E. & Kozlowski，S. W. J.，"Leading Virtual Teams：Hierarchical Leadership，Structural Supports，and Shared Team Leadership，" *Journal of Applied Psychology*，2014，99.

## 16.3 柔性领导

从学习型组织和虚拟组织的介绍中可以看到，知识经济（knowledge-based economy）条件下，传统制度正在向网络化组织结构转变，传统领导中的强制性、命令性已经不适合组织发展的需要，组织成员的关系正走向平等和协作。组织的柔性化（flexibility）有利于组织在复杂的环境中获取竞争优势，领导者运用

柔性领导手段将成为新兴趋势。

柔性领导（flexible leadership）指在研究人们心理和行为的基础上，领导者依靠非权力影响力，采取非强制命令的方式，在人们心目中产生一种潜在的说服力，使其自觉服从和认同组织意志，从而把组织意志变为人们自觉的领导行为（许一，2009）。柔性领导主要体现在三个方面。

（1）首先，领导者更注重非正式权力的影响力。传统领导中的控制和威权使追随者不得不服从领导者的命令，这让组织成员有一种被操纵的感觉，认为自身的价值得不到肯定和尊重，更难有认同和承诺，易失去对工作的积极性。柔性领导非正式权力的影响力多表现为领导者的个人魅力、感召力和公信力，领导者与下属信任的建立是员工与组织双向平等关系的发展过程，这种民主化、公开化的影响方式会使组织成员之间平等、互信。

（2）领导者更加重视沟通与激励。在中国特色社会主义市场经济的条件下，社会利益的主体日益多元化，追随者的自主意识和主人翁意识也在加强，这就需要领导者有权变、协调、包容的思想，加大与组织成员的沟通，开展有效互动，让追随者认识到自己的重要性。领导者可以对下属进行个性化指导以激发他们的主动性和创造性，比如，满足组织成员对报酬的要求，安排智力挑战型工作，提供有支持的工作环境和营造融洽的同事关系等。

（3）柔性领导要具备创新能力和快速应变能力。柔性领导的个人魅力和感召力可能来自他敏锐的商业嗅觉，促使其设计出崭新的商业模式，或对于环境能够灵活应变，进而让追随者看到希望。由于对创新和灵活的追求，柔性领导会带来平等、互动和创造性的组织氛围，这不仅使领导者在新时代的组织中大显身手，而且比传统领导更能担负起变革的使命。

必须承认，未来的领导越来越朝信息化、知识化、柔性化方向发展，无论领导者原有的素质多么高，经验多么丰富，都必须不断地加强学习，建立完善的知识结构，提升自身的素质，放眼未来，迎接更大的挑战。

## ▶小　结

学习型组织用一种崭新的思维方式来思考组织，每个人都会参与识别问题，在组织中不断进行尝试，改善和提高自身能力。学习型组织的领导是一种服务型领导，在领导学习型组织的过程中，领导者要创造共同的愿景、形成服务型领导、建立扁平化组织结构、学会系统思考、坚持以人为本的人力资源管理。

虚拟组织是由一些独立的厂商、顾客甚至同行的竞争对手，通过信息技术连成临时的网络组织，以达到共享技术、分摊费用以及满足市场需求的目的。为高效领导虚拟组织，领导者要建立成员之间的信任，明确规定各团队成员的角色和职责，建立完善的沟通体制。

由于学习型组织和虚拟组织越来越流行，柔性领导正成为领导力发展的新趋势，领导需更注重非正式权力的影响力，更关注沟通与激励，更重视培养创新能力和快速应变能力。

## ▶ 关键术语

学习型组织（learning organization）
自我超越（personal mastery）
改善心智模式（improving mental models）
建立共同愿景（building shared vision）
团队学习（team learning）
系统思考（systematic thinking）
知识管理（knowledge management，KW）
显性知识（explicit knowledge）
隐性知识（tacit knowledge）
虚拟组织（virtual organization）
知识经济（knowledge-based economy）
柔性领导（flexible leadership）

## ▶ 思考题

1. 结合本章内容，谈谈领导者在知识型公司中应该怎样进行知识管理。
2. 你认为，与传统组织相比，学习型组织和虚拟组织各有什么优点？
3. 领导者怎样高效领导学习型组织和虚拟组织？
4. 结合全书内容，你认为领导力的未来发展趋势是怎样的？

## 案例分析

### 马云的柔性领导

马云与史玉柱的成功有着共同的时代背景：同在IT业；同样是行业创新的先锋；同样执着于自己的理想与信念；同样将顾客的需要置于至高无上的地位；同样缔造了自己的企业神话、创造了财富神话。二人的经历已成为人们耳熟能详、津津乐道的传奇故事。他们无疑位列我们这个时代最富有人格魅力的领导者群体，二人的魅力一方面源于他们充满传奇色彩的成功经历，另一方面则来自二人截然不同但同样特色鲜明的领导风格。

马云与史玉柱之间的区别不仅仅是领导方法和做事风格一个向左、一个向右的问题，从柔性领导理论角度来看，马云与史玉柱代表着两个不同时代的领导者。如果史玉柱代表传统领导的暮年，那么马云刚宣告柔性领导时代的开始。马云带领着他的团队走进了柔性领导引领的知识经济时代。史玉柱代表着传统领导向经济时代告别。史玉柱坦言："这10年来，我一直都在吃老本，如果老本吃光了，我肯定又危险了。"史玉柱对马云也有一份羡慕与感叹。我们可以说马云在向前走、史玉柱在向后看。史玉柱从传统领导那里得到了谋略与铁腕，马云从时代中获得了愿景与信念。在史玉柱们的时代，马云们是一群值得尊敬的幻想家；在马云们的时代，史玉柱们是一群充满力量的堂吉诃德。马云坦言："研究对手就是往后看，只有研究明天、研究自己才是往前看。"因为在柔性领导的组织中，下属不再是对手，竞争对手不再是死敌，每个人都是柔性领导影响力网络上的节点。对于柔性领导来说，没有敌我之分，只有网络内外之别，柔性领导不懈追求的是将所有资源纳入网络（当然也包括竞争对手在内），对他们来说，利用网络分享资源比占有资源更有吸引力。马云和史玉柱都会为团队成员建立愿景，史玉柱为下属许下"苟富贵勿相忘"的承诺，他身体力行；而马云给团队承诺的则是美好的愿景和无比坚定的信念，并不是具体可见的物质前景。

马云和史玉柱无疑都具有巨大的影响力，今天的史玉柱最大限度地满足了中国人对传统领导审美的需要，但马云与帝王式的领导相比总是显得“草根”与稚气。史玉柱们牢牢把握以财力为基础的组织权力，马云们则尝试使用非权力影响力。马云的团队中，无论是来自华尔街的精英还是对他充满崇拜的大学生，都被其理想与领导魅力吸引，以至于有些人才加盟阿里巴巴时马云本人都感到吃惊。非权力影响力能够轻而易举地跨越组织边界，马云在全社会范围内建立了阿里巴巴的影响力网络，并使用这张网络调配全社会的资源。《基业长青》的作者吉姆·柯林斯说：“未来的一批长久成功的大企业将不再是由技术或产品的设计师建立的，而是由社会的设计师建立的。”马云就是这样一位设计师，柔性领导的力量在马云身上得到了很好的体现，难怪比尔·盖茨说：“下一个比尔·盖茨是中国的马云!”

史玉柱不遗余力地建设一个强大的实体，而马云在构筑一张巨大的网络，每一个阿里巴巴的新产品都是企业与客户结网的契机，每一个新加盟的团队成员都是企业与一个新的人才网络亲密接触的机会，正大光明的企业理想、开放的平台、快速成长的企业都为新的人才网络的嵌入准备了友好的界面。巨人不断抓住市场机会，而阿里巴巴却在凭借其网络重新配置资源，创造市场机会。企业的网络成长不是单凭财力弱肉强食，而是在新的理念平台上重新整合资源，具备先进的理念、开放的平台、潜力巨大的虚拟空间的企业才可能“消化”网络。如果从企业成长方式来看，马云成为柔性领导既是他本人的选择，也是阿里巴巴成长的客观需要。马云的实践向人们证明，在知识经济时代，以理念和愿景凝聚的强大团队不仅利于创建一个企业，更利于以此为平台实现企业扩张。在阿里巴巴的扩张中，理念的“虚”与企业资本运作的“实”、企业实体的“形”和企业文化的“神”在马云的柔性领导艺术中相得益彰，不断造就奇迹。

如果说史玉柱是传统领导在知识经济时代的最后一个代表，那么马云无疑是柔性领导在知识经济时代的第一位代表。在马云之前很多柔性领导者早已成就自己的传奇，但只有在知识经济时代，柔性领导才有可能成为领导队伍的主流。马云的成功标志着一个新的领导时代的到来。

资料来源：许一：《柔性领导：21世纪有效领导要诀》，北京，经济管理出版社，2009。

根据上述案例，尝试回答如下问题：

1. 阅读上述案例，对比马云和史玉柱，说说他们的领导行为体现了哪些不同的闪光点，为什么马云更体现出柔性领导的特点?

2. 你认为，在知识经济时代，传统的领导方式是否真的需要退出历史舞台?史玉柱的领导方式是否还有其存在的必要性?

3. 结合马云的领导方式，谈谈柔性领导在组织目标实现过程中的作用和具体实现的方法。

## ▶ 参考文献

[1] Davidow, W. H. & Malone, M. S., *The Virtual Corporation: Structuring and Revitalizing the Corporation for the 21st Century*, New York: Harper Collins Publishers, 1992

[2] De Geus, A. P., “Planning as Learning,” *Harvard Business Review*, 1988, 66

[3] Senge, P. M., *The Fifth Discipline*, New York: Currency Doubleday, 1990
[4] 德鲁克．知识管理．北京：中国人民大学出版社，1999
[5] 伍忠贤，王建彬．知识管理：策略与实务．北京：中国纺织出版社，2003
[6] 许一．柔性领导：21世纪有效领导要诀．北京：经济管理出版社，2009
[7] 赵纯均，陈剑，冯蔚东．虚拟企业及其构建研究．系统工程理论与实践，2002(10)

**图书在版编目（CIP）数据**

领导学/刘松博编著. —2 版. —北京：中国人民大学出版社，2016. 11
教育部经济管理类主干课程教材. 人力资源管理系列
ISBN 978-7-300-23538-7

Ⅰ. ①领… Ⅱ. ①刘… Ⅲ. ①领导学-高等学校-教材 Ⅳ. ①C933

中国版本图书馆 CIP 数据核字（2016）第 261709 号

教育部经济管理类主干课程教材·人力资源管理系列
**领导学（第 2 版）**
刘松博　编著
Lingdaoxue

| | | | |
|---|---|---|---|
| **出版发行** | 中国人民大学出版社 | | |
| **社　　址** | 北京中关村大街 31 号 | **邮政编码** | 100080 |
| **电　　话** | 010－62511242（总编室） | | 010－62511770（质管部） |
| | 010－82501766（邮购部） | | 010－62514148（门市部） |
| | 010－62515195（发行公司） | | 010－62515275（盗版举报） |
| **网　　址** | http://www.crup.com.cn | | |
| **经　　销** | 新华书店 | | |
| **印　　刷** | 北京溢漾印刷有限公司 | **版　　次** | 2013 年 8 月第 1 版 |
| **规　　格** | 185 mm×260 mm　16 开本 | | 2016 年 11 月第 2 版 |
| **印　　张** | 18 插页 1 | **印　　次** | 2020 年 7 月第 5 次印刷 |
| **字　　数** | 370 000 | **定　　价** | 39.00 元 |

# 教师教学服务说明

中国人民大学出版社管理分社以出版经典、高品质的工商管理、统计、市场营销、人力资源管理、运营管理、物流管理、旅游管理等领域的各层次教材为宗旨。

为了更好地为一线教师服务，近年来管理分社着力建设了一批数字化、立体化的网络教学资源。教师可以通过以下方式获得免费下载教学资源的权限：

在中国人民大学出版社网站 www.crup.com.cn 进行注册，注册后进入“会员中心”，在左侧点击“我的教师认证”，填写相关信息，提交后等待审核。我们将在一个工作日内为您开通相关资源的下载权限。

如您急需教学资源或需要其他帮助，请在工作时间与我们联络：

中国人民大学出版社　管理分社

联系电话：010-82501048，62515782，62515735

电子邮箱：glcbfs@crup.com.cn

通讯地址：北京市海淀区中关村大街甲 59 号文化大厦 1501 室（100872）